Bizeul / Bliesener / Prawda (Hrsg.)
Vom Umgang mit dem Fremden

Vom Umgang mit dem Fremden

Hintergrund – Definitionen – Vorschläge

Herausgegeben von
Yves Bizeul, Ulrich Bliesener und Marek Prawda

Beltz Verlag · Weinheim und Basel

Die Herausgeber:

Yves Bizeul, Jg. 1956, Dr., Professor für Politikwissenschaft, Lehrstuhl für Politische Theorie und Ideengeschichte an der Universität Rostock.

Ulrich Bliesener, Jg. 1930, Prof. Dr., Ministerialrat a.D. (Nieders. Kultusministerium), Hochschullehrer.

Marek Prawda, Jg. 1956, Dr., Studium der Wirtschaftswissenschaften in Leipzig, Promotion in Soziologie, seit 1992 an der Botschaft der Republik Polen in Deutschland als Botschaftssekretär, 1995 Botschaftsrat und Geschäftsträger ad interim.

Christof Lützel, Jg. 1964, M.A., Studium der Politikwissenschaft, des Öffentlichen Rechts und Zeitgeschichte in Marburg, Paris und Tübingen, langjähriger Assistent des Referatsleiters für Völkerverständigung der Robert Bosch Stiftung Stuttgart, ist seit Juni 1994 Forschungsreferent des Europäischen Zentrums für Föderalismusforschung der Universität Tübingen.

Karl-Peter Fritzsche, Jg. 1950, Dr., Professor am Institut für Politikwissenschaft an der Otto-von-Guericke-Universität Magdeburg.

Corinna Albrecht, Jg. 1960, Studium der Germanistik, Volkskunde und Hispanistik an der Universität Göttingen; von 1989–1993 Wissenschaftliche Mitarbeiterin an der Universität Bayreuth; seither Wissenschaftsverwaltung des Instituts für internationale Kommunikation und auswärtige Kulturarbeit (IIK Bayreuth).

Alle Rechte, insbesondere das Recht der Vervielfältigung und Verbreitung sowie der Übersetzung, vorbehalten. Kein Teil des Werkes darf in irgendeiner Form (durch Photokopie, Mikrofilm oder ein anderes Verfahren) ohne schriftliche Genehmigung des Verlages reproduziert oder unter Verwendung elektronischer Systeme verarbeitet, vervielfältigt oder verbreitet werden.

Lektorat: Peter E. Kalb

© 1997 Beltz Verlag · Weinheim und Basel
Herstellung: Klaus Kaltenberg
Satz: Satz- und Reprotechnik GmbH, Hemsbach
Druck: Druckhaus »Thomas Müntzer«, Bad Langensalza
Umschlaggestaltung: Federico Luci, Köln
Umschlagfoto: Brigitte Kraemer, Herne
Printed in Germany

ISBN 3-407-25169-6

Inhaltsverzeichnis

Vorwort 7

Einleitung 9

Kapitel 1:
Die Migration in der Europäischen Union und Gesellschaften im Streß

    Christof Lützel
    Die Migration in Deutschland, Frankreich und in der Europäischen
    Union. 20

    Klaus Peter Fritzsche
    Streßgesellschaften und Xenophobie 60

Kapitel 2:
Der, die, das Fremde – Versuch einer Begriffsbestimmung

    Corinna Albrecht
    Der Begriff *der, die, das Fremde*. Zum wissenschaftlichen Umgang
    mit dem Thema Fremde – ein Beitrag zur Klärung einer Kategorie . . . 80

    Yves Bizeul
    Die französische Debatte um Alterität und Kultur. 94

Kapitel 3:
Interkulturalität und Modelle gesellschaftlichen Zusammenlebens

    Corinna Albrecht
    Überlegungen zum Konzept der Interkulturalität 116

    Yves Bizeul
    Gesellschaftsformen und ihre Auswirkungen auf das Erziehungs-
    wesen 123

Kapitel 4:
Zum Beispiel Frankreich und Polen

    Yves Bizeul
    Laizität und Umgang mit dem Fremden in Frankreich 147

    Marek Prawda
    Der Umgang mit dem Fremden. Das Beispiel Polen – eine Gesellschaft im Wandel 167

Kapitel 5:
Konsequenzen für die Schule: Die Wendung ins Pädagogische

    Klaus Peter Fritzsche
    Multiperspektivität: eine Schlüsselkompetenz beim Umgang mit dem Fremden 190

    Ulrich Bliesener
    Interkulturelles Lernen: eine pädagogische Notwendigkeit und Chance 202

Anhang

    Glossar 235

    Tabellen 242

Vorwort

Im Geist der von Robert Bosch d.Ä. unterstützten Bestrebungen zur Versöhnung der Völker nach dem 1. Weltkrieg hat sich die Robert Bosch Stiftung in ihrem Förderbereich Völkerverständigung der Pflege der Beziehungen mit Frankreich, den USA und mit Polen verschrieben. In jüngster Zeit sind Programme in der Zusammenarbeit mt anderen Staaten Ostmitteleuropas hinzugetreten. Parallel zu ihren auslandsbezogenen Förderaktivitäten hat sich die Stiftung in ihren Fördergebieten Wohlfahrtspflege sowie Bildung und Erziehung in den vergangenen Jahren auch mit den Lebensformen und Lebenschancen ausländischer Mitbürger auseinandergesetzt. Insbesondere hat sie sich mit Projekten engagiert, die der ethnischen, sprachlichen und kulturellen Vielfalt in Deutschland gerecht werden sollten. So wurden von 1981 bis 1989 Projekte mit dem Ziel gefördert, Angehörige der ausländischen Wohnbevölkerung für soziale Berufe zu gewinnen, ihnen den Erwerb eines anerkannten Ausbildungsabschlusses für diese Berufe zu ermöglichen und dazu geeignete Arbeitsformen zu erproben. Die Projekte wurden mit Erfolg als Brückenkurse und Studienhilfen in einigen Städten durchgeführt. 1992 erschien hierzu eine Dokumentation.[1] Von 1976 bis 1993 hat die Robert Bosch Stiftung in den Schwerpunkten »Kinder ausländischer Arbeitnehmer in der Bundesrepublik« und »Zusammenleben von Deutschen und Ausländern in der Bundesrepublik« insgesamt 151 Projekte mit einem Aufwand von nahezu 20 Mio DM gefördert.

1989 entstand anläßlich eines Symposiums zum 25-jährigen Bestehen der Stiftung der Gedanke, sich mit Fragen der Migration in Europa und den Rückwirkungen auf Bildung, Erziehung und Unterricht intensiver zu beschäftigen.

---

1 Hansjörg Lüking, Friedemann Tiedt, Brückenkurse und Studienhilfe. Ausländer in der Ausbildung für die Sozialhilfe. Band 1: Dokumentation und Auswertung, hg. v. d. Robert Bosch Stiftung, Berlin 1992. Doris Bergdolt, Friedemann Tiedt, Brückenkurse und Studienhilfe. Ausländer in der Ausbildung für die Sozialberufe. Band 2: Unterrichtsmaterialien »Deutsch als Fremdsprache in der Erziehungsbildung«, hg. v. d. Robert Bosch Stiftung, Berlin 1992. Wegner-Triantafillidis, Friedemann Tiedt, Brückenkurse und Studienhilfe. Ausländer in der Ausbildung für die Sozialberufe. Band 3: Biographische Materialien zur Frage der Betroffenenqualifikation, hg. v. d. Robert Bosch Stiftung, Berlin 1992. S. a. Hansjörk Lüking, Neue Wege der Kooperation in der sozialen Arbeit. Konzepte und Erfahrungen aus zwölf Jahren Förderung. Deutsche und Ausländer im Stadtteil. Hg. v. d. Robert Bosch Stiftung, Berlin 1994. Gudrun Jakubeit, Lucija Heuchert, Materialien zur interkulturellen Erziehung im Kindergarten. 3 Bde., hg. v. d. Robert Bosch Stiftung, Berlin 1989. Hildegard Budde, Asad Bata, Für interkulturelle Eriehung qualifizieren. Handreichungen für die Ausbildung sozialpädagogischer Fachkräfte. 2 Bde., hg. v. d. Robert Bosch Stiftung, Berlin 1990.

Unter Berücksichtigung ihrer Länderschwerpunkte berief die Stiftung eine Arbeitsgruppe »Vom Umgang mit dem Fremden«, die folgenden Fragen nachging:

– Wie können die kommenden Generationen besser auf Europa mit seinen vielgestaltigen kulturellen Identitäten und sozialen Unterschieden sowie zunehmenden Migrationsbewegungen vorbereitet werden – und wie können sie für Toleranz im Umgang mit dem Fremden gewonnen werden?
– Welche Leistungen müssen die nationalen Bildungssysteme (etwa in Frankreich, Polen und Deutschland) erbringen, und wie müssen die jeweiligen Bildungssysteme gestaltet sein, um das gedeihliche Zusammenleben verschiedener Nationen zu fördern?
– Welche praktischen Verbesserungsvorschläge, etwa in der Lehrerausbildung und bei den Unterrichtsangeboten, ergeben sich aus den genannten Fragestellungen?

Ein im Mai 1994 im Georg-Eckert-Institut in Braunschweig veranstaltetes Symposium zeigte, daß die Arbeitsgruppe die komplexe Aufgabenstellung erfolgreich bewältigt hat. Der vorliegende Band dokumentiert eine Phase intensiver Zusammenarbeit engagierter Experten. Neben den Teilnehmern an den Vorgesprächen und Symposien sei den Mitgliedern der Arbeitsgruppe herzlich gedankt: Corinna Albrecht, Christian Alix, Yves Bizeul, K. Peter Fritzsche, Marek Prawda, vor allem aber Ulrich Bliesener, der die Aufgabe des Koordinators übernahm, sowie Christof Lützel, der zusätzlich als Sekretär des Gesamtprojekts tätig wurde. Die Projektleitung lag bei Rüdiger Stephan, bis Dezember 1994 Leiter des Bereichs Völkerverständigung der Robert Bosch Stiftung, heute Generalsekretär der Europäischen Kulturstiftung Amsterdam. Er hat das Vorhaben auch nach seinem Wechsel in eine neue Aufgabe konstruktiv begleitet. Hierfür sei ihm herzlich gedankt.

Robert Bosch Stiftung   Stuttgart, im September 1996

Einleitung

Ausgangslage

Seit Jahrzehnten ist Deutschland Zielland von Zuwanderern aus unterschiedlichen Herkunftsländern. Deutschland wird kulturell und ethnisch immer heterogener. Viele der Ausländer, die schon seit langem bei uns leben, sind uns eher vertraute als fremde Gegenwart. Jeder kennt den Verkaufsstand des Italieners auf dem Wochenmarkt oder den kleinen Laden des Türken mit orientalischen Besonderheiten am Ende der Straße. Man nimmt gern die Dienstleistungen der türkischen Autowerkstatt in Anspruch oder die des griechischen Restaurants, das auch an Feiertagen geöffnet ist. Die Produkte aus diesen und anderen Ländern sind reguläres Angebot im Supermarkt. Die Zahl der Engländer und Franzosen, die bei uns arbeiten, die »Grenzgänger« z. B. aus den Niederlanden oder aus Frankreich im grenznahen Bereich, nimmt stetig zu; ebenso arbeiten viele Deutsche jenseits der Grenze. Die Fremde und der Fremde sind nahe gerückt; das Fernsehen tut ein übriges.

Darüber hinaus ist der Fremde und die Erfahrung der Fremdheit für viele Menschen Teil ihres normalen, persönlichen Alltags geworden, am Arbeitsplatz, im Sportverein, im Krankenhaus, in der Schule, als Nachbarn im gleichen Haus oder nebenan. Auch die politische Demonstration der Fremden und ihre Forderung nach Mitwirkung bei der Gestaltung der Lebenswirklichkeit gehören zur Normalität. Gelegentlich scheinen sich die Verhältnisse zugunsten der anderen/Fremden zu verschieben, dort, wo sie in großer Zahl zusammenleben und den Charakter eines Viertels, einer Straße verändern oder wesentlich bestimmen.

Die Begegnung mit dem anderen/Fremden ist längst nicht mehr die Ausnahme und eine (vermutete) vorübergehende Erscheinung. Und es sind nicht nur die durch Kleidung, Habitus, Lebensgewohnheiten, durch Religion und Sprache als andere/Fremde gekennzeichneten »Zugereisten«, die unsere Lebenswirklichkeit verändern. Ganz allgemein ist die Begegnung mit Menschen anderer kultureller Herkunft zur Normalität geworden: Das Zusammenwachsen Europas und die zunehmende Internationalisierung auf den verschiedensten Ebenen der Gesellschaften und ihrer Industrien und Volkswirtschaften bis hin zur internationalen Verflechtung der Verwaltungen und die grenzüberschreitende

Zusammenarbeit mit dem Nachbarland schaffen neue Bedingungen für die Gestaltung des Zusammenlebens und beinhalten andere Anforderungen an den einzelnen, sich unter diesen veränderten Bedingungen zurechtzufinden. Und schließlich erweisen sich die Probleme in anderen Teilen der Welt zunehmend mehr als unseren eigenen Probleme. Wanderungsbewegungen in die reichen Industriestaaten haben zu einem nicht geringen Teil ihre Ursachen auch in den Lebensgewohnheiten der sogenannten entwickelten Nationen. Auch in dieser Hinsicht ist uns der andere/Fremde und seine Welt nahe gerückt.

Diese vielfältige Begegnung mit dem anderen/Fremden im eigenen Land, in der beruflichen Kooperation, die zunehmende Internationalisierung von Lebensbereichen und die wachsende Einsicht in internationale Zusammenhänge von Problemen schaffen gleichzeitig auch Verunsicherung – Was gilt noch? Was ist noch richtig? –, vor allem dann, wenn der/das Fremde Übergewicht zu gewinnen scheint und die eigene Identität als gefährdet empfunden wird. Das begünstigt interkulturelle Mißverständnisse und Fehlschlüsse in der Beurteilung von Sachverhalten; im Extremfalle kann es zur bekannten Ablehnung des Fremden und zur Fremdenfeindlichkeit führen. Ebenso sind die eigene Mobilität und die beruflich bedingte Begegnung mit dem anderen/Fremden nicht frei von Mißverständnissen und Konflikten und können Frustrationen und Irritationen auf beiden Seiten bewirken. Die Schule ist ein Spiegelbild dieser Situation im kleinen; sie bietet konkrete Beispiele für die Probleme des Zusammenlebens von Menschen unterschiedlicher Herkunft, zugleich aber eröffnet sie auch Chancen für mögliche Wege zu einem friedlichen, interkulturell fruchtbaren Zusammenleben aller in einer gemeinsam bestimmten Gemeinschaft.

Angesichts der beschriebenen Gemengelage von Möglichkeiten des Mißverständnisses, der Frustration bis hin zum Konflikt und zur Gewalt im Alltag und im Beruf, deren Kausalzusammenhänge in ihren komplexen, über die Grenzen des eigenen Landes hinausreichende Interdependenzen nur schwer durchschaubar sind, schien es sinnvoll und notwendig, einen Beitrag zur Klärung von Sachverhalten und Zusammenhängen zu leisten, um die Diskussion zu versachlichen, um den eigenen Standpunkt zu finden und sich seiner selbst unter den veränderten Gegebenheiten zu vergewissern und um durch Aufzeigen von Ursache und Wirkung Handreichungen für überlegte Verhaltensweisen im privaten, beruflichen und gesellschaftlichen Bereich bereitzustellen.

Die vorliegende Publikation will durch die Bereitstellung von Fakten und wissenschaftlich begründeten Sachinformationen zur Klärung von Gegebenheiten und Begriffen beitragen und damit Hilfe für konkrete Entscheidungen im Bildungsbereich, etwa bei der Abfassung von Rahmenrichtlinien und Curricula, und für die Gestaltung des Zusammenlebens mit anderen und Fremden in der Schule bieten. Daraus ergeben sich die Adressaten dieser Publikation: Sie wendet sich an Bildungseinrichtungen ganz allgemein, vor allem aber an die Schule und besonders an die Verantwortlichen für die Ausbildung und Fortbildung von

Lehrern, an Fachleiter, Kursmoderatoren, Richtlinienkommissionen und Mitarbeiter in der Bildungsverwaltung auf der Ebene der Kultusministerien (Grundsatzabteilungen) und der Schulaufsicht (Bezirksregierungen, Schulämter etc.), nicht zuletzt aber auch an Bildungs- und Schulpolitiker. Sie sollte nicht eine Sammlung von Stundenentwürfen oder Handreichungen für die konkrete Unterrichtsgestaltung sein; das muß Aufgabe derjenigen bleiben, die für die Erstellung konkreter Rahmenvorgaben, für die inhaltliche Füllung des Unterrichts und darüber hinaus für die Gestaltung der Schulpolitik verantwortlich sind.

Dabei war klar, daß die Behandlung des Themas »Der Umgang mit dem Fremden« zu kurz greifen würde, würde man sich nur auf die Situation in der Bundesrepublik beschränken. Gerade die besondere Situation unseres Landes mit dem hohen Anteil von Bürgern anderer kultureller Herkunft, mit der ungewöhnlich starken Zuwanderung von Menschen aus Drittländern in wirtschaftlicher und politischer Notlage hätte möglicherweise den Blick zu sehr verengt. Die in Frage stehenden Phänomene sind keine rein deutschen; auch andere Länder haben diese Probleme und müssen nach Wegen suchen, die ihren gesellschaftlichen Erfahrungen, ihren Einstellungen und Idealen vom Zusammenleben in einer Gemeinschaft entsprechen. Die Situation in der Bundesrepublik ist in diesem Sinne kein Sonderfall, wenn auch nicht übersehen werden darf, daß wegen der geschichtlichen Erfahrung die Frage des Umgangs mit dem Fremden eine spezifische Qualität hat. Andere Länder gehen, bedingt durch ihre eigene historische Erfahrung und Denktradition, je auf ihre Weise mit dem Problem um und suchen ihre eigenen Lösungsansätze. Diese Lösungsmodelle vorzustellen und zu diskutieren schien für das Anliegen dieses Vorhabens wichtig und hilfreich.

Das Team

Diesem Auftrag mußte die Zusammensetzung des Teams entsprechen, das die verschiedenen für den Themenbereich relevanten Wissenschaftsbereiche abdecken sollte (Geschichte und Politikwissenschaft, Soziologie, Religionssoziologie, interkulturelle Germanistik, Pädagogik, Schulbuchforschung). Zur Mitarbeit wurden ferner Vertreter der Schule und der Bildungsverwaltung eingeladen, zugleich Vertreter der beiden Länder, deren Versuche, die Probleme zu lösen, gleichsam als Folie für den Zustand in der Bundesrepublik, zum Vergleich und als Kontrast in die Überlegungen zum Projekt eingehen sollten.

Das Team konnte nicht alle Aspekte des Themas abhandeln; das war unter den gegebenen Bedingungen nicht realisierbar und war auch nicht intendiert. Aber: Das, was als Ergebnis der gemeinsamen Arbeit vorgelegt wird, ist der Versuch, das Problemfeld aufzufalten und seine Komplexität darzulegen. Dabei haben sich auch die Bereiche deutlicher konturiert, die dringend weiterer

Überlegungen und der Aufarbeitung bedürfen. Gemeint ist nicht nur die Darstellung von Lösungsversuchen in weiteren Ländern, z. B. in der Türkei oder in Großbritannien (das eine lange Tradition des Umgangs mit dem Fremden im eigenen Land hat und interessante Modelle im einzelnen vorweisen kann, sich aber gleichzeitig ständig neuen Fragen zum Verhältnis von Minderheitengruppe zur Mehrheit in der Gesellschaft stellen muß; man vergleiche nur die Forderung der muslimischen Bevölkerungsgruppe nach einem unabhängigen, aber gleichwertigen und gleichberechtigten Bildungsangebot für ihre Kinder), sondern auch z. B. eine intensive Aufarbeitung von stärker schulbezogenen Fragestellungen, wie etwa der Untersuchung des Verhältnisses von Rahmenrichtlinien zur Unterrichtswirklichkeit, von Ausbildungsinhalten für Lehrer in bezug auf die tatsächlich gegebenen Anforderungen des Unterrichts, von alternativen Möglichkeiten der Gestaltung schulischen Lebens, von Einflüssen des Elternhauses auf die Einstellung und Verhaltensweisen von Kindern und Jugendlichen gegenüber anderen und Fremden bis hin zur Sammlung und Analyse von Beispielen aus der Praxis. Es bestand Einigkeit in der Hoffnung, daß die vorgelegte Arbeit eine Fortsetzung in weiteren, flankierenden Untersuchungen finden möge.

Behandlung des Themas

Das Thema »Der Umgang mit dem Fremden« bezeichnet ein überaus komplexes Problemfeld mit Bezügen in unterschiedliche Bereiche unseres gesellschaftlichen Lebens, unserer Kultur, unseres Gemeinwesens hinein bis hin in die mikrokosmische Welt der Schule. Durch die beschleunigte Dynamik der Entwicklung ist es zu einem vorrangigen Thema geworden; nicht umsonst sind in den letzten Jahren eine Fülle von Arbeiten zu diesem Themenbereich erschienen (mit zahlreichen Erklärungsversuchen und Lösungsvorschlägen). Die Erfahrung mit der Fremdheit (im eigenen Land und in der beruflichen und privaten Begegnung mit den anderen in der Fremde) und die Schwierigkeiten des interkulturellen Verstehens, aber auch die Entdeckung der Fremdheiten im Verhältnis der Geschlechter und Generationen, der sozialen Schichten und Religionen sind zu Grundfragen unserer gesellschaftlichen Wirklichkeit geworden, die der Beantwortung bedürfen.

Vor allem ist es die Fremdheitserfahrung im eigenen Land im Zuge von Zuwanderungen bis in die Gegenwart hinein (Aussiedler, Flüchtlinge, Asylbewerber) mit den Auswirkungen, die Bürger im Alltag wahrnehmen und die sie beunruhigen, z. B. Notunterkünfte auf freien Plätzen der Städte und in Schulen, die Kostenbewältigung zu Lasten anderer wichtiger gesellschaftlicher Bereiche sowie politische Demonstrationen politisch extremer Ausländer, die die Menschen in erster Linie beschäftigen und wo sie für sich selbst Nachteile und Beeinträchtigungen vermuten. Aber Minderheiten und Mehrheiten sind trotz aller kulturellen Unterschiede darauf angewiesen, miteinander auszukommen, und zwar auf eine ehrliche, offene, den friedlich auszutragenden Konflikt nicht ausklammernde Weise. Romantisierende Zuwendung oder unversöhnliche Ablehnung helfen nicht weiter. Im übrigen wird dabei eine viel weitere Perspektive, nämlich die viel größere Zahl von klassischen Arbeitsmigranten sowie die kaum wahrgenommenen gutsituierten Ausländergruppen, etwa viele Japaner in Düsseldorf oder die schon genannten Engländer, Franzosen, Niederländer, vergessen, die ebenfalls zur ethnischen Vielfalt in unserem Lande beitragen und auf ihre Weise auch die bis dato vertraute Gesellschaft verändern. Es geht grundsätzlich darum klarzumachen, daß durch die Begegnung unterschiedlicher Kulturen immer die Möglichkeit des Entstehens konfliktträchtiger Situationen gegeben ist, die nur durch die Bereitschaft zu interkulturellem Verstehen und grundsätzliche Anerkennung der Berechtigung der Interessen des anderen/Fremden entschärft und überwunden werden können.

Hinzu kommen andere Veränderungen in unserer eigenen Gesellschaft. Die vertrauten Parameter unseres gemeinschaftlichen und kulturellen Lebens werden in Frage gestellt. Formen des Zusammenlebens in der Gemeinschaft verändern sich, die Verunsicherung hinsichtlich der Wertekategorien nimmt zu, die bisher in ihrem Anspruch unbestrittenen Autoritäten (Staat, Kirche, Justiz etc.) werden nicht mehr vorbehaltlos akzeptiert; es gibt eine verbreitete Politik- und Parteienverdrossenheit. Verunsicherung und Ungewißheit gibt es im Zusammenleben der Menschen dieser Welt: die Bildung der Europäischen Union mit den wirtschaftlichen, politischen und staatlichen Veränderungen, der Wegfall des Eisernen Vorhangs, das Ansteigen einer grenzüberschreitenden Kriminalität, die bevorstehende Umweltkatastrophe, um nur einiges zu nennen. Was früher vertraut und gewiß erschien, ist heute einem Prozeß der Veränderungen (Wohin?) unterworfen, oder es erscheint wenigstens so.

Die vorliegende Arbeit versucht, dieses Gesamtproblemfeld aufzuschließen, indem sie Zusammenhänge aufzeigt und erklärt, mögliche Lösungsmodelle vorstellt und Hinweise zur Entwicklung von Handlungskompetenzen und zu begründeten Entscheidungen im Einzelfall gibt. Die Darstellung der Wanderungsbewegungen in die Bundesrepublik und in die Länder der Europäischen Union eröffnet die Behandlung des Themas. Sie werden in ihren verschiedenen historischen Phasen nachgezeichnet, Versäumnisse der Politik und der maßgeblichen gesellschaften Kräfte werden kritisch angemerkt, auch die Hilflosigkeit gegenüber der Fremdheitserfahrung und den daraus möglicherweise erwachsenden gesellschaftlichen Konsequenzen nicht verschwiegen, und denkbare zukünftige Entwicklungen werden aufgezeigt. Die Plazierung dieses Beitrags an den Anfang zielt in erster Linie darauf, Wirkungszusammenhänge aufzuzeigen und eine Weise des Verstehens anzubieten.

Der zweite Beitrag bemüht sich darum, theoretische Erklärungsangebote für die Xenophobie, die Angst vor dem Fremden, und ihre Folgen, Fremdenfeindlichkeit und Fremdenhaß bis hin zum Rassismus und zur Gewalt, darzustellen. Gesellschaften im Streß, im Umbruch, Gesellschaften, deren Wertesystem und kulturelle Parameter plötzlich zur Disposition gestellt sind, reagieren in bestimmter Weise auf die Erfahrung des anderen und des Fremden. Die besondere Streßsituation wird am Beispiel der neuen Bundesländer exemplifiziert, wobei gleichzeitig aber unmißverständlich deutlich gemacht wird, daß die Abgrenzung zum anderen und die Ausgrenzung des Fremden mit den bekannten schlimmen Folgeereignissen bei vergleichbaren Gegebenheiten auch anderswo auftreten können.

Die Diskussion über Fremdheitserfahrung und über mögliche Formen und Modelle des Zusammenlebens von Einheimischen und anderen/Fremden hat in den letzten Jahren an Intensität und Umfang zugenommen. Sie wird auf allen Ebenen geführt, leider nicht immer sachgerecht, manchmal populistisch und nicht immer erkennbar um verstehendes Eindringen in die komplexe Materie bemüht. Dabei fällt die terminologische Vielfalt auf, oft auch die Unschärfe, mit der Begriffe verwendet werden: Verschiedene Inhalte werden von verschiedenen Autoren mit den gleichen Begriffen bezeichnet. Interkulturalität, multikulturelle Gesellschaft, interkulturelle Gesellschaft etc. werden inflationär und uneinheitlich verwendet. Sie haben darum nicht immer die im jeweiligen Zusammenhang wünschenswerte Eindeutigkeit. Manchmal sind es nur Nuancen, dann aber auch große Unterschiedlichkeiten bis hin zur Auffassung, daß es so etwas wie eine objektive Qualität von Fremdheit gebe. Fremdheit ist aber eben nicht eine Qualität, die nur bestimmte Gruppen haben und andere nicht. Fremd sind wir alle, je nachdem wo wir uns befinden und mit wem wir zusammen sind.

Überdies ist Anders- bzw. Fremdsein mehrschichtig: Es gibt soziale und durch Unterschiede in der Bildung bedingte Fremdheit, Fremdheit zwischen den Generationen und Fremdheit aufgrund von Lebensgewohnheiten und Anspruchshaltung. All dies bedarf der Klärung und Operationalisierung, um die Diskussion transparenter zu gestalten und die jeweiligen Ausgangspunkte in der Argumentation eindeutiger kenntlich zu machen. Das wird besonders offenkundig im Vergleich mit anderen Ländern. Denkt man an die Debatte in Frankreich, so fällt auf, daß eine Beschäftigung mit der Frage »Was ist fremd, was bedeutet Fremdheit?« in den theoretischen Überlegungen eher vermieden und das Phänomen der Fremdheit mit anderen Begriffen (als in der Diskussion in der Bundesrepublik) beschrieben wird. Eine Begriffsklärung und Begriffsbestimmung schienen daher geboten, und deshalb widmet sich das zweite Kapitel zum einen der Klärung der Begriffe und versucht zudem die Herangehensweise an das Problem in anderen Ländern, hier Frankreich und Polen, als Folie für die Diskussion in unserem Lande fruchtbar zu machen.

Dies ist auch der entscheidende Grund für die Einbeziehung der beiden Länder Polen und Frankreich in das Projektvorhaben. Anders als in der Bundesrepublik erfolgt die Zuwanderung nach Frankreich wesentlich aus dem

Süden. Die Gesellschaft im postkommunistischen Polen befindet sich mitten in einem Prozeß der Transformation und des Wandels und muß sich früher oder später dem Phänomen des anderen/Fremden in der Gesellschaft stellen, allerdings unter den besonderen Voraussetzungen und Bedingungen des gegebenen gesellschaftlichen Entwicklungsstandes. Parallelen zum Beitrag über die Gesellschaft im Streß sind leicht von der Hand zu weisen. In der Auseinandersetzung mit den Entwicklungen in Polen und Frankreich eröffnen sich darüber hinaus zusätzlich Aspekte für die Auseinandersetzung mit dem Thema »Der Umgang mit dem anderen/Fremden«.

Auch der Ausblick auf Kanada, die USA und Australien und die dort entwickelten Gesellschaftsformen ist als Folie für die Diskussion der Situation in unserem Land zu verstehen. Der Ausblick auf andere Länder ist zugleich als Manifestation der Multiperspektivität zu sehen, eines Denkansatzes, der wiederholt in diesem Band auftaucht. Multiperspektivität, d.h. die Fähigkeit, sich in die Sichtweise anderer hineinzudenken und Sachverhalte und Entwicklungen aus verschiedenen Gesichtswinkeln zu betrachten, ist wesentliche Voraussetzung für die Kompetenz zu interaktiver, interkultureller Kommunikation. Die bisher allenthalben explizit und implizit geltende Eurozentriertheit und Ethnozentriertheit muß aufgebrochen werden zugunsten einer wechselnden perspektivischen Betrachtungsweise. Ein solcher Perspektivenwechsel als Grundprinzip des Lehrens und Lernens ist von besonderer Bedeutung für die Schule und hat darum seit Jahren als Prinzip im Fremdsprachenunterricht – das Lernen einer anderen Sprache ist eo ipso ein Perspektivenwechsel –, aber auch im Geschichtsunterricht, in der Religionskunde und im Ethikunterricht einen festen Platz. Zum Prinzip erhoben und zur Maxime des unterrichtlichen Handelns schlechthin gemacht, kann Multiperspektivität zu interkulturellem Dialog und zur Verständigung zwischen den Ethnien mit dem Ziele der gemeinsamen Gestaltung des gesellschaftlichen Zusammenlebens beitragen.

Im darauffolgenden Abschnitt erfolgt eine deutliche Hinwendung zur Schule. Dienten die ersten Kapitel einer Darstellung der Geschichte der Wanderungsbewegungen nach Deutschland, Frankreich und die Europäische Union und ihrer Konsequenzen, der Erklärungsversuche von xenophoben Verhaltensweisen von Menschen, der Begriffserklärung und der Darstellung unterschiedlicher Umgehensweisen mit dem Phänomen des anderen/Fremden, der Erläuterung von Beispielen und Modellen, so erfolgt nun mit dem Kapitel über Multiperspektivität die Wendung ins Pädagogische, in dem der Themenkomplex als solcher beschrieben und die notwendige Kompetenz und ihre Bedingungen, unter denen sie wirksam werden kann, dargestellt werden.

Sodann erfolgt abschließend eine zusammenfassende Darstellung der Aufgaben und Inhalte interkulturellen Lernens, nicht als Einzelhandlungsanweisung für den Unterricht, sondern als Darstellung des Rahmens, in dem sich interkulturelles Lernen konkretisieren kann. Dieser Rahmen wird weiter gefaßt als sonst vielleicht üblich, indem Erziehung zu sozialem Verhalten schlechthin, zu zivilem Umgang miteinander in der eigenen Gruppe als wesentliche Voraussetzung für die Entwicklung von interkulturellen Kompetenzen beschrieben wird. Auch wird deutlich gemacht, daß die Schule zwar einen wesentlichen Beitrag zum positiven Umgang mit dem anderen/Fremden leisten muß, nicht aber alle Versäumnisse der Gesellschaft allein heilen kann. Voraussetzung dazu ist nicht nur eine klare Beschreibung der Bedingungen (Aufbau einer eigenen kulturellen Identität, die irrtümlich immer wieder als a priori gegeben angenommen wird) und der Ziele interkulturellen Lernens (Welche Kompetenzen müssen erworben werden?), sondern auch Änderungen in der Organisation von Schulleben und von schulischem Unterricht (z. B. Schaffung von fachübergreifenden Lernbereichen und Öffnung von Schule für die Begegnung mit den anderen/Fremden in gemeinsamen Projekten) bis hin zu Fragen der Bewertung und Angabe von thematischen Bereichen, in denen interkulturelles Lernen und das Entwickeln einer interkulturellen Kompetenz zum Tragen kommen können.

Kapitel 1
Die Migration in der Europäischen Union und Gesellschaften im Streß

Die beiden einleitenden Beiträge von Christof Lützel und Klaus Peter Fritzsche umreißen die politischen und gesellschaftlichen Rahmenbedingungen, in die sich die Diskussion der pädagogischen Fragestellungen des Umgangs mit dem Fremden einordnet. Die politischen und rechtlichen Fragestellungen im engeren Sinne werden im Beitrag von Christof Lützel behandelt.

Christof Lützel stellt in seinem Aufsatz die Migrationsproblematik in den Staaten der Europäischen Union dar unter besonderer Berücksichtigung der beiden Länder Frankreich und Deutschland. Vorgestellt werden die unterschiedlichen Migrationsgruppen, die Motive und Entstehungsursachen von Migration nach Europa sowie die geltenden rechtlichen Bestimmungen innerhalb der Union. Problematisiert wird die Frage der illegalen Einwanderung. Gleichzeitig wird aber auch auf den Bedarf an Zuwanderung nach Europa aufgrund der Altersstruktur und der nach wie vor sinkenden Geburtenrate verwiesen.

Zur Lösung der Migrationsproblematik stellt Christof Lützel fest, daß weder einzelne Staaten noch die Europäische Union alleine die Migration einzudämmen und zu lenken imstande sind, da die eigentlichen Migrationsursachen nur vor Ort bekämpft werden können. Dazu ist aber kein Nationalstaat, sondern – etwa neben den Vereinten Nationen – nur der europäische Staatenverbund als Ganzes in der Lage. Christof Lützel plädiert daher dafür, zum einen die fundamentalen Fluchtursachen konsequenter als bisher versuchen zu minimieren und zum anderen auf europäischer Ebene gemeinsam die Probleme anzugehen. Eine solche gemeinsame europäische Politik würde jedoch auch die weitere Abgabe an Souveränitätsrechten auf dem Gebiet der Innen- und Rechtspolitik bedeuten. Das Vertragswerk von Maastricht und der neu eingeführte »3. Pfeiler« würden hier den notwendigen rechtlichen Rahmen bieten. Denkbar wäre in diesem Zusammenhang die Schaffung eines europäischen Einwanderungsgesetzes unter strikter Trennung eines europäischen Einwanderungsrechts. Durch eine geregelte Einwanderung würden auch die Akzeptanz der Migration innerhalb der Bevölkerung anwachsen sowie die die »Abwehrreaktionen« der einheimischen Bevölkerung abnehmen. Gleichzeitig würde aber auch die Lebenssituation der Migranten selbst verbessert.

In jedem Fall, so Christof Lützel, wird die Migration auch künftig ein aktuelles und drängendes Problem bleiben. Die Europäische Union wird sich auf immer neue Einwanderungswellen einstellen müssen und bleibt daher zu einer aktiven Politik aufgerufen.

Für Klaus Peter Fritzsche stehen die Problembereiche der Fremdenfeindlichkeit und die Bedingungen von Toleranz im Mittelpunkt seiner Betrachtung. Der Umgang mit der kulturellen und ethnischen Pluralisierung, so Klaus Peter Fritzsche, ist stark durch Vorurteile, Fremdenfeindlichkeit und teilweise auch Rassismus geprägt. Den internationalen Migrationsbewegungen wird vielfach mit Angst begegnet. Warum reagieren viele Bürger fremdenfeindlich auf Armutsflüchtlinge, Asylbewerber und Arbeitsmigranten? Bei der Diskussion der Fremdenfeindlichkeit konzentriert sich Klaus Peter Fritzsche auf deren Erklärung. Aus der Vielfalt der Erklärungsangebote bevorzugt er diejenigen, die den Schwerpunkt auf den subjektiven Faktor legen: auf die Art, wie man die politische und gesellschaftliche Realität wahrnimmt und interpretiert. Im Mittelpunkt stehen Ergebnisse der Autoritarismus- und Vorurteilsforschung. Ansätze des subjektiven Faktors zu bevorzugen bedeutet, daß man davon ausgeht, daß der Druck der objektiven gesellschaftlichen Verhältnisse sich nie direkt und ungefiltert in politisches Bewußtsein und Verhalten umsetzt, sondern daß erst der interpretierte Druck und die gedeuteten Belastungen über deren Einfluß und Wirkung entscheiden. Diese Entscheidung für einen bestimmten Ansatz hat außerdem deshalb Gewicht, da allein der »subjektive Faktor« pädagogischer Beeinflussung zugänglich ist. Gleichwohl bleibt seine Argumentation nicht blind gegenüber den Einflüssen der strukturellen und situativen Faktoren, und Klaus Peter Fritzsche bemüht sich mit seinem Anknüpfen an die Streßtheorie auch nachdrücklich um eine Integration der subjektiven und der situativen Ebene. Seine zentrale These lautet: Sozialer Streß macht anfällig für Xenophobie.

Christof Lützel

Die Migration in Deutschland, Frankreich und in der Europäischen Union

1. Einleitung

Seit einigen Jahren ist die Migrationsproblematik ein weltweit debattiertes, wenn auch kein neues Phänomen. Wanderungsbewegungen gab es in allen Menschheitsepochen. »Migration« (Wanderung) kann verstanden werden als der »dauerhafte ›freiwillige‹ Wechsel einzelner Menschen oder ganzer Gruppen in eine andere Region oder Gesellschaft«.[1] In der Neuzeit wurde Migration im wesentlichen durch Landflucht und durch die zunehmende Verstädterung hervorgerufen.[2] Heute finden Wanderungsbewegungen ihre Ursachen hauptsächlich in Menschenrechtsverletzungen, wirtschaftlicher und sozialer Not oder ökologischen Katastrophen.[3]

Latent war die Migrationsproblematik Gegenstand nationaler Politiken sowohl in der Bundesrepublik Deutschland als auch in anderen Staaten Europas seit dem Aufkommen der Wirtschaftskrisen 1973 und zu Beginn der 80er Jahre. Die Wirtschaftskrisen lösten jeweils eine Diskussion um einen Einwanderungsstopp aus. Allerdings konzentrierte sich die Migration damals hauptsächlich auf Wanderungen im Bereich der Nord-Süd-Achse. Erst mit den politischen Umwälzungen im Osten und der Öffnung der Grenzen kam eine Ost-West-Wanderung hinzu, die die Migrationszahlen anwachsen ließ. Deutschland war durch den anfänglichen Exodus der ehemaligen DDR-Bürger, der Aussiedler sowie

---

1 Mühlum, A.: Armutswanderung, Asyl und Abwehrverhalten. Globale und nationale Dilemmata, in: APuZ B 7/93, S. 8.
2 Der Begriff »Ausländer« wird in der deutschen Literatur häufig sehr verallgemeinernd angewandt. Unter dem Oberbegriff »Ausländer« sind zahlreiche unterschiedliche Gruppen zusammengefaßt: Wanderarbeitnehmer, Flüchtlinge, Asylbewerber, Aussiedler, ausländische Studenten und Wissenschaftler u.v.m. Da im Hinblick auf die Bundesrepublik Deutschland beispielsweise viele der sogenannten »Ausländer« schon mehrere Jahrzehnte in Deutschland leben, wird in dem vorliegenden Beitrag, wenn »Ausländer« mit nichtdeutscher Staatsangehörigkeit angesprochen werden, der international gebräuchliche Begriff »Migranten« gebraucht. Differenziert wird nochmals im Hinblick auf Migranten aus Staaten der Europäischen Union und aus den übrigen Staaten. Erstere können seit Inkrafttreten des Vertragswerks von Maastricht am 1. November 1993 und gem. Art. 8 EGV »Unionsbürger« genannt werden.
3 Vgl. Forschungsinstitut der Deutschen Gesellschaft für Auswärtige Politik e.V. (Hrsg.): Internationale Migration: Herausforderungen einer neuen Ära. Politische Perspektiven und Prioritäten für Europa, Japan, Nordamerika und die internationale Gemeinschaft, Arbeitspapiere zur Internationalen Politik Bd. 80, Bonn 1994, S. 1.

durch die Auswirkungen des »liberalen« Artikels 16 (2) GG (»Politisch Verfolgte genießen Asylrecht«) verstärkt von Migrationen betroffen.[4] Neu ist daher – neben der Ost-West-Wanderung – auch die Dimension der heutigen Wanderungsbewegungen. Zwar liegt der Wanderungshöhepunkt, gemessen an der Gesamtzahl derjenigen, die auf der Erde lebten, nach wie vor zwischen 1845 und 1924, als 5% der damaligen Weltbevölkerung ihre Heimat verließen. Seither hat sich die Weltbevölkerung jedoch fast versechsfacht und die absolute Zahl von Migranten verdoppelt.[5] Laut Jahresbericht der Hochkommissarin für Flüchtlinge der Vereinten Nationen, Sadako Ogata, lebten Anfang 1995 in 29 Staaten jeweils mehr als 100.000 Flüchtlinge. An der Spitze dieser Staaten standen Pakistan (2,2 Millionen), Zaire (1,7 Millionen) und Deutschland, welches 1,35 Millionen Flüchtlinge und Asylsuchende aufnahm.[6]

Die infolge der Wanderung entstandenen Probleme führten mit unterschiedlicher Intensität zu Kontroversen in fast allen Mitgliedstaaten der Europäischen Union. Die Integration von 10 Millionen Nicht-EU-Bürgern (1991) erscheint vor allem aufgrund der teilweise großen ethnischen und religiösen Unterschiede als eine schwer zu lösende Aufgabe.[7] Und es wird vermutet, daß die Migration besonders aus den sogenannten »Dritte-Welt-Staaten« weiter zunehmen wird und der fortschreitende Migrationsdruck politische Instabilität hervorrufen könnte.[8]

In dem folgenden Beitrag sollen zunächst die verschiedenen »Migrationsgruppen« sowie die Motive und Ursachen für Migration erläutert werden. Dargestellt werden auch einige Statistiken. In Kapitel 3 des Beitrags werden sodann die auf europäischer Ebene bereits bestehenden rechtlichen Bestimmungen und Initiativen erörtert. Angesprochen werden soll hier auch die Problematik der illegalen Einwanderung sowie der Zuwanderungsbedarf der EU-

---

4 Unter dem Begriff »Asyl« wird die Gewährung von Schutz einer Person verstanden, beispielsweise durch einen Staat und auf dessen Territorium. Was den Begriff »Asylbewerber« anbelangt, so kann er definiert werden als »(...) Personen, die sich innerhalb der Grenzen eines Staates aufhalten, dessen Bürger sie nicht sind und die bei der Gastregierung um politisches Asyl gemäß der internationalen Flüchtlingskonvention nachsuchen«. Forschungsinstitut der Deutschen Gesellschaft für Auswärtige Politik e.V. (Hrsg.): Internationale Migration: Herausforderungen einer neuen Ära, Bonn 1994, S. 5.
5 Die Migranten, die in dem genannten Zeitraum Europa verließen, waren hauptsächlich Auswanderer aus Europa, die in die USA übersiedelten. Vgl. Segbers, K.: Entstehungsursachen und Entwicklungstrends von Wanderungsbewegungen, in: Butterwege, C./Jäger, S. (Hrsg.): Europa gegen den Rest der Welt? – Flüchtlingsbewegungen – Einwanderung – Asylpolitik, Köln 1993, S. 17. Die Weltbevölkerung betrug 1995 etwa 5,8 Milliarden Menschen, vgl. Frankfurter Allgemeine Zeitung (FAZ), 19.12.1995.
6 Vgl. FAZ, 16. 11. 1995.
7 Von diesen 10 Millionen Migranten stammen wiederum 3,7 Millionen aus den übrigen Staaten Europas und 2,3 Millionen aus Afrika. Vgl. Koepf, P.: Stichwort Asylrecht, München 1992, S. 52.
8 So beispielsweise Oberndörfer, D.: Vom Nationalstaat zur offenen Republik. Zu den Voraussetzungen der politischen Integration von Einwanderung, in: APuZ B 9/92, S. 21.; Biermann, R.: Migration aus Osteuropa und dem Maghreb, in: APuZ B 9/92, S. 29–36; Forschungsinstitut der Deutschen Gesellschaft für Auswärtige Politik e.V. (Hrsg.): Internationale Migration: Herausforderungen einer neuen Ära, Bonn 1994, S. 10.

Staaten aufgrund der demographischen Entwicklungen in Europa. Daran schließt sich eine Betrachtung der Migrationsproblematik in den einzelnen Staaten der Europäische Union an. Besondere Berücksichtigung finden dabei die beiden Länder innerhalb der Europäischen Union, die in den vergangenen Jahren die größte Anzahl an Migranten aufnahmen: Deutschland und Frankreich. Der Beitrag berücksichtigt damit auch einen der beiden Länderschwerpunkte der Arbeitsgruppe »Umgang mit dem Fremden«.[9] Zuletzt werden einige Vorschläge und Lösungsansätze aus der wissenschaftlichen Debatte dargelegt. Dabei soll auch deutlich werden, wie sich die Migrationsproblematik für die Staaten der Europäischen Union künftig darstellen könnte und welche Schlußfolgerungen sich bei der Lösung der Migrationsursachen ergeben könnten.

2. Die Migration nach und in Europa in den 80er und 90er Jahren: Begrifflichkeiten, Statistiken und Ursachen von Migration

Die unterschiedlichen »Migrationsgruppen«

Migranten wird im Rahmen von internationalen Übereinkommen, wie etwa nach der Genfer Flüchtlingskonvention, dem Asylrecht oder aus humanitären Gründen, ein Aufenthaltsrecht gewährt.[10] Eine große Rolle spielt dabei auch die Familienzusammenführung. Im allgemeinen kann zwischen folgenden Formen der Flucht- bzw. Migrationsbewegungen unterschieden werden:

a) *Flüchtlinge*
   Dem Flüchtlingsbegriff im engeren Sinne liegt die Genfer Flüchtlingskonvention zugrunde. Hierunter fallen Personen, die aus begründeter Furcht vor politischer, religiöser oder ethnischer Verfolgung in ein anderes Land fliehen und dort meist Asyl beantragen. Als asylsuchende Menschen werden diejenigen bezeichnet, die zwar einen Asylantrag gestellt haben, über den jedoch noch nicht rechtskräftig entschieden wurde. Werden Flüchtlinge

---

9   Vgl. hierzu die Einleitung der Publikation. Zu Polen, welches hier unberücksichtigt bleibt, vgl. den Beitrag von Marek Prawda in diesem Band.
10 Das Genfer Flüchtlingsabkommen über die Rechtsstellung von Flüchtlingen vom 28.07.1951 definiert die Asylgewährung gemäß dem Völkerrecht als Recht, jedoch nicht als Pflicht des Staates. Die Genfer Flüchtlingskonvention verpflichtet keinen der bislang 109 Unterzeichnerstaaten zur Aufnahme von Flüchtlingen oder politisch verfolgten Personen. Sie war ursprünglich nur für Flüchtlinge aus den kommunistischen Staaten Osteuropas gedacht. Erst das Zusatzprotokoll von 1967 schuf einen uneingeschränkten Flüchtlingsbegriff, der in viele internationale Vereinbarungen und nationale Gesetze Eingang gefunden hat. Die Bedeutung der Genfer Flüchtlingskonvention liegt vor allem darin, daß erstmals der internationale Rechtsstatus von Flüchtlingen einheitlich geregelt wurde. Zu den Zahlenangaben vgl. Vereinte Nationen (Hrsg.): Bericht des Generalsekretärs der UNO Boutros Boutros-Ghali (September 1993) über die Tätigkeit der Vereinten Nationen, 47. bis 48. Tagung der Generalversammlung, Wien 1993, S. 73.

nach dem jeweiligen nationalen Asylverfahrensgesetz anerkannt, sind sie asylberechtigt.

Nochmals differenziert wird der Flüchtlingsbegriff in »Kontingentflüchtlinge«, »De-facto-Flüchtlinge« und »Umweltflüchtlinge«. Als »Kontingentflüchtlinge« werden diejenigen Flüchtlinge bezeichnet, die von einem Staat im Rahmen internationaler humanitärer Hilfsaktionen aus Krisengebieten nach bestimmten Kontingenten aufgenommen werden. Als De-facto-Flüchtlinge gelten Personen, die keinen Asylantrag gestellt haben oder deren Asylantrag abgelehnt worden ist, denen aber aus humanitären oder politischen Gründen die Rückkehr in ihr Heimatland nicht zumutbar ist. Eine große Gruppe machen inzwischen auch die Umweltflüchtlinge aus. Als solche können diejenigen Personen gelten, die ihre Heimat vorübergehend oder dauerhaft verlassen müssen, weil durch natürliche und/oder menschenbedingte Umweltschäden die Lebensgrundlagen entzogen wurden.

b) *Intern Vertriebene*
Hierbei handelt es sich um Migranten ähnlich den Flüchtlingen, die unter die Genfer Konvention fallen. Allerdings werden von diesen sogenannten »displaced people« keine Grenzen überschritten, die Flucht spielt sich innerhalb der Grenzen eines Staates ab. Die Binnenwanderung tritt in allen Staaten auf, besonders jedoch innerhalb der »Dritte-Welt-Staaten«. Man schätzt, daß zwischen 20 und 30 Millionen Menschen dort jährlich aus ländlichen Gebieten in die Städte abwandern.[11]

c) *Arbeitsmigranten*
Arbeitsmigranten sind legale, aber auch nichtregistrierte Arbeitnehmer aus Drittländern (etwa aus »Dritte-Welt-Ländern« oder auch aus Mittel- und Osteuropa). Davon zu unterscheiden sind die sogenannten »Wanderarbeitnehmer«. Als solche können Arbeitnehmer innerhalb der EU bezeichnet werden. Für sie besteht in jedem Mitgliedstaat einschließlich der EWR-Länder das Recht, aufgrund ihrer Staatsangehörigkeit ohne jegliche Beschränkung unter gleichen Bedingungen tätig sein zu können wie einheimische Arbeitskräfte.

d) *Aussiedler*
Aussiedler ist gemäß dem Grundgesetz (Art. 116 GG), wer »als Flüchtling oder Vertriebener« die deutsche Volkszugehörigkeit unter Berücksichtigung der Grenzen des ehemaligen Deutschen Reiches von 1937 nachweisen kann. Gemeint sind damit in erster Linie Migranten aus den ehemaligen deutschen Siedlungsgebieten im Osten, d.h. vor allem aus Rumänien, der

---

11 Vgl. Klingebiel, S.: Entwicklungszusammenarbeit und Flüchtlings- und Migrationsproblematik, in: APuZ B 20/94, S. 18.

ehemaligen Sowjetunion und Polen. Schätzungen gehen davon aus, daß noch mehr als 3 Millionen deutschstämmige Menschen in Ost- und Südosteuropa leben, wobei die Rußlanddeutschen mit über 2 Millionen Menschen die größte Gruppe bilden.[12]

Motive und Entstehungsursachen von Migration nach Europa

Folgende Ursachenkomplexe für Migration können genannt werden, wobei zu berücksichtigen ist, daß die Motive und Entstehungsursachen nicht isoliert, sondern kombiniert auftreten.

a) *Kriege, ethnische, religiöse und politische Konflikte*
Seit dem Ende des Zweiten Weltkrieges 1945 bis einschließlich 1992 wurden weltweit insgesamt 181 Kriege geführt; schätzungsweise 30 Millionen Menschen starben. Gab es 1945 »nur« 22, so waren es 1991 schon 50 Kriege oder kriegerische Auseinandersetzungen, da weniger Kriege beendet werden konnten, als neue anfingen. Hauptkriegsschauplatz war und ist nach wie vor die »Dritte Welt«; von den 181 Kriegen nach 1945 fanden bis 1992 170 in den Entwicklungsstaaten statt.[13] Die Nord-Süd-Wanderung wird flankiert durch diejenige von Ost nach West. Seit 1989 verließen 1,2 Millionen Menschen die Staaten des ehemaligen Warschauer Paktes.[14] Zusätzlich verursachte der Krieg im ehemaligen Jugoslawien eine massive Bevölkerungsverschiebung von mehr als 3,8 Millionen Menschen innerhalb der jugoslawischen Republiken; allein in Bosnien verloren 2,7 Millionen Menschen ihre Heimat.[15] Mehr als eine halbe Million Menschen wanderten aus, vor allem nach Deutschland. Befürchtet werden muß auch, daß ähnliche ethnische Konflikte in anderen Regionen der Erde jederzeit aufbrechen können und teilweise schon ausgetragen werden, so etwa im Kaukasus und in Zentralasien, die dann zu Migrationen führen. Auf die Gefährdungen, denen auch diejenigen Personen in den jeweiligen Kriegszonen ausgesetzt sind, die nicht direkt an den Kämpfen beteiligt sind, reagieren viele mit Flucht.

---

12 Angaben des Bundesinnenministeriums, August 1994.
13 Vgl. Debiel, T.: Kriegerische Konflikte, friedliche Streitbeilegung und die Vereinten Nationen, in: APuZ B 2/94, S. 3ff. und S. 7.
14 Die Ost-West-Migration ist inzwischen leicht zurückgegangen, besonders die Migration aus Polen hat nachgelassen aufgrund der eingeführten Währungskonvertibilität und des Privatisierungskurses der polnischen Regierungen nach 1989. Hinsichtlich anderer Staaten in Ost- und Mitteleuropa (etwa Rumänien, Bulgarien oder der Slowakischen Republik) wird vermutet, daß die Ost-West-Wanderung zumindest so lange anhalten wird, bis die schwierige wirtschaftliche Konsolidierung dieser Staaten abgeschlossen sein wird.
15 Angaben des UN-Flüchtlingswerks UNHCR; vgl. Süddeutsche Zeitung (SZ), 31.10./01.11.1995, S. 6.

b) *Demographische Entwicklungen*
Die Weltbevölkerung wächst nicht nur sehr schnell – pro Tag etwa um eine Viertelmillion –, sondern vor allem sehr ungleichgewichtig. Während die Einwohnerzahl Westeuropas mit einer jährlichen Wachstumsrate von 0,1 % relativ konstant bleibt, nimmt die Bevölkerung in China um 1,3 %, in Indien um 2 % und in Westafrika um 3 % pro Jahr zu. Damit erfolgt die Zunahme im wesentlichen auf der südlichen Halbkugel der Erde. Im Jahre 2025 werden Schätzungen zufolge etwa 84 % der Menschen im südlichen Teil der Erde leben.[16] Während der Norden durch das rasche Anwachsen der Weltbevölkerung weitere Migration erwartet, muß der Süden den langsamen wirtschaftlichen Fortschritt auf immer mehr Menschen verteilen. Das dortige Gesundheits- und Bildungswesen ist immer stärker überfordert. Probleme bereitet in den Entwicklungsländern auch das gewaltige Anwachsen der Stadtmetropolen, deren Folgen Überforderung der Infrastruktur (Energie-, Wasser- und Müllentsorgung), hohe Arbeitslosigkeit und wachsende Kriminalität sind. Der Bedarf für die Schaffung von neuen Arbeitsplätzen ist immens, doch selbst bei äußerst starkem Wirtschaftswachstum würde der Gewinn an Arbeitsplätzen durch die rasch anwachsende Bevölkerung aufgezehrt, von den ökologischen Folgen eines solchen Wachstums abgesehen.

c) *Enge internationale Verflechtungen*
Die meisten ehemaligen Kolonialmächte (etwa Großbritannien oder Frankreich) pflegen zu ihren ehemaligen Kolonien weiterhin besondere Beziehungen und stehen nicht zuletzt deshalb unter einem vermehrten Einwanderungsdruck.

d) *Wertesystem der westlichen Demokratien*
Das Wertesystem, auf dem die meisten Demokratien aufbauen, beruht auf einer Reihe von sozialen und humanitären Rechten, die die Grundlage bilden für die Aufnahme von Migranten, aber auch von deren Familienangehörigen. So konnten selbst nach dem »Gastarbeiterstopp« zu Beginn der 70er Jahre in Deutschland beispielsweise die Familien nachziehen, da die Vorstellung, daß einer Person das Recht verweigert werden könnte, bei ihrer Familie zu leben, in den westlichen Demokratien unakzeptabel ist.[17]

e) *Ökologische Auswirkungen*
Nicht zuletzt ökologische Katastrophen und die Vernichtung von Lebensgrundlagen verschärfen die Migrationsproblematik. So wird Migration eben auch dadurch hervorgerufen, daß durch Umweltkatastrophen (Versteppun-

---

16 Vgl. Segbers, K.: Entstehungsursachen und Entwicklungstrends von Wanderungsbewegungen, in: Butterwege, C./Jäger, S. (Hrsg.): Europa gegen den Rest der Welt?, Köln 1993, S. 20.
17 Vgl. Forschungsinstitut der Deutschen Gesellschaft für Auswärtige Politik e.V. (Hrsg.): Internationale Migration: Herausforderungen einer neuen Ära, Bonn 1994, S. 13.

gen, Wassermangel, Entwaldungen) und Störungen des ökologischen Gleichgewichtes (beispielsweise übermäßige Chemisierung der Böden und daraus resultierende Hungersnöte) die Lebensgrundlagen entzogen werden. Der zerstörerische Umgang mit der Natur aus ökonomischen Zwängen vor allem in den Entwicklungsländern vernichtet die lebenswichtigen Ressourcen und veranlaßt die Menschen zur Migration.[18] Schon jetzt, so wird vermutet, stellen die Umweltflüchtlinge eine der größten Gruppe aller Migranten dar. Die Organisation für Ernährung und Landwirtschaft (FAO) hat ausgerechnet, daß inzwischen 1,65 Milliarden Menschen in ökologisch kritischen Zonen leben, in denen eigentlich nur 600 Millionen Menschen existieren können.[19]

Weitere Motive und Ursachen für Migration können fehlende Menschenrechte (Diktaturen) sowie wirtschaftlich rückständige Strukturen und daraus resultierende Massenarmut sein.

Die Migrationsanteile in den Mitgliedstaaten der Europäischen Union

Die Gesamtzahl der Migranten wird von den Vereinten Nationen auf etwa 100 Millionen geschätzt.[20] Von diesen sind etwa 27 Millionen gemäß der Genfer Menschenrechtskonvention Flüchtlinge, 20–30 Millionen Menschen suchen den sich verschlechternden wirtschaftlichen und ökologischen Bedingungen ihrer Heimat zu entfliehen. Weitere 30 Millionen sind innerhalb ihres Landes Vertriebene. (West-)Europa allein nahm in dem relativ kurzen Zeitraum von 1980 bis 1992 15 Millionen Migranten auf. Zwar haben Aus- und Einwanderung von und nach Europa oder auch Wanderungsbewegungen innerhalb Europas seit Jahrhunderten stattgefunden. Allerdings übertrifft die Einwanderung nach Europa im Verhältnis zur Bevölkerungszahl inzwischen diejenige der klassischen Einwanderungsländer USA, Kanada und Australien.[21] Obwohl alle Mitgliedsländer – mit Ausnahme Irlands – zu Einwanderungsländern geworden sind, verstehen sich die EU-Mitgliedstaaten bislang nicht (oder nicht mehr) als solche.

---

18 Vgl. Deutsche Gesellschaft der Vereinten Nationen/DGVN-Bericht: Raumschiff oder Rettungsboot? Globale Bevölkerungsentwicklung und ökologische Tragfähigkeit, »Blaue Reihe« Nr. 40, 1/94, S. 4–34.
19 Vgl. Segbers, K.: Entstehungsursachen und Entwicklungstrends von Wanderungsbewegungen, in: Butterwege, C./Jäger, S. (Hrsg.): Europa gegen den Rest der Welt?, Köln 1993, S. 27.
20 Das Internationale Rote Kreuz prognostiziert die Flüchtlingszahlen um die Jahrtausendwende mit 500 Millionen sogar als noch höher. Vgl. Baehren, L., in: Das Parlament Nr. 31–32, 28.07/04.08. 1995.
21 Vgl. ausführlicher zu der Einwanderungspolitik Kanadas und der USA Forschungsinstitut der Deutschen Gesellschaft für Auswärtige Politik e.V. (Hrsg.): Internationale Migration: Herausforderungen einer neuen Ära, Bonn 1994, S. 16–53.

In bezug auf die Wohnbevölkerung und die Migrationsanteile in den einzelnen Mitgliedstaaten der Europäischen Union ergibt sich zu Beginn der 90er Jahre folgende Tabelle:[22]

Land	Wohnbe-völkerung	Migrationsanteil [a] absolut	%	Hauptherkunftsländer [b]
Belgien (1.1.1991)	9.987.000	905.000	9,1	Italien: 241.000 Marokko: 142.000 Frankreich: 94.000
Dänemark (1.1.1991)	5.147.000	161.000	3,1	Türkei: 30.000 Norwegen: 10.000 Großbritannien: 10.000
Deutschland [c] (31.12 1994)	81.540.000	6.990.000	8,6	Türkei: 1.965.000 Ehem. Jugoslawien: 1.260.000 Italien: 571.000
Finnland (1.11. 1993)	4.900.000	54.000	1,1	Ehem. Sowjetunion: 8.000 Schweden: 6.500 Estland: 5.500
Frankreich [d] (1.1.1995)	57.800.000	3.600.000	6,4	Portugal: 649.700 Algerien: 614.200 Marokko: 572.600
Griechenland (1.1.1991)	10.120.000	230.000	2,3	USA: 22.000 Großbritannien: 19.000 Polen: 13.000
Großbritannien [e] (1.1.1991)	57.900.000	2.430.000	4,3	Irland: 510.000 Indien: 135.000 USA: 98.000

a) Es muß im Hinblick auf die Rubrik »Migrationsanteil« berücksichtigt werden, daß jedes Land, in dem die Staatsangehörigkeit kraft Geburt im Inland erworben werden kann und in welchem die Einbürgerung sowohl rechtlich wie praktisch erleichtert wird, dort zwangsläufig auch ein geringerer Migrationsanteil zu verzeichnen ist als in jenen Ländern, in denen diese Voraussetzungen nicht gegeben sind.
b) Jeweils die ersten drei Hauptherkunftsländer.
c) Angaben gem. dem Bericht der Beauftragten der Bundesregierung für die Belange der Ausländer, Drucksache 13/3140 an den Deutschen Bundestag, 29.11.95, S. 65.
d) Angaben nach »Le Figaro«, 28.01.1996.
e) Angaben des Jahrbuchs des Statistischen Bundesamtes, vgl. FAZ, 28.09.1994.

---

22 In der Tabelle wurde Irland nicht berücksichtigt. Der Migrantenanteil ist in Irland nur sehr gering. Umgekehrt leben rd. 16 Millionen Irischstämmige im Ausland, vorwiegend in den USA (13 Millionen). Demgegenüber betrug die Bevölkerungszahl im Mutterland 1992 nur etwa 3,54 Millionen. Die (gerundeten) Zahlen der Tabelle beruhen vorwiegend auf Angaben der »Beauftragten der Bundesregierung für die Belange der Ausländer«, August 1994.

Land	Wohnbe-völkerung	Migrationsanteil a)		Hauptherkunftsländer b)
		absolut	%	
Italien (31.12.1993)	57.750.000 (1991)	990.000	1,7	Marokko: 98.000 USA: 64.000 Ehem. Jugoslawien: 48.000
Niederlande f) (1.1.1991)	17.300.000	760.000	5,0	Türkei: 212.000 Marokko: 165.000 Deutschland: 49.000
Österreich (1992)	7.900.000	560.000	7,1	Ehem. Jugoslawien: 198.000 Türkei: 119.000 Deutschland: 57.000
Portugal (31.1.1992)	9.880.000	120.000	1,2	Kap Verde: 31.000 Brasilien: 14.000 Großbritannien: 9.000
Schweden (1.8.1993)	8.700.000	500.000	5,7	Skandinav. Länder: 177.000 Europa: 121.000
Spanien (1.1.1991)	39.500.000	480.000	1,2	Südamerika: 98.000 Großbritannien: 86.000 Deutschland: 50.000
Luxemburg (1.1.1992)	392.000	92.600	24,0	Portugal: 24.700 Frankreich: 24.100 Belgien: 16.000

f) Rechnet man die Immigranten mit niederländischer Staatsangehörigkeit aus den ehemaligen Kolonien hinzu, so erhöht sich der Migrantenanteil auf knapp 10%. Vgl. Gimbal, A. I.: Die Zuwanderungspolitik der Europäischen Union: Interessen – Hintergründe – Perspektiven, in: Weidenfeld, W. (Hrsg.): Das Europäische Einwanderungskonzept. Strategien und Optionen für Europa, Gütersloh 1994, S. 74.

Der in der Öffentlichkeit vieldiskutierte Teil der asylbeantragenden Flüchtlinge stellt nur einen Teil der Migranten insgesamt dar. Der Zugang von Asylbewerbern in den westeuropäischen Staaten entwickelte sich in dem 10-Jahres-Zeitraum 1985 bis Juni 1994 wie folgt:[23] In die Bundesrepublik Deutschland kamen zwischen 1985 und Juni 1994 insgesamt 1,736 Millionen Asylbewerber. Während die Zahl in den Jahren 1985–1989 und vor der Öffnung des »Eisernen Vorhangs« insgesamt etwa 455.000 betrug, wurde sie fast allein im »Spitzenjahr« 1992 mit 438.000 erreicht. In dem Zeitraum 1990 bis Mitte 1994 kamen etwa 1,281 Millionen Asylsuchende. Im Vergleich dazu: Die USA, 26mal größer als die

---

23 Die Zahlen beruhen auf Angaben des Bundesinnenministeriums (Juli 1994) bzw. auf den jeweiligen Angaben der einzelnen Mitgliedstaaten.

Bundesrepublik Deutschland, nahmen in der Zeit von 1985 bis Mitte 1994 657.000 Asylsuchende auf. Der Anteil der Bundesrepublik Deutschland am Zugang von Asylbewerbern in der EU lag damit in dem 10-Jahres-Zeitraum bei 58,97% (vgl. i.e. weiter unten). Dabei sank der Prozentsatz nur im Jahr 1987 unter die 50%-Marke, der Höchstwert wurde 1992 erreicht: Damals kamen 78,76% aller Asylbewerber der EG nach Deutschland. Im 1. Halbjahr 1994 lag der EU-Anteil Deutschlands wieder bei 55,53%, der Anteil am Zugang im gesamten Westeuropa (einschließlich Norwegen, Finnland, Schweden, Schweiz und Österreich) lag 1994 bei 50,34%.

Die zweite Position nimmt in absoluten Zahlen der Asylbewerberzugänge der Europäischen Union Frankreich ein. Im gesamten Zeitraum 1985 bis Mitte 1994 kamen etwa 343.700 Menschen nach Frankreich. Zum Vergleich: 176.000 Menschen suchten in Großbritannien Asyl. Italien nahm seit 1985 63.700 Asylbewerber auf. Der Asylbewerberzugang in den EU-Staaten Griechenland, Luxemburg, Portugal und Spanien ist – gemessen an Deutschland oder Frankreich – gering.

3. Die rechtlichen Bestimmungen und politischen Initiativen in der Europäischen Union – Schengen, Dublin, Maastricht

Noch immer ist es in der EU die Regel, Migrationsprobleme eher im Alleingang lösen zu wollen. Die Zusammenarbeit auf EU-Ebene erfolgt meist intergouvernemental.[24] Die Frage, welche Migranten und wie viele in ihr Land kommen sollen, greift nach Ansicht vieler Mitgliedstaaten zu sehr in die jeweilige Souveränität ein. So fallen die Entscheidungen national und damit sehr unterschiedlich aus. Zwar gibt es auf EU-Ebene Bemühungen, um zu einheitlichen Regelungen bei Fragen der Migration zu kommen; bislang blieben durchschlagende Erfolge jedoch noch aus. Einigung erzielten die Innenminister lediglich hinsichtlich des Begriffs des »politischen Flüchtlings«, um grundsätzlich in der Harmonisierung der Asylpolitik voranzukommen. Die getroffene Entscheidung orientiert sich am Genfer Abkommen von 1951. Demnach reicht der Hinweis auf eine Bürgerkriegssituation oder einen gewaltsamen inneren Konflikts von Einreisewilligen nicht aus, um die Anerkennung als politischer Flüchtling zu erreichen.[25]

Zwar sind sich die Mitgliedstaaten prinzipiell einig, daß aufgrund des Abbaus der Kontrollen an den Binnengrenzen im Bereich der Migrationspolitik ein

---

24 Vgl. den Beitrag von Wolf, C.-F.: Eine unionsweite Lösung ist noch nicht in Sicht, in: Europäische Zeitung, 10/1995. Das Europäische Parlament hat sich für eine einheitlich Zuwanderungs- und Asylpolitik ausgesprochen. Vgl. Hausmann, H.: Für eine EU-einheitliche Asylpolitik, in: Das Parlament, 29. 09./06.10.1995.
25 Vgl. FAZ, 24.11.1995.

hoher Harmonisierungsbedarf besteht, doch geht die Zusammenarbeit in der Europäischen Union nur zögerlich voran. Dabei bestünden genügend Anknüpfungspunkte: Alle Mitgliedstaaten unterliegen dem Prinzip demokratischer Rechtsstaatlichkeit und bieten Grundrechtsgarantien. Auch ist man sich in den Mitgliedstaaten der Union weitgehend einig, daß die Integration von ausländischen Mitbürgern der 2. und 3. Generation gefördert werden sollte.[26] Doch hat die Migration in den jeweiligen Ländern unterschiedliche gesellschaftliche Auswirkungen. Deutschland, Frankreich und die Niederlande beispielsweise sind relativ stark von Einwanderungswellen betroffen, in Irland dagegen haben die Einwanderungszahlen nur geringe Bedeutung.

Folgende drei rechtliche Rahmenbestimmungen, die im Zusammenhang mit der Migrationsproblematik in der EU von Bedeutung sind, seien aufgeführt:

– das Schengener Abkommen,
– das Abkommen von Dublin sowie
– die Bestimmungen im Vertragswerk über die Europäische Union.

Das Schengener Abkommen

In dem im Juni 1985 in Schengen (Luxemburg) geschlossenen Übereinkommen zwischen den Benelux-Staaten, Deutschland und Frankreich wurde der »schrittweise Abbau der Kontrollen an den gemeinsamen Grenzen« vereinbart. Ziel dieses Abkommens ist die Erleichterung des Personen- und Warenverkehrs. In einem Zusatzabkommen vom 19. Juni 1990 wurde die Behandlung von Asylanträgen geregelt. Die für Asylsuchende entscheidende Regelung ist in Art. 29 des Schengener Abkommens zu finden, wonach nur noch eine Vertragspartei für die Behandlung eines Asylantrags zuständig sein soll. Da man vermutete, die Grenzöffnung und der Wegfall der Grenzkontrollen ziehe eine verstärkte Zuwanderung von Migranten nach sich, wurde mit dem Schengener Abkommen eine erste Lösung in kleinerem Rahmen angestrebt. Das Abkommen unterscheidet zwischen kurzfristigen und langfristigen Maßnahmen der Vertragsstaaten. Unter den kurzfristigen Maßnahmen sind diejenigen zu verstehen, die eine Reihe von Erleichterungen im grenzüberschreitenden Verkehr vorsehen. Die

---

26 Integration bedeutet praktisch die Eingliederung von Migranten in eine Gesellschaft, ohne von ihnen gleichzeitig die Aufgabe ihrer ethnischen Identität zu verlangen. Hierdurch unterscheidet sich der Integrationsbegriff von dem der Assimilierung, d.h. dem Aufgehen ethnischer Minderheiten in einer Gesellschaft. Europa kennt vier verschiedene Integrationsansätze: Frankreich verfolgt das Assimilationsmodell, Großbritannien bevorzugt die multikulturelle oder multiethnische Gesellschaft, Deutschland wiederum weicht seine relativ strengen Einbürgerungsvorschriften langsam auf, und die Niederlande sowie die Nordstaaten setzen sich für eine umfassende (und teure) Integration der Zuwanderer in die Wirtschaft ein, um diesen einen entsprechenden Beitrag zu ermöglichen. Vgl. Forschungsinstitut der Deutschen Gesellschaft für Auswärtige Politik e.V. (Hrsg.): Internationale Migration: Herausforderungen einer neuen Ära, Bonn 1994, S. 83.

langfristigen Maßnahmen betreffen die Bemühung der Vertragsstaaten, ihre Sichtvermerkspolitik und Einreisebestimmungen zu harmonisieren.[27] Dem Abkommen traten inzwischen auch Italien (November 1990), Spanien und Portugal (Juni 1991) und Griechenland (November 1992) und Österreich (1995) bei.[28]

Zunächst trat das Schengener Abkommen am 26.3.1995 jedoch erst in sieben der neun Unterzeichnerstaaten in Kraft. Das Gebiet der Staaten, die das Schengener Zusatzabkommen anwenden, umfaßte Ende 1995 die Benelux-Staaten, Frankreich, Deutschland, Spanien und Portugal. Noch ist daher das Schengener Abkommen keine Angelegenheit der gesamten Europäischen Union.

Das Abkommen von Dublin

Eine dem Schengener Abkommen vergleichbare Lösung enthält das Übereinkommen über die Zuständigkeitsbestimmung des jeweiligen Staates hinsichtlich der Prüfung eines Asylantrages, welches in Dublin am 15. Juni 1990 von den mit Einwanderungsfragen befaßten und zuständigen Ministern unterzeichnet wurde. Dieses »Dubliner Asylabkommen« wurde von allen EU-Staaten unterzeichnet. Der dem Abkommen zugrundeliegende Gedanke ist, daß jeder, der ein Land betritt, auch dort seinen Asylantrag zu stellen hat und in einem anderen Land nicht nochmals einen Antrag stellen kann. Für ein Asylverfahren ist demnach das Mitgliedsland zuständig, welches einem Asylbewerber ein Visum erteilt hat oder dessen Außengrenzen überschritten wurden. Das Abkommen regelt jedoch nicht die innerstaatlichen Vorschriften über die Prüfung von Asylanträgen und die Rechtsstellung von Flüchtlingen.

Die rechtlichen Bestimmungen im Vertrag über die Europäische Union

Hinsichtlich der Vergemeinschaftung der Einwanderungs- und Flüchtlingsproblematik konnte trotz des Drängens von deutscher Seite auf dem Gipfeltreffen von Maastricht im Dezember 1991 keine Einigung erzielt werden. Die Angelegenheit wurde nur als »gemeinsames Interesse« bezeichnet und auf einer brei-

---

27 Vgl. Wolfrum, R.: Völker- und europarechtliche Bestimmungen zum Schutz von Ausländern – Bürger unterschiedlichen Rechts – aber nicht rechtlos, in: Das Parlament Nr. 2–3, 08./15.01.1993.
28 Vgl. Bundesministerium des Innern (Hrsg.): Aufzeichnung zur Ausländerpolitik und zum Ausländerrecht in der Bundesrepublik Deutschland, Juli 1993, S. 66ff. Das Schengener Abkommen wird im Hinblick auf eine gemeinsame europäische Asylrechtsregelung gegenüber Drittstaaten auch als Beginn einer »Festung Europa« bezeichnet. Kritisch hinsichtlich des Schengener Abkommens vgl. Statz, A.: Einwanderer als Brücke – der migrationsverträgliche Umbau unserer Gesellschaften und die gemeinsame Entwicklung in Europa, in: Butterwege, C./Jäger, S. (Hrsg.): Europa gegen den Rest der Welt?, Köln 1993, S. 252f.

ten Basis aufgenommen (Artikel K.1 in Verbindung mit K.1. Nr. 3 UnionsV). Der Kommission wurde jedoch das Recht eingeräumt, hinsichtlich der Einwanderungspolitik entsprechende Initiativen zu entwickeln (Artikel K.4 Abs. 2 UnionsV).[29] Dennoch bedeutet die Einführung des sogenannten »3. Pfeilers« (Justiz und Innenpolitik) in das Vertragswerk von Maastricht einen relativ großen qualitativen Sprung, galt doch die Migranten- und Einwanderungspolitik noch bis Mitte der 80er Jahre als eine »Kernmaterie« der einzelnen Mitgliedstaaten.[30] So wurde das gesamte nationale »Ausländerrecht« zu einer Materie, mit der sich die Union zumindest befassen kann. Artikel K.1 Nr. 1–3 nennt ausdrücklich die Bereiche Asylpolitik, Einwanderungspolitik, Einreise und Aufenthalt von Migranten aus Drittstaaten sowie die Bekämpfung der illegalen Einwanderung.

Zu einer Übertragung der Asylpolitik von einer bloßen intergouvernementalen hin zu einer supranationalen Zusammenarbeit konnte man sich jedoch nicht durchringen. Weitgehend »vergemeinschaftet« wurde hingegen die Visapolitik. So bestimmt der Rat auf Vorschlag der Kommission künftig die sogenannten Drittstaaten, deren Bürger bei der Einreise einer Visumspflicht unterliegen (Art. 100c Abs. 1 EGV). Der Rat kann zudem bei einem »plötzlichen Zustrom von Staatsangehörigen« aus Drittstaaten aufgrund einer dortigen Notlage mit qualifizierter Mehrheit entscheiden, ob eine Visumspflicht erforderlich sein soll (Art. 100c Abs. 2 EGV).

Entscheidend ist in diesem Zusammenhang die seit dem Inkrafttreten des Vertragswerks von Maastricht eingeführte »Unionsbürgerschaft«. Angehörige von Mitgliedstaaten der Europäischen Union sind aufgrund der europäischen Verträge (Art. 8 EGV) und der darauf aufbauenden Gesetzte »privilegierte Ausländer«. Die Unionsbürger genießen demnach Freizügigkeit und brauchen beispielsweise weder eine Arbeitserlaubnis in einem der Mitgliedstaaten noch eine Aufenthaltserlaubnis und können auch nicht abgeschoben werden. Darüber hinaus haben sie Anspruch auf die Teilnahme an Kommunalwahlen und Wahlen zum Europäischen Parlament am Ort ihres 1. Wohnsitzes (Art. 8b EGV). Artikel 8a EGV schafft in diesem Rahmen zwar auch die Binnengrenzkontrollen sowohl für Unionsbürger wie auch für Bürger aus Drittstaaten ab, allerdings ist die Freizügigkeit für Bürger aus Drittstaaten nach wie vor nicht europarechtlich geregelt.

Auch wenn die Einführung der Unionsbürgerschaft mit der Schaffung einer

---

29 Einwanderungspolitik im weitesten Sinne umfaßt alle staatlichen Maßnahmen und gesellschaftlichen Initiativen, die grenzüberschreitende Migrationsprozesse konsensfähig und effektiv zu steuern versuchen. Vgl. Leggewie, C.: Das Ende der Lebenslügen: Plädoyer für eine neue Einwanderungspolitik, in: Bade, K. J. (Hrsg.): Das Manifest der 60. Deutschland und die Einwanderung, München 1994, S. 55.
30 Vgl. Nanz, K.-P.: Der »3. Pfeiler der Europäischen Union«: Zusammenarbeit in der Innen- und Justizpolitik, in: Integration, 15. Jahrg., 3/92, S. 135f.

gemeinsamen Identität der europäischen Bürger positive Züge trägt, so schließt sie doch nicht aus, daß es in Zukunft vermehrt zu Konflikten und Störungen des gesellschaftlichen Gleichgewichtes kommt durch die rechtliche Kluft zwischen Staatsbürgern aus EU-Mitgliedstaaten und Bürgern aus Drittstaaten. Letztere könnten sich dann verstärkt diskriminiert und als »Bürger zweiter Klasse« fühlen, wenn sie schon seit zehn oder 20 Jahren in einem EU-Mitgliedstaat leben und dennoch über weit weniger Rechte verfügen.

Das Problem der illegalen Einwanderung nach Europa

Die meisten EU-Mitgliedstaaten sind mit dem Problem der illegalen Einwanderung konfrontiert. Dabei entsteht Illegalität nicht nur durch unerlaubte Überschreitung der entsprechenden Staatsgrenzen (beispielsweise durch »Schlepperbanden«). Die Migranten reisen oft legal als Touristen oder Zeitarbeitnehmer ein und befinden sich erst dann in der Illegalität, wenn die jeweilige Aufenthaltserlaubnis endet. Schätzungen gehen davon aus, daß sich inzwischen Millionen von Menschen illegal innerhalb der Grenzen der Europäische Union aufhalten. Allein 310.000 Menschen sollen 1992 auf illegalem Wege nach Deutschland gekommen sein.[31] Aber auch in Frankreich und Italien leben illegale Einwanderer, jeweils werden bis zu 1 Million Menschen dort vermutet. In Spanien wiederum sollen es 300.000 Zuwanderer sein, 150.000 Migranten aus Albanien leben laut Schätzungen illegal in Griechenland, und selbst in dem relativ kleinen Portugal werden mindestens hunderttausend illegale Einwanderer vermutet.[32] Da die illegale Einwanderung von der Öffentlichkeit als Mangel an staatlicher Problemlösungskompetenz wahrgenommen wird und die politische Stabilität der EU-Mitgliedstaaten berührt, ist man verstärkt sowohl auf nationaler als auch auf europäischer Ebene um eine Eindämmung der illegalen Einwanderung bemüht.[33] Illegale Migranten gehen zwar meist nur Beschäftigungen im Randbereich des Arbeitsmarktes nach und ersetzen eher selten einheimische qualifiziertere Arbeitskräfte, andererseits können illegal beschäf-

---

31 Es sei darauf hingewiesen, daß die Zahlenangaben hinsichtlich der illegalen Zuwanderung sehr unterschiedlich sind und oft eher zu hoch eingeschätzt werden.
32 Vgl. Gimbal, A. I.: Die Zuwanderungspolitik der Europäischen Union: Interessen – Hintergründe – Perspektiven, in: Weidenfeld, W. (Hrsg.): Das Europäische Einwanderungskonzept, Gütersloh 1994, S. 72. Vgl. Segbers, K.: Entstehungsursachen und Entwicklungstrends von Wanderungsbewegungen, in: Butterwege, C./Jäger, S. (Hrsg.): Europa gegen den Rest der Welt?, Köln 1993, S. 24.
33 Anläßlich des EG-Gipfels von Edingburgh im Dezember 1992 erklärte der Europäische Rat, »(...) daß die unkontrollierten Einwanderungsströme die Gefahr einer Destabilisierung in sich bergen (...)«. (Die Erklärung der Staats- und Regierungschefs der EG vom 12. 12. 1992 ist abgedruckt in: Bulletin der Bundesregierung Nr. 140 vom 28. 12. 1992, S. 1288.) Daß sich die EU künftig verstärkt mit der Migrationsproblematik wird beschäftigen müssen, hängt auch damit zusammen, daß durch den EU-Binnenmarkt und die Öffnung der innergemeinschaftlichen Grenzen die illegale Wanderung innerhalb der Gemeinschaft weit schwerer zu kontrollieren ist.

tigte Arbeitnehmer die Arbeitsstandards herabsetzen.[34] Lösungen zur Bekämpfung der illegalen Einwanderung werden darin gesehen, daß verschärft gegen Arbeitgeber vorgegangen werden soll, die Migranten ohne Arbeitserlaubnis einstellen. Denkbar wäre, Informationskampagnen in den Herkunftsländern zu veranstalten. Dabei könnte auf die Risiken und Folgen, die illegale Beschäftigung in den Aufnahmeländern hat, hingewiesen werden, so etwa die sofortige Ausweisung der Migranten bei illegaler Beschäftigung.[35]

4. Der Bedarf an Migranten für die Europäische Union

Während in der öffentlichen Diskussion oft vor allem die Asylproblematik in den Vordergrund gerückt wurde oder eine Gefährdung der sozialen Sicherheit und Arbeitsplatzkonkurrenz befürchtet wird, kommt kaum in den Blick, daß langfristig ein Bedarf an Migranten nach Europa besteht. Ein solcher Bedarf ergibt sich aus den demographischen Entwicklungen in der Europäischen Union. Von zwei Tatsachen kann ausgegangen werden: 1. einer anhaltend sinkenden Geburtenrate und 2. der Zunahme der älteren Menschen über 65 Jahre.[36]

Mit diesen beiden Phänomenen (sinkender Geburtenrate, zunehmender Überalterung der Gesellschaft) geht ein Rückgang an aktiven, erwerbstätigen Bürgern einher. Dieses geschieht in einer Zeit, »in der technologische Innovationen und Steuerungsprozesse die Produktion in eine Verwissenschaftlichung und Informatisierung treiben, die nach allgemeinen Erfahrungen der Industrie überwiegend durch die jüngeren Jahrgänge eingeführt und fortentwickelt werden. Die Schrumpfung der aktiven Bevölkerung (…) kann die Fortentwicklung moderner postindustrieller Systeme hemmen«.[37]

Die Migration aus Drittstaaten in die Europäischen Union ist daher – zumindest mittelfristig und unter Berücksichtigung der obengenannten Aspekte – notwendig.[38] Das in fast allen EU-Mitgliedstaaten nachweisliche Sinken der Geburtenraten wird – nach bisherigen Hochrechnungen – anhalten. Berech-

---

34 Forschungsinstitut der Deutschen Gesellschaft für Auswärtige Politik e.V. (Hrsg.): Internationale Migration: Herausforderungen einer neuen Ära, Bonn 1994, S. 5.
35 Vgl. Weidenfeld, W./Hillenbrand, O.: Einwanderungspolitik und die Integration von Ausländern – Gestaltungsaufgaben für die Europäische Union, in: Weidenfeld, W. (Hrsg.): Das Europäische Einwanderungskonzept, Gütersloh 1994, S. 35.
36 Vgl. Schmid, J.: Zuwanderung aus Eigennutz? Der demographische Aspekt des Einwanderungsbedarfes in den EU-Mitgliedstaaten, in: Weidenfeld, W. (Hrsg.): Das Europäische Einwanderungskonzept, Gütersloh 1994, S. 90. Vgl. aber auch Dinkel, R. H./Lebok, U.: Demographische Aspekte der vergangenen und zukünftigen Zuwanderung nach Deutschland, in: APuZ B 48/94, S. 27–36.
37 Schmid, J.: Zuwanderung aus Eigennutz?, in: Weidenfeld, W. (Hrsg.): Das Europäische Einwanderungskonzept, Gütersloh 1994, S. 91.
38 Einwanderungsbedarf kann definiert werden als: » (…) die gesamte Anzahl von Menschen, die erfahrungsgemäß ankommen müßte, um die demographische Lücke zu schließen, die sich aufgrund von Schrumpfung und Alterung der Erwerbsfähigen auftut«. Schmid, J.: Zuwanderung aus Eigennutz?, in: Weidenfeld, W. (Hrsg.): Das Europäische Einwanderungskonzept, Gütersloh 1994, S. 91.

nungen zufolge würde – bei etwa gleichbleibender Geburtenrate und ohne jegliche Zuwanderung – die Bevölkerungszahl der EU-Mitgliedstaaten von derzeit (1996) etwa 370 Millionen auf etwa 320 Millionen Menschen im Jahre 2040 sinken. Der Höhepunkt der Einwohnerzahl der Europäischen Union soll schon um das Jahr 2000 erreicht sein.[39] Problematisch erscheint dabei nicht in erster Linie die Schrumpfung der Unionsbevölkerung um mehr als 50 Millionen, sondern die damit verbundenen demographischen Entwicklungen. Seit 1960 hat sich die Anzahl der älteren Menschen um 50% erhöht. Die Zahl der Menschen mit 80 und mehr Lebensjahren ist in diesem Zeitraum sogar um 154% gestiegen.[40] Und während in den EU-Mitgliedstaaten 1990 etwa 48 Millionen Menschen lebten, die älter waren als 65 Jahre (was einem Anteil an der Gesamtbevölkerung von 14% entspricht), würde dieser Anteil laut Prognosen der Bevölkerungswissenschaftler ohne Migration auf etwa 30% im Jahre 2040 steigen. Es gäbe bei einer solchen Konstellation mehr über 65jährige Menschen als unter 24jährige. Von 320 Millionen Menschen wären dann etwa 100 Millionen älter als 65 Jahre. Gleichzeitig hätte sich die Altersgruppe der Hochbetagten (75jährige und darüber) mehr als verdoppelt. Geht man von einem relativ hohen Wanderungsgewinn von jährlich 1 Million Menschen aus (dem Höchstwert im Jahre 1992 und noch vor den ergriffenen Maßnahmen von seiten der Mitgliedstaaten wie etwa der Grundgesetzänderung in Deutschland), würde das Bevölkerungsvolumen der Europäischen Union zwar bis zum Jahr 2025 ansteigen, dennoch aber bis zum Jahre 2040 wieder stark sinken. Selbst eine hohe Zuwanderung von 1 Million jährlich würde nicht verhindern können, daß der Bevölkerungsanteil der über 65jährigen von 14% auf 26% (statt 28% ohne Zuwanderung) ansteigt. Damit würde aber zumindest gewährleistet sein, daß der Anteil der Erwerbspersonen weit höher läge als ohne Zuwanderung. Während im Jahr 1990 100 Erwerbspersonen 49 Personen (über 65- und unter 15jährige) mitversorgten, wären es ohne Zuwanderung 73 mitzuversorgende Personen. Bei einer Migrationsrate von 1 Million Menschen würde sich die Zahl der Erwerbstätigen im Vergleich zu 1990 leicht erhöhen (166 Millionen), die Quote der mitzuversorgenden Menschen würde dann bei 67 auf 100 Erwerbstätige liegen.[41]

---

39 Bei diesen Berechnungen bleibt allerdings die mögliche Erweiterung der Union nach Osten (etwa Tschechische Republik, Polen und Ungarn) unberücksichtigt.
40 Angaben des Statistischen Bundesamtes, vgl. Stuttgarter Zeitung (StZ), 10.09.1994.
41 Die Zahlenangaben beruhen auf Berechnungen der statistischen Abteilungen der EG (Eurostat, Luxemburg) und wurden dem Gutachten von Schmid, J.: Zuwanderung aus Eigennutz?, in: Weidenfeld, W. (Hrsg.): Das Europäische Einwanderungskonzept, Gütersloh 1994, S. 92–111, entnommen. Dabei wurden jedoch auch die Norderweiterung (Finnland, Schweden) und der Beitritt Österreichs berücksichtigt. Zahlen zu diesen drei Staaten beruhen auf Angaben der Publikation: Europa 2000 – Die Europäische Union der Fünfzehn. Sonderdruck für das Europäische Parlament, 6. Aufl. 1995, S. 5.

Aus den Überlegungen kann gefolgert werden, daß der Überalterungsprozeß selbst bei einer hohen Migrationsrate von 1 Million Menschen nur verzögert, nicht jedoch verhindert werden kann. Der tatsächliche Bedarf an Zuwanderung liegt somit sogar noch höher.[42] Ohne Migration würden folglich die Alterung in der Union und damit der Aufwand für die sozialen Kosten zunehmen, finanziert von einer immer kleineren Zahl an Erwerbstätigen. Kapital, das für innovativen und technologischen Fortschritt benötigt würde, wäre durch hohe Kosten der Altersversorgung gebunden. Wenn die Union den derzeitigen Wohlstand halten will, dann müßte eine – wenn auch kontrollierte und an den Bedürfnissen der EU-Mitgliedstaaten orientierte – Zuwanderung erfolgen.[43]

Bereits heute leisten die Migranten in vielen Staaten Europas einen wesentlichen Beitrag zur wirtschaftlichen Entwicklung und zum Ausgleich von Engpässen auf dem Arbeitsmarkt. Sie tragen so zum Wirtschaftswachstum bei und verbessern die Beschäftigungszahlen. Die in der Bundesrepublik Deutschland registrierten Migranten beispielsweise erwirtschaften einen Wertschöpfungsbetrag von mehr als 200 Milliarden DM jährlich. Die Migranten zahlen hierbei 11 Milliarden DM Lohnsteuer und mehr als 30 Milliarden DM in Kranken-, Renten- und Sozialversicherungskassen ein.[44] Diesen Abgaben von insgesamt mehr als 50 Milliarden DM stehen lediglich Kosten von etwa 15,5 Milliarden DM für die Unterbringung von Asylbewerbern gegenüber.[45] Die häufig vertretene Meinung, Migranten lägen dem Staat auf der Tasche, ist ein widerlegbares Vorurteil. Auch für die gehegte Befürchtung, Migranten würden einheimische Arbeitskräfte verdrängen, gibt es keine Beweise. Im Gegenteil: Infolge des Bevölkerungsrückganges wird die Bundesrepublik Deutschland beispielsweise vor allem in den Bereichen Handwerk und Industrie auf Arbeitskräfte aus Drittstaaten bzw. aus anderen EU-Mitgliedstaaten angewiesen sein.[46]

---

42 Vgl. dazu ausführlich, Schmid, J.: Zuwanderung aus Eigennutz?, in: Weidenfeld, W. (Hrsg.): Das Europäische Einwanderungskonzept, Gütersloh 1994, S. 114–124.
43 Eine kontrollierte Zuwanderung ist deshalb erforderlich, weil »Migration auch destabilisierend wirken (kann), wenn die Mehrzahl der Zugewanderten auf Sozialleistungen angewiesen bleibt und am Rande der Gesellschaft (…) oder gar in der Illegalität lebt«. Daher ist der »Idealfall« dann gegeben, wenn »Einwanderer wirklich gebraucht werden, für ihren Lebensunterhalt sorgen und ihren Beitrag zur Sicherung des Generationsvertrages leisten können«. Bade, K. J. (Hrsg.): Manifest der 60, München 1994, S. 15.
44 Vgl. Weidenfeld, W./Hillenbrand, O.: Einwanderungspolitik und die Integration von Ausländern – Gestaltungsaufgaben für die Europäische Union, in: Weidenfeld, W. (Hrsg.): Das Europäische Einwanderungskonzept, Gütersloh 1994, S 20.
45 Die Zahlenangaben beruhen auf Berechnungen des Bundesinnenministeriums vom Februar 1994. Für die Unterbringung und Betreuung der Asylbewerber mußten Bund, Länder und Gemeinden 1993 etwa 9,7 Milliarden Mark aufbringen.
46 Vgl. dazu ausführlich Gieseck, A./Heilemann, U./Loeffelholz, H. D. von: Wirtschafts- und sozialpolitische Aspekte der Zuwanderung in die Bundesrepublik, in: APuZ B 7/93, S. 29–41; Afheldt, H.: Sozialstaat und Zuwanderung, in: APuZ B 7/93, S. 42–52 und Rürup, B./Sesselmeier, W.: Die demographische Entwicklung Deutschlands: Risiken, Chancen, politische Optionen, in: APuZ B 44/93, S. 3–15.

5. Die Migration in der Bundesrepublik Deutschland

Die verschiedenen Zuwanderungswellen nach 1945

Die Bundesrepublik Deutschland hat in ihrer knapp 50jährigen Geschichte drei verschiedene Einwanderungswellen erlebt: 1. die Phase 1945 bis zum Bau der Mauer im August 1961, als es galt, Millionen von Flüchtlingen und vertriebenen Menschen im Westen Deutschlands zu integrieren.[47] 2. die Phase der Anwerbung von ausländischen Arbeitskräften mit Beginn der 60er Jahre bis zur Wirtschaftskrise 1973 und zum »Ausländerstopp« im November desselben Jahres sowie 3. die Phase seit Beginn der 80er Jahre bis heute.[48]

Personengruppen, die nach (West-)Deutschland ausgewandert sind, waren Bürger aus der DDR (Übersiedler), Aussiedler aus den ehemaligen Ostgebieten, angeworbene Arbeitnehmer und ihre nachziehenden Familienangehörigen (Gastarbeiter), legale und illegale Arbeitsmigranten, Flüchtlinge vor ökologischen, politischen und ökonomischen Katastrophen sowie Asylsuchende. Von insgesamt 81.540.000 Millionen Menschen in Deutschland (etwa 200.000 Menschen mehr als noch 1993) waren 1994 rund 6.990.000 Millionen Migranten, was einem Anteil von 8,6% entsprach.[49] 25,4% dieser Migranten kamen aus Staaten der Europäischen Union. Das Bevölkerungswachstum verlangsamte sich in Deutschland aufgrund des Überschusses von Sterbefällen und durch die geringere Zuwanderung 1994 im Vergleich zu den Jahren davor von 0,9% 1992 über 0,4% 1993 auf 0,2% 1994.[50] Im Zeitraum vom Ende des Zweiten Weltkrieges bis 1990 kamen insgesamt 15 Millionen Menschen in die Bundesrepublik Deutschland.[51] 70% der Migranten leben bereits länger als 10 Jahre in Deutschland, etwa 1 Million ausländische Mitbürger sind hier geboren.[52] 1.544.000 in Deutschland lebende Personen stammen aus den EU-Staaten. Mit ihrem Migrationsanteil nimmt Deutschland im internationalen Vergleich trotz hoher Zuzugszahlen einen mittleren Platz ein: Länder wie Kanada, die Schweiz, Australien oder die ölfördernden arabischen Staaten weisen eine weit höhere Migrantenquote aus. Innerhalb der Europäischen Union liegt Deutschland nach Belgien und Luxemburg an dritter Stelle.[53]

---

47 Allein in der Zeit von 1945 bis Ende 1950 suchten aufgrund der Kriegswirren und seiner Folgen etwa 8,1 Millionen Vertriebene und Flüchtlinge Zuflucht im westlichen Teil Deutschlands.
48 Vgl. zu der Geschichte der »Gastarbeiter« ausführlicher Bade, K. J.: Paradoxon Bundesrepublik: Einwanderungssituation ohne Einwanderungsland, in: Ders. (Hrsg.): Deutsche im Ausland, Fremde in Deutschland. Migration in Geschichte und Gegenwart, München 1992, S. 393–401.
49 Die Zahlen beruhen auf Angaben des Bundesinnenministeriums, Stand: 31.12.1993.
50 Angaben des Statistischen Bundesamtes, FAZ, 13.09.1995.
51 Vgl. Bade, K. J.: Paradoxon Bundesrepublik: Einwanderungssituation ohne Einwanderungsland, in: Ders. (Hrsg.): Deutsche im Ausland, Fremde in Deutschland, S. 401.
52 Die Zahlenangaben beruhen auf Berechnungen des Bundesinnenministeriums, 31.12.1993. Vgl. auch Koepf, P.: Stichwort Asylrecht, München 1992, S. 11.
53 Vgl. Koepf, P.: Stichwort Asylrecht, München 1992, S. 12ff. Vgl. auch: Gimbal, A. I.: Die Zuwande-

Die Zahl der Einbürgerungen ist nach wie vor, gemessen an dem Migrationsanteil, relativ gering. Der Einbürgerungsanteil, gemessen an der ausländischen Bevölkerung insgesamt, lag 1993 bei 0,6%. Dies liegt daran, daß in Deutschland im Unterschied etwa zu Frankreich, wo nach französischer Rechts- und Staatsauffassung im Landes geborene Bürger Franzosen sind, das Prinzip des »jus sanguinis« gilt. Würde man in Deutschland nach französischem Recht verfahren, würden 70% der Migranten in Deutschland einen deutschen Paß erhalten. Knapp 1 Million in Deutschland geborene Jugendliche wären dann Deutsche.[54]

Während also die sogenannten Ermessenseinbürgerungen im Zeitraum 1990–1993 in Deutschland knapp 130.00 betrugen, waren es beispielsweise in Frankreich 233.000 Menschen. In absoluten Zahlen (einschließlich der Migranten, die gem. Art. 116 GG Anrecht auf einen deutschen Paß haben) stieg jedoch auch in Deutschland die Zahl der Einbürgerungen in den vergangenen Jahren deutlich an: Waren 1974 noch 24.700 Menschen eingebürgert worden, waren es zehn Jahre später 38.000, 1989 68.000, 1991 141.000, 1993 199.000 und 1994 immerhin 259.000 Menschen.[55]

Flüchtlinge, Aussiedler und Asylbewerber in Deutschland

Die Zahl der ausländischen Flüchtlinge (mit und ohne Rechtsstatus der Genfer Konvention) die sich Ende des Jahres 1995 in Deutschland aufhielten, lag bei etwa 1,75 Millionen.[56] Sie ließ sich unterteilen in

- 267.000 Asylberechtigte einschließlich Familienangehöriger,
- 67.000 Kontingentflüchtlinge,
- 20.500 heimatlose Migranten,
- 650.000 De-facto-Flüchtlinge,
- 415.000 Asylbewerber,
- 350.000 Bürgerkriegsflüchtlinge.

Von den Migranten in die Bundesrepublik Deutschland fand in den letzten Jahren vor allem die Gruppe der Asylsuchenden in der Öffentlichkeit Beach-

---

rungspolitik der Europäischen Union: Interessen – Hintergründe – Perspektiven, in: Weidenfeld, W. (Hrsg.): Das Europäische Einwanderungskonzept, Gütersloh 1994, S. 68ff.
54 Vgl. Pieper, A.: in: Das Parlament Nr. 2–3, 08./15. 01. 1993. Vgl. i.e. auch den Abschnitt »Die Migration in Frankreich«.
55 Vgl. den Bericht der Beauftragten der Bundesregierung für die Belange der Ausländer, Drucks. 13/3140 an den Deutschen Bundestag, 29. 11. 1995, S. 74 und für die Jahreszahl 1994 Angaben des Statistischen Bundesamtes, vgl. FAZ, 02. 12. 1995.
56 Nach Angaben des Bundesinnenministeriums stieg die Zahl der Flüchtlinge von 610.000 Personen 1985, 865.000 Personen 1989, 1.200.000 Personen 1991 über 1.500.000 Personen 1992 auf 2.000.000 Ende 1993 an. Inzwischen ist die Zahl jedoch wieder rückläufig: Am 31.12.1994 betrug die Zahl der Flüchtlinge in Deutschland 1,75 Millionen. Vgl. den Bericht der Beauftragten der Bundesregierung für die Belange der Ausländer, Drucks. 13/3140 an den Deutschen Bundestag, 29.11.1995, S. 10.

tung, teils wegen der schnell anwachsenden Asylbewerberzahlen, teils aber auch deshalb, weil einige politische Parteien die »Asylproblematik« zum Wahlkampfthema erhoben hatten. Besonders im Bundestagswahlkampf 1980 und 1987 sowie im hessischen Landtagswahlkampf 1989 spielte die »Ausländerfrage« eine bedeutende Rolle, nachdem bei den Wahlen in Berlin (29.1.1989) die »Republikaner« starke Stimmengewinne hatten erzielen konnten.[57] Und auf Bundesebene forderte die Opposition (SPD und GRÜNE), daß, wenn über hohe Zuwanderungszahlen diskutiert werde, auch die Frage der Aussiedler und ihre relativ hohe Anzahl thematisiert und gegebenenfalls auch der Artikel 116 GG geändert werden sollte.

In der Tat stieg die Zahl der Asylsuchenden in der Bundesrepublik Deutschland deutlich an. Während im relativ langen Zeitraum von 1953 bis einschließlich 1979 nur knapp 240.000 Menschen Asyl in der Bundesrepublik Deutschland beantragt hatten, waren es allein 1990 schon 193.000 und 1991 256.000 Personen. 1992 stieg die Zahl nochmals deutlich an (438.000), bevor sie 1993 wieder leicht absank (322.000).

Auf die Staaten Mittel- und Osteuropas entfielen im Monat Juli 1994 40% aller Asylbewerber, der Anteil der Europäer an der Gesamtzahl der Asylbewerber betrug 56%. Hinzu kamen 1989 bis Mitte 1990 etwa 546.000 DDR-Übersiedler sowie zwischen 1986 und 1991 1,3 Millionen Aussiedler, vorwiegend aus Polen, Rumänien und der ehemaligen Sowjetunion. Die Zahl der Antragsteller für einen Aufnahmebescheid ging in den Monaten Januar bis Juli 1994 gegenüber den Vergleichsmonaten 1993 um 20%, gegenüber den Vergleichsmonaten 1992 sogar um ca. 50% zurück. Insgesamt kamen sowohl im Jahr 1994 als auch im Jahr 1995 etwa 210.000 Spätaussiedler (meist aus der ehemaligen Sowjetunion) nach Deutschland.[58]

Die zukünftige Entwicklung der Aussiedlerzahlen wird entscheidend von der wirtschaftlichen und politischen Entwicklung in Rußland abhängen, wo z.Zt. noch etwa 600.000 Rußlanddeutsche leben.

Seit der – im Vorfeld heftig umstrittenen – Änderung (Ergänzung) des Artikels 16 GG sanken die Asylbewerberzahlen deutlich. Während in den ersten sechs Monaten bis zur Grundgesetzänderung im Juli 1993 noch 224.000 Menschen in Deutschland Asyl beantragten, waren es von August bis Dezember 1993 nur noch 98.000. Rapide sanken die Asylbewerberzahlen dann 1994 (127.000) und 1995 (128.000) nach unten.[59]

---

57 Vgl. Bade, K.: »Politisch Verfolgte genießen ...«: Asyl bei den Deutschen – Idee und Wirklichkeit, in: Ders. (Hrsg.): Deutsche im Ausland, Fremde in Deutschland, München 1992, S. 413ff.
58 So kamen von den 20.791 im Oktober 1995 nach Deutschland eingereisten Aussiedlern 20.018 aus der früheren Sowjetunion, 605 aus Rumänien und 151 aus Polen. Angaben des Bundesinnenministeriums, vgl. FAZ vom 02. 11. und 02. 12. 1995.
59 Vgl. den Bericht des Bundesamtes für die Anerkennung ausländischer Flüchtlinge. Die Zahlen sind der FAZ vom 10.01.1996 entnommen.

Das neue Asylrecht hält zwar an dem Kernsatz des alten Artikels 16 GG (2) fest (»Politisch Verfolgte genießen Asylrecht«), die Anwendung wurde jedoch beträchtlich eingeschränkt. Im Vordergrund der Neuregelung steht – anknüpfend an den neuen Artikel 16a GG – das neue Asylverfahrensgesetz. Danach haben Migranten keinen Anspruch auf Asylrecht mehr, wenn sie über sogenannte »sichere Drittstaaten« (EU-Staaten, Norwegen, Schweiz, Polen, Tschechische Republik) oder aus »sicheren Herkunftsländern« kommen (z.Zt. gelten als solche: Bulgarien, Rumänien, Kroatien, Ungarn, die Slowakische Republik, Vietnam, Senegal und Ghana). Da alle Nachbarstaaten Deutschlands »sichere Drittstaaten« sind, besteht kaum noch die legale Möglichkeit für Flüchtlinge, die Bundesrepublik Deutschland auf dem Landweg zu erreichen.

Die Einwanderungszahlen relativieren sich zusätzlich, wenn die Fortzüge von Migranten aus Deutschland berücksichtigt werden. Allein 1991 waren dies rund 500.000 Menschen, 1992 614.000, 1993 710.000 und im 1. Halbjahr 1994 305.000. Gleichzeitig sank der (nach wie vor positive) Wanderungssaldo im gleichen Zeitraum von 423.000 (1991) auf 276.000 1993 bzw. im 1. Halbjahr 1994 auf 65.000.[60]

Verschiedentlich wird davor gewarnt, daß diejenigen Migranten, die früher an einer Landesgrenze Asyl beantragt hätten, nunmehr versuchen könnten, verstärkt illegal zuzuwandern. Denn aufgrund des geänderten Artikels 16 GG, der es erlaubt, »offensichtlich unbegründete« Fälle direkt an der Grenze abzulehnen, kann ein Antrag auf Asyl nur noch vor Ort in Deutschland selbst gestellt werden. Und wenn die Asylbewerberzahlen auch sanken: Weder die Ursachen für Migration noch die Dringlichkeit des Weltflüchtlingsproblems überhaupt haben sich verringert. Daher sind die Erfolgsmeldungen über den Rückgang der Asylbewerberzahlen zu relativieren. Kritiker der Neuregelung vertraten auch schon die Ansicht, daß die Asylproblematik lediglich auf die – ärmeren – Staaten Mittel- und Osteuropas verlagert worden wäre.[61]

Die wichtigsten Herkunftsländer von Migranten nach Deutschland

Die in der Bundesrepublik Deutschland lebenden Migranten setzen sich hauptsächlich aus folgenden Nationalitäten zusammen:[62]

---

60 Vgl. den Bericht der Beauftragten der Bundesregierung für die Belange der Ausländer, Drucks. 13/3140 an den Deutschen Bundestag, 29.11.1995, S. 73.
61 Vgl. Weidenfeld, W./Hillenbrand, O.: Einwanderungspolitik und die Integration von Ausländern – Gestaltungsaufgaben für die Europäische Union, in: Weidenfeld, W. (Hrsg.): Das Europäische Einwanderungskonzept, Gütersloh 1994, S. 15.
62 Vgl. den Bericht der Beauftragten der Bundesregierung für die Belange der Ausländer, Drucks. 13/3140 an den Deutschen Bundestag, 29.11.1995, S. 65.

- Türkei: 1.965.000 Personen
- Ehemaliges Jugoslawien: 835.000 Personen
- Italien: 572.000 Personen
- Griechenland: 355.000 Personen
- Polen: 263.500 Personen
- Bosnien-Herzegowina: 249.000 Personen
- Österreich: 185.000 Personen
- Kroatien: 176.000
- Spanien: 132.000 Personen
- Rumänien: 138.500 Personen
- Portugal: 117.000 Personen
- Niederlande: 113.000 Personen
- Großbritannien: 110.000 Personen
- USA: 108.000
- Iran: 102.000 Personen

Im Zeitraum Januar bis Juli 1994 kamen aus folgenden Staaten Migranten nach Deutschland:[63]

- Restjugoslawien/Bosnien-Herzegowina: 22.730 Personen
- Türkei: 9.700 Personen
- Rumänien: 6.470 Personen
- Afghanistan: 3.030 Personen
- Sri Lanka: 2390 Personen
- Vietnam: 2.260 Personen
- Bulgarien: 1.930 Personen
- Iran: 1.610 Personen
- Algerien: 1.440 Personen

Die Verteilung der Migranten auf die gesamte Wohnbevölkerung fällt sehr unterschiedlich aus: Während in manchen Bundesländern (wie beispielsweise in Baden-Württemberg, Bayern und Nordrhein-Westfalen) der Anteil an Migranten relativ hoch ist – allein in diesen drei Bundesländern leben etwa 50% aller Zuwanderer –, ist die Zahl ausländischer Mitbürger in den neuen Bundesländern beispielsweise noch immer relativ gering: Auf der gesamten Fläche der ehemaligen DDR lebten Ende 1993 gerade 212.000 Migranten, was einen Migrationsanteil von 1,5% der Wohnbevölkerung Deutschlands ausmacht. Dagegen lebten allein in der Stadt Hamburg Ende 1993 261.000 ausländische Mitbürger, in Berlin gar 427.000. Hamburg oder Berlin nehmen jedoch hinsicht-

---

63 Die Zahlen folgen Angaben des Bundesministeriums des Innern (Stand: 1.8.1994) und sind leicht gerundet. Vgl. auch Koepf, P.: Stichwort Asylrecht, München 1992, S. 66.

lich des Migrationsanteils an der jeweiligen Stadtbevölkerung mit einem Migrationsanteil von 15,3% bzw. 12,3% (Berlin) wiederum nur eine Mittelstellung ein. Frankfurt (29%), Stuttgart (23,6%) München (22,7%) oder Köln (18,9%) haben einen weit höheren Migrationsanteil.

6. Die Migration in Frankreich

Frankreich ist traditionell ein Einwanderungsland. Es ist das Land, welches in den letzten beiden Jahrhunderten – gemessen an der Gesamtbevölkerung – die meisten Migranten aufgenommen hat. Auch heute noch bürgert Frankreich innerhalb der Europäischen Union die meisten Migranten ein. So wurden in der Union (einschließlich Österreich, Finnland und Schweden) zwischen 1990 und 1993 rund 1 Million Menschen eingebürgert. Davon erhielten 233.000 Migranten einen französischen Paß, in Deutschland hingegen nur 129.000.[64] Schätzungen gehen davon aus, daß etwa ein Drittel der heutigen Franzosen mindestens einen ausländischen Großelternteil hat.[65]

Obwohl der Prozentsatz an Migranten heute etwa dem in den 30er Jahren gleicht, ist in den vergangenen Jahren die Migrationsproblematik auch in Frankreich mehr und mehr zu einem beherrschenden Thema der Innenpolitik geworden. Dieser Umstand rührt nicht (nur) daher, daß Frankreich in den vergangenen Jahren eine Nettozuwanderung von jährlich etwa 100.000 Migranten hatte, vielmehr ist er darauf zurückzuführen, daß einerseits der Bedarf an Zuwanderern gesunken ist, andererseits die Migranten heute aus weiter entfernten Ländern kommen.[66] Die offiziellen Zahlen derjenigen, die ein Bleiberecht in Frankreich erhielten, sank 1994 im Vergleich zum Vorjahr um 30%. 142.000 Menschen erlangten die französische Staatsbürgerschaft; die Hälfte davon waren Menschen aus dem Maghreb.[67] Die Zahl der Migranten sank von 116.000 1993 auf 83.000 1994.[68] Als Faktoren für diesen Rückgang können die schlechtere wirtschaftliche Lage in Frankreich, die strengere Gesetzgebung seit 1993 und die schärfere Gesetzgebung seit 1991 angesehen werden.

Während 1931 noch 90% der Migranten aus europäischen Ländern stammten, kommen etwa die Hälfte der meist als »immigrés« bezeichneten Migranten

---

64 In Großbritannien wurden 218.000, in den Beneluxstaaten 204.000 und in Schweden 116.000 Menschen eingebürgert. Die Zahlen gehen zurück auf das Statistische Amt Eurostat in Luxemburg, vgl. StZ vom 07.11.1995. In bezug auf Deutschland gelten die Zahlen, wie oben ausgeführt, nur für Migranten, die kein Anrecht auf einen Paß gem. Art. 116 GG haben.
65 Vgl. Kolboom, I./Kurz, I.: Der Nord-Süd-Konflikt im eigenen Land? Maghrebiner und Islam in Frankreich, in: Eisenmann, P./Rill, B. (Hrsg.): Brennpunkte des Nord-Süd-Konflikes, Akademie für Politik und Zeitgeschehen/Hanns-Seidel-Stiftung, München 1993, S. 74.
66 Vgl. Berg, E.: Die Einwanderer-Diskussion in Frankreich, in: Dokumente H. 1/93, S. 55.
67 Inoffizielle Schätzungen gehen allerdings davon aus, daß die Zahl derjenigen, die sich illegal in Frankreich aufhalten, gleichzeitig gestiegen ist. Vgl. Le Monde, 31.12.1995/01.01.1996.
68 Vgl. Le Monde, 31.12.1995/01.01.1996.

heute aus den nordafrikanischen Staaten.[69] Die Gruppe der Migranten aus dem frankophonen Schwarzafrika und aus Nordafrika ist von 26,5% 1975 auf etwa 43% (1992) gestiegen.[70] Umfragen haben ergeben, daß aus der Sicht der einheimischen Bevölkerung zumindest die Migranten aus dem Maghreb als eine »nicht-assimilierbare« Personengruppe gelten.[71] Und während noch 1975 allein die drei wichtigsten Migrationsgruppen aus Portugal, Spanien und Italien 50,5% der französischen Bevölkerung ausmachten, lag ihr Anteil bei der Volkszählung 1990 nur bei 37%. Daß in den vergangen Jahren mehr Menschen nach Frankreich kamen, die sich aufgrund ihrer geringeren Qualifizierung schlechter in den französischen Arbeitsmarkt integrieren lassen, wirkt sich ebenfalls nachteilig aus. In den vergangenen Jahrhunderten war die Einwanderung eher eine »willkommene Notwendigkeit« als ein Problem. Die Integration konnte damals sowohl von den Einwanderern als auch von der aufnehmenden französischen Gesellschaft leichter vollzogen werden. Heute dagegen haben sich die Aufnahmebedingungen und Aufnahmebereitschaft deutlich gewandelt.[72]

Seit der Zeit der Dritten Republik galt, daß die französische Nation keine »biologische« Gemeinschaft darstellt, sondern auf den seit der Französischen Revolution geltenden Prinzipien der Einheit von Staat, Nation und Republik beruht; die in der Revolution erkämpfte »citoyenneté« begründete ein als individuell vorgestelltes Verhältnis des einzelnen zum Staat. Der einzelne wurde nicht als Angehöriger einer Gruppe angesehen, sondern als Bürger. Zumindest theoretisch spielt in Frankreich die Herkunft des Bürgers auch heute noch keine Rolle. In der täglichen Praxis gilt dies jedoch nicht. Xenophobie ist auch in Frankreich weit verbreitet.[73] Die nationale Einheit gründet sich auf eine gemeinsame Sprache und Kultur, und in dieser Einheit haben ethnische, religiöse und sprachliche Partikularismen aufzugehen. Grundlagen dieser Politik sind die

---

69 Mit dem Begriff »immigrés« ist die Gruppe der außerhalb Frankreichs geborenen Einwanderer gemeint. Meist werden mit diesem Begriff Einwanderer aus Marokko und Tunesien und Algerien assoziiert. Vgl. i.e. Kolboom, I./Kurz, I.: Der Nord-Süd-Konflikt im eigenen Land?, München 1993, S. 53f.
70 Vgl. Hartweg, F.: Von der offenen Republik zur Festung Europa. Neue Akzente in der französischen Ausländerpolitik, in: Dokumente H. 5/93, S. 371.
71 Vgl. Kolboom, I./Kurz, I.: Der Nord-Süd-Konflikt im eigenen Land?, München 1993, S. 75.
72 Schon im 14. Jahrhundert wurden vom französischen König Fremde eingeladen, um bestimmte Landstriche zu kultivieren. Später dienten viele Schweizer beispielsweise in der königlichen französischen Armee, ließen sich Kaufleute in den Hafenstädten Marseille, Bordeaux oder Nantes nieder, kamen Fachleute aus den Niederlanden zur Verbesserung der Wasserwirtschaft. Im 20. Jahrhundert wurde nach den verlustreichen beiden Weltkriegen und bedingt durch das starke Wirtschaftswachstum nach dem 2. Weltkrieg bis Mitte der 60er Jahre die Einwanderung begrüßt und forciert. Vgl. Entrup, J. L.: Zur Ausländerdiskussion in Frankreich, in: Konrad-Adenauer-Stiftung – Auslandsinformationen, Februar 1993, S. 9ff.
73 Vgl. Bielefeld, U.: Fremde und Minderheiten in Europa: Frankreich und Deutschland, in: Polis – Politik der Migration – eine Fachtagung im Hessischen Landtag zur Einwanderung. Geschichte – Analysen – Perspektiven. Hrsg. von der Landeszentrale für politische Bildung, Wiesbaden 1992, S. 48; aber auch Kowalsky, W.: Einwanderung, Rassismus und Xenophobie in Frankreich, in: APuZ B 48/95, S. 38–46.

Staatsbürgerschaft in der französischen Ausprägung der »citoyenneté« und das Prinzip der Laizität.[74] Doch gerade das Prinzip der Laizität wurde in den vergangenen Jahren von Anhängern des Islam vermehrt in Frage gestellt. Die Fundamentalisten unter den etwa 3 Millionen Moslems in Frankreich haben in jüngster Zeit verstärkt versucht, ihre politisch-religiösen Ziele offen durchzusetzen. So sorgte im Herbst 1989 die »Kopftuchfrage« in ganz Frankreich für großes Aufsehen und löste eine heftige Diskussion aus. Damals waren in der Stadt Creil zunächst drei Schülerinnen wegen des Tragens des islamischen Kopftuches von der Schule verwiesen worden. Nachdem der Conseil d'Etat in einem Urteil vom November 1989 jedoch entschied, daß jede Schule selbst bestimmen könne, ob sie den Schleier toleriere oder nicht, hatten die drei Schülerinnen den Unterricht wieder aufnehmen können.[75] Im September 1994 verordnete jedoch Unterrichtsminister François Bayrou, daß der »Hidjab« in Schulen nicht mehr getragen werden darf. Allerdings sprach Bayrou in seinem Rundschreiben an die Schulleiter diplomatisch von einem Verbot »auffallender Erkennungszeichen«, um zu vermeiden, den Islam als »Gegner« zu bezeichnen.[76] Doch wird klargestellt, daß jede Diskriminierung innerhalb der Schultore untersagt ist, sei es des Geschlechts, der Religion oder der Kultur. Deswegen könnten die in den vergangenen Jahren vermehrt aufgetretenen »Kennzeichen« – gemeint waren in erster Linie der Schleier und der Tschador, der inzwischen von etwa 700 Schülerinnen getragen wurde – nicht geduldet werden. Die außerdem häufig von seiten der islamischen Eltern gestellten Anträge auf Freistellung von Turn- und Biologieunterricht seien mit den Grundsätzen der laizistischen Schulen unvereinbar.

Mit dieser Haltung kann sich die französische Regierung im übrigen auch auf eine deutliche Mehrheit der Franzosen stützen: 86% der Franzosen sprachen sich bei einer Umfrage für ein Schleierverbot aus.[77]

Im Hinblick auf die Kulturenvielfalt in Frankreich kann somit seit einigen Jahren ein Umdenken konstatiert werden. Das Vielkulturenspektrum erscheint zunehmend nicht mehr als Vorstufe einer offenen Gesellschaft, sondern als deren Gefährdung. Die noch vor einiger Zeit geforderte »Multikulturalität« verschwand aus der französischen Debatte. Nunmehr geht es darum, wie die Integration von Migranten in die französische Gesellschaft erreicht werden kann.[78] Denn obgleich die sozialen Indikatoren wie Kinderzahl, Berufstätigkeit der

---

74 Vgl. dazu i.e. auch den Beitrag »Laizität und Umgang mit dem Fremden in Frankreich« von Yves Bizeul in diesem Band.
75 1992 erklärte das Oberste Verwaltungsgericht (Conseil d'Etat) in einem Fall in der Pariser Region das Zulassungsverbot für zwei muslimische Schülerinnen für ungültig und bestätigte damit nochmals seine Haltung. Wenig wahrscheinlich ist, daß der Conseil d'Etat bei künftig erfolgenden Anfechtungen von Eltern seine Haltung grundsätzlich ändern wird, um sich nicht zu widersprechen.
76 Vgl. FAZ, 22. 09. 1994 und Le Monde, 31.03. 1995.
77 Vgl. StZ, 21. 09. 1994.
78 Vgl. FAZ, 08. 07. 1993.

Frau und Ausbildung der Kinder sich nicht mehr deutlich von derjenigen des französischen Durchschnitts unterscheiden, trifft die Arbeitslosigkeit Jugendliche aus Einwanderungsfamilien in viel stärkerem Umfang, und verursacht die Ghettoisierung der Migranten am Rande der großen Ballungsräume Paris, Lyon und Marseille beträchtliche Probleme. In diesen Randvierteln leben 60% aller Migranten. Die Tatsache, daß in Paris etwa ganze Stadtviertel von Migranten »eingenommen« wurden, trug ebenfalls zum Stimmungsumschwung bei.[79]

Als Reaktion auf die verstärkt erfolgte Migration wurde – wie in vielen Staaten der Europäischen Union – auch in Frankreich die Ausländergesetzgebung in den vergangenen Jahren mehrmals verschärft. Dazu gehört seit Beginn der 90er Jahre u.a. die »loi Sapin« (Dezember 1991), die die Beschäftigung illegaler Migranten härter bestraft. 1992 wurde die Einrichtung von Transitzonen (»Wartezonen«) beschlossen, und nach dem hohen Wahlsieg der liberalen und konservativen Parteien im Frühjahr 1993 machte sich der erneut zum Innenminister ernannte Charles Pasqua daran, ein Gesetzespaket zu verabschieden, das strenge Regelungen für die Aufnahme und Beschäftigung von Einwanderern vorsieht (»loi Pasqua«). Als besonders eingreifend sind diejenigen Bestimmungen anzusehen, wonach anstelle der bisherigen »automatischen« Einbürgerung ein Einwanderer nur dann die französische Staatsbürgerschaft erhalten kann, wenn ein entsprechender Willensakt zur Einbürgerung erfolgt. Außerdem soll die Heirat zwischen Migranten und Franzosen und damit der Erwerb der Staatsbürgerschaft nicht mehr schon nach sechs Monaten, sondern erst nach zwei Jahren möglich sein.

Auch wenn die neuen Regelungen keinen vollständiger Bruch mit der langen französischen Tradition der Ausländer- und Asylpolitik sowie dem Prinzip der citoyenneté (das Prinzip des »jus sanguinis« und des »jus soli« halten sich in etwa die Waage) bedeuten, so setzen sie doch neue politische und rechtliche Akzente.[80] Während der Debatte wurde mehrmals das Prinzip des »jus soli« zur Diskussion gestellt und auch das »deutsche Modell« des »jus sanguinis« ins Spiel gebracht.[81] So warnte man zu Beginn der 90er Jahre von prominenter Seite vor einer »Invasion« und regte an, daß Frankreich seine Einwanderungs- und Staatsangehörigkeitsgesetze ändern müsse.[82] Nicht jeder dürfe automatisch mit

---

79 Vgl. Kruse, K.: Der fremde Kontinent vor der Stadt, Die Zeit, 01. 12. 1995.
80 Das französische Recht ist insofern kein reines »jus soli«, als die Abstammung ebenfalls eine Rolle spielt. Dieses gilt dann, wenn ein Elternteil die französische Staatsbürgerschaft hat.
81 Obwohl sich das deutsche und das französische Staatsangehörigkeitsrecht konträr gegenüberstehen und die Einbürgerung in Frankreich rechtlich bei weitem leichter ist, so gilt doch, daß es zwar juristisch einfacher ist, Franzose zu werden, daß aber die tatsächliche Integration – z.B. gesellschaftlich, auf dem Arbeitsmarkt oder im Hinblick auf die Wohnsituation – weitaus schwieriger ist. Während in Deutschland ein Migrant also rechtlich geringer integriert ist, kann er im Vergleich zu Frankreich sozial weit besser dastehen als im Nachbarland.
82 Der Begriff wurde im Sommer 1991 vom ehemaligen Staatspräsidenten Valéry Giscard d'Estaing in die Debatte eingeführt, vgl. dazu: Ausländerfeindlichkeit in Frankreich – ein Staatsmann macht sich gemein, in: Die Zeit, 26.09.1991.

seinem 18. Lebensjahr Franzose werden können. Die in Frankreich verbreiteten Lösungsvorschläge reichen insgesamt von einer aktiveren Integrationspolitik bis hin zur strikten Ablehnung alles »Fremden«, beispielsweise im rechten politischen Lager (Front National).

In Zukunft wird Frankreich seine besondere Aufmerksamkeit insbesondere auf seine südliche Flanke richten. Die Entwicklungen in den Maghrebstaaten und die dortige Konfrontation der Staaten mit dem Islam, der Modernität und dem Fundamentalismus, werden genau verfolgt. Immerhin ist der Islam nach den katholischen (80%) die zweitwichtigste Religion in Frankreich geworden, weit vor der protestantischen.[83] Die Migrationsproblematik ist und bleibt auch in Frankreich bis auf weiteres von großer Aktualität.

7. Die Situation in den übrigen Staaten der Europäischen Union

In der Europäischen Union (Gesamtbevölkerungszahl: 1992: 345,1 Millionen Menschen[84]) lebten vor der Erweiterung von 1995 rund 10 Millionen Nicht-EU-Bürger, etwa ein Drittel dieser Migranten stammten aus dem »übrigen« Europa. Die durchschnittliche Ausländerquote in der Europäischen Union lag 1992 bei 5%.[85]

Zur Situation in den einzelnen Mitgliedstaaten

Die Zahl der aus *Irland* auswandernden Personen übertrifft derzeit sogar diejenige der einwandernden Personen. In den vergangenen Jahren wurden durchschnittlich nur etwa 50 Asylanträge gestellt. Irland hat daher eher ein »Auswanderungsproblem« und noch kein spezielles Asylsystem entwickelt.[86]

Ganz anders *Großbritannien*, welches aufgrund seiner ehemaligen Kolonien relativ stark von Migration betroffen ist. Im Gegensatz zu den 50er und 60er Jahren betrachtet sich England allerdings nicht mehr als Zuwanderungsland,

---

83 Vgl. Berg, E.: Frankreich, der Islam und der Maghreb, in: Dokumente H. 5/93, S. 366. Es sei angemerkt, daß »der Islam« in Frankreich jedoch keinen einheitlichen Glauben darstellt, sondern eine Zusammensetzung verschiedener Strömungen darstellt. Vgl. ausführlicher dazu Kolboom, I./ Kurz, I.: Der Nord-Süd-Konflikt im eigenen Land?, München 1993, S. 59ff.
84 Schmid, J.: Zuwanderung aus Eigennutz?, in: Weidenfeld, W. (Hrsg.): Das Europäische Einwanderungskonzept, Gütersloh 1994, S 100. Nach der »Norderweiterung« und der Aufnahme Österreichs in die EU betrug die Bevölkerungszahl der Gemeinschaft 1995 etwa 370 Millionen Menschen.
85 Vgl. Mitteilungen der Beauftragten der Bundesregierung, Stand: August 1994, Bonn 1994, S. 54ff.
86 Vgl. Gimbal, A. I.: Die Zuwanderungspolitik der Europäischen Union: Interessen – Hintergründe – Perspektiven, in: Weidenfeld, W. (Hrsg.): Das Europäische Einwanderungskonzept, Gütersloh 1994, S. 76.

sondern ist ein Vertreter restriktiver Einwanderungspolitik geworden.[87] Die englische Regierung bemüht sich verstärkt, der illegalen Einwanderung Einhalt zu gebieten. So trat Ende Juli 1993 in Großbritannien eine neue Asylregelung in Kraft, die es von nun an ermöglicht, diejenigen, die über Drittstaaten eingereist sind, in einem beschleunigten Verfahren auszuweisen.

Dem Schengener Abkommen trat Großbritannien (aber auch Irland) nicht bei, da es die Grenzkontrollen für Personen nicht aufgeben wollte. Der Hauptgrund für das britische und irische Desinteresse an europäischen Lösungen hinsichtlich der Einwanderung dürfte allerdings sein, daß das Vereinigte Königreich aufgrund seiner Insellage die Migration weit besser kontrollieren kann und Irland seinerseits von Migration kaum betroffen ist.

Italien, welches eine Emigrationstradition hat, ist heute selbst zum Einwanderungsstaat geworden.[88] Zuwanderung findet vor allem aus den Staaten Tunesien und Ägypten statt. Aufgrund der steigenden Zahl Asylsuchender wurde die Gesetzesebene zur Einwanderung verschärft. Neuregelungen gab es auch für Einwanderungs- und Visabestimmungen. Darüber hinaus wurde 1991 ein Ministeramt für Migrationsfragen geschaffen. Einer Europäischen Einwanderungspolitik steht das Land aufgeschlossen gegenüber.

Die *Niederlande* betrachten sich ebenfalls nicht als Einwanderungsland[89], obwohl das Land aufgrund seiner geographischen Lage, der Schiffahrtstradition und der Kolonialvergangenheit eine lange Geschichte der Ein- und Auswanderung hat. Heute lautet die politische Maxime allerdings, daß Holland überbevölkert sei. Tatsächlich ist der Migrationsanteil im europäischen Vergleich relativ hoch: Mit 52.500 Asylbewerbern wurden 1994 gut 50% mehr registriert als noch im Jahr zuvor, weshalb die Niederlande eine restriktive Einwanderungspolitik verfolgen bei gleichzeitig liberaler Einbürgerungs- und Integrationspolitik.[90] Die Niederlande sind zwar auch Unterzeichner der Genfer Flüchtlingskonvention, allerdings können Asylbewerber schon an der Grenze zurückgewiesen werden. Seit dem 1. 4. 1992 werden »aussichtsarme« und »aussichtsreiche« Asylbewerber voneinander getrennt. Während die erstere Gruppe in einem

---

[87] In bezug auf ein Einwanderungsland kann unterschieden werden zwischen einem statistischen und einem juristischen Einwanderungsland. Ein Einwanderungsland im statistischen Sinne bedeutet, daß die Einwanderung eines Landes die Auswanderung erheblich und für längere Zeit übersteigt. Im juristischen Sinne kann dann von einem Einwanderungsland gesprochen werden, wenn sich das Land auch als solches versteht und diesem Selbstverständnis Rechnung trägt in Gestalt von Einwanderungsgesetzgebung und Einwanderungspolitik. Dieses berührt auch die Frage des Staatsangehörigkeitsrechts, welches sich bei einem Einwanderungsland eher an dem Prinzip des jus soli denn am Territorialprinzip orientieren wird. Vgl. Bade, K. J.: Weitsichtige Migrationspolitik muß die Fluchtursachen bekämpfen, in: Das Parlament Nr. 2–3, 8./15.1.1993.
[88] Vgl. ausführlich zu Italien den Beitrag von Beuttler, U.: Immigration und Fremdenfeindlichkeit in Italien, in: APuZ B 48/95, S. 29–37.
[89] »Die Niederlande sind kein Einwanderungsland«, erklärte die Sprecherin des Innenministeriums, Karin Dock, in Den Haag 1995. Vgl. StZ, 25.09.1995.
[90] Vgl. StZ, 25.09.1995.

geschlossenen Auffangzentrum untergebracht und oft schon nach einigen Wochen in das Herkunftsland ausgewiesen wird, finden letztere in verschiedenen Gemeinden Unterkunft.[91] Seit Oktober 1994 entscheiden die Beamten des niederländischen Immigrations- und Naturalisationsdienstes (IND) sogar innerhalb von 24 Stunden, ob ein Asylbegehren offensichtlich unbegründet ist oder nicht.

Die niederländische Regierung fördert eine einheitliche europäische Regelung und setzt auf eine supranationale Zusammenarbeit und eine Vergemeinschaftung der Innen- und Justizpolitik (»3. Säule« des Vertragswerks von Maastricht).

Eine ähnliche Position vertritt *Belgien*, welches das Schengener Abkommen ebenfalls unterzeichnet hat.

Was *Luxemburg* anbelangt, so ist dort der Migrationsanteil mit 24 %, gemessen an den Einwohnern, zwar am höchsten innerhalb der Europäischen Union, doch sind fast alle Migranten Unionsbürger (vgl. Tabelle). Inzwischen hat aber auch das Großherzogtum die Maßnahmen zur Regulierung der Einwanderung verstärkt.

In *Portugal* herrscht zwar Arbeitskräftebedarf, da der Produktivitätszuwachs einer der höchsten in der Europäischen Union ist, aber auch dort wird verstärkt darauf hingearbeitet, die illegale Migration zu beschränken. So wurden die Kontrollen an den Außengrenzen verschärft, die Haft- und Geldstrafen für Schlepperbanden erhöht und die Ausweisung illegaler Einwanderer verstärkt.

Auch *Griechenland* hat eine hohe Einwanderungsrate, allein die Zahl der illegalen Einwanderung soll eine halbe Million betragen.[92] Die Maßnahmen zur Einschränkung der Zuwanderung sind denen Portugals sehr ähnlich.

Spanien ist – wie Italien – seit etwa zehn Jahren ebenfalls zum Einwanderungsland geworden, nachdem es bis dahin seine Nachbarstaaten mit Arbeitskräften versorgt hatte. Vor allem Migranten aus den nordafrikanischen Staaten (Marokko, Algerien), aber auch Menschen aus Lateinamerika kommen verstärkt seit Mitte der 80er Jahre ins Land. Wegen der schwer überwachbaren Straße von Gibraltar wurde Spanien auch schon als die »Hintertür Europas« bezeichnet. Mehr und mehr setzt sich die spanische Regierung daher für einheitliche europäische Regelungen ein.[93]

Dänemark kennt eine hohe Zuwanderung. Die Migrationszahlen sind im Verhältnis zu der Größe des Landes relativ hoch. 1985 und 1986 kamen jeweils

---

91 Vgl. dazu ausführlicher Entzinger, H.: Einwanderung in den Niederlanden: Vom Multikulturalismus zur Integration, in: Friedrich-Ebert-Stiftung (Hrsg.): Einwanderungsland Deutschland. Bisherige Ausländer- und Asylpolitik – Vergleich mit anderen europäischen Ländern, Gesprächskreis Arbeit und Soziales Nr. 14, Bonn 1992, S. 69–88.
92 Vgl. FAZ vom 08.12.1992.
93 Gimbal, A. I.: Die Zuwanderungspolitik der Europäischen Union: Interessen – Hintergründe – Perspektiven, in: Weidenfeld, W. (Hrsg.): Das Europäische Einwanderungskonzept, Gütersloh 1994, S. 73.

etwa 9.000 Asylbewerber in das Land, zwischen 1987 und 1991 stieg die Zahl der Asylbewerber langsam nach einer deutlichen Absenkung 1987 (2.750) kontinuierlich auf 4.600 (1991) an und betrug in den »Spitzenjahren« 1992 und 1993 jeweils etwa 14.000.[94]

Auch In *Schweden* stiegen die Migrationszahlen deutlich. Die Zahl der Asylbewerber stieg von etwa 26.500 im Jahr 1991 auf 83.000 im folgenden Jahr rapide an. Bereits im Jahr 1989 wurde per Notverordnung die ehemals großzügige Regelung außer Kraft gesetzt. So wird seither Deserteuren oder Flüchtlingen, die aufgrund schwieriger politischer Verhältnisse nicht in ihre Heimat zurückkehren wollen, kein Asyl mehr gewährt.

Finnland wiederum ist weit weniger von Migration betroffen. Auch die Asylbewerberzahlen waren im Vergleich zu den übrigen Nordstaaten relativ gering: 1991 stellten etwa 2.100, 1992 3.600 Menschen einen Asylantrag.

Die Staaten der Europäischen Union sind sich insgesamt zwar einig, daß die Migration auf dem Gebiet der Union verringert werden soll und dieses auch die Angleichung bestimmter Vorschriften europaweit zur Folge haben müsse. Doch die Ziele und Interessen weichen im einzelnen nach wie vor voneinander ab. Während Staaten wie Deutschland oder die Niederlande aufgrund der hohen Zuwanderungszahlen großes Interesse an einer europäischen Lösung zeigen, weigert sich Großbritannien, aber auch Dänemark, allein schon deshalb über eine gemeinsame europäische Einwanderungspolitik zu diskutieren, um einen Souveränitätsverlust zu vermeiden.[95]

8. »Fremde« Kulturen

Migranten, die schon da sind, oder auch diejenigen Migranten, die noch kommen, werden von vielen Bürgern als »Gesandte ferner Kulturen« betrachtet, mit teilweise erheblich von den ihrigen abweichenden Wertmaßstäben. Von allen EU-Staaten sind die meisten Zuwanderer in Frankreich und Deutschland konzentriert, nicht zuletzt auch deshalb, weil die beiden Länder am aktivsten »Gastarbeiter« durch Programme rekrutiert haben. Etwa 2/3 aller Migranten aus Nicht-EU-Staaten leben in Deutschland und Frankreich. In beiden Ländern stellen islamische Einwanderer ungefähr ein Drittel der ausländischen Bevölkerung, die zudem die größten Probleme der Integration schaffen.[96]

---

94 Laut Angaben des UNHCR/Bundesministerium des Innern, Juli 1994.
95 Vgl. zu der Haltung der EU-Staaten zu Fragen der Einwanderungspolitik und des Asylrechts Europäisches Parlament/Generaldirektion Wissenschaft (Hrsg.): Einwanderungspolitik und Asylrecht in den Mitgliedstaaten der Europäischen Gemeinschaft, Reihe Europa der Bürger W-3/7-1992, S. 1–61.
96 Vgl. Forschungsinstitut der Deutschen Gesellschaft für Auswärtige Politik e.V. (Hrsg.): Internationale Migration: Herausforderungen einer neuen Ära, Bonn 1994, S. 58.

Soll ein friedliches Miteinander gelingen, so muß auch in einer Gesellschaft, in der mehr und mehr Kulturen nebeneinanderleben, ein politisch-kultureller Grundkonsens vorhanden sein. In und für Europa bedeutet dieses vor allem, daß die Menschenrechte eingehalten werden, die persönliche Freiheit gewährleistet ist, aber auch die Religionsfreiheit und die Sicherung der Demokratie u.a. Viele Migranten kommen nicht aus dem westlichen Kulturkreis, gehören anderen Religionen an und sind daher schwerer zu integrieren. Daraus können sich – zumindest subjektiv – wirtschaftliche Verteilungskonflikte oder soziokulturell erklärbare Angstgefühle vor dem Fremden ergeben. Denn Ursache für Ängste vor dem oder den Fremden ist nicht unbedingt die Zahl der Migranten, sondern sind deren mögliche kulturelle Verschiedenheiten. Die Integration von 800.000 Kroaten ist z.B. weit weniger problematisch als diejenige einiger tausend islamischer Fundamentalisten. Genauso war die Einwanderung in Westdeutschland nach 1945 oder auch die Auswanderung von Deutschen im 19. Jahrhundert in die USA weniger problematisch.[97]

Bassam Tibi, Professor für Internationale Beziehungen an der Universität Göttingen, hat in einem Vortrag in Stuttgart darauf verwiesen, daß der seit den 70er Jahren sich ausbreitende Fundamentalismus das Mittelmeer in eine Grenze zu Europa verwandeln möchte. Die noch im 19. Jahrhundert vorherrschende Begeisterung mancher Muslime für Europa und seine Kultur habe stark nachgelassen. Von den verschiedenen Zivilisationen sei der Unterschied zwischen dem Islam und dem Westen am größten.[98] Radikale Islamisten fordern immerhin die Übernahme der Weltführung, wobei hier auch kriegerische Mittel (Djihad) als legitim angesehen würden.[99] Zwischen dem Westen einerseits mit seinen Vorstellungen von »freier Marktwirtschaft«, privater Religiosität und Individualrechten und andererseits dem Islam und seiner Betonung der Religion als Grundlage staatlicher Ordnung und der Gemeinschaft liegen Welten.

Dennoch darf etwa der Islam, eine der Weltreligionen, keinesfalls zum »Feindbild« schlechthin abgestempelt werden.[100] Sowohl in der Vergangenheit als auch in der Gegenwart durchlief der Islam Phasen der Entwicklung und Anpassung, die Geschichte der Frauenemanzipation oder des Schutzes der Menschenrechte im Islam liefern dafür Beispiele. Doch zugleich sollten die Augen vor gefährlichen Tendenzen nicht verschlossen werden. In der Türkei –

---

97 Vgl. Kramer, W. D./Lehwald, K.: Staatsbürger – Unionsbürger – Drittstaatler, in: Europäische Zeitung, 10/1994.
98 Vgl. Tibi, B.: Das Mittelmeer als Grenze oder als Brücke Europas zur Welt des Islam, in: Robert Bosch Stiftung (Hrsg.), Stuttgart 1994, S. 9–27. Vgl. aber auch ders.: Der islamische Fundamentalismus zwischen »halber Moderne« und politischem Aktionismus, in: APuZ B 33/93, S. 4 und Wettkampf der Zivilisationen – nur wenn sich der Westen sich nicht selbst verleugnet, kann der Brückenschlag zum Islam gelingen, in: Bilder und Zeiten/FAZ, 04. 11. 1995.
99 Vgl. auch Mosbahi, H.: Tötet sie, wo ihr sie findet, in: SZ, Feuilleton-Beilage Nr. 261, 12./13.11.1994.
100 Von den Weltreligionen ist das Christentum noch die zahlenmäßig größte Religion. Von den etwa 5,8 Milliarden Menschen 1995 waren 1,9 Milliarden Christen. Mit 1,06 Milliarden lag der Islam an zweiter Stelle. Der Hinduismus lag 1995 bei 777 Millionen. Vgl. Die Welt, 02.04.1995.

wie in der arabischen Welt – haben in den vergangenen Jahrzehnten religiöse Fundamentalisten an Einfluß gewonnen. Ihr Ziel ist es, die Reformen Atatürks rückgängig zu machen und darauf hinzuwirken, den Koran als grundlegendes Gesetzbuch in Kraft zu setzen.[101]

Der Gruppe von Migranten aus islamischen Staaten könnte hier und in der Europäischen Union eine besonders wichtige Rolle zuwachsen, als Brücke zwischen zwei Kulturen.[102]

Europa ist und muß wie bisher in der Lage sein, Menschen anderer Kulturkreise aufzunehmen. Natürlich können Hindus, Moslems oder Buddhisten in der Europäischen Union zusammenleben. Moderne Gesellschaften lassen sich auch nicht in geschlossene zurückverwandeln, gleichzeitig wird – wie eh und je in der Geschichte – die europäische Kultur durch die Wanderung von außen befruchtet. Dieses Zusammenleben kann jedoch nur funktionieren, wenn gewährleistet ist, daß ein demokratischer und weltanschaulich neutraler Staat hierfür die Grundlage bietet.

Legitim erscheint dabei, daß die Migranten eine größere Anpassungsleistung vollbringen müssen als die einheimische Bevölkerung. Gelingt die Identifikation der Migranten mit den Grundprinzipien ihres neuen Staates nicht, so drohen Orientierungslosigkeit und Konflikte in größerem Ausmaß. Um einerseits von den strukturellen Eigenarten des Aufnahmelandes profitieren zu können, andererseits aber auch nicht in ein soziales Abseits zu geraten, ist beispielsweise das Erlernen der jeweiligen Landessprache erforderlich. Neben dem Erwerb von Kenntnissen über die europäische Kultur muß es den Migranten aber auch erlaubt sein, ihre eigene Kultur bewahren zu können.[103]

9. Vorschläge und Lösungsansätze

Die Migrationsproblematik verlangt globale Lösungen. Sie kann weder durch einzelne Staaten noch durch die Europäische Union gelöst werden, weder durch Freizügigkeit und Öffnung der Grenzen noch durch eine »Festung Europa«. Als Konsequenz hieraus ergibt sich, daß die fundamentalen Fluchtursachen (Push-Faktoren) bekämpft werden müssen, also die entscheidenden Schubkräfte für Migration überhaupt. Als solche gelten vor allem Hunger, Verfolgung und

---

[101] Der Republikgründer Atatürk (Mustafa Kemal) hatte 1923 einen säkularisierten Staat geschaffen, in dem der Islam keine Staatsreligion mehr sein sollte.
[102] Vgl. Tibi, B.: Das Mittelmeer als Grenze oder als Brücke Europas zur Welt des Islam, in: Robert Bosch Stiftung (Hrsg.), Stuttgart 1994, S. 20.
[103] Vgl. Weidenfeld, W./Hillenbrand, O.: Einwanderungspolitik und die Integration von Ausländern – Gestaltungsaufgaben für die Europäische Union, in: Weidenfeld, W. (Hrsg.): Das Europäische Einwanderungskonzept, Gütersloh 1994, S. 40.

Krieg. Dieses bedeutet, daß umfassende Anstrengungen zur Verbesserung der Lebensbedingungen in den Herkunftsländern unternommen werden müssen, etwa in den Bereichen Umwelt, Wirtschaft (beispielsweise durch den Abbau von Handelshemmnissen für Importe aus den Entwicklungsländern und Entschärfung der Schuldenproblematik), Gesundheits- und Bildungswesen. Auch der Schutz der Menschenrechte müßte weit stärker als bisher gewährleistet sein. Die sekundären Sogfaktoren (Pull-Faktoren) wie Wohlstand und Stadtkultur sind für das Verlassen der angestammten Heimat weniger entscheidend.[104] Des weiteren sollte noch stärker als bisher die Integration der verschiedenen Ethnien in den jeweiligen Aufnahmeländern forciert werden.

Ein weiterer, nicht zu unterschätzender Faktor bei der Bekämpfung der Migrationsursachen ist die Eindämmung der »Bevölkerungsexplosion«. Ein Bevölkerungswachstum in der derzeitigen Höhe von 240.000 Menschen pro Tag wird auf Dauer kaum zu verkraften sein.[105] Probleme dieser Größenordnung können aber nur durch langfristige Strategien und durch eine enge Kooperation sowohl zwischen den Industriestaaten und den Entwicklungsländern als auch durch eine enge Anlehnung an die Tätigkeiten der Vereinten Nationen gelöst werden.

Vorschläge zur Steuerung der Migration nach Europa gehen dahin, eine strikte Trennung zwischen Asyl- und Einwanderungsrecht zu etablieren sowie ein europäisches Einwanderungsgesetz zu schaffen. Denn während es Migranten aufgrund der Genfer Flüchtlingskonvention erlaubt sein muß, vor politischer Not oder Verfolgung in sicherere Regionen der Erde gelangen zu können, muß in den Aufnahmestaaten wiederum die Steuerung dieses Einwanderungsprozesses möglich sein. Dies könnte beispielsweise durch eine Quotierung erreicht werden. Die Frage der Quotierung ist allerdings umstritten: Neben dem »brain-drain« (gemeint ist der Abzug von qualifiziertem Personal in den Entwicklungsstaaten) aus der »Dritten Welt« wird teilweise befürchtet, daß eine Quotierung das eigentliche Problem der »Push-Faktoren« nicht angehen und nur die Migrantenzahlen insgesamt sich erhöhen würden, die wiederum zu verstärkten Abwehrreaktionen der einheimischen Bevölkerung führen müßten.[106] Diesen Argumenten wird jedoch entgegengehalten, daß die Schaffung eines Einwanderungsrechts eine gesonderte Regelung für Asylbewerber gemäß der Genfer Flüchtlingskonvention ermöglichen würde. Denn in der öffentlichen Diskussion wurde nur registriert, daß die Anerkennungsquoten der oftmals als

---

104 Vgl. Mühlum, A.: Armutswanderung, Asyl und Abwehrverhalten, in: APuZ B 7/93, S. 8.
105 In dem Weltbevölkerungsbericht des Bevölkerungsfonds der Vereinten Nationen UNFPA von 1995 wird davon ausgegangen, daß bis zum Jahre 2015 die Bevölkerung weiter um 86 Millionen Menschen jährlich wächst. Die Voraussagen gehen von einer Weltbevölkerung von annähernd 8 Milliarden für 2015, für 2050 sogar von knapp 12 Milliarden Menschen aus. Vgl. FAZ, 12.07.1995.
106 Vgl. kritisch zu Zuwanderungsquoten Fuchs, M./Schiel, T.: Migration: globales Problem ohne globale Lösungen, in: Sowi 21, H. 2//92, S. 169ff.

»Wirtschaftsflüchtlinge« oder »Scheinasylanten« bezeichneten Migranten sehr niedrig sind. Parallel zu dieser Einstellung ist auch die Akzeptanz der Aufnahme von Migranten in der öffentlichen Meinung rapide gesunken. Die Genfer Flüchtlingskonvention reicht zur Erfassung aller Flüchtlinge nicht mehr aus, weil neben politischen zunehmend auch andere Migranten, die aufgrund ökologischer und ökonomischer Entwicklungen in ihren Ländern eine Wanderung in Betracht ziehen, nach Europa drängen werden. Das Asylverfahren, welches nur der Frage nach der politisch motivierten Verfolgung nachgeht, sollte geändert werden. So kann es nicht angehen, daß ein betroffener Flüchtling objektiv durch Hunger, Bürgerkrieg oder Folter bedroht ist und dann kein Recht auf einen Asylantrag hat. Für »De-facto-Flüchtlinge« und »Wirtschaftsflüchtlingen« sind europaweite asylpolitische Übereinkünfte dringend notwendig. Wenn die Öffnung der Grenzen und eine Politische Union erreicht werden sollen, braucht Europa ein gemeinsames und umsetzbares Einwanderungskonzept. Folgende Punkte müßten dabei Berücksichtigung finden:

a) Die Einbeziehung der Belange der Einwanderer bei gleichzeitiger Trennung der verschiedenen Gruppen wie Asylsuchende, Flüchtlinge etc.
b) Die Kalkulation des Bedarfes der EU-Mitgliedstaaten an Migranten im Hinblick auf die oben beschriebenen demographischen Entwicklungen.
c) Die Einschätzung der Akzeptanzfähigkeit der Bevölkerung sowie die Prüfung der Möglichkeiten im Hinblick auf die Sozialsysteme und die Wirtschaftskraft der Aufnahmeländer.[107]
d) Das Aushandeln einer Verteilerquote innerhalb der Europäischen Union, um einseitige Belastungen eines EU-Mitgliedstaates zu verhindern.

Sollte sich die Idee eines Quotensystems in Europa durchsetzen, könnten die jährlichen Zahlen dem Ministerrat nach Anhörung des Europäischen Parlaments von der Kommission vorgeschlagen werden. Denkbar wäre aber auch die Einsetzung eines Kommissars für Einwanderungsfragen, zu dessen Aufgaben u.a. die Ausarbeitung von Empfehlungen zur Befriedigung des Einwanderungsbedarfes der EU gehören könnte.[108] Eine geregelte Zuwanderung – soweit sie überhaupt möglich ist – würde der Europäischen Union ermöglichen, Migranten nach speziellen Kriterien einwandern zu lassen, etwa nach Altersstruktur oder Berufsausbildung. Allerdings dürfte dieses Auswählen nicht bedeuten, daß es zu einem »brain-drain« in den Staaten der »Dritten Welt« kommt. Von einer

---

107 Vgl. Weidenfeld, W./Hillenbrand, O.: Einwanderungspolitik und die Integration von Ausländern – Gestaltungsaufgaben für die Europäische Union, in: Weidenfeld, W. (Hrsg.): Das Europäische Einwanderungskonzept, Gütersloh 1994, S. 26 und 30.
108 Vgl. auch Forschungsinstitut der Deutschen Gesellschaft für Auswärtige Politik e.V. (Hrsg.): Internationale Migration: Herausforderungen einer neuen Ära, Bonn 1994, S. 91.

solchen aktiven Einwanderungspolitik nicht betroffen wäre selbstverständlich das Asylrecht gemäß der Genfer Flüchtlingskonvention.[109]

Gleichzeitig sollte baldmöglichst eine zügige Harmonisierung der europäischen Visa- und Asylpolitik angestrebt werden. Der Krieg im ehemaligen Jugoslawien hat diese Notwendigkeit erneut vor Augen geführt. Seit 1991 hat der Konflikt die größte Zahl von Migranten der Nachkriegszeit in Europa ausgelöst. Im Dezember 1993 wurde die Zahl der durch den Krieg vertriebenen Menschen auf 3,8 Millionen geschätzt.[110]

10. Fazit

Es kann als sicher gelten, daß die Migrationsproblematik in der Europäischen Union aktuell bleiben wird. Sowohl die EU-Mitgliedstaaten als auch ihre Drittstaaten werden sich auf immer neue Wanderungswellen einstellen müssen. Schon seit vielen Jahren ist die EU für Menschen aus dem südlichen Teil der Erde ein politisch und ökonomisch besonders attraktiver Lebensraum, und auch künftig wird die Migration anhalten. Erwartet wird die weiter anhaltende Zuwanderung von Aussiedlern, vor allem aus der ehemaligen Sowjetunion, aber auch aus anderen osteuropäischen Staaten. Letzteres betrifft nicht nur Deutschland, sondern die gesamte Europäische Union. Angesichts der sich teilweise dramatisch zuspitzenden ökonomischen, ökologischen und politischen Entwicklungen der »Dritten Welt« und des gewaltigen Bevölkerungswachstums muß auch mit einem weiter anhaltenden und sich verstärkenden Zuwanderungsdruck auf der Nord-Süd-Achse gerechnet werden, wenn auch davon ausgegangen werden kann, daß viele Millionen Migranten ihre Heimat nur ungern verlassen. Migration ist meist ein Ausweg aus Verzweiflung und Not heraus. Wäre dem nicht so, wären die Migrationsstatistiken bei weitem dramatischer.

Letztlich geht es um die Lösung des Dilemmas, die Zuwanderung nach Europa zu steuern, um einerseits eine Überforderung seiner Bevölkerung zu vermeiden, die in wirtschaftliche und soziale Spannungen führen könnte, andererseits aber zu verhindern, daß sich Europa nach außen hin abschottet.[111] In jedem Fall gilt, daß infolge der sinkenden Geburtenraten in fast allen Staaten die Europäische Union in den nächsten Jahrzehnten auf Zuwanderung angewiesen sein wird, wenn sie ihre Wettbewerbsfähigkeit erhalten und den Zusam-

---

109 Vgl. Koepf, P.: Stichwort Asylrecht, München 1992, S. 82, und Wolfrum, R.: Völker- und europarechtliche Bestimmungen zum Schutz von Ausländern – Bürger unterschiedlichen Rechts – aber nicht rechtlos, in: Das Parlament Nr. 2–3, 08./15.01.1993
110 So nach UNHCR-Angaben, Jahresbericht 1993/94.
111 Dieses wurde auch anläßlich des Symposiums deutlich, welches die Robert Bosch Stiftung im Rahmen der Arbeitsgruppe Umgang mit dem Fremden im Mai 1994 in Braunschweig veranstaltete.

menbruch der Sozialsysteme vermeiden will. Immerhin liegt die Geburtenrate beispielsweise in Deutschland nur noch bei 1,3 Kindern je Frau; für einen konstanten »Generationenersatz« müßte die Rate jedoch bei 2,1 liegen.[112]

In der Union herrscht Einigkeit darüber, daß Handlungsbedarf zur Lösung der Migrationsproblematik besteht.[113] Nur auf die Frage nach dem »Wie« gibt es nach wie vor uneinheitliche Antworten, sowohl innerhalb der einzelnen Mitgliedstaaten als auch auf supranationaler Ebene. Die Staaten der Europäischen Union sollten jedoch erkennen, daß in einer Zeit, in der Grenzen kaum mehr eine Rolle spielen, die Probleme nicht im Alleingang zu lösen sind. Dazu gehört aber, daß die Mitgliedstaaten bereit sind (unter Wahrung des Subsidiaritätsprinzips), Souveränitätsrechte abzugeben. Im übrigen werden die nationalen Kompetenzen in den nächsten Jahren ohnehin geringer werden und geringer werden müssen: Nur durch supranationale Zusammenarbeit in der EU werden notwendige Reformen möglich sein. Neben der Innen- und Rechtspolitik gilt dies beispielsweise in den Politikfeldern Ökologie, Ökonomie, Technologie oder Außen- und Sicherheitspolitik.

Mit einer erfolgreichen (da beispielsweise quotierten) europäischen Einwanderungspolitik könnte gleichzeitig auch das in den vergangenen Jahren weitgehend verlorengegangene Vertrauen der einheimischen Bevölkerung in die Politik zurückgewonnen werden. Entsprechende Einwanderungsbestimmungen, vielleicht auch die Schaffung einer europäischen Einwanderungsbehörde könnten die Migration für die Bevölkerung der Europäischen Union überschaubarer und verständlicher machen. Asylentscheidungen könnten rascher als bisher getroffen und von der Bevölkerung als gerecht wahrgenommen werden. Die Anwesenheit der Migranten würde leichter hingenommen.

Eine aktive Politik nicht nur auf nationaler, sondern auch auf europäischer Ebene würde letztlich auch den Migranten selbst zugute kommen: Langfristige Lebensperspektiven würden möglich, die Integration erleichtert und dank stärkerer Akzeptanz innerhalb der übrigen Bevölkerung auch das subjektive Lebensgefühl gesteigert. Bei allen europäischen Lösungen sollten jedoch die östlichen Nachbarstaaten der EU mit Berücksichtigung finden. Neben einer engen Kooperation mit den Staaten Mittel- und Osteuropas ist auch eine umfangreiche finanzielle Unterstützung durch die EU erforderlich. Die beste Strategie

---

112 Vgl. den Beitrag von Tenhaef, R. über die Enquetekommission »Demographischer Wandel« im Januar 1996, in: Das Parlament Nr. 5, 26.01.1996.
113 In einer Mitteilung der Europäischen Kommission vom 23.02.1994 wurden dem Europäischen Parlament und dem Europäischen Rat Vorschläge unterbreitet, wie den großen Herausforderungen im Hinblick auf die Migration begegnet werden sollte. Gefordert wird zum einen, daß durch die Zusammenarbeit mit den wichtigsten Abwanderungsländern auf den Zuwanderungsdruck verstärkt eingewirkt werden soll, zum zweiten müsse die Fortsetzung der Kontrolle der Zuwanderung verbessert und zum dritten die Integration der in den Mitgliedstaaten lebenden (legalen) Migranten vorangetrieben werden. Vgl. Bunz, A. R./Neuenfeld, C.: Europäische Asyl- und Zuwanderungspolitik, in: APuZ B 48/94, S. 37–45.

liegt sicherlich in einer festen wirtschaftlichen und politischen Einbindung Osteuropas in die Union, wie sie mit den Assoziierungs- und Kooperationsabkommen auch schon begonnen wurde.

Eine wichtige Rolle im Hinblick auf den »Umgang mit dem Fremden« kommt zweifellos dem Schul- und Ausbildungsbereich zu. Durch die Vermittlung von Kenntnissen über andere Kulturen, deren Völker und Geschichte kann einer Fremdenfeindlichkeit, insbesondere durch den Abbau von Feindbildern und Vorurteilen, entgegengewirkt werden. Der Bildungsbereich kann so durch die Ausbildung von Werten wie Toleranz, demokratisches Handeln oder auch im Erlernen der Fähigkeit und Bereitschaft zur Überprüfung von Einstellungen oder Vorurteilen einen wichtigen Beitrag zur Lösung der Migrationsproblematik leisten.[114]

Die Entwicklung einer europäischen Strategie – unter Beachtung der globalen Zusammenhänge und der Bekämpfung der Migrationsursachen – forderte auch die Hohe Flüchtlingskommissarin Ogata. Die westeuropäischen Regierungen, so ihre Forderung, sollten eine zukunftsorientierte Einwanderungspolitik vorantreiben, die dem Arbeitsmarktbedarf der alternden, aber wohlhabenden europäischen Gesellschaften ebenso entgegenkommt wie den Staaten Osteuropas und der »Dritten Welt«. Vonnöten sei hierzu eine »(...) Kombination aus Asyl und Einwanderung (...)«.[115] Zur Linderung des Migrationsdrucks müßte mehr vor Ort in den Entwicklungsstaaten erreicht werden. Dazu gehöre vor allem die Schaffung von Arbeitsplätzen sowie die Armutsbekämpfung und Förderung des Erziehungs- und Gesundheitsbereichs.

»Die Herausforderung liegt nicht darin, wie die Menschen ferngehalten werden können, sondern darin, wie Flüchtlings- und Migrationsbewegungen dahingehend in den Griff bekommen werden können, daß die grundlegenden Menschenrechte und humanitären Prinzipien gewahrt werden, daß weltweit den Bedürfnissen der Opfer ebenso entsprochen werden kann wie den Sorgen von Staaten und Gemeinschaften, die sie aufnehmen. (...) Selten zuvor sah sich die westliche Zivilisation einer größeren Herausforderung gegenüber, selten zuvor bestand eine größere Notwendigkeit für eine entschiedene Führungsrolle in dieser Frage. (...) Europa steht am Scheideweg. (...) Der Weg, den Europa einschlägt, wird den Charakter der Welt bestimmen, die wir künftigen Generationen hinterlassen«.[116]

---

[114] Vgl. dazu ausführlicher Landeszentrale für Politische Bildung Baden-Württemberg (Hrsg.): Vorurteile und Feindbilder, Politik und Unterricht H. 3/90, S. 3ff. Vgl. auch den Bericht der Bundesregierung für die Belange der Ausländer über die Lage der Ausländer in der Bundesrepublik Deutschland 1993, Bonn 1994, S. 19ff.

[115] Prof. Sadako Ogata, Hohe Flüchtlingskommissarin der Vereinten Nationen, in einem Vortrag vor der DGAP (Deutschen Gesellschaft für Auswärtige Politik) und der Deutschen Gesellschaft für die Vereinten Nationen (DGVN), 21.6.1994, abgedruckt in: Europa-Archiv, Folge 15/94, S. 434.

[116] Vgl. Ogata, S.: Plädoyer für eine umfassende europäische Flüchtlingspolitik, in: Europa-Archiv Folge 15/94, S. 436.

Literatur

Afheldt, H.: Sozialstaat und Zuwanderung, in: APuZ B 7/93, S. 42–52.
Angenendt, S.: Migration, gesellschaftlicher Wandel und politische Steuerung in Deutschland, in: CIRAC – DFI – DGAP – IFRI (Hrsg.): Handeln für Europa. Deutsch-französische Zusammenarbeit in einer veränderten Welt, Opladen 1995, S. 300–318.
Bade, K. J.: Ausländer, Aussiedler, Asyl: Eine Bestandsaufnahme, München 1994.
Bade, K. J.: Die neue Einwanderungssituation im vereinigten Deutschland: Geschichtserfahrung und Zukunftsangst, in: Butterwege, Chr./Jäger, S. (Hrsg.): Europa gegen den Rest der Welt? – Flüchtlingsbewegungen – Einwanderung – Asylpolitik, Köln 1993, S. 87–95.
Bade, K. J.: Paradoxon Bundesrepublik: Einwanderungssituation ohne Einwanderungsland, in: Ders. (Hrsg.): Deutsche im Ausland, Fremde in Deutschland. Migration in Geschichte und Gegenwart, München 1992, S. 401–410.
Bade, K. J. (Hrsg.): Deutsche im Ausland, Fremde in Deutschland. Migration in Geschichte und Gegenwart, München 1992.
Berg, E.: Frankreich, der Islam und der Maghreb, in: Dokumente H. 5/93, S. 366–369.
Berg, E.: Die Einwanderer-Diskussion in Frankreich, in: Dokumente H. 1/93, S. 53–56.
Bericht der Beauftragten der Bundesregierung für die Belange der Ausländer, Drucksache 13/3140 an den Deutschen Bundestag, 29. 11. 1995.
Bericht der Bundesregierung für die Belange der Ausländer über die Lage der Ausländer in der Bundesrepublik Deutschland 1993, Bonn 1994.
Berndt, U./Oberndörfer, D.: Einwanderungs- und Eingliederungspolitik als Gestaltungsaufgaben. Arbeitspapier zum Carl Bertelsmann-Preis 1992, Gütersloh 1993.
Beuttler, U.: Immigration und Fremdenfeindlichkeit in Italien, in: APuZ B 48/95, S. 29–37.
Bielefeld, U.: Fremde und Minderheiten in Europa: Frankreich und Deutschland, in: Polis – Politik der Migration – eine Fachtagung im Hessischen Landtag zur Einwanderung. Geschichte – Analysen – Perspektiven. Hrsg. von der Landeszentrale für politische Bildung, Wiesbaden 1992, S. 47–56.
Biermann, R.: Migration aus Osteuropa und dem Mahgreb, in: APuZ B 9/92, S. 29–36.
Bunz, A. R./Neuenfeld, C.: Europäische Asyl- und Zuwanderungspolitik, in: APuZ B 48/94, S. 37–45.
Debiel, T.: Kriegerische Konflikte, friedliche Streitbeilegung und die Vereinten Nationen, in: APuZ B 2/94, S. 3–17.
Demandt, A. (Hrsg.): Mit Fremden leben. Eine Kulturgeschichte des Umgangs mit dem Fremden seit der Antike, München 1995.
Dinkel, R. H./Lebok, U.: Demographische Aspekte der vergangenen und zukünftigen Zuwanderung nach Deutschland, in: APuZ B 48/94, S. 27–36.
Entrup, J. L.: Zur Ausländerdiskussion in Frankreich, in: Konrad-Adenauer-Stiftung (KAS) – Auslandsinformationen, Februar 1993, S. 8–12.
Entzinger, H.: Einwanderung in den Niederlanden: Vom Multikulturalismus zur Integration, in: Friedrich-Ebert-Stiftung (Hrsg.): Einwanderungsland Deutschland. Bisherige Ausländer- und Asylpolitik – Vergleich mit anderen europäischen Ländern, Gesprächskreis Arbeit und Soziales Nr. 14, Bonn 1992, S. 69–88.
Europa 2000 – Die Europäische Union der Fünfzehn. Sonderdruck für das Europäische Parlament, 6. Aufl. 1995.
Europäisches Parlament/Generaldirektion Wissenschaft (Hrsg.): Einwanderungspolitik und Asylrecht in den Mitgliedstaaten der Europäischen Gemeinschaft, Reihe Europa der Bürger W-3/7-1992, S. 1–61.

Forschungsinstitut der Deutschen Gesellschaft für Auswärtige Politik e.V. (Hrsg.): Internationale Migration: Herausforderungen einer neuen Ära. Politische Perspektiven und Prioritäten für Europa, Japan, Nordamerika und die internationale Gemeinschaft, Arbeitspapiere zur Internationalen Politik Bd. 80, Bonn 1994.

Fuchs, M./Schiel, T.: Migration: globales Problem ohne globale Lösungen, in: Sowi 21, H. 2//92, S. 166–173.

Gieseck, A./Heilemann, U./Loeffelholz, H.-D. von: Wirtschafts- und sozialpolitische Aspekte der Zuwanderung in die Bundesrepublik, in: APuZ B 7/93, S. 29–41.

Gimbal, A. I.: Die Zuwanderungspolitik der Europäischen Union: Interessen – Hintergründe – Perspektiven, in: Weidenfeld, Werner (Hrsg.): Das Europäische Einwanderungskonzept. Strategien und Optionen für Europa, Gütersloh 1994, S. 62–88.

Gusy, C.: Möglichkeiten und Grenzen eines effektiven und flexiblen europäischen Einwanderungsrechts, in: Weidenfeld, Werner (Hrsg.): Das Europäische Einwanderungskonzept. Strategien und Optionen für Europa, Gütersloh 1994, S. 128–154.

Hartweg, F.: Von der offenen Republik zur Festung Europa. Neue Akzente in der französischen Ausländerpolitik, in: Dokumente H. 5/93, S. 370–378.

Hollifield, J. F./Martin, P. L./Wayne, C. A. (Hrsg.): Controlling Immigration. A Global Perspektive, Stanford 1995.

Jaschke, H.-G.: Zwei Alternativen künftiger Entwicklung in Europa, in: Butterwege, C./Jäger, S. (Hrsg.): Europa gegen den Rest der Welt? – Flüchtlingsbewegungen – Einwanderung – Asylpolitik, Köln 1993, S. 147–161.

Klingebiel, St.: Entwicklungszusammenarbeit und die Flüchtlings- und Migrationsproblematik, in: APuZ B 20/94, S. 18–25.

Koepf, P.: Stichwort Asylrecht, München 1992.

Kolboom, I./Kurz, I.: Der Nord-Süd-Konflikt im eigenen Land? Maghrebiner und Islam in Frankreich, in: Eisenmann, Peter/Rill, Bernd (Hrsg.): Brennpunkte des Nord-Süd-Konflikes, Akademie für Politik und Zeitgeschehen/Hanns-Seidel-Stiftung, München 1993, S. 53–88.

Kowalsky, W.: Einwanderung, Rassismus und Xenophobie in Frankreich, in: APuZ B 48/95, S. 38–46.

Landeszentrale für Politische Bildung Baden-Württemberg (Hrsg.): Vorurteile und Feindbilder, Politik und Unterricht H. 3/90.

Leggewie, C.: Das Ende der Lebenslügen: Plädoyer für eine neue Einwanderungspolitik, in: Bade, Klaus J. (Hrsg.): Das Manifest der 60. Deutschland und die Einwanderung, München 1994, S. 55–60.

Mühlum, A.: Armutswanderung, Asyl und Abwehrverhalten. Globale und nationale Dilemmata, in: APuZ B 7/93, S. 3–15.

Nanz, K.-P.: Der »3. Pfeiler der Europäischen Union«: Zusammenarbeit in der Innen- und Justizpolitik, in: Integration, 15. Jahrg., 3/92, S. 126–140.

Oberndörfer, D.: Vom Nationalstaat zur offenen Republik. Zu den Voraussetzungen der politischen Integration von Einwanderung, in: APuZ B 9/92, S., 21–28.

Ogata, S.: Plädoyer für eine umfassende europäische Flüchtlingspolitik, in: Europa-Archiv, Folge 15/94, S. 431–436.

Rürup, B./Sesselmeier, W.: Die demographische Entwicklung Deutschlands: Risiken, Chancen, politische Optionen, in: APuZ B 44/93, S. 3–15.

Schmid, J.: Zuwanderung aus Eigennutz? Der demographische Aspekt des Einwanderungsbedarfes in den EU-Mitgliedstaaten, in: Weidenfeld, Werner (Hrsg.): Das Europäische Einwanderungskonzept. Strategien und Optionen für Europa, Gütersloh 1994, S. 89–124.

Segbers, K.: Entstehungsursachen und Entwicklungstrends von Wanderungsbewegungen, in:

Butterwege, C./Jäger, S. (Hrsg.): Europa gegen den Rest der Welt? – Flüchtlingsbewegungen – Einwanderung – Asylpolitik, Köln 1993, S. 17–32.

Statistisches Bundesamt/Sonderdruck für die Bundeszentrale für Politische Bildung) (Hrsg.): Zahlen-Kompass 1993, Wiesbaden 1993.

Tibi, B.: Der islamische Fundamentalismus zwischen »halber Moderne« und politischem Aktionismus, in: APuZ B 33/93, S. 3–10.

Tränhardt, D.: Aus Gastarbeitern werden europäische Bürger – deutsche Erfahrungen mit der Arbeitsmigration, in: Butterwege, C./Jäger, S. (Hrsg.): Europa gegen den Rest der Welt? – Flüchtlingsbewegungen – Einwanderung – Asylpolitik, Köln 1993, S. 68–84.

Trittin, J.: Schengen, Dublin, Maastricht: Marksteine auf dem Weg zur Wohlstandsfestung Europa, in: Jaschke, H.-G.: Zwei Alternativen künftiger Entwicklung in Europa, in: Butterwege, C./Jäger, S. (Hrsg.): Europa gegen den Rest der Welt? – Flüchtlingsbewegungen – Einwanderung – Asylpolitik, Köln 1993, S. 191–205.

Vereinte Nationen (Hrsg.): Bericht des Generalsekretärs der UNO Boutros Boutros-Ghali (September 1993) über die Tätigkeit der Vereinten Nationen (47. bis 48. Tagung der Generalversammlung), Wien 1993.

Weidenfeld, W./Hillenbrand, O.: Einwanderungspolitik und die Integration von Ausländern – Gestaltungsaufgaben für die Europäische Union, in: Weidenfeld, W. (Hrsg.): Das Europäische Einwanderungskonzept. Strategien und Optionen für Europa, Gütersloh 1994.

Weil, P.: Die französische Politik der Einwanderung, der Integration und der Staatsbürgerschaft, in: CIRAC – DFI – DGAP – IFRI (Hrsg.): Handeln für Europa. Deutsch-französische Zusammenarbeit in einer veränderten Welt, Opladen 1995, S. 276–299.

Weiner, M.: The Global Migration Crisis. Challenge to States and to Human Rights, New York 1995.

Withol de Wenden, C.: Was kann den Zustrom steuern, die Integration fördern? Fragen, um die sich die Diskussion in Frankreich dreht, in: Dokumente H. 1/93, S. 43–49.

Klaus Peter Fritzsche

Streßgesellschaften und Xenophobie

Einleitung

Der Umgang mit der kulturellen und ethnischen Pluralisierung ist stark durch Vorurteile, Fremdenfeindlichkeit und teilweise auch Rassismus geprägt. Den internationalen Migrationsbewegungen wird vielfach mit Angst begegnet. Warum reagieren viele Bürger fremdenfeindlich auf Armutsflüchtlinge, Asylbewerber und Arbeitsmigranten?

Bei der Diskussion der Fremdenfeindlichkeit werde ich mich auf deren Erklärung konzentrieren und die Rekonstruktion der Fakten aussparen. Aus der Vielfalt der Erklärungsangebote[1] bevorzuge ich diejenigen, die den Schwerpunkt auf den subjektiven Faktor legen: auf die Art, wie man die politische und gesellschaftliche Realität wahrnimmt und interpretiert. Gleichwohl bleiben diese Ansätze nicht blind gegenüber den Einflüssen der strukturellen und situativen Faktoren, und ich werde mich in meinen Ausführungen auch nachdrücklich um eine Integration der subjektiven und der situativen Ebene bemühen.

Ansätze des subjektiven Faktors zu bevorzugen bedeutet, daß man davon ausgeht, daß der Druck der objektiven gesellschaftlichen Verhältnisse sich nie direkt und ungefiltert in politisches Bewußtsein und Verhalten umsetzt, sondern daß erst der interpretierte Druck und die gedeuteten Belastungen über deren Einfluß und Wirkung entscheiden. Diese Entscheidung für einen bestimmten Ansatz hat außerdem deshalb Gewicht, da allein der »subjektive Faktor« pädagogischer Beeinflussung zugänglich ist.

---

1   Stöss, R.: Forschungs- und Erklärungsansätze, in: Kowalsky, W./Schroeder, W. (Hrsg.): Rechtsextremismus. Einführung und Forschungsbilanz, Opladen 1994; Wahl, K.: Fremdenfeindlichkeit, Rechtsextremismus, Gewalt. Eine Synopse wissenschaftlicher Untersuchungen und Erklärungsansätze, in : Deutsches Jugendinstitut (Hrsg.): Gewalt gegen Fremde. Rechtsradikale, Skinheads und Mitläufer, München 1993; Institut für Sozialforschung (Hrsg.): Rechtsextremismus und Fremdenfeindlichkeit. Studien zur aktuellen Entwicklung, Frankfurt a.M. 1994; Otto, H.-U./Merten, R. (Hrsg.): Rechtsradikale Gewalt im vereinigten Deutschland, Opladen 1993; Willems, H. u.a.: Fremdenfeindliche Gewalt. Einstellungen – Täter – Konfliktsituationen, Opladen 1993.

Der Autoritarismusansatz

Der klassische Ansatz

Ein klassisches Erkärungsangebot für Fremdenfeindlichkeit und Diskriminierung von Minderheiten liefert uns die Autoritarismustheorie.[2] Autoritarismusforschung war entstanden als eine deutsche Antwort auf den Zusammenbruch der ersten Demokratie auf deutschem Boden. Sie war vor allem die Antwort emigrierter deutscher Sozialwissenschaftler auf den historischen Schock des deutschen Faschismus und des rassistischen Antisemitismus. Sowohl für liberale wie für marxistische Theoretiker war der massenhafte Zulauf zum Faschismus eine Provokation. Weder die Annahmen über den rationalen Bürger in liberalen Theorien noch die Annahmen über klassenbewußte Proletarier in der marxistischen Theorie hatten diese breite Unterstützung für den Faschismus erwarten lassen.

Einen bedeutenden Erkenntnisfortschritt stellte der Erklärungsansatz des »autoritären Charakters« der Forschergruppe um Theodor W. Adorno dar. Hier wird davon ausgegangen, daß weder die demokratischen Institutionen und ihre Handlungschancen noch die ökonomischen Krisen und ihre Kosten direkt das politische Bewußtsein beeinflussen, sondern daß erst durch eine Vermittlungsinstanz – die Struktur der Persönlichkeit – erklärbar wird, wie die politische Realität wahrgenommen und interpretiert wird. Die durch empirische Untersuchungen gestützte Kernthese besagt, daß eine bestimmte Persönlichkeitsstruktur die Wahrnehmung politischer Verhältnisse und Prozesse dermaßen durch Vorurteile und Stereotypen verzerrt (Ethnozentrismus, Antisemitismus u.ä.), daß eine Anfälligkeit für faschistische Propaganda und Politik entsteht. Diese Persönlichkeitsstruktur nannte die Forschergruppe den autoritären Charakter bzw. die autoritäre Persönlichkeit.

Im Mittelpunkt der autoritären Persönlichkeit wird – orientiert an der psychoanalytischen Theorie – ein schwaches Ich ausgemacht, das nicht in der Lage ist, zwischen dem, was es will, was es soll und was es kann, zu vermitteln. Aus dieser Schwäche erwächst eine autoritäre Unterwürfigkeit gegenüber schützenden Kollektiven und starken Führern, gepaart mit einer autoritären Aggression gegenüber Minderheiten. Die Ursachen für diese Persönlichkeitsstruktur liegen in der frühen Kindheit, in einer autoritären Familie. Diese Familienstruktur und ihre autoritären Erziehungspraktiken schließlich werden als Produkt der kapitalistischen Gesellschaft interpretiert.

Bereits Jahre vor der Erstellung der Studien der Adorno-Gruppe hatte Erich Fromm in seinem Werk »Escape from Freedom« das theoretische Fundament

---

2 Adorno, T.W. et al.: The Authoritarian Personality, New York 1950, vgl. Adorno, Th.W.: Studien zum autoritären Charakter, Frankfurt a.M. 1973.

zum »autoritären Charakter« vorgelegt.³ Von ihm stammt meines Wissens auch der Begriff des autoritären Charakters. Fromm legt im Unterschied zur Adorno-Gruppe aber seine Aufmerksamkeit nicht nur auf die Bedeutung der Persönlichkeitsstruktur, sondern er betont auch bereits den Einfluß historischer Prozesse unterschiedlicher Freiheitsschübe. Er zeigt, wie sich viele Bürger durch die Freiheiten der Säkularisierung, Industrialisierung und Demokratisierung verunsichert fühlen. Sie sehen nicht die Chancen der Freiheit zu etwas, sondern erleben nur die Freiheit von ehemaligen Autoritäten als Freisetzung in eine Welt ohne Schutz und Sicherheit. Diese verunsicherten Bürger erleben die historischen Zuwächse an individueller Freiheit als Isolation. Für diese Bürger bedeutet Freiheit, dem Risiko ausgesetzt zu sein, zwischen sozialen und politischen Extremen zerrieben zu werden.

Fromm zeigt dann, wie aus der Furcht vor der Freiheit die Flucht vor der Freiheit wird, die Flucht in vermeintliche Schutzzonen einer starken Masse und eines mächtigen Führers. Er zeigt weiterhin, daß das Bedürfnis, sich zu unterwerfen, gepaart ist mit dem Bedürfnis nach Macht und Aggressivität, die sich vornehmlich gegen Minderheiten richtet.

Die Argumentation von Fromm macht deutlich, daß die Autoritarismustheorie autoritäre Persönlichkeiten nicht einfach als Erblasten »autoritärer Systeme« gedeutet hat, wie zuweilen mißverständlich angenommen wird.⁴ Die Pointe ist raffinierter und realistischer zugleich. Zwar ist ein entscheidender Grund dafür, daß Bürger die Flucht vor der Freiheit antreten, in einer spezifischen Persönlichkeitsstruktur mit einem schwachen Ich zu sehen. Es ist jedoch auch schon in der klassischen Theorievariante angedacht gewesen, daß es die Dynamik der freiheitlichen Gesellschaften selbst ist – und nicht nur die mentalen Überreste autoritärer Systeme –, die solche aktuellen Verunsicherungen und Risiken für die Bürger bereithält, daß einige von ihnen den Weg in eine vermeintlich sichere Unfreiheit wählen.

Wie brauchbar sind heute die Thesen vom »autoritären Charakter«?

Wenn wir der vielfältigen Kritik an der Theorie des autoritären Charakters Rechnung tragen, gleichwohl aber die Theorie nicht als eine unveränderliche, ahistorische, sondern als eine anpassungsfähige »psycho-historische Konzeption« auffassen⁵, dann können folgende Elemente als tragfähig angesehen werden:

---

3 Fromm, E.: Escape from Freedom, New York 1947; deutsch: Die Furcht vor der Freiheit, Frankfurt a.M. 1966.
4 Oesterreich, D.: Autoritäre Persönlichkeit und Gesellschaftsordnung, Weinheim/München 1993.
5 Sanford, N.: Authoritarian Personality in Contemporary Perspective, in: Knutson, J. (Hrsg.): Handbook of Political Psychology, San Francisco 1973; Meloen, J.D.: Critical Analysis of Forty Years of Authoritarian Research, in: Farnen, R. (Hrsg.): Nationalism, Ethnicity, and Identity, New Brunswick/London 1994; Lederer, G./Schmidt, P. (Hrsg.): Autoritarismus und Gesellschaft, Opladen 1995.

- Die subjektive Verarbeitung von sogenannten objektiven sozialen Belastungen in Form von Vorurteilen und Feindbildern liefert einen unverzichtbaren Zugang zur Erklärung von Fremdenfeindlichkeit, allerdings ist Abschied zu nehmen vom Monopol der Psychoanalyse als der Theorie der Persönlichkeit und der subjektiven Verarbeitung.
- Ein starker sozialisatorischer Einfluß der Familie bei der Entwicklung von Autoritarismusanfälligkeit wird weiterhin anerkannt, aber auch andere sozialisatorische Einflüsse sind zu beachten: Gruppen, Cliquen, Medien und Meinungsbildner.
- Der Einfluß der Persönlichkeitsstruktur wird nicht aufgegeben, aber relativiert und ergänzt. Es tritt mehr der Einfluß situativer Komponenten in den Blick. Es gibt sogar Anzeichen dafür, daß situativer Druck so groß werden kann, daß er auch Personen ohne autoritäre Persönlichkeitsstruktur zu autoritärem Verhalten verleiten kann.
- Die These der »Furcht vor der Freiheit« von Erich Fromm bleibt auch zur Erklärung heutiger Furcht vor den und dem Fremden zentral. In Ansätzen bietet uns Fromm schon eine Vorlage für die heute so verbreite Individualisierungsthese, und seine Ausführungen bieten ausreichend Anschlußmöglichkeiten für die vielfach eingeklagte Berücksichtigung situativer Faktoren.

Vorurteile

Innerhalb der Autoritarismusforschung stellen Vorurteile, ihre sozialpsychologische Verankerung und ihre politischen und sozialen Konsequenzen einen Kernbereich dar. Vorurteilshaftigkeit wird als eine Folge einer autoritären Persönlichkeitsstruktur verstanden. Vorurteile sind weiterhin vor-ideologische Bausteine, die dann im öffentlichen Diskurs politisiert und zu Ideologien systematisiert werden können. Sie ebnen den Weg für die Akzeptanz autoritärer politischer »Lösungen«.

Welche Eigenarten weisen soziale Vorurteile über Fremde und über Minderheiten auf?[6] Gemeint sind hier nicht nur Ausländer, Arbeitsmigranten und Flüchtlinge, sondern auch Behinderte, Aidsinfizierte und Gruppen mit abweichendem Verhalten, die geeignet sind, über Vorurteile und Feindbilder zum Sündenbock gemacht zu werden.

Ein soziales, gegen eine Minderheit gerichtetes Vorurteil weist folgende Eigenarten auf:

- Einzelne negative Erfahrungen – es müssen nicht einmal die eigenen sein – werden unzulässig verallgemeinert. (Alle Türken, alle Polen sind ...)

---

6 Fritzsche, K.P.: Kommen wir nicht ohne Vorurteile aus? in: Internationale Schulbuchforschung 4/89.

– Die dermaßen nur noch als uniforme Gruppe wahrgenommenen anderen werden als minderwertig eingestuft und als bedrohlich abgelehnt.
– Die Abwertung der anderen wird von sozialer Ausgrenzung begleitet.
– Gegen die dermaßen ins Abseits gestellten anderen entwickeln sich schnell Dispositionen aggressiven Verhaltens.
– Neue Informationen über die Fremden, die das Konstrukt des bedrohlichen Fremden revidieren müßten, werden entweder ignoriert oder als die Ausnahme gedeutet, die die Regel bestätigt.

Vom vorschnellen Voraus-Urteil unterscheidet sich das Vorurteil durch eben diese Blockade, neue Informationen anzuerkennen und das Urteil zu revidieren. Vom Stereotyp unterscheidet sich das Vorurteil durch seine emotionale Aufladung, vom Feindbild unterscheidet es sich durch seine geringeren aggressiven Anteile. Jedes Vorurteil hat stereotype Elemente, aber nicht jedes Stereotyp ist ein Vorurteil. Jedes Feindbild ist vorurteilshaft, aber nicht jedes Vorurteil ist schon ein Feindbild.

Was macht aber Vorurteile so widerstandskräftig und attraktiv? Wozu dienen sie denen, die sie haben oder gebrauchen? Welche Vorteile bringt es für die Psyche oder die Gesellschaft, an Vorurteilen festzuhalten?

Im Mittelpunkt psychologischer Vorurteilstheoreme stehen weithin Ansätze, die das Selbstkonzept, das Selbstwertgefühl oder das Selbstbild als wichtigsten Einflußfaktor für die Entstehung von Vorurteilen und Feindbildern ansehen. Es gibt schon länger empirische Belege dafür, daß die Vorurteilshaftigkeit in starkem Maß von der Selbstwahrnehmung und -beurteilung beeinflußt wird.[7]

Die Art und Weise, wie man den anderen wahrnimmt und beurteilt, hängt vor allem davon ab, wie man sich selbst sieht und fühlt. Je stabiler und ausgeglichener das eigene Selbstwertgefühl ist, desto weniger Bedrohungsgefühle löst Fremdes, lösen Fremde aus.

Die Probleme, die die Mehrheitsgesellschaft mit Minderheiten hat, sind zumeist ein Resultat der Probleme, die in der Mehrheit selbst bestehen, und nicht eine Folge von Problemen, die Minderheiten der Mehrheit bereiten. Hinter der Furcht vor »Überfremdung« verbirgt sich eine unsichere oder verunsicherte Identität. Die Furcht vor den Fremden ist meist keine direkte Folge der Eigenschaften oder des Verhaltens der Fremden, sondern eine Folge eigener Furchtsamkeit.[8] Wenn auch primär die Ursache für die Fremdenfurcht nicht bei den Fremden liegt, so ist es dennoch möglich, daß auch zwischen Mehrheit und Minderheit reale Konflikte entstehen. Aber auch die Reaktion auf diese Kon-

---

7 Bagley, C.: Personality, Self-Esteem and Prejudice, Hampshire 1984.
8 Fritzsche, K.P./Knepper, H.: Die neue Furcht vor der Freiheit, in: Aus Politik und Zeitgeschehen, Beilage zum Parlament 34/93.

flikte ist abhängig von ihrer Wahrnehmung und Interpretation. Werden sie vorurteilshaft wahrgenommen, dann eskalieren Befremdungsgefühle schnell zu Überfremdungsängsten, und Vorurteile werden zu Feindbildern.[9] Es ist eine Furchtsamkeit, die zum verzerrten, vorurteilshaften Blick auf andere führt, aber es sind auch die Vorurteile, die – sind sie einmal etabliert – die Furcht am Leben halten oder gar verstärken. Der vorurteilshafte Blick hat nun die Tendenz, die Wirklichkeit in doppelter Weise zu verzerren. Zum einen führt er zur Abwertung der als bedrohlich wahrgenommenen Fremden, zum anderen sucht er nach Möglichkeiten der Aufwertung des gekränkten und verunsicherten Selbst.

Nach diesen Ausführungen können wir nun besser verstehen, welche sozialpsychologische Verankerung Vorurteile und Feindbilder für diejenigen, die sie brauchen oder gebrauchen, so funktional machen:

- Intellektuell ist das Vorurteil entlastend, denn es erleichtert (scheinbar) die Orientierung in einer überschaubarer konstruierten Wirklichkeit.
- Moralisch führt die Abwertung »der Fremden« zur Aufwertung des eigenen Selbstwertgefühls.
- Emotional erlaubt das Vorurteil, die eigenen Ängste zu kanalisieren und zu kaschieren: Diffuse Verunsicherung verwandelt sich in Furcht vor identifizierbaren Fremden, und diese Furcht tarnt sich als Überlegenheit und Feindseligkeit.
- Sozial oder auch national fördert es den Zusammenhalt des eigenen Kollektivs durch die Stärkung des Wir-Gefühls, es gestattet die Verteidigung und Stärkung einer verunsicherten oder bedrohten Identität. Das negative Vorurteil über die Minderheiten wird ergänzt von dem »positiven« Vorurteil über die eigene Gruppe. Aus der Realität eigener Schwäche und Unterlegenheitsängste wird die Illusion der gemeinsamen und eigenen Überlegenheit und Stärke.
- In der Eskalation eines Konflikts erlaubt es die Stigmatisierung einer Minderheit als Sündenbock und legitimiert deren Diskriminierung; es schafft ein Ventil für anderweitig aufgestaute Aggressionen.
- Außerdem gestattet das Vorurteil – vor allem im öffentlichen Diskurs – eine ergiebige Instrumentalisierung auch durch solche Personen und Gruppen, die selber gar keine Vorurteile haben, aber mit ihnen ein politisches Geschäft der Angst betreiben wollen.

---

9 Möller, K./Müller, J.: Zwischen Befremden und Entfremdung. Bedrohungsgefühle durch Zuwanderung von MigrantInnen, in: Mansel, J. (Hrsg.): Reaktionen Jugendlicher auf gesellschaftliche Bedrohungen. Untersuchungen zu ökologischen Krisen, internationalen Konflikten und politischen Umbrüchen als Stressoren, Weinheim/München 1992.

Xenophobie oder Rassismus

Ist es aber nicht angebrachter, statt von Fremdenfeindlichkeit von Rassismus zu sprechen, wie es von der neueren Rassismuskritik vorgeschlagen wird? Und verbirgt sich hinter den feindlichen Haltungen und Handlungen nicht vielmehr die Macht der »Weißen Mehrheitsgesellschaft« über die Minderheiten, wie von den Vertretern dieser Kritik behauptet wird?[10]

Im Autoritarismusansatz stellt der Rassismus eine besondere Variante vorurteilshafter Ausgrenzung und Abwertung dar, aber nicht jede Fremdenfeindlichkeit ist schon rassistisch. Rassismus bedeutet:

a) Aus ethnischer oder »rassischer« Differenz wird eine Minderwertigkeit abgeleitet,
b) aus der Minderwertigkeit wird soziale und politische Ungleichheit legitimiert,
c) die Minderwertigkeit wird als biologisch gegeben angesehen.

Eine Überdehnung des Rassismusbegriffs scheint mir allerdings dort vorzuliegen, wo jegliche ablehnende Haltung als Rassismus bezeichnet wird und wo Rassismus nicht mehr nur die biologistischen Begründungen von Diskriminierung, sondern nun auch alle diejenigen Positionen einschließen soll, die von kulturellen und ethnischen Unterschieden her politische Ausschließung und soziale Ausgrenzung rechtfertigen. Diese Überdehnung wird von den Vertretern des neueren »Antirassismus« praktiziert, der nach den USA, Großbritannien, den Niederlanden und Frankreich jetzt auch Verbreitung in Deutschland findet. Die Vertreter dieses Ansatzes gehen so weit, selbst Integrationshilfen für benachteiligte Minderheiten als »paternalistisch« zu kritisieren und als tendenziell rassistisch abzustempeln. Hier verliert der Begriff des Rassismus seine Trennschärfe: Wo alles Rassismus ist, ist nichts mehr Rassismus.

Begleitet wird der inflationäre Gebrauch des Rassismusvorwurfs von einer Einengung seiner analytischen Kraft: Rassismus ist für die Vertreter der hier referierten Position prinzipiell eine soziale Beziehung, die auf Macht basiert: auf der Macht der weißen Mehrheitsgesellschaft gegenüber den ethnischen und rassischen Minderheiten.

Eine andere Deutung bietet das Xenophobieparadigma der Autoritarismustheorie. Xenophobie schließt Rassismus keinesfalls aus, aber es wird unterschieden zwischen xenophober und rassistischer Ablehnung und Abwertung. Nicht jede feindliche Haltung gegenüber Minderheiten ist schon rassistisch, d.h., nicht immer wird den Minderheiten schon eine natürliche, biologistisch begründete

---

10 Claussen, D.: Was heißt Rassismus? Darmstadt 1994; Fritzsche, K.P.: Multiperspektivität – eine pädagogische Antwort auf die multikulturelle Gesellschaft, in: PÄDEXTRA 11/92.

Minderwertigkeit unterstellt. Und Rassismus basiert keinesfalls überwiegend auf Macht. Im Unterschied zur neuen Rassismuskritik wird beim Xenophobieparadigma der Akzent auf die Furcht vor den Fremden gelegt, auf die Bedrohungsgefühle. Nicht Macht, sondern das Gefühl der persönlichen und sozialen Ohnmacht geben hier den Grund für die feindliche Haltung gegenüber Minderheiten ab. Aus diesem Bedrohungsgefühl heraus wird dann sowohl die Flucht in ein mächtiges Kollektiv angetreten wie auch die Flucht in Überlegenheitsphantasien. Das schützende Kollektiv als Ganzes wie auch seine Eliten im einzelnen können zwar durchaus über Macht verfügen, aber wichtig ist, daß der »psychische Stoff« der Fremdenfeindlichkeit aus der Furcht und den Ohnmachtsgefühlen der Mehrheit besteht. Auch an die eigene Überlegenheit kann durchaus geglaubt werden, aber der Hintergrund ist auch hier ein anderer: Die Überlegenheit ist nur ein Konstrukt, um den eigenen Unsicherheiten und Ängsten zu entfliehen.

Xenophobie wirkt auch als ein Einfallstor für autoritäre »Lösungen«, für rechtsextreme Ideologien und Organisationen. Die eigene Furchtsamkeit macht anfällig für Fluchtwege in Kollektive und Gemeinschaften, deren selbstüberhebliche Kollektividentitäten den schwachen einzelnen scheinbar eine Chance geben, durch Teilhabe an der Überlegenheit und Stärke der Gruppe ihr eigenes Selbstwertgefühl wieder aufzurichten. Komplementär zu dieser Gefahr der ideologischen Selbstüberhöhung besteht die weitere Gefahr, daß sich in solchen Kollektiven die Bedürfnisse, das als bedrohlich wahrgenommene Fremde abzuwerten und auszugrenzen, zu Sündenbockstigmatisierungen von Minderheiten entwickeln. Es besteht schließlich die Gefahr, daß sich in rechtsextremistischen Organisationen die Schleusen aufgestauter Aggressivität öffnen dürfen und daß sich die Fremdenfurcht in Gewalt gegen die zu Sündenböcken gestempelten Fremden oder Minderheiten wandelt.

Die Streßthese

Gefühle der Überforderung

Der berechtigte Einwand gegen die Theorie vom autoritären Charakter, daß die Rolle der Persönlichkeitsstruktur wie auch die Bedeutung der Familie in der politischen Sozialisation überbewertet werden, hat zur Entwicklung der Situationsthese geführt.[11] Das xenophob reagierende unsichere Selbst muß danach nicht notwendig eine Folge einer dauerhaften Charakterstruktur sein, sondern es kann auch eine Folge situativer Verunsicherung sein. Sosehr dieser Einwand

---
11 Oesterreich, D.: Autoritäre Persönlichkeit und Gesellschaftsordnung, Weinheim/München 1993.

berechtigt ist, sosehr läuft er wiederum Gefahr, situative Belastungen auf Kosten ihrer subjektiven Einschätzung überzubewerten. Wenn es sicherlich auch Situationen und Belastungen geben kann, unter denen auch »normale«, das heißt nichtautoritäre Charaktere sich gleichwohl autoritär verhalten können, so bleibt der Einfluß der Persönlichkeitsstruktur auch auf die Deutung von solchen Grenzsituationen dennoch bestehen. Einen Ansatz, der ein falsches Entweder-Oder zwischen objektiven Belastungen und subjektiven Verarbeitungsweisen vermeiden hilft, bietet die sozialwissenschaftlich orientierte Streßtheorie[12].

Die zentrale These der Streßtheorie besagt: Wenn Belastungen der Gesellschaftsstruktur und des sozialen Wandels bei Bürgern auf begrenzte oder fehlende Fähigkeiten ihrer Verarbeitung treffen, wenn ein Problemdruck auf mangelnde Kompetenzen bei den Menschen trifft, mit diesem Druck umzugehen, dann wird dies von den betroffenen Bürgern als Streß wahrgenommen: Das Gefühl der Herausforderung wird durch das Gefühl der Überforderung verdrängt. Abwehr- und Fluchtreaktionen sind wahrscheinlich. *Daraus folgt für unsere Thematik: Es ist sozialer Streß, der Bürger anfällig für Xenophobie und autoritäre Reaktionen macht.*[13]

Unterschieden wird zwischen mikrosozialem und makrosozialem Streß. Über die Definition des makrosozialen Stresses gibt es eine Kontroverse. Für die einen ist makrosozialer Streß bereits durch die Existenz von makrosozialen Stressoren gegeben wie politischen, wirtschaftlichen, kulturellen oder ökologischen Belastungen, für die anderen erst durch makrosoziale Streßträger wie Kollektive, Gruppen, Kommunen oder Gesellschaften.[14] Auch bei makrosozialem Streß bleibt für die Streßforschung aber die »Rückbindung ... an die individuelle Streßerfahrung und Streßbewältigung wesentlich«.[15]

Streß hängt nicht nur von der Situation, sondern auch von der Interpretation der Situation ab. Der Situations-Input wird durch ein kognitives System und durch eine psychische Struktur gefiltert. Auf ein und dieselbe Situation reagiert die eine Person im Sinne einer Bedrohung, eine andere im Sinne einer Herausforderung, für eine dritte ist die Situation irrelevant. Auf einer nächsten Stufe

---

12 Badura, B./Pfaff, H.: Streß, ein Modernisierungsrisiko?, in: KSSZ 1989, S. 644–668; Badura, B./Pfaff, H.: Für einen subjekt-orientierten Ansatz in der soziologischen Streßforschung, in: KZSS 1992, S. 354–363; Fritzsche, K.P./Knepper, H.: Die neue Furcht vor der Freiheit, in: Aus Politik und Zeitgeschehen, Beilage zum Parlament 34/93; Mansel, J. (Hrsg.): Reaktionen Jugendlicher auf gesellschaftliche Bedrohungen. Untersuchungen zu ökologischen Krisen, internationalen Konflikten und politischen Umbrüchen als Stressoren, Weinheim/München 1992.
13 Fritzsche, K.P.: Bürger im Streß – Ein Ansatz zur Erklärung von Xenophobie, in: Verantwortung in einer unübersichtlichen Welt. Aufgaben wertorientierter politischer Bildung, Schriftenreihe der Bundeszentrale für politische Bildung Band 331, Bonn 1995.
14 Vester, H.G.: Sozialer Streß und seine Folgen in der Bundesrepublik Deutschland, in: KZfSS 43/1991.
15 Badura, B./Pfaff, H.: Für einen subjekt-orientierten Ansatz in der soziologischen Streßforschung, in: KZSS 1992, S. 357.

der Einschätzung prüft das betroffene Individuum seine Ressourcen, die Herausforderung zu bewältigen. Eine prägnante Zusammenfassung des mehrstufigen Prozesses der Einschätzung gibt uns Klaus Boehnke:[16] »Potentielle Stressoren werden von potentiell gestreßten Individuen zunächst evaluiert (»primäres Appraisal«), dann auf ihre Bewältigbarkeit geprüft (»sekundäres Appraisal«) und danach – immer noch vor dem tatsächlichen Versuch der Bewältigung (»Coping«) – gegebenenfalls umdefiniert (»Reappraisal«).

Zur Bewältigung oder Reduzierung von Streß verfügen die Subjekte über bestimmte Ressourcen, die aber nicht mehr allein aus den Charakterstrukturen abgeleitet werden. Folgende Ressourcen der Betroffenen haben sich als wirksam erwiesen:

– Bildung: Über welches Wissen verfüge ich zur angemessenen Analyse der Situation? Habe ich gelernt zu lernen?
– Selbsteinschätzung: Was kann ich? Was traue ich mir zu? Situative Belastungen können von einem ich-starken, selbstbewußten Menschen durchaus als Druck statt als Streß wahrgenommen werden.
– Kulturelle Muster, Werte und moralisches Bewußtsein: Was darf ich? Was wird erwartet? Die Verwurzelung in kulturellen Traditionen, die Akzeptanz sozialer Werte und die Kompetenz moralischen Urteilens erleichtern die Orientierung und helfen u.a. Barrieren gegen diskriminierende Reaktionsweisen aufzubauen.
– Unterstützende Faktoren sozialer Einbindung und sozialer Netze: Wer kann mir helfen? Das Vertrauen auf oder das Wissen um die Hilfe anderer verringert die Gefahr von Ohnmachtsgefühlen.

Je mehr von diesen Ressourcen den Betroffenen zu Verfügung stehen, desto leichter wird es fallen, »Streßkompetenz« zu entwickeln. Je begrenzter sie zur Verfügung stehen, desto größer wird die Wahrscheinlichkeit, daß Belastungen als Überlastung erlebt werden.

Der autoritäre Charakter ist sicherlich als ein Faktor zu bewerten, der dazu beiträgt, daß Belastungen leicht als Überforderung wahrgenommen werden und daß eher abwehrend als konstruktiv reagiert wird, aber er erweist sich im Rahmen der Streßtheorie nicht mehr als vorherschender Faktor.

Das Innovative der interaktiven Streßkonzeption ist: Der Streß ist weder allein das Ergebnis von objektiven Stressoren noch von fehlenden Kompetenzen, sondern er entsteht erst aus einem Prozeß der Beurteilung der Anforderungen und der eigenen Möglichkeiten, erfolgreich zu reagieren. Erst das Mißver-

---

16 Boehnke, K.: Auswirkungen von makrosozialem Streß auf die psychische Gesundheit, in: Mansel, J. (Hrsg.): Reaktionen Jugendlicher auf gesellschaftliche Bedrohungen. Untersuchungen zu ökologischen Krisen, internationalen Konflikten und politischen Umbrüchen als Stressoren, Weinheim/München 1992.

hältnis läßt die Belastung zum Stressor werden. Dieser Streßbegriff unterscheidet sich vom umgangssprachlichen Begriffsgebrauch, wo Streß lediglich ein Zuviel an Belastung meint!

Sozialer Streß und Xenophobie

Aus der Anwendung streßtheoretischer Überlegungen für unsere Fragestellung bezüglich der Xenophobie ergeben sich folgende Thesen:

a) *Toleranzschwelle*
Es gibt keine absolute Zahl oder Quote von zu tolerierenden Migranten, sondern diese Zahlen hängen immer von der Fähigkeit und Bereitschaft der Bürger ab, Fremde in dieser Gesellschaft aufzunehmen. Die Toleranzschwellen der Bürger sind also Streßschwellen, und als solche sagen sie nichts über absolute Belastungen aus, sondern etwas über die Einschätzungen der Belastungen und die Gefühle, die diese Einschätzungen hervorrufen.

b) *Verwechselte Stressoren*
Zuwanderung oder Einwanderung kann für Bürger der Aufnahmegesellschaften durchaus zu Streß führen ... Hinter dem Migrationsstreß kann aber auch ein anderer Streß stehen: z.B. die Verunsicherungen, die von Modernisierungs- und Transformationsprozessen ausgehen können. Stressoren können im Prozeß der Bewertung verwechselt werden (reappraisal): Die Migration als Stressor, als Ursache der aktuellen Bedrohungs- und Überforderungsgefühle, ist eine soziale Konstruktion.

c) *Vorurteilsstrategien*
Eine zentrale Rolle bei solchen Konstruktionen der Stressoren spielen Vorurteile. Dort, wo es zu Überforderungsgefühlen kommt, gehören Vorurteile und Feindbilder mit ihren Orientierungs- und Entlastungsfunktionen der kognitiven Vereinfachung, der Fremdenabwertung und Selbstaufwertung, der sozialen Ausgrenzung und der Angstregulierung zum wahrscheinlichen Repertoire der Streßreaktion. Vorurteile führen zu einer verzerrten Wahrnehmung der Streßsituation. Migranten, Ausländer, Fremde können als Stressoren konstruiert werden, ohne daß von ihnen die entscheidende Belastung ausgeht. Dadurch wird von sozialen, wirtschaftlichen, politischen und kulturellen Stressoren abgelenkt. Der subjektive Gewinn einer solchen Stressorenvertauschung ist das Gefühl, daß der Streß scheinbar reduziert werden kann, da man meint, die Herausforderungen, die »die Fremden« darstellen, eher bewältigen zu können als die Modernisierungs- oder Transformationsfolgen.

d) *Gestreßte Verlierer, gestreßte Gewinner*
Streßtheoretisch erscheint es auch verständlich, daß sozial unterschiedlich Situierte wie der »Desintegrierte« und der »Integrierte« aus einem Streßgefühl heraus xenophob reagieren. Die Verunsicherung und der Streß können nämlich auf ganz unterschiedlichen Ebenen entstehen und wahrgenommen werden. Furcht vor Versagen kann ebenso Streß hervorrufen wie Furcht vor Verlust des gerade Gewonnenen. Vielleicht ist sogar der Streß für den scheinbar Arrivierten und Integrierten viel größer als für den Desintegrierten, da jener seinen momentanen Erfolg noch als prekär und prinzipiell bedroht ansieht.

e) *Gewaltreaktionenen*
Auch Gewalt kann eine (!) Strategie sein, um Streß zu bewältigen oder zu reduzieren. Eine der Funktionen von Gewalt liegt in der Verwandlung von Ohnmachtsgefühlen in Erfolg und Macht, von Unübersichtlichkeit in Eindeutigkeit, von Vernachlässigung in Aufmerksamkeit. Der Streß, der solcher Gewalt zugrunde liegt, ist nicht nur – wenn überhaupt – eine Folge zunehmenden sozialen Drucks, sondern eher eine Folge subjektiver »Leerstellen« bei der Bewältigung alltäglicher Herausforderungen. Es fehlen Standards im Umgang mit anderen Menschen, und es kommt zur Lockerung der Gewaltbremsen des Gewissens. Vielen gerät auch der Umgang mit sich selbst zum Streß, da sie es nicht gelernt haben, mit ihrem eigenen Affekthaushalt umzugehen und oft ohnmächtig vor ihren eigenen Gefühlen, Enttäuschungen und Triebansprüchen stehen. Nicht mehr der »gute, alte autoritäre Charakter« kommt hier ins Spiel, sondern ein Mangel an verinnerlichter, handlungsorientierender Autorität überhaupt.[17]

f) *Gruppenhalt und Gruppendruck*
Gruppen – politische wie subkulturelle Gruppen – wirken als bedeutsame Ressource zur Reduktion von Streß und Frust in Familie, Schule, Beruf. Die Gruppe hebt das Selbstwertgefühl, vermittelt Orientierungshilfe, bietet Schutz und Zugehörigkeit und schafft das Gefühl von Stärke. Die Erprobung und Demonstration dieser vermeintlichen Stärke manifestiert sich oft in Gewalt. Die *Gruppenthese* verweist auf die katalysatorische und verstärkende Rolle von Gruppen bei der Enstehung von Gewalt.[18] Der überwiegende Teil der in den letzten Jahren gegen Ausländer gerichteten Gewalt wurde aus Gruppen heraus verübt. Allerdings richtet sich die Gruppengewalt nicht nur gegen Fremde und Schwache, sondern auch gegen konkurrie-

---

17 Eisenberg, G. /Gronemeyer: Jugend und Gewalt. Der neue Generationskonflikt oder der Zerfall der zivilen Gesellschaft, Reinbek bei Hamburg 1993; Leggewie, C.: Druck von Rechts, München 1993.
18 Willems, H. u.a.: Fremdenfeindliche Gewalt. Einstellungen – Täter – Konfliktsituationen, Opladen 1993.

rende oder verfeindete Gruppen. Kollektiver Alkoholrausch und szenespezifischer Musikkonsum können als Auslöser oder Verstärker wirken. Allerdings ist die Funktion der Gruppe ambivalent: Die Gruppe entlastet einerseits zwar von sozialen Ängsten. Sie kann aber andererseits auch selbst zur Belastung für ihre Mitglieder werden, wenn in ihr Anerkennungskämpfe ausbrechen und Gewalt ein Mittel wird, in der Gruppe zu bestehen.

g) *Inszenierter Streß*
Streß wird auch im öffentlichen Diskurs konstruiert, reproduziert und inszeniert, ebenso wie die Verwechselung der Stressoren. Bedrohungsgefühle können auch durch die veröffentlichten Bedrohungsszenarien aus den Reihen der politischen Klasse geweckt und verstärkt werden. Vor allem für die Bürger, die selber nur über sehr begrenzte eigene Erfahrungen mit Migranten verfügen, ist die Konstruktion des »vollen Boots« der deutschen Gesellschaft ein Orientierungsrahmen für die Entwicklung eigener Vorstellungen und Einstellungen. Der Diskurs über das »volle Boot« suggeriert überforderte Ressourcen, um mit der Herausforderung der Migration fertig zu werden. Zwei Einflußgrößen dieses Diskurses seien in unserem Zusammenhang hervorgehoben: erstens der Diskurs der Neuen Rechten, d.h. jenes Theoriezirkels, der von der These ausgeht, daß dem politischen Wandel die Veränderung des Bewußtseins der Bürger vorausgehen müsse. Im Diskurs der Neuen Rechten wird viel von Überfremdung gesprochen, gegen die man das deutsche Volk schützen müsse. Der Rassebegriff wird sorgfältig vermieden, statt dessen wird in Anpassung an den herrschenden Sprachgebrauch von »Ethnien« gesprochen. Die Idee der »rassischen Reinheit« wird nun sprachlich als »ethnische Identität« gefaßt, die in einem Zustand eines »Ethnopluralismus«, in dem jede Ethnie getrennt für sich existiert, gewährleistet wird.[19] Zweitens geht es um solche Prozesse, die im Zusammenhang mit der Asyldebatte als »Katastrophenjargon«, als »Medien-Rassismus«, als »Diskurs der Ausschließung« oder als »Kalkulierte Hysterie der Asyldebatte« gekennzeichnet wurden.[20]

Wichtig erscheint mir allerdings, die Rolle des öffentlichen Diskurses nicht im Sinne einer omnipotenten Manipulation der Bürger durch einige wenige ideologisch-politische Regisseure mißzuverstehen. Die Rolle ist eher eine verstärkende und lenkende, nicht aber eine, die aus dem Nichts die Bürger zur Xenophobie verführt. Der öffentliche Diskurs der Angst braucht immer schon Anknüpfungsmöglichkeiten, er ist angewiesen auf eine schon existierende Disposition. Der

---

19 Kowalsky, W./Schroeder, W. (Hrsg.): Rechtsextremismus. Einführung und Forschungsbilanz, Opladen 1994.
20 Bade, K.J.: Ausländer, Aussiedler, Asyl in der Bundesrepublik Deutschland, Niedersächsische Landeszentrale für politische Bildung, Hannover 1992.

Begriff der Kommunikationslatenz vermag vielleicht am besten das ausdrücken, was durch den Diskurs geschieht. Latente Befürchtungen und Verunsicherungen werden durch den Einfluß bestimmter Diskurse manifest.

Streßgesellschaften

Ostdeutschland

Soziale Vorurteile und Xenophobie hatte es bereits vor der »Wende« in der DDR gegeben, aber der Schleier der offiziell verordneten internationalen Solidarität hatte dies verhüllt. Über das Ausmaß und die Dynamik dieser alten, »DDR-typischen Fremdenfeindlichkeit« (Thierse) haben wir bislang noch viel zuwenig Kenntnisse. Die Aggressionen und Diskriminierungen richteten sich sowohl gegen Arbeitsmigranten aus der sogenannten Dritten Welt als auch gegen die polnischen Nachbarn. Neu waren die eskalierenden Äußerungen manifesten Fremdenhasses in den »neuen Bundesländern.«

Die Untersuchungen von Oesterreich (1993), von Schubarth und Melzer (1993) und von Heitmeyer (1995) zeigen, daß ostdeutsche Jugendliche sich deutlich häufiger ausländerfeindlich äußern als westdeutsche Jugendliche.[21] Auch die Umfrageergebnisse der Forschungsgruppe Wahlen weisen einen ähnlichen Unterschied in der Gesamtbevölkerung aus. Und wenn wir die Perspektive der Opfer einnehmen, dann ist statistisch gesehen (Anzahl von ausländerfeindlichen Gewalttaten im Verhältnis zu den in den neuen Bundesländern lebenden Ausländern) für die entsprechenden Ausländer das Risiko in Ostdeutschland um ein Vielfaches größer als in Westdeutschland, Opfer einer xenophoben Gewalttat zu werden.[22] Wie kommt das? Sind das Altlasten des DDR-Systems?

Eine außergewöhnliche Renaissance erlebte der Autoritarismusansatz bei der Analyse der ostdeutschen Xenophobie in den neuen Bundesländern.[23] Allerdings wurde der Begriff des Autoritarismus nun zuweilen inflationär und stereotyp gebraucht, wie bei Joachim Maaz, für den alle Bürger Ostdeutschlands autoritär deformiert wurden.[24] Das Explodieren der Fremdenfeindlichkeit in

---

21 Schubarth, W./Melzer, W. (Hrsg.): Schule, Gewalt und Rechtsextremismus, Opladen 1993; Heitmeyer, W. u.a.: Gewalt. Schattenseiten der Individualisierung bei Jugendlichen aus unterschiedlichen Milieus, Weinheim 1995.
22 Pfeiffer, C., Direktor des Kriminologischen Forschungsinstitutes Niedersachsen, Vortrag am 7.3.94 in Magdeburg, Deutsche Vereinigung für Jugendgerichte und Jugendgerichtshilfen e.V. Sachsen-Anhalt.
23 Fritzsche, K.P.:Politische Sprache und Kultur im Umbruch, in: Gegenwartskunde, Sonderheft 1991: Heinemann, K.H./Schubarth, W. (Hrsg.): Der antifaschistische Staat entläßt seine Kinder. Jugend und Rechtsextremismus in Ostdeutschland, Köln 1992.
24 Maaz, J.: Der Gefühlsstau. Ein Psychogramm der DDR, Berlin 1990.

Ostdeutschland nach der Wende erfordert hingegen differenzierte Erklärungen.

Zur selben Zeit wie der Verfasser hatte Käthe Pollmer aus Potsdam 1992 die These aufgestellt, daß Ausländerfeindlichkeit und Rechtsextremismus in Ostdeutschland eine Folge makrosozialen Stresses sein könnten.[25] Über diese Vermutung war sie allerdings nicht hinausgekommen. Ausführlich und systematisch greift nun Michael Schmitz in seiner Studie »WendeStreß« (1995) die Streßtheorie auf, um die psychosozialen Kosten der deutschen Einheit zu analysieren. »Den plötzlichen Niedergang des Kommunismus und den sturzartig über sie hereinbrechenden Kapitalismus erleben viele als dramatische Veränderung. Längst ist sie noch nicht abgeschlossen, vielmehr wirkt sie als ein chronischer Stressor, vielleicht sogar als anhaltend traumatisches Erlebnis«. Allerdings rückt Schmitz mehr die psychischen Wendekrankheiten als die politischen Reaktionen in den Mittelpunkt seiner Überlegungen.[26]

In hervorragender Weise scheint der Streßansatz geeignet zu sein, gerade die Entwicklung der Xenophobie in den postsozialistischen Gesellschaften zu erklären, denn in besonderer Weise leben heuzutage Bürger in den Gesellschaften des zusammengebrochenen Staatssozialismus in sozialen und politischen Streßkonstellationen. Diese Konstellation entsteht aus dem Zusammentreffen zweier Prozesse: einem Prozeß kumulierender Belastungen (potentieller Stressoren) und einem Prozeß entwerteter Kompetenzen, mit den neuen, vielfältigen Stressoren umzugehen.

a) Die kumulative Belastung ergibt sich in Ostdeutschland aus der Konfrontation mit drei großen Unbekannten:
   – der Konfrontation mit ökonomischer Konkurrenz,
   – der Konfrontation mit ideologisch-politischer Unsicherheit,
   – der Konfrontation mit multikultureller Unterschiedlichkeit.

b) In der Sozialisation in der DDR gab es keine Chancen, für den politischen Wettstreit, für den ökonomischen Wettbewerb und für den interkulturellen Dialog vorbereitet zu werden.

c) Die bisherigen Fähigkeiten, mit Alltagsstreß und politischem Druck umzugehen, sind weitgehend entwertet: z.B. Chaosqualifikation und Beziehungsarbeit.

---

25 Fritzsche, K.P.: Gesellschaft im Streß. Fremdenfeindlichkeit in Ostdeutschland, in: Geschichte – Erziehung – Politik 7/92; Heinemann, K.H./Pollmer, K.: Zur Reflexion des gesellschaftlichen Wandels und politische Orientierungen ostdeutscher Jugendlicher unter Streßtheoretischem Aspekt, in: Mansel, J. (Hrsg.): Reaktionen Jugendlicher auf gesellschaftliche Bedrohungen. Untersuchungen zu ökologischen Krisen, internationalen Konflikten und politischen Umbrüchen als Stressoren, Weinheim/München 1992.
26 Schmitz, M.: WendeStreß. Die psychosozialen Folgen der deutschen Einheit, Berlin 1995, S. 151.

d) Schließlich fällt erheblich ins Gewicht, daß auch diejenigen sozialen Kräfte, die eine sozialintegrative, streßmindernde Funktion ausüben könnten, ihre Rolle nicht mehr ausfüllen können.
Die sozialen Ressourcen – Elternhaus, Betrieb, Schule – erfüllen ihre stützenden Funktionen nicht mehr oder noch nicht wieder. Erlebt wird vielmehr, daß diese Bereiche selbst tief verunsichert sind, sie bieten keine Imitations- oder Identifikationsmodelle mehr an.

Die neuen Freiheiten der Demokratie werden deshalb vielfach als riskante Freiheiten erlebt, durch die man eher verunsichert wird, als daß man Gewinn aus ihnen zu ziehen vermag. Die Demokratie bringt deshalb nicht nur die Verwirklichung neuer Freiheit und die Hoffnung auf Wohlstand, sondern sie bringt auch eine neue »Furcht vor der Freiheit«, eine Furcht vor den neuen Freiheiten.

Die Anleihe bei der Streßtheorie erlaubt es uns, Erklärungen zurückzuweisen, die die Entwicklung von Xenophobie in Ostdeutschland als Folge purer Altlasten deuten; aber auch Interpretationen, die allein auf die situativen Belastungen abstellen, greifen zu kurz. Vielmehr wird nun deutlich, welche Bedeutung dem Zusammentreffen von neuen situativen Anforderungen einerseits und fehlenden, noch nicht entwickelten Kompetenzen andererseits zukommt. Die Anfälligkeit für autoritäre »Antworten« auf die Probleme der Gesellschaft und ihrer Bürger ist z.Z. in Ostdeutschland deshalb besonders groß, weil hier die historische Streßkonstellation besonders ungünstig und belastend ist.

Polen

Und die Länder Osteuropas? Bei allen Verschiedenartigkeiten lassen sich auch hier einige Ähnlichkeiten identifizieren, die für eine Verbreitung von Xenophobie in den postkommunistischen Gesellschaften sprechen. Der Umbruch bringt nicht nur die Verwirklichung der Freiheit und die Hoffnung auf Wohlstand, sondern er bringt auch eine »Furcht vor der Freiheit«. Die gesamte gesellschaftliche und politische Situation ist fremd, und fast alles Fremde wird als bedrohlich wahrgenommen. Eine Abwehrreaktion ist die Fremdenfeindlichkeit.

Besonders intensiv wurde der Antisemitismus als eine Erscheinungsform der Xenophobie analysiert, wobei in Polen, wie auch in einigen anderen Ländern mit einem numerisch kleinen Anteil jüdischer Bürger, der Fall des sogenannten »Antisemitismus ohne Juden« vorliegt. Das Sündenbock- und Feindbildbedürfnis ist groß genug, daß es trotz des Fehlens einer nennenswerten jüdischen Minderheit zur Revitalisierung des Antisemitismus kommt. Auf einer internationalen Antisemitismuskonferenz in Berlin Ende 1992 stellte Ireneus Krzeminski neue Daten über Antisemitismus in Polen vor. Seine Interpretation des Antisemitismus deckt sich mit der hier vorgestellten Streßthese. »Antisemitismus ist ein Element der Xenophobie ... Die Furcht vor anderen und die defensive Abwehr ist verbunden mit einem Gefühl der Bedrohung und Unsicherheit ... nun, da Polen plötzlich offen ist für die ganze Welt, erwacht bei den Menschen ein Gefühl der Unsicherheit und Angst.«[27] Auf der erwähnten Konferenz wurde allerdings auch deutlich, daß Antisemitismus in Osteuropa keinesfalls auf Polen beschränkt ist.

Ausdrücklich auf die Streßtheorie bezieht sich Anita Miszalska von der Universität Lodz in ihrer Analyse »Sociocio-economic Transformation and Psychological Well-Being of Polish Society« (1995): »Es schien, daß der politische Umbruch von 1989 den Polen eine permante Verbesserung der sozialen Stimmung und des Wohlbefindens bringen würde ... Solch eine Diagnose erwies sich als verfehlt. Der Enthusiasmus und Optimismus der Gesellschaft war nur kurzlebig und wurde bald von Desillusion, Frustration und Zukunftssorgen ersetzt ... Der Prozeß der politischen und ökonomischen Transformation sollte nicht nur als eine positive Quelle des Neuen angesehen werden. Er sollte auch als ein mächtiger Makrostressor verstanden werden, der bei den Menschen Widerstand, Spannungen und Besorgnis hervorruft ... Sie befürchten, nicht in der Lage zu sein, die Anforderungen zu erfüllen, die der freie Markt und die freie Konkurrenz für sie bedeuten.«[28]

Schlußbemerkung

Bereits im Evrigenis-Bericht des Europäischen Parlaments (1985) über das »Wiederaufleben des Faschismus und Rassismus in Europa« wurde eine Konstellation skizziert, die eine hochgradige Streßkonstellation manifestierte. Die Migranten stießen in Europa nämlich auf Aufnahmegesellschaften, deren Bürger durch vier kumulierende Krisen tief verunsichert waren: eine Krise des städtischen Lebensraums, eine Krise des Bildungswesens, eine Kulturkrise und eine Wirtschaftskrise. Der Bericht folgert: »In diesem Zusammenhang rühren Mißtrauen und Feindseligkeit gegenüber zugewanderten Bevölkerungsgruppen in Wahrheit nicht von einem übermäßigen Vertrauen unserer Gesellschaft in ihre eigenen Vorbilder und Fähigkeiten her, sondern vielmehr von einer mehr oder weniger verschleierten Unentschlossenheit oder Angst.«[29] Es besteht kein Zweifel darüber, daß auch in den »alten« Demokratien Europas solche Streßkonstellationen existieren, die zu Fremdenfeindlichkeit und Rassismus geführt haben und weiterhin führen werden.[30]

---

27 Krszeminski, I.: Anti-semitism in Today's Poland, in: Patterns of Prejudice, autumn 1993.
28 Miszalska, A.: Socio-economic Transformation and Psychological Well-being of Polish Society, University of Lodz, Institute of Sociology, unv. Manuskript 1995.
29 Evrigenis-Bericht über das »Wiederaufleben des Faschismus und Rassismus in Europa« des Europäischen Parlaments, 1985, S. 77f.
30 Hainsworth, P. (Hrsg.): The Extreme Right in Europe and the USA, London 1992; Butterwege, C./Jäger, S. (Hrsg.): Rassismus in Europa, Köln 1992.

Kapitel 2
Der, die, das Fremde – Versuch einer Begriffsbestimmung

Die Frage, »wie gehen wir mit der Kategorie des *Fremden* um«, markiert einen Ausgangspunkt der in diesem Band vorgestellten Überlegungen. Sie ist zugleich die leitende Perspektive der beiden folgenden Beiträge von Yves Bizeul und Corinna Albrecht. Beide widmen sich der Diskussion um grundlegende Begriffe, wobei zwei unterschiedliche Konzepte, das der *Alterität* und das der *Fremdheit*, jeweils in den Vordergrund gerückt werden. Gemeinsam ist beiden Beiträgen die Feststellung, daß die Kategorie *Fremde* eine schwierige und problematische ist. Ursachen dafür und Konsequenzen daraus werden aber vor verschiedenen Hintergründen und unter verschiedenen Perspektiven dargelegt.

Der Beitrag von Corinna Albrecht nimmt von der Omnipräsenz des Wortes und Begriffs *Fremde* in der deutschen öffentlichen und wissenschaftlichen Diskussion seinen Ausgang und versucht, den Begriff *der, die, das Fremde* einer Klärung zu unterziehen. Zu diesem Zweck werden Aspekte der Kategorie *Fremde* erläutert, die deutlich machen, daß *Fremde* vor allem nicht als objektive Eigenschaft einer Person, einer Sache oder einer Situation gelten kann. Vielmehr wird der Begriff als *relationale* und *dialektische* Kategorie verstanden, als Ausdruck einer dynamischen, wechselseitigen Beziehung zwischen einem jeweils *Eigenen* und einem dazu komplementären als *fremd* aufgefaßten *anderen*. Entgegen vorherrschenden Vorstellungen vom Begriff *der, die, das Fremde* als einer objektiven Kategorie wird dessen Funktion als *Interpretament von Andersheit* betont, das als *kollektives Deutungsmuster* aufzufassen ist, dem zugleich individual- und sozialpsychologische, *affektiv besetzte Wahrnehmungsmuster* wie Exotismus, Xenophobie und Ethnozentrismus zugrunde liegen. In diesem Sinne sucht der Beitrag nicht nach Kriterien, mittels deren festlegbar wäre, wer oder was *fremd* ist oder als *fremd* zu gelten hat, sondern stellt einen Begriff vor, der als Analyseinstrument im *Umgang mit dem Fremden* dienen kann. Der Problematik des Begriffs soll hier also mit seiner Operationalisierung, nicht mit seiner Abschaffung begegnet werden.

Der Beitrag von Yves Bizeul beschäftigt sich mit dem weitgehenden Nichtvorhandensein des Begriffs des *Fremden* in der intellektuellen Debatte in Frankreich. Was in Deutschland als selbstverständlich erscheint, nämlich das Wort *fremd* zum Objekt theoretischer Überlegungen zu machen, wird in Frankreich mit Zurückhaltung betrachtet. Dort ziehen es, wie Yves Bizeul darlegt, die Intellektuellen vor, anstelle des als undialektisch und somit gefährlich geltenden Begriffs des *Fremden* von der interaktiven Beziehung des *anderen* zum *Eigenen* zu reden. Der Begriff *Fremde* (*l'étranger*) findet lediglich Eingang in die Debatte um die Frage der Staatsangehörigkeit. Mit vielen französischen Denkern betont Yves Bizeul, daß die *Fremdheit* bzw. *Entfremdung* (= *das andere*) eine Grund- und Urerfahrung jedes Individuums sei und daß jedes Ich von Anfang oder zumindest von früh an als gespaltenes Ich zu verstehen sei: Das *andere* ist schon im *Eigenen* vorhanden.

Unterschiede in der französischen und der deutschen Diskussion sieht er nicht zuletzt darin begründet, daß die französische Sprache, anders als die deutsche, nicht über ein Wort verfügt, das nicht zwangsläufig das *Fremde* in Gestalt des Ausländers oder des Auslandes personifiziert und objektiviert. Die weiterführenden Ursachen der Vermeidung des Begriffs erläutert er im historischen Kontext französischer Debatten um grundlegende Haltungen wie Nationalismus, Tribalismus, Fundamentalismus, Wertrelativismus und Universalismus. Im Horizont dieser Debatten weist Yves Bizeul auf die Notwendigkeit hin, nicht nur den Begriff zu klären, sondern die Werthaltungen und Ideologien offenzulegen und zu diskutieren, die dem Umgang von Menschen unterschiedlicher Kulturen miteinander zugrunde liegen.

Corinna Albrecht

Der Begriff der, die, das Fremde

Zum wissenschaftlichen Umgang mit dem Thema Fremde.
Ein Beitrag zur Klärung einer Kategorie

Von der Notwendigkeit, einen Begriff zu klären

Wenn derzeit in Deutschland Überlegungen über den *Umgang mit dem Fremden* angestellt werden, dann scheint es vordringlich und naheliegend, nach dem *Wie* dieses Umgangs zu fragen. Das ist wenig überraschend angesichts beängstigend aggressiver Einstellungen und Verhaltensweisen gegenüber Menschen anderer Staatsangehörigkeit, gewalttätiger Angriffe und Anschläge auf in Deutschland lebende oder um Aufenthaltsrecht nachsuchende Ausländer, Debatten um die Änderung des Asylrechts, Diskussionen über Deutschland als Einwanderungsland und bedrohlich bedrückender Beschwörungen der Geister von »Fremdenfurcht« und »Fremdenfeindlichkeit«. *Umgang mit dem Fremden* erscheint in diesem Szenario nahezu zwangsläufig als etwas Problematisches.[1]

Allen beklagten Problemen im *Umgang* mit dem *Fremden* geht aber voraus, daß das *Fremde* an sich etwas Problematisches zu sein scheint. Etwas, das Furcht zu erregen vermag, die in Feindlichkeit umschlagen kann, das Ausgrenzung und Diskriminierung zur Folge haben kann. Wer gegen die Auswüchse dieser Feindlichkeit Hilfsmittel und Argumente sucht, greift häufig dazu, positive Qualitäten des *Fremden* vor Augen zu halten oder moralische und ethische Gebote und Appelle, die normativ den Umgang mit anderen Menschen regeln, ins Feld zu führen. Eine Verkehrung des furchterregenden *Fremden* in sein Gegenteil, den *Fremden*, der Neues mit sich bringt und freundlich zu behandeln ist, kann sich u.a. auf biblisch-christliche Verhaltensgebote oder auf andere abendländische Traditionen des Schutzes von *Fremden* berufen. Obwohl letztere Haltung zweifelsohne als die ethisch wertvollere erscheint, stellt sie in einem gewissen Sinne nichts anderes als die Kehrseite der Medaille dar. So verstandene »Fremdenfreundlichkeit« unterscheidet sich vom Verhaltensmuster der »Fremdenfeindlichkeit« zwar durch die unterschiedliche Bewertung des *Fremden*, nicht aber darin, *daß* sie den oder das *Fremde* bewertet.

---

[1] Auf ökonomische und soziale Ängste, Verunsicherung und Orientierungslosigkeit neben anderen ursächlichen Problemen, die ihren Ausdruck im radikalisierten Umgang mit Ausländern finden, wurde bereits an vielen Stellen aufmerksam gemacht. Vgl. dazu in diesem Band den Beitrag von Klaus Peter Fritzsche, »Streßgesellschaften und Xenophobie«.

Darin zeigt sich ein grundsätzliches Dilemma: Wer auch immer die Bezeichnung *der, die, das Fremde* benutzt, wird schnell feststellen, daß sie sich nur schwer als eine objektive oder neutrale Kategorie gebrauchen läßt. Immer scheinen daran bereits Emotionen und Bewertungen geknüpft, die den *Umgang mit dem Fremden* zu einer »Gesinnungsfrage« machen. Als einen gangbaren Ausweg aus Positionen festklopfenden Diskussionen über die »richtige« Gesinnung möchte ich deshalb im folgenden eine Klärung der Kategorie *der, die, das Fremde* vorschlagen. Das heißt, der Frage, *wie* mit dem *Fremden* umzugehen sei, schicke ich die Frage voraus, *womit* denn da umzugehen ist. Ausgehend vom wissenschaftlichen Diskussionsstand zum Thema sollen zu diesem Zweck definitorische Bausteine des Begriffes *der, die, das Fremde* zusammengetragen werden, die geeignet sind, grundlegende Einsichten in das Verhältnis von *Eigenem und Fremdem* zu vermitteln und vermittelbar zu machen.

Der, die, das Fremde in der wissenschaftlichen Diskussion[2]

Ungefähr seit Beginn der 70er Jahre gibt es auf dem deutschen Buchmarkt eine steigende Zahl von Veröffentlichungen, die sich dem Thema *Fremde* und *Fremdheit* widmen. Mit unterschiedlichen Motiven, Interessen und Absichten nehmen sie teil an einer öffentlichen Diskussion, die zögernd zunächst, inzwischen aber in beinahe unüberschaubarer Fülle Stellung zu gesellschaftlichen Veränderungen in der Bundesrepublik Deutschland und zu übergreifenden Prozessen der Internationalisierung nimmt. Die nicht mehr als vorübergehende Erscheinung zu betrachtende Präsenz von ausländischen Arbeitskräften und deren Familien in Deutschland, die Betroffenheit von internationalen Migrationsprozessen, die Aufnahme von Aussiedlern und Asylbewerbern sowie die europäischen Integrationsbemühungen haben eine Situation geschaffen, die es offenbar geboten erscheinen läßt, den Umgang mit Menschen anderer Kulturen im eigenen Land einerseits und die Notwendigkeiten, Voraussetzungen und Schwierigkeiten internationaler Verständigung und internationaler Kooperation im europäischen Rahmen andererseits zu reflektieren und angemessene Verhaltensmodelle zu erwerben.[3]

Die wissenschaftliche Beschäftigung mit dem Thema *Fremde* oder *Fremdheit* ist eingebettet in diesen Kontext, ohne daß jedoch bislang eine systematische

---

2   Die folgenden Ausführungen beziehen sich vor allem auf die deutschsprachige Diskussion. Die deutlich verschiedenen Ansätze und Argumente der intellektuellen Auseinandersetzung mit dem Thema in Frankreich beschreibt der Beitrag von Yves Bizeul, »Die französische Debatte um Alterität und Kultur«, in diesem Band; vgl. ferner zur polnischen Diskussion den Beitrag von Marek Prawda, »Der Umgang mit dem Fremden«, ebenfalls in diesem Band.
3   Zu den hier angedeuteten Prozessen der Internationalisierung, im besonderen zur Migrationsthematik, vgl. den Beitrag von Christof Lützel, »Migration in Deutschand, Frankreich und in der Europäischen Union« in diesem Band.

fremdheitswissenschaftliche Fundierung der angeregten öffentlichen Diskussion vor allem über das sogenannte »Ausländerproblem« stattgefunden hätte.⁴ Auf der einen Seite ist im Hinblick auf die Anwesenheit von Menschen anderer Staatsbürgerschaft und kultureller Herkunft im eigenen Land das affektiv – und das heißt zumeist angstvoll – besetzte Wort *Fremdheit* in inflationärer und zum Teil stark emotionalisierender Weise in Gebrauch gekommen. Es eignet sich anscheinend selbstredend zur Artikulierung von Verunsicherungen, Befürchtungen und Überforderungen durch die entstandene Situation. Mit der Folge, daß zwar allerorten von *Fremde* oder *Fremdheit* gesprochen wird, ohne aber gleichzeitig die Implikationen dieses Begriffs ausreichend zu reflektieren. Unabhängig davon, ob das Schlagwort *der, die, das Fremde* als Abwehrbegriff oder als Ausdruck eines Problembewußtseins im öffentlichen Gespräch gebraucht wird, fehlt es doch zumeist an einem tragfähigen Konzept, was ebendieser Begriff eigentlich meint. Die Gleichung Ausländer = Fremder ist zunächst naheliegend und einleuchtend, aber wenig erhellend für die Probleme im Umgang und Zusammenleben mit Menschen anderer Kulturen. Noch weniger ist

---

4   Wenn hier und im folgenden von Fremdheitswissenschaft oder Fremdheitsforschung gesprochen wird, ist damit keine neue wissenschaftliche Disziplin gemeint. Vielmehr verwende ich diese Begrifflichkeit, wie sie in dem von A. Wierlacher herausgegebenen Band: Kulturthema Fremdheit. Leitbegriffe und Problemfelder kulturwissenschaftlicher Fremdheitsforschung. Mit einer Forschungsbibliographie von C. Albrecht et al. München 1993 (= Kulturthemen 1) erläutert und in die wissenschaftliche Diskussion eingeführt wurde. Dieser Band basiert auf Überlegungen zu Fremdheitsbegriffen der Wissenschaften und dem Versuch, eine Schnittmenge von Forschungsinteressen verschiedener Disziplinen zu bestimmen, die auf je unterschiedliche Weise Fremdes oder Fremdheit erforschen; siehe dazu Corinna Albrecht: Fremdheitsbegriffe der Wissenschaften. Bericht über das Bayreuther Symposium zur Begründung einer interdisziplinären und interkulturellen Fremdheitsforschung vom 11.–13. Juli 1990. In: Jahrbuch Deutsch als Fremdsprache 18 (1992), S. 544–546. Aufgabe und Ziel des genannten Bandes ist zugleich, aus der Bündelung der verschiedenen disziplinären Perspektiven die Konturen einer interdisziplinären kulturwissenschaftlichen Fremdheitsforschung (Xenologie) als systematisches, theoretisch und methodologisch fundiertes Forschungsfeld zu entwickeln, vgl. dazu im besonderen den entsprechenden Beitrag von A. Wierlacher: Kulturwissenschaftliche Xenologie. Ausgangslage, Leitbegriffe und Problemfelder, a.a.O., S. 19–112. Diesem Zweck dient auch die im Band enthaltene Auswahlbibliographie zur Grundlegung einer kulturwissenschaftlichen Fremdheitsforschung von C. Albrecht, U. Bauer, S. Krolzig und D. Schiller, a.a.O., S. 500–552. A. Wierlachers Entwurf einer aus der Hermeneutik weiterzuentwickelnden Fremdheitsforschung formuliert deren Prämissen und Aufgaben aus dem Forschungszusammenhang der von ihm vertretenen Interkulturellen Germanistik. Sein leitender Ausgangspunkt ist, »daß Fremdheitsfragen keine wissenschaftlichen, ästhetischen, kommunikativen oder kulturellen Randfragen sind, sondern zentrale Beziehungskonstituenten zwischen Menschen und Kulturen betreffen« (a.a.O., S. 11). Fernziel dieser Fremdheitsforschung ist es dementsprechend, »auf dem Weg über die interdisziplinäre Vertiefung unseres allgemeinen Fremdheitswissens vor allem die Handlungskompetenzen der Menschen in jenen Arbeitsbereichen zu verbessern, die tagtäglich mit Fremdheitsproblemen konfrontiert sind« (a.a.O., S. 10). Bemühungen um Konzepte und Systematisierungen zum Aufbau einer Xenologie gibt es darüber hinaus auch aus der Perspektive anderer Disziplinen. Es sei deshalb zudem verwiesen auf den erkenntnistheoretisch und erkenntniskritisch orientierten Entwurf einer Xenologie als »Erkenntnismethode« und »wissenschaftstheoretisches Paradigma« mit »metatheoretischem Charakter« von L.J. Bonny Duala-M'bedy (vgl. seine Einleitung: Was ist die Wissenschaft von der Xenologie? zu ders. (Hrsg.): Das Begehren des Fremden. Tagungsergebnisse 1991 des Kaiserswerther Instituts für Xenologie. Essen 1992 (= Beiträge zur Xenologie 1), S. 13–29.); vgl. ferner T. Sundermeier (Hrsg.): Den Fremden wahrnehmen. Bausteine für eine Xenologie. Gütersloh 1992 (= Studien zum Verstehen fremder Religionen 5).

sie geeignet, Ursachen und Lösungen der zunehmenden Verunsicherung bis hin zur Feindseligkeit aufzuzeigen. Ohne zureichende Klärung aber werden die Bezeichnungen *der, die, das Fremde* Reizwörter und gefährliche Begriffe in semantischen Kämpfen.

Auf der anderen Seite ist der wissenschaftliche Forschungsstand zum Thema bislang wenig geeignet gewesen, zu dieser notwendigen Klärung beizutragen.[5] Obschon sich verschiedene Disziplinen oder Forschungsfelder mit dem Phänomen *der, die, das Fremde* mehr oder weniger direkt und explizit beschäftigt haben, wurde eine allgemeine Definition des Gegenstands in aller Regel übergangen. Das heißt nicht, daß z.B. Juristen, Theologen und Soziologen nicht wüßten, wovon sie handelten oder sprächen, wenn sie von *Fremden/m* handeln oder sprechen. Nur bestimmen die einzelnen Wissenschaftsbereiche, in deren Forschungsarbeit *der, die, das Fremde* eine Rolle spielt, den Begriff in Abhängigkeit von ihrem jeweiligen Forschungsgegenstand. Dabei wurden präzise Fremdheitskonzepte zum Teil nicht entwickelt, oder bei der Konturierung des Gegenstandes wurden die zugrundeliegenden Fremdheitskonzepte nicht explizit transparent gemacht. Stellvertretend für viele andere Defizitbeschreibungen möchte ich hier die Kritik Hans Hartmut Kargs an der Pädagogik anführen: »Will die Pädagogik heute dort anknüpfen, wo sie in Bezug auf Fremdes und Fremdheit noch kaum hingelangen konnte, so muß sie sich schon anstrengen und Ideen aus ihren Bezugswissenschaften herholen, denn es gibt in ihrer historischen Tradition keinerlei Reflexion im Umgang mit dem Fremden.«[6]

Begünstigt wird die Vernachlässigung von Begriffsbildungen durch den Umstand, daß es bereits eine vorwissenschaftliche Vorstellung und Erfahrung von *Fremdheit*, von Begegnung mit *Fremdem* und *Fremden* sowie tradierte Selbstverständnisse innerhalb der Disziplinen gibt, die die Notwendigkeit einer allgemeinen definitorischen Bemühung überflüssig zu machen scheinen. Zur Veran-

---

5   Einen umfassenden Überblick über den bisherigen und den aktuellen Forschungsstand sowie Fremdheitsbegriffe unterschiedlicher Disziplinen gibt der genannte Band: A. Wierlacher (Hrsg.): Kulturthema Fremdheit (s. Anm. 4), vgl. dort insbesondere ders.: Kulturwissenschaftliche Xenologie, S. 19–112. Vgl. ferner C. Albrecht: Fremdheitsbegriffe der Wissenschaften (s. Anm. 4). Eine fortlaufende Auswahl von aktuellen Publikationen zum Thema erscheint jeweils in der Jahresbibliographie Deutsch als Fremdsprache als Teil V. Fremdheitslehre (Kulturwissenschaftliche Xenologie), zusammengestellt von C. Albrecht. In: Jahrbuch Deutsch als Fremdsprache Bd. 20 (1994) und folgende.

6   H.H. Karg: Erziehung und Fremdheit. In: Pädagogische Welt 43, 12 (1989), S. 572. Diese apodiktische Formulierung wird hier vor allem in ihrer Eigenschaft als selbstreflexive Defizitbeschreibung zitiert, nicht als pauschale Verurteilung von Versäumnissen pädagogischer Forschung. Ansätze zur konzeptionellen Einbeziehung der Kategorie Fremde finden sich durchaus, wie im Bereich der interkulturellen Pädagogik u.a. bei M. Borelli: Interkulturelle Pädagogik als pädagogische Theoriebildung: Hypothesen zu einem (neuen) Bildungsbegriff. In: Ders. (Hrsg.): Interkulturelle Pädagogik. Positionen – Kontroversen – Perspektiven. Baltmannsweiler 1986 (= Interkulturelle Erziehung in Praxis und Theorie 4), S. 8–36. Zur jüngeren Diskussion im Bereich der Erwachsenenbildung vgl. K. Derichs-Kunstmann/Chr. Schiersmann/R. Tippelt (Hrsg.): Die Fremde – Das Fremde – Der Fremde. Dokumentation der Jahrestagung 1992 der Kommission Erwachsenenbildung der Deutschen Gesellschaft für Erziehungswissenschaft. Frankfurt a.M. 1993.

schaulichung dieses Umstandes sei ein weiteres Beispiel angeführt, ohne damit gerade diese Disziplin der besonderen Kritik aussetzen zu wollen. So umreißt der Ethnologe Thomas Bargatzky die paradoxe Situation seines Faches wie folgt: »Diejenige Wissenschaft, die damit beschäftigt ist, die Masse des kulturfremden Materials zu sammeln, zu ordnen und zu erklären, hat es versäumt, selber einen adäquaten Begriff der kulturellen Fremdheit zu entwickeln!«[7] Zusammenfassend läßt sich von vielen wissenschaftlichen Disziplinen sagen, definitorische Ansätze vom Typ »*der, die, das Fremde* ist« oder »*der, die, das Fremde* wird hier verstanden als« sind kaum zu finden und lassen sich, wo sie vorliegen, nur schwer generalisieren oder auf andere Forschungsgegenstände übertragen.

Sichtung, Integration und Vernetzung der verschiedenen wissenschaftlichen Ansätze mit dem Ziel, eine kulturwissenschaftliche, interdisziplinäre und interkulturell orientierte Fremdheitsforschung aufzubauen, sind erst unlängst erfolgt.[8] Als zur Verfügung stehende »Erkenntnisse« oder »Ergebnisse« der bisherigen wissenschaftlichen Beschäftigung mit dem Thema möchte ich im folgenden ein paar Bausteine zusammentragen, die wesentlich zur Klärung des Fremdheitsbegriffs beitragen bzw. beigetragen haben. Sie sind aus verschiedenen Disziplinen entlehnt; zu einem wesentlichen Teil beziehen sie sich auf die im Umkreis der Fächer *Deutsch als Fremdsprache* respektive *Interkulturelle Germanistik* in den vergangenen Jahren erarbeiteten einschlägigen Konzepte, Entwürfe und Fragestellungen.

Bausteine einer formalen Begriffsbestimmung der, die, das Fremde

Die begriffliche Anlehnung an die zuletzt genannten wissenschaftlichen Disziplinen ist nicht willkürlich, sondern darin begründet, daß für diesen Forschungszusammenhang die Erfahrung *kultureller Fremde* eine konstitutive Kategorie ist und bereits seit vielen Jahren diskutiert wird. Dieser Umstand ist nicht zufällig, sondern geht auf die Notwendigkeit zurück, deutsche Sprache als eine *Fremd*sprache bzw. Deutschland als eine *fremde* Kultur zu vermitteln und damit auch die Frage der Vermittelbarkeit von Sprache und Kultur unter der Perspek-

---

7 Th. Bargatzky: Die Ethnologie und das Problem der kulturellen Fremdheit. In: Th. Sundermeier (Hrsg.): Den Fremden wahrnehmen. Bausteine für eine Xenologie. Gütersloh 1992 (= Studien zum Verstehen fremder Religionen 5), S. 15. Vgl. auch ders.: Die Ethnologie und der Begriff der kulturellen Fremde. In: A. Wierlacher (1993) (s. Anm. 4), S. 219–234. Auch die jüngste Darstellung des Faches von K.-H. Kohl: Ethnologie – die Wissenschaft vom kulturell Fremden. Eine Einführung. München 1993 löst die Erwartungen, die der Titel weckt, nicht ein. Es werden keine grundlegenden Begriffsbestimmungen erörtert oder entwickelt, sondern an deren Stelle vor allem Eingrenzungen des Gegenstandsbereichs der Ethnologie vorgenommen (vgl. bes. S. 11–28).
8 Vgl. dazu die vorangegangenen Ausführungen in Anmerkung 4. Siehe auch die jüngste »Anthologische Fremdheitslehre« von A. Wierlacher und C. Albrecht: Fremdgänge. Bonn 1995.

tive ihrer *Fremdheit* für andere zu reflektieren. Die Kategorie der *Fremde* hat in diesem Forschungszusammenhang vor allem in literaturwissenschaftlichen Untersuchungen Beachtung gefunden. Literaturtheoretische und -didaktische Perspektiven werden u.a. verbunden mit Fragen nach der erkenntnisfördernden Funktion von *Fremdheit*, hermeneutischen Problemstellungen, Untersuchungen von literarisch vermittelten Fremdheitskonstruktionen und projektiven Verkennungen von *Fremdem* und *Fremden*.[9] Für die dort vorgenommene Klärung des Begriffs *der, die, das Fremde* sind folgende grundlegenden Elemente konstitutiv.

Die Relationalität der Kategorie Fremde

Einfachen Gleichungen wie der bereits obengenannten: Ausländer = Fremder liegt eine Annahme zugrunde, die für den *Umgang mit dem Fremden* folgenreich ist. Das *Fremde* erscheint als der so bezeichneten Person zugehörig, als eine Eigenschaft, die sie an sich trägt oder mit sich bringt und mit der nun jeder »Nichtfremde« konfrontiert wird. Nun ist es aber einsichtig, daß ein Japaner z.B. in Deutschland durchaus als *Fremder* angesehen würde, in Japan aber keineswegs, und vice versa wird ja auch ein Deutscher in Schweden oder einem anderen Ausland als *Fremder* betrachtet werden, der er in Deutschland so nicht ist. *Fremde* ist demnach zunächst einmal »eine Frage der jeweiligen Konstellation«.[10] Diese Binsenweisheit hat Karl Valentin in seinem vielzitierten Dialog *Die Fremden* hintersinnig auf den Punkt gebracht: »Fremd ist der Fremde nur in der Fremde.«

Aber *Fremde* ist nicht einfach nur abhängig vom jeweiligen Standpunkt eine relative Größe. Dahinter steckt ein komplexeres Phänomen. Die Kategorie *Fremde* drückt ein Verhältnis oder eine Beziehung aus: »Fremde ist keine Eigenschaft, die ein Objekt für ein betrachtendes Subjekt hat; sie ist ein Verhältnis, in dem ein Subjekt zu dem Gegenstand seiner Erfahrung und Erkenntnis steht«.[11] Jemanden oder etwas als *fremd* zu bezeichnen ist demzufolge Ausdruck eines Verhältnisses, in dem eine Person sich selbst gegenüber einer anderen Person, einer Sache oder Situation sieht, bzw. eine Person, Sache oder Situation wird damit im Verhältnis zu ihrer augenblicklichen Umgebung erfaßt. Die Bezeichnung *fremd* oder *Fremde* stellt eine Beziehung her zwischen dem, was

---

9   Vgl. u.a. A. Wierlacher (Hrsg.): Das Fremde und das Eigene. Prolegomena zu einer interkulturellen Germanistik. München 1985 (= Publikationen der Gesellschaft für interkulturelle Germanistik 1); D. Krusche/A. Wierlacher (Hrsg.): Hermeneutik der Fremde. München 1990; D. Krusche: Literatur und Fremde. Zur Hermeneutik kulturräumlicher Distanz. München 1985.
10 H. Bausinger: Das Bild der Fremde in der Alltagskultur. In: Universitas 43, 2 (1988), S. 947.
11 D. Krusche: Nirgendwo und anderswo. Zur utopischen Funktion des Motivs der außereuropäischen Fremde in der Literaturgeschichte. In: Krusche/Wierlacher (1985) (s. Anm. 9), S. 143.

als jeweils *Eigenes* betrachtet wird, und dem, was als diesem nicht zugehörig bewertet wird. Sie drückt ein komplexes Beziehungsgeflecht aus, dessen Bedingungen und Voraussetzungen, Strukturen und Funktionen im weiteren zu klären sind.

Die Dialektik von Eigenem und Fremdem

Von *Fremdem* kann nur dort die Rede sein, wo es gleichzeitig auch die Vorstellung eines *Eigenen* gibt. Der Begriff des *Fremden* ist komplementär zu dem des *Eigenen*. Was das jeweils *Eigene* ist, läßt sich ebensowenig erschöpfend und mit allgemeiner Gültigkeit bestimmen wie das *Fremde*. Beide Kategorien stellen sich vielmehr in wechselseitiger Abgrenzung her. Erst über die Bezeichnung einer Person, Sache oder Situation als *fremd* wird das jeweils *Eigene* konturiert, und umgekehrt wird das Verhältnis zu einer anderen Person oder Situation nur als *Fremde* bezeichnet werden können, wenn es vom *Eigenen* als unterschieden wahrgenommen oder bewertet wird. Die wechselseitige Grenzziehung zwischen diesen beiden Bereichen ist fließend, dynamisch und Wandlungen unterworfen.

Fremdheit als Interpretament[12]

Nicht alles, was anders ist, gilt aber auch gleichzeitig als *fremd*: Bei weitem nicht alle Unterschiede zwischen Personen oder Objekten werden in Kategorien von *Eigenem* und *Fremdem* wahrgenommen. Es gibt einen breiten Spielraum der *Andersheit* von Personen und Objekten, die trotz ihres Andersseins nicht als *fremd* wahrgenommen oder bezeichnet werden. Dabei kann es sich um deutlich sichtbare oder wahrnehmbare Merkmale naturhaft-körperlicher, aber auch gesellschaftlich-kultureller Verschiedenheit handeln. Sie werden dann lediglich als Unterschied zwischen dem eigenen Ich und dem jeweils anderen Ich aufgefaßt, als Verhältnis der *Alterität*, der wechselseitigen Unterscheidung von Ego und Alter ego. So gibt es durchaus Differenzen zwischen den Geschlechtern, den Generationen oder Angehörigen unterschiedlicher sozialer Gruppen, ohne daß diese als Merkmale von *Fremdheit* gelten. Während aber z.B. bestimmte physiognomische Unterschiede wie die der Körpergröße, der Haarfarbe, der Köpergestalt u.ä. in der Regel kein Fremdheitserlebnis auslösen, können andere naturhaft-körperliche Merkmale wie Hautfarbe, Augenform o.ä. plötzlich als deutliche Signale von *Fremdheit* aufgefaßt werden. Was also im einen Fall nur als

---

12 Vgl. zu den folgenden Ausführungen H. Weinrich: Fremdsprachen als fremde Sprachen. In: Krusche/Wierlacher (1985) (s. Anm. 9), S. 24–47, hier S. 24–26.

individuelles Anderssein erscheint, trägt im anderen Fall die Bezeichnung *fremd*. Gleiches gilt für gesellschaftlich-kulturelle Verschiedenheit. Unterschiede in sozialem Verhalten können zum einen als individuelle oder gruppenspezifische Differenzen, zum anderen als *fremde*, von den eigenen Normen abweichende Haltungen gedeutet werden. »(...) hier können wir feststellen, daß Fremdheit nicht notwendig aus der Andersheit folgt und erst durch Interpretation aus ihr entsteht. Fremdheit (...) ist ein Interpretament der Andersheit«[13], der »Differenz«[14], ist das »aufgefaßte Andere«[15].

Fremdheitsprofil[16]

Wie bislang dargelegt worden ist, muß deutlich unterschieden werden zwischen vermeintlich objektiven Eigenschaften einer Person, Sache, Situation o.ä. und deren Wahrnehmung, Auffassung oder Interpretation als *fremd*. Damit ist aber nicht zugleich ausgesagt, diese Interpretation sei voraussetzungslos oder willkürlich. Sie ist durchaus orientiert an beobachteten Eigenschaften, Verhaltensweisen oder Beschaffenheiten ebendieser anderen Person, Sache, Situation o.ä. Diese Beobachtungen sind dennoch zugleich Zuschreibungen, die aus dem dialektischen Verhältnis von *Eigenem und Fremden* hervorgehen. Vor der Folie des *Eigenen* werden bestimmte Merkmale an einer Person oder einem Gegenstand als *fremd* wahrgenommen und aufgefaßt, die zusammengenommen ein *Fremdheitsprofil* entstehen lassen. Dieses »ist keine reale, sondern eine virtuelle Struktur«[17], die sich in Abhängigkeit von Eigenschaften der Person oder des Gegenstands *und* der jeweiligen Beobachterperspektive konstituiert.

Das Interpretament fremd als kollektives Deutungsmuster

Die Wahrnehmung und Auffassung von *Andersheit* als *Fremdheit* und der damit einhergehende Entwurf eines *Fremdheitsprofils* ist nicht – bzw. nur in eingeschränktem Sinne – subjektiv und individuell. Das liegt nicht nur, wie oben skizziert, in der Bindung an das als *fremd* aufgefaßte andere Subjekt oder

---

13 Weinrich (1985) (s. Anm. 12), S. 26.
14 Vgl. N. Mecklenburg: Über kulturelle und poetische Alterität. Kultur- und literaturtheoretische Grundprobleme einer interkulturellen Germanistik. In: Krusche/Wierlacher (1985) (s. Anm. 9), S. 80–102.
15 Vgl. A. Wierlacher: Mit fremden Augen oder: Fremdheit als Ferment. Überlegungen zur Begründung einer interkulturellen Hermeneutik deutscher Literatur. In: Krusche/Wierlacher (1985) (s. Anm. 9), S. 51–79.
16 Der Begriff wird hier übernommen von D. Krusche; vgl. ders.: Das Eigene als Fremdes. Zur Sprach- und Literaturdidaktik im Fache Deutsch als Fremdsprache. In: Neue Sammlung 23, 1 (1983), S. 27–41.
17 Krusche (1983) (s. Anm. 16), S. 32.

Objekt begründet. Das Interpretament *fremd* ist zudem Teil einer jeweiligen gesellschaftlichen Wirklichkeit und mit dieser historischen und soziokulturellen Wandlungen unterworfen. Soweit Individuen in ihren Wahrnehmungs- und Deutungsaktivitäten in kollektive Deutungs- und Sinnbildungsprozesse eingebunden sind, ist das, was jeweils als *fremd* aufgefaßt wird, von vorherrschenden Modellen und deren sich wandelnden Funktionen in einer Kultur und Gesellschaft abhängig.[18]

»Der einzelne erfährt sich selbst ja nicht nur in der Auseinandersetzung mit anderen, sondern auch in seiner kulturellen Ausstattung mit einer bestimmten Sprache, mit bestimmten Überlieferungen, bestimmten Eigenheiten der materiellen Kultur, mit Normen und Werten.«[19] Diese kulturelle Dimension trägt zu seiner Identität bei. Die Erfahrungen des eigenen Selbst sind eingebunden in die Einstellungen, Überzeugungen, Weltbilder und Wertsysteme der eigenen Kultur und Gesellschaft. Diese Dimension der eigenen Identität ist dem einzelnen zumeist nicht hinreichend bewußt. Auf ihr beruhen aber die kollektiven Vorverständnisse, mit denen *Fremdes* wahrgenommen, und die Folie, auf der es gedeutet wird. Insofern Kultur »immer eine Art der Lebensbewältigung ist, die sehr viel mit äußeren, mit ökonomischen und sozialen Bedingungen zu tun hat, die folglich auch nicht unveränderlich ist, sondern auf Veränderungen mit Veränderungen reagiert«[20], sind auch die in die eigene Identität hineingenommenen Einstellungen, Werte usw. nicht statisch, sondern lassen veränderte Wahrnehmungs- und Verhaltensweisen entstehen.

Affektiv besetzte Wahrnehmungsmuster

Die jeweilige Wahrnehmung dessen, was als *fremd* aufgefaßt wird, ist nicht nur in Abhängigkeit von sich wandelnden Deutungssystemen zu erfassen, sondern ihr liegen individual- und sozialpsychologische Wahrnehmungsmuster von *Fremde/n/m* zugrunde, mit denen zugleich *affektive* Qualitäten verbunden sind. *Exotismus*, *Xenophobie* und *Ethnozentrismus* sind solche Ordnungs- und Orientierungsmuster. Sie werden im Laufe der Persönlichkeitsentwicklung und Sozialisation erworben, strukturieren die Wahrnehmung von *Fremde/n/m* in jeweils spezifischer Weise und bewerten das als *fremd* Wahrgenommene zu-

---

18 Vgl. dazu auch die Beiträge von Marek Prawda, »Der Umgang mit dem Fremden. Das Beispiel Polen – eine Gesellschaft im Wandel«, und von Yves Bizeul, »Laizität und Umgang mit dem Fremden in Frankreich«, in diesem Band.
19 H. Bausinger: Kulturelle Identität – Schlagwort und Wirklichkeit. In: K. Barwig/D. Mieth (Hrsg.): Migration und Menschenwürde. Fakten, Analysen und ethische Kriterien. Mainz 1987 (= Moraltheologie interdisziplinär), S. 85.
20 H. Bausinger (1987) (s. Anm. 19), S. 90.

gleich als besonderen, anregenden Reiz, als Bedrohung oder als der eigenen Kultur oder Gesellschaft Unterlegenes.

Wie bereits einleitend skizziert, wird die Kategorie der *Fremde* in enger Einheit mit den jeweiligen Gefühlen diskutiert, die sie auszulösen vermag. In ihrer affektiven Komponente wirkt sie am stärksten verhaltens- und handlungssteuernd im *Umgang mit dem Fremden*. Deshalb halte ich es für sinnvoll, an dieser Stelle den genannten affektiv besetzten Wahrnehmungsmustern etwas mehr Raum zu widmen.

Der Begriff *Exotismus* bezeichnet aus kulturanthropologischer und sozialpsychologischer Perspektive eine menschliche Einstellung oder Haltung, die durch eine besonders positive Bewertung oder eine Vorliebe für das jeweils *Fremde* gekennzeichnet ist. Dem *Fremden* wird eine besondere Anziehungskraft zugeschrieben, und die Wahrnehmung einer anderen Kultur wird durch dieses Orientierungsmuster gesteuert. Auf diese Weise bleibt der exotistische Blick notwendigerweise selektiv. Er reduziert die Wahrnehmung anderer Kulturen und den *Umgang mit dem Fremden* auf einen positiven Faktor. Gerade jene Züge des *Fremden*, die sich vom *Eigenen* unterscheiden, werden idealisiert, solche, die nicht in das Bild passen, werden ignoriert. Das *Fremde* dient auf diese Weise als Projektionsfläche für Sehnsüchte und Wunschvorstellungen. Das exotistische Interesse am *Fremden* entzündet sich in jeder historischen Epoche und jeder Gesellschaft an anderen Vorstellungen, sei es an derjenigen eines Lebens in Einklang mit der Natur, sei es am Ideal einer gerechteren Gesellschaftordnung oder an scheinbar freizügigeren sexuellen Umgangsformen, die in einer *fremden* Kultur als verwirklicht wahrgenommen werden. Gemeinsam ist all diesen Vorstellungen, daß sie Reaktionen auf die jeweils besonderen Konflikte und Erfahrungen innerhalb der eigenen Kultur darstellen. Der exotistische Blick auf das *Fremde* wird aus dem Ungenügen am *Eigenen* gespeist. An der Geschichte des Exotismus läßt sich ablesen, daß in Darstellungen *fremder* Lebensformen immer auch das Unterdrückte und Verdrängte der eigenen Kultur Ausdruck findet.[21]

Der Begriff *Ethnozentrismus* bezeichnet, so wie er von W.G. Sumner in die Sozialwissenschaften eingeführt wurde, »jene Weltanschauung, nach der die eigene Gruppe das Zentrum aller Dinge ist und alle anderen im Hinblick auf sie

---

21 Aus der umfangreichen wissenschaftlichen Literatur zum Thema Exotismus sei hier nur auf eine kleine Auswahl verwiesen. Vgl. u.a. Th. Koebner/G. Pickerodt (Hrsg.): Die andere Welt. Studien zum Exotismus. Frankfurt a.M. 1987; K.-H. Kohl: Entzauberter Blick. Das Bild vom Guten Wilden und die Erfahrung der Zivilisation. Frankfurt a.M. 1986 (Berlin 1981); Th. Lange: Idyllische und exotische Sehnsucht. Formen bürgerlicher Nostalgie in der deutschen Literatur des 18. Jahrhunderts. Kronberg i.Ts. 1976 (= Skriptor Hochschulschriften Literaturwissenschaft 23) sowie die Textsammlung von G. Stein: Ethnoliterarische Lesebücher. 3 Bände. Frankfurt a.M. 1984 und den Ausstellungskatalog: Exotische Welten – Europäische Phantasien. Hrsg. vom Institut für Auslandsbeziehungen. Stuttgart 1987 (mit einer Bibliographie zum Exotismus im Anhang).

eingestuft und bewertet werden«[22]. Als hermeneutisches Problem betrachtet, liegt dem Ethnozentrismus das Phänomen zugrunde, daß andere Gruppen auf der Folie des eigenen sozialen und kulturellen Wertsystems, in einem je spezifischen Verstehensrahmen wahrgenommen und mit Ordnungskategorien der eigenen Gesellschaft beschrieben und beurteilt werden. Dieses Dilemma läßt sich, wenn es als Wahrnehmungs- und Ordnungsmuster bewußt ist und transparent gemacht wird, methodologisch reflektieren und ermöglicht wichtige Einblicke in die je eigenen Selbstverständnisse. Wo aber der Mechanismus einer solchen Wahrnehmung und Beurteilung nicht in den Blick gerät oder negiert wird, können eigene Werte und Normen zum Maßstab für andere Gruppen, Gesellschaften oder Kulturen erhoben werden. »Allerdings bedeutet Ethnozentrismus vornehmlich eine Haltung positiver Voreingenommenheit gegenüber der *eigenen* Gruppe, die keinesfalls von Feindseligkeit gegenüber anderen Gruppen begleitet werden muß.«[23] Je größer aber die Furcht vor der Infragestellung der eigenen Verhaltensweisen und Normen und der damit einhergehenden Verunsicherung, desto wahrscheinlicher ist das (Abwehr-)Bedürfnis, »konkurrierende« Werte herabzusetzen, um die eigene (überlegene) Identität zu behaupten.[24] Im Unterschied zum Exotismus beantwortet der Ethnozentrismus dann die Infragestellung der eigenen kulturellen Werte nicht mit einer Idealisierung der *fremden*, sondern mit einer Verabsolutierung der *eigenen*.

Eine gefährliche Zuspitzung erhält der Begriff des Ethnozentrismus, wenn er um seine hermeneutische Grundproblematik verkürzt und auf ein universales anthropologisches Verhaltensmuster im *Umgang mit Fremdem* reduziert und für politische Zwecke instrumentalisiert wird, indem feindselige Herabsetzung zu einem quasinatürlichen Reaktionsautomatismus jeder Begegnung mit einer anderen Kultur erklärt wird. Das Etikett Ethnozentrismus läßt sich in dieser Verzerrung für »fremdenfeindliche« Argumentationen funktionalisieren. Es kann in der Form als entlastendes Erklärungsmuster oder Legitimationsstrategie für »Fremdenfeindlichkeit« herangezogen werden, die sich konkret als Ausländerfeindlichkeit manifestiert. Die Ursache solchen feindseligen und diskriminierenden Verhaltens ist durch das Wahrnehmungsmuster Ethnozentrismus aber keineswegs hinreichend erklärt und schon gar nicht zu rechtfertigen.

Eine analoge Funktionalisierung erfährt der Begriff der *Xenophobie*, wenn man ihn als eine natürliche Reaktionsweise im *Umgang mit dem Fremden* deklariert. Während Xenophobie aus (sozial-)psychologischer Perspektive als

---

22 »(…) view of things in which one's own group is the center of everything, and all others are scaled and rated with reference to it«. W.G. Sumner: Folkways. A Study of the Sociological Importance of Usages, Manners, Customs, Mores and Morals. [1906] Boston 1960, S. 27f.
23 G. Tsiakalos: Ausländerfeindlichkeit. Tatsachen und Erklärungsversuche. München 1983, S. 33 (Hervorhebung im Text v. d. Verf.).
24 Vgl. dazu auch die Ausführungen von Klaus Peter Fritzsche über »Streßgesellschaften und Xenophobie« in diesem Band.

eine unangemessene oder unangemessen intensive Furcht vor allem *Fremden* gelten muß, also eher als eine abweichende oder regressive Verhaltensreaktion von Individuen und Gruppen, deren soziale und individuelle Ursachen zu suchen sind[25], greifen Verfechter der »Natur-des-Menschen-These« auf bestimmte verhaltensbiologische Theorien zurück, »die die Fremdenablehnung als Manifestierung einer angeborenen Bereitschaft – ›Xenophobie‹ – postulieren«[26]. Bereits 1983 hat Georgios Tsiakalos im Zusammenhang seiner kritischen Auseinandersetzung mit Erklärungsversuchen zur Ausländerfeindlichkeit die wissenschaftliche Anfechtbarkeit solcher Theorien dargelegt und auf ihre Funktion aufmerksam gemacht: »Die Tatsache, daß mit wachsender Ausländerfeindlichkeit ethologische Erklärungsversuche deutlich an Popularität gewinnen, kann sich lediglich durch ihren bedeutenden Unterschied gegenüber den ›klassischen‹ rassistischen Theorien erklären: Während der Rassismus in Deutschland mit seinen Behauptungen früher die Realität und die Alltagserfahrungen in grotesker Weise auf den Kopf stellte (und daher Befürworter und Mitläufer des Rassismus sich nachträglich durch nichts entschuldigen können) und zur radikalen Verhaltensänderung z.B. gegenüber jüdischen Nachbarn, Arbeitskollegen usw. aufforderte, liefern heute die ethologischen Erklärungsversuche eine Rechtfertigung für schon existierendes Verhalten, das in deutlichem Gegensatz zu den herrschenden ethischen und politischen Normen steht«.[27]

Fremdheitskonstruktionen[28]

Neben Fremdheitsprofilen, die sich unvermeidlich im Wahrnehmen und Interpretieren von *anderen/m* herstellen, gibt es *Fremdheitskonstruktionen*, die mehr oder weniger bewußt und gesteuert Fremdstellungen vornehmen, die den oder das Fremdgestellte ausgrenzen. *Anderes/andere* werden zum *normativ Fremden*[29] erklärt. Mittels solcher Konstruktionen kann Verdrängtes, Unbewußtes auf *andere/s projiziert* und deren/dessen Unterdrückung und Beherrschung

---

25 Da der Beitrag von Klaus Peter Fritzsche über Gesellschaften im Streß solche Ursachen von »Fremdenfurcht« und »Fremdenfeindlichkeit« beleuchtet, sei an dieser Stelle auf eine weitere Ausführung verzichtet. Siehe dazu aber auch u.a. M. Erdheim: Zur Ethnopsychoanalyse von Exotismus und Xenophobie. In: Ders.: Psychoanalyse und Unbewußtheit in der Kultur. Aufsätze 1980–1989. Frankfurt a.M. 1988, S. 258–265; U. Streeck (Hrsg.): Das Fremde in der Psychoanalyse. Erkundungen über das »Andere« in Seele, Körper und Kultur. München 1993 (= leben lernen 88); G.H. Seidler (Hrsg.): Das Ich und das Fremde. Klinische und sozialpsychologische Analysen des destruktiven Narzißmus. Opladen 1994.
26 Tsiakalos (1983) (s. Anm. 23), S. 34.
27 Tsiakalos (1983) (s. Anm. 23), S. 45f.
28 Der Begriff wird hier verwendet nach P. Horn: Fremdheitskonstruktionen weißer Kolonisten. In: A. Wierlacher (Hrsg.): Perspektiven und Verfahren interkultureller Germanistik. München 1987 (= Publikationen der Gesellschaft für interkulturelle Germanistik 3), S. 405–418.
29 Vgl. K. Ohle: Das Ich und das Andere. Grundzüge einer Soziologie des Fremden. Stuttgart 1978 (= Sozialwissenschaftliche Studien 15).

legitimiert werden. Wenn Menschen zu »Wilden«, zu »Untermenschen«, zu »Unzivilisierten« erklärt werden, wird die Kategorie *Fremde* für Herrschaftszwecke instrumentalisiert. Die Grenzziehungen, die mittels *Fremdheitskonstruktionen* vollzogen werden, können nach der Logik der ihnen zugrundeliegenden Ideologie auch Fremdstellungen inmitten der eigenen Kultur vornehmen, wie z.B. die Praxis des Nationalsozialismus, Deutsche zu Juden und Ariern, Andersdenkende zu Volksfeinden und -verhetzern zu machen, »wertes« von »unwertem« Leben zu sondern, hinreichend belegt hat.

Zusammenfassung

Die vorangegangenen Ausführungen haben im Sinne von Bausteinen für eine Definition des Begriffs *der, die, das Fremde* verschiedene Aspekte dargestellt, die zwar einzeln erläutert wurden, aber als einander wechselseitig bedingende und ergänzende Komponenten der Kategorie *Fremde* verstanden werden müssen. In ihrem Zusammenspiel stellen sie ein komplexes, dynamisches Beziehungsgeflecht zwischen dem *Eigenen und Fremden* dar, das sich nur schwer in einer bündigen Definition erschöpfend abbilden läßt. Dennoch sei hier zum Zweck einer abrundenden Zusammenfassung folgende prägnante Synthese von Alois Wierlacher angeführt:

»Menschen erwerben eine fremde Sprache und sehen eine fremde Kultur immer durch den Filter ihrer eigenkulturellen Vorverständnisse und Vorbilder. Das ›Fremde‹ ist darum grundsätzlich als das aufgefaßte Andere, als Interpretament der Andersheit und Differenz zu definieren. Es ist mithin keine objektive Größe und Eigenschaft des Fernen, Ausländischen, Nichteigenen, Ungewohnten, Unbekannten, des Unvertrauten oder Seltenen. Als Interpretament ist das Fremde wie alle gesellschaftliche Wirklichkeit aber auch keine nur subjektive Größe. Es besitzt eine mehrwertige Valenz, insofern es um die Andersheit, um deren im Fremdheitsprofil der Wahrnehmung erscheinendes Sosein, um Assimilation zwischen dem Fremden und dem Eigenen sowie darum geht, daß sich beide mit ihrer differenzierenden, Reiz und Spannung setzenden Interrelation (Wahrnehmung, Auffassung) selbst konstituieren und charakterisieren, so daß die Begriffe Andersheit und Fremdheit ihre Stellung wechseln können«.[30]

---

30 A. Wierlacher (1983; »Kulturwissenschaftliche Xenologie«) (s. Anm. 4), S. 62f.

Konsequenzen für den Umgang mit dem Fremden

Die eingangs behauptete Notwendigkeit, den Begriff *der, die, das Fremde* zu klären, läßt erwarten, daß sich aus der vorgenommenen Klärung auch Konsequenzen für den *Umgang mit dem Fremden* ergeben. In diesem Sinne und als Ausblick sollen einige Schlußfolgerungen über Nutzen und Anwendbarkeit des dargestellten Begriffs gezogen werden. Als grundlegendes Fazit meiner Überlegungen und als Leitgedanken möchte ich folgendes vorausschicken: *Umgang mit dem Fremden heißt immer auch Umgang mit dem Eigenen* oder *Wer über Fremdes sprechen will, kann über Eigenes nicht schweigen*.

Inwieweit leisten die hier im einzelnen erläuterten Bausteine nun einen Beitrag dazu? Sie zeigen Strukturen und Prozesse der Wahrnehmung und Interpretation von *Fremdem/n* auf, können aber keinen Aufschluß darüber geben, was in einer jeweils gegebenen gesellschaftlichen Realität in welchen Gesellschaftsbereichen konkret als *Fremdes* wahrgenommen und interpretiert wird, ebensowenig darüber, ob, inwieweit und auf welche Weise dieses *Fremde* als problematisch empfunden wird und welche kollektiven Deutungsmuster der eigenen gesellschaftlichen Realität diese jeweilige Interpretation strukturieren. Diese Konkretisierung kann im Zusammenhang der *begrifflichen* Klärung nicht geleistet werden. Das ist eine Arbeit, für die der Begriff aber als Werkzeug dienen kann.

Seinen wesentlichen Beitrag zum *Umgang mit dem Fremden* leistet der hier vorgeschlagene Begriff als *Analyseinstrumentarium*. So verstanden, trägt er dazu bei, eigene Erfahrungen im *Umgang mit dem Fremden* in einer Weise zu reflektieren, die Lernprozesse einleiten kann, weil sie immer auch Selbsterfahrung einschließt. Das gilt analog auch auf anderer Ebene, wenn es nicht mehr nur um die eigenen Erfahrungen, sondern um Haltungen, Einstellungen und Verhaltensweisen dem *Fremden* gegenüber geht, wie sie in der eigenen Gesellschaft formuliert werden und zum Ausdruck kommen. Beides kann aber nicht von der Voraussetzung entbunden werden, daß dieser Lernprozeß vom einzelnen zugelassen werden muß. Gegenüber Verweigerungen und individual- und sozialpsychologischen Sperren ist auch diesem Analyseinstrumentarium eine Grenze gesetzt. Es taugt nicht als Brechstange und ist kein Allheilmittel, aber es kann ein Schlüssel für den *Umgang mit dem Fremden* sein.

Yves Bizeul

Die französische Debatte um Alterität und Kultur

»Jeder Mensch trägt in sich das ganze Bild der Menschlichkeit.«
Michel de Montaigne

»Wenn mir etwas bekannt wäre, das mir nützlich, für meine Familie aber schädlich wäre, so würde ich es aus dem Sinn schlagen. Wenn mir etwas bekannt wäre, das meiner Familie zuträglich wäre, meinem Vaterlande aber nicht, so würde ich suchen, es zu vergessen. Wenn mir etwas bekannt wäre, das meinem Vaterlande zuträglich, für Europa aber abträglich wäre, oder etwas, das für Europa nützlich, für die Menschheit aber schädlich wäre, so würde ich es für verbrecherisch halten.«
Montesquieu

Die weitverbreitete Verwendung des Begriffs des Fremden im deutschen wissenschaftlichen Sprachgebrauch ist für Franzosen bedenklich, und dies, obgleich in der deutschen Sprache das Neutrum »das Fremde« darauf hinweist, daß die Fremdheit nicht als Proprium des Anders- bzw. des Ausländerseins zu verstehen ist, sondern als ein fester Bestandteil jeglicher menschlichen Existenz.[1]

Das wiederholte Auftreten des Begriffs »Fremde« wird in Frankreich nicht selten mit dem traditionellen deutschen Verständnis der Nation als ethnozentristischer Bluts- bzw. Kulturgemeinschaft und des Volkes als kulturellen »Ethnos« und nicht als republikanischen »Demos« in Zusammenhang gebracht, das Menschen für die Furcht vor Überfremdung anfällig machen kann. Die Definition der im Ausland lebenden »Statusdeutschen« im Sinne des Artikels 116 Grundgesetz,[2] die relativ leichte Einbürgerung der »Aussiedler«, die vergleichsweise schwierigere Einbürgerung der Kinder von Einwanderern sowie die für die Einbürgerung der in Deutschland lebenden Migranten verlangte verwaltungsmäßig nachprüfbare »Einstellung zum deutschen Kulturkreis« sind Hinweise dafür, daß in der Bundesrepublik die Zuerkennung der Staatsbürgerschaft bis

---
1 Vgl. hierzu in diesem Band den Beitrag von Corinna Albrecht, »Der Begriff der, die, das Fremde«.
2 »Deutscher im Sinne dieses Grundgesetzes ist vorbehaltlich anderweitiger gesetzlicher Regelung, wer die deutsche Staatsangehörigkeit besitzt oder als Flüchtling oder Vertriebener deutscher Volkszugehörigkeit oder als dessen Ehegatte oder Abkömmling in dem Gebiete des Deutschen Reiches nach dem Stande vom 31. Dezember 1937 Aufnahme gefunden hat« (Artikel 116 GG, Abs. 1).

dato (1995) immer noch ausschließlich nach dem »Abstammungsprinzip« (*jus sanguinis*) erfolgt.

Zwar hat der Artikel 116 GG in der Nachkriegszeit eine Wiedergutmachungsfunktion gehabt: Er gewährte den von den Nazis ausgebürgerten Juden und den vertriebenen Volksdeutschen aus dem Osten die deutsche Staatsbürgerschaft. Über diesen Artikel wurde jedoch zugleich nach dem Politikwissenschaftler Dieter Oberndörfer »das Staatsverständnis und Staatsbürgerrecht weit völkischer eingefärbt als zuvor in Weimar oder im Kaiserreich«.[3] Klaus J. Bade stellt seinerseits fest, daß die Aussiedler selber von ihrem »Deutschtum« sprechen und darunter etwas verstehen, was »in der Bundesrepublik oft an die ethnisch-nationalistischen Irrwege der deutschen Geschichte (erinnert) – die letztlich im Nationalsozialismus gipfelten, dessen Folgen ausgerechnet für das Schicksal der Aussiedler selbst so verheerend waren.«[4]

Seit 1991 wird allerdings auf der Grundlage des damals verabschiedeten neuen »Ausländergesetzes« (Paragraphen 85, 86, 87) eine Reform des deutschen Reichs- und Staatsbürgerschaftsrechts (RuStAG) aus dem Jahre 1913 angestrebt, um den Erwerb der Staatsbürgerschaft zu erleichtern. Nach Auffassung von Selbsthilfeorganisationen, Verbänden, Gewerkschaften, Kirchen, aber auch von den Grünen, der SPD, der FDP und sogar von einigen CDU-Politikern sollte diese Reform dazu führen, daß auch in Deutschland die Staatsangehörigkeit nicht mehr nach dem veralteten »Abstammungsprinzip«, sondern wie in Frankreich nach dem moderneren »Territorialprinzip« (*jus soli*) geregelt wird.

Der Pariser Sozialanthropologe und Experte der »deutschen Ideologie« Louis Dumont spricht in diesem Zusammenhang von einer in der Vergangenheit verbreiteten vorwiegenden »holistischen« Grundeinstellung der Deutschen und von einer vorherrschenden »individualistischen« Grundeinstellung der Franzosen: Der frühere Franzose habe sich zuerst als Mensch verstanden und dann als Franzose, während der frühere Deutsche sich selbst zunächst einmal als Deutscher – oder laut Friedrich Heckmann als Mitglied eines Volkes mit »eigenem Staat« – definiert und erst dann »in dieser Eigenschaft« als Angehöriger der Menschheit gesehen habe.[5]

Das »Territorialprinzip« wurde in Frankreich allerdings erst 1851 eingeführt. Ganz pragmatische Gründen spielten dabei eine entscheidende Rolle: Es sollte die Einbürgerung der in Frankreich lebenden Italiener erleichtern, um sie zum Absolvieren des Militärdienstes zu verpflichten. Dieses Prinzip wird in Frank-

---

3 Vgl. Oberndörfer, D.: Abschied vom völkischen Wahn. In: Die ZEIT vom 4. Februar 1994, Nr. 6, S. 6–7.
4 Bade, K.J.: Aussiedler – die fremden Deutschen aus dem Osten. In: Zusammenleben in einem multikulturellen Staat – Voraussetzungen und Perspektiven. Aufsatzsammlung zum Carl Bertelsmann-Preis 1992, Gütersloh 1993, S. 33–38, S. 36.
5 Vgl. das Interview von Dumont in: Evangelische Kommentare 25 (1992)6, S. 360–362, S. 361 u. 362 und Heckmann, F.: Politik, Staat und ethnische Minderheiten, S. 14.

reich ohnehin nicht so konsequent durchgeführt wie in den Vereinigten Staaten von Amerika, da der Geburtsort des Kindes allein nicht ausreicht, um Franzose zu werden. Ein französischer Ursprung und/oder eine gewisse Dauer des Aufenthaltes in Frankreich sind zudem notwendig, um das Recht auf Einbürgerung zu genießen. Daß Frankreich dennoch keine Abstammungsgemeinschaft bildet, zeigt das Faktum, daß Kinder von Ausländern die französische Nationalität automatisch erhalten, soweit sie auf französischem Boden auf die Welt gekommen sind und soweit zumindest ein Elternteil schon in Frankreich geboren wurde (doppeltes *jus soli*).

Seit der »Großen Revolution« wird in Frankreich – zumindest in der Theorie – die Nation als Schicksalsgemeinschaft und Assoziation freier Staatsbürger gesehen, die auf einem von jedem einzelnen freiwillig angenommenen Gesellschaftsvertrag beruht. Schon der Orientalist Ernest Renan (1823–1892) war der Meinung, daß eine Nation nicht aus einer gemeinsamen Abstammung entsteht, sondern aus einer tagtäglich neu abgelegten impliziten Abstimmung der Staatsbürger. »Große Dinge gemeinsam vollbracht zu haben und den Willen zu haben, mehr zu vollbringen«, behauptete er in seinem berühmt gewordenen Vortrag von 1882 »*Qu'est-ce qu'une nation?*«, »dies sind die grundlegenden Bedingungen für ein Volk. (…) Das Bestehen einer Nation ist (…) ein tägliches Plebiszit.« Aus diesem Grunde konnte er 1871 die Annexion des Elsaß und des Moselgebiets durch Preußen gegen den Willen der Mehrzahl der dort lebenden Bevölkerung als illegitim erklären.

In Frankreich spielt jedoch der Wille der einzelnen kaum eine Rolle in der Einbürgerungspraxis. Die große Mehrzahl der Kinder haben die französische Nationalität schon am Tag ihrer Geburt erworben. Man unterstellt ihnen eine implizite Zustimmung zum Erwerb dieser Nationalität. Mit der Reform des französischen Gesetzwerks zur Staatsbürgerschaft (*code de la nationalité*) von 1993 hat man versucht, den Charakter der französischen Nation als Willensgemeinschaft zu bekräftigen. Vor dieser Reform erwarben die in Frankreich geborenen Kinder von im Ausland geborenen Ausländern automatisch mit achtzehn Jahren die französische Staatsbürgerschaft, wenn sie mindestens seit fünf Jahren in diesem Land ihren ständigen Aufenthalt hatten. Nun müssen sie zusätzlich im Zeitraum zwischen ihrem 16. und 20. Lebensjahr eine Willenserklärung abgeben. Diese neue Bestimmung wurde 1988 in einem Bericht der 1987 durch Jacques Chirac gegründeten »*Commission de la nationalité*« (Kommission für die Nationalität) – einer Kommission von 20 »Weisen« (Persönlichkeiten) unter der Leitung des früheren Staatsratvorsitzenden Marceau Long – empfohlen.[6]

---

6   1990 wurde als Nachfolger der »*Commission de la nationalité*« das »*Haut Conseil à l'intégration*« durch Michel Rocard gegründet. Im »*Haut Conseil*« sitzen 13 »Weisen« aus den verschiedenen politischen Strömungen (mit Ausnahme vom »*Front National*«). 1992 und 1995 hat der Rat in Berichtform Vorschläge für eine bessere Integration der Ausländer gemacht.

Die Frage stellt sich, ob die neue Regelung nicht vor allem das Ziel verfolgt, durch eine solche Maßnahme, die nur für die Kinder von Ausländern gilt, die Zahl der Einbürgerungen zu reduzieren.

Durch die Reform von 1993 wurde ein Grundprinzip der Republik verletzt. Das frühere Recht auf Asyl, das allein die »Freiheitskämpfer« geltend machen konnten, ist durch die Verfassungsänderung von November 1993 zu einer Gnade des Staates geworden, die außer den »Freiheitskämpfern« noch andere politische Flüchtlinge erlangen können.[7] Jetzt ist die Überprüfung eines Asylantrages im Normalfall hinfällig, wenn ein Asylverfahren schon vorher in einem der Länder, die das Schengener Abkommen unterzeichnet haben (d.h. die 15 der EU ohne Großbritannien, Irland und Dänemark), negativ verlaufen ist.[8] Der Staat hat aber die unumschränkte Gewalt, einen solchen Asylantrag trotzdem zu gewähren, wenn er es für notwendig hält.

Dietrich Thränhardt hat gezeigt, daß solche Maßnahmen zusammen mit extremen Äußerungen von Politikern über angebliche »Fluten von Ausländern«, die in Europa eine neue Heimat suchen, den Weg für die Ausbreitung von Fremdenfeindlichkeit und Rassismus nicht nur in Frankreich, sondern auch in Deutschland und England geebnet haben. Anstatt über Fakten zu reden, wurde das Thema aus wahltaktischen Gründen von Politikern und aus Sensationslust wie auch aus geschäftlichem Kalkül von bestimmten Medien unnötig zugespitzt und so die diffuse Furcht vor dem Nichtvertrauten geschürt.[9]

»Fremde sind wir uns selbst«

Auf dem Hintergrund des französischen republikanischen Verständnisses der Nation als einer politischen Staatsbürgernation, die sich als untrennbaren Teil der Welt und als Trägerin universaler Grundwerte betrachtet, ist es nicht verwunderlich, daß die meisten französischen Denker das Wort »Fremde« (*étranger*), das sich im Französischen von dem Begriff »Ausländer« nicht unmittelbar unterscheiden läßt, vermeiden. Wenn die Psychoanalytikerin Julia Kristeva in ihrem Essay »*Étrangers à nous-mêmes*« (»Fremde sind wir uns selbst«) diesen Begriff dennoch verwendet, dann mit der Absicht, der Freudschen Theorie gemäß das Fremde als internalisierte Alterität neu zu definieren und den Terminus »der Fremde« letztendlich aufzulösen. Ihre Hauptthese lautet: »Mit dem Begriff des

---

7   Julien Dray hat diese Erweiterung spöttisch die »Duvalier-Verfassungsänderung« genannt, da 1986 dem früheren Diktator von Haiti, Jean-Claude Duvalier, in Frankreich Asyl gewährt wurde. Eine ähnliche Erweiterung hatte 1946 die gesetzgebende Verfassungsversammlung ausdrücklich abgelehnt mit der Begründung, Frankreich sollte nicht ein Zufluchtsland für Faschisten werden. Vgl. Le Monde vom 20. November 1993, S. 10 und vom 22. November 1993, S. 7.
8   Vgl. auch den Beitrag von Christof Lützel in dem vorliegenden Band.
9   Vgl. Thränhardt, D.: Die Ursprünge von Rassismus und Fremdenfeindlichkeit in der Konkurrenzdemokratie. Ein Vergleich der Entwicklungen in England, Frankreich und Deutschland. In: Leviathan. Zeitschrift für Sozialwissenschaft, (1993)3, S. 336–357.

Freudschen Unbewußten verliert die Einbindung des Fremden in die Psyche ihren pathologischen Aspekt und integriert eine zugleich biologische *und* symbolische *Andersheit* ins Innere der angenommenen Einheit der Menschen: sie wird integraler Teil des *Selbst*. Von nun an ist das Fremde nicht Rasse und nicht Nation. Das Fremde wird weder als heimlicher *Volksgeist* verherrlicht noch als störend aus der rationalistischen Urbanität verbannt. Als Unheimliches ist das Fremde in uns selbst: wir sind unsere eigenen Fremden – wir sind gespalten.«[10] Dies kann aber nur zur folgenden Schlußfolgerung führen: »Das Fremde ist in mir, also sind wir alle Fremde. Wenn ich Fremder bin, gibt es keine Fremden.«[11]

Die meisten französischen Intellektuellen ziehen es vor, gleich von dem aus der sokratisch-platonischen Philosophie stammenden Gedankengut der dialektischen und interaktiven Beziehung zwischen dem Eigenen (*le même*) und dem anderen (*l'autre*) zu sprechen, nicht aber vom undialektischen und absondernden Begriff des Fremden (*l'étranger*). Die Dialektik des Eigenen und des anderen ist eine Grund- bzw. eine Urerfahrung jedes einzelnen, die keinesfalls zum Ausstoßen des anderen aus sich selbst führen kann, zumal das andere schon immer im Eigenen zu finden ist. Für den 1981 verstorbenen und heute noch richtungweisenden Psychoanalytiker und Philosophen Jacques Lacan ist sie als Dialektik des Imaginären (in diesem Fall: die Identifikation mit sich selbst und die dadurch resultierende irreale Beziehung des Subjekts zur Realität) und des Symbolischen (die Umgestaltung und Anerkennung des Subjekts, die im Laufe von Kommunikationsprozessen entsteht) zu verstehen. Der Eintritt des »Menschenjungen« in die Phase des Symbolischen vollzieht sich nach Lacans Meinung erst nach der Phase des Imaginären, d.h. nach der Entdeckung und der Identifikation des Ichs mit sich selbst im umgekehrten Spiegelbild, und zwar durch die Einbeziehung in die Welt der verbalen Kommunikation. Das »Spiegel-Ich« – die scheinbare und trügerische Alleinherrschaft des Eigenen – verwandelt sich dann durch die gegenseitigen Beziehungen mit dem anderen in ein gespaltenes »soziales Ich«, ohne daß dadurch die Spannung zwischen Imaginärem und Symbolischem überwunden wird.[12]

Die Philosophen Emmanuel Levinas und Paul Ricœur betrachten ihrerseits die Dialektik vom Eigenen und anderen nicht in erster Linie als eine unbewußte Dialektik vom bildlichen bzw. eingebildeten (imaginären) Egozentrismus und von verbaler Interaktion, sondern als einen Prozeß von ethischer Dimension. Für Levinas gibt es zwischen dem Eigenen und dem anderen einen tiefen Abgrund, der sich nur durch die »Epiphanie« der Begegnung mit dem Antlitz des anderen überwinden läßt. Einzig die Gesichter unserer Mitmenschen als

---

10 Kristeva, J.: Étrangers à nous-mêmes, Paris 1988; dt.: Fremde sind wir uns selbst, Frankfurt a.M. 1990, S. 197f.
11 Ebd., S. 209.
12 Vgl. u.a. Lacan, J.: Écrits, Paris 1966; dt.: Schriften, 3 Bde., Weinheim/Basel 1973/1975/1979; ders.: Le Séminaire, Paris 1975/1980; dt.: Das Seminar von Jacques Lacan, 3 Bde., Olten 1978/1980.

»Spuren« (*traces*) des anderen verkünden das Verbot des Tötens und rufen in uns einen Verantwortungssinn für unsere Mitmenschen hervor.[13] Eine ähnliche Sichtweise vertritt auch Jean-Toussaint Desanti, wenn er behauptet, die Wurzel der Ethik sei die Aufnahme des anderen, das Gegenteil der Ethik die Abweisung des anderen, oder Alain Badiou, wenn er in der Erfahrung der Liebe die grundsätzliche Erfahrung der Differenz und die Befreiung von der Anziehungskraft der Ganzheit sieht.[14]

Im Gegensatz zu Levinas ist Ricœur der Meinung, daß das Eigene nicht als ein *völlig* in sich geschlossenes und deswegen totalitäres Eigenes und das andere nicht als das befreiende *ganz* andere zu denken sei, da der einzelne sich von Anfang an in einer interaktiven Beziehung mit seinen Mitmenschen befinde. Das Individuum geht zum anderen, um ihn kennenzulernen, während der andere mit einem ethischen Imperativ zu ihm geht und somit den Weg für das Prinzip Verantwortung eröffnet. Ricœur zieht es vor, von der Beziehung des reflexiven »Sichselbst« (*le »soi-même«*) mit dem anderen zu sprechen statt von der Beziehung des »Eigenen« (*le même*) bzw. des Ichs mit dem anderen. Er betont, daß das Selbst grundlegend von einem monadologischen Ich zu unterscheiden sei: Da das Subjekt seine Einzigartigkeit nur durch den »Umweg« der Beziehung zum anderen gewinnt, ist die Alterität schon konstitutiv für das Selbst. Gerade deswegen ist das »Sichselbst« immer bereits auch so zu verstehen, als wäre es das andere (»*le soi-même en tant qu'autre*«). Ricœur unterscheidet weiter zwischen einer dialektischen, sich ständig verwandelnden *ipse*-Identität – der Selbstidentität – und einer gleichbleibenden, undialektischen *idem*-Identität – der Ich-Identität. Der an mich selbst adressierte moralische Imperativ des anderen und die darauffolgende Dezentration aus meinem Ich bilden den Kern der *ipse*-Identität.[15]

Der Begriff »der Fremde« wird in Frankreich nur im Zusammenhang mit der rechtlichen und politischen Debatte um Staatsangehörigkeit und Einwanderungspolitik diskutiert. Warum sollte man auch das Fremde bzw. den Fremden theoretisieren, wenn man ein universales Weltbild vertritt, das die Gleichwertigkeit aller Menschen betont? Fremd zu sein ist ohnehin keine objektive Gegebenheit. Menschen oder Gruppen werden von anderen als anders und »fremd« empfunden und abgestempelt. Eine Gruppe, die eine Zeitlang als Fremdkörper in einer Gesellschaft gesehen wird, kann genausogut später als Bestandteil dieser Gesellschaft gelten (wie zum Beispiel im Falle der protestantischen Minderheit in Frankreich bzw. der Italiener in Deutschland). Auch der Akzeptanzgrad von als »exotisch« geltenden Menschen oder Gruppen schwankt von einer Gesellschaft und einer Zeit zur anderen.

---

13 Vgl. u.a. Levinas, E.: Humanisme de l'autre homme, Montpellier 1978[2]; dt.: Humanismus des anderen Menschen, Hamburg 1989.
14 Vgl. das Interview von Alain Badiou in Le Monde vom 31. August 1993, S. 2.
15 Ricœur, P.: Soi-même comme un autre, Paris 1990.

Die Hervorhebung der Differenz in den 60er und 70er Jahren

Im Frankreich der 60er und 70er Jahre wurden Differenz und Pluralität besonders stark hervorgehoben. Nach dem Zweiten Weltkrieg haben zahlreiche Intellektuelle, die dem totalitären und rassistischen Faschismus entschieden entgegengetreten waren, in der Kritik der sich entwickelnden kapitalistischen Konsumgesellschaft und im Engagement für den Unabhängigkeitskampf der kolonisierten Bevölkerung eine neue »große Sache« gefunden. Die französischen Strukturalisten – vor allem Ethnologen unter ihnen – erklärten im Widerspruch zur Überheblichkeit der Kolonialherren und zum weitverbreiteten Europazentrismus die verschiedenen in der Welt existierenden Denkweisen aufgrund der Uniformität der Strukturen als gleichrangig. Sie betonten zugleich die Differenz als grundlegend für die Strukturen.

Jacques Derrida ist noch weiter gegangen und hat im Rahmen seines Dekonstruktionsvorhabens eine »Philosophie der Differenz« entworfen. Hinter den Differenzen der verschiedenen Zeichensysteme und Zeichenwelten, deren Vorbilder die Schrift und die Sprache (der Logos, was auch die Vernunft bedeuten kann) sind, verbirgt sich nach Jacques Derrida die radikale Andersheit, die Urdifferenz, die er mit dem Kunstwort »Differänz« (»*différance*«) bezeichnet. Diese originäre »Differänz« ist die Urspur, welche die Abwesenheit des ganz anderen hinterläßt. Sie ist einer subjektlosen »Urschrift« ähnlich, ohne die es keine gesprochene Sprache und kein Erleben geben kann. Nicht das Sein und nicht die Identität sind also grundlegend, sondern diese nicht zu tilgende Differenz. Die Erkenntnis der »Differänz« führt zur Dekonstruktion der Ontologie (auch der ontologischen Differenz Martin Heiddegers) und des westlichen Ethnozentrismus, der auf dem irreführenden Primat des Logos gegenüber der Schrift (dem sog. »Logozentrismus«) beruht.[16] Dies hat auch Folgen für die kulturelle Identität, wie die folgende Äußerung Derridas über die europäische Identität zeigt: »*Es ist einer Kultur eigen, daß sie nicht mit sich selber identisch ist. Nicht, daß sie keine Identität haben kann, sondern daß sie sich nur insoweit identifizieren, ›ich‹, ›wir‹ oder ›uns‹ sagen und die Gestalt des Subjekts annehmen kann, als sie mit sich selber nicht identisch ist, als sie, wenn Sie so wollen, mit sich differiert … Es gibt keine Kultur und keine kulturelle Identität ohne diese Differenz mit sich selbst.*«[17] Man sieht: Bei Derrida ist das Konzept der

---

16 Hierzu u.a. Derrida, J.: L'Écriture et la différence, Paris 1967; dt.: Die Schrift und die Differenz, Frankfurt a.M. 1972; ders.: De la grammatologie, Paris 1967; dt.: Grammatologie, Frankfurt a.M. 1974; ders.: Marges. De la philosophie, Paris 1972; dt.: Randgänge der Philosophie, Frankfurt a.M./Berlin/Wien 1976 (unvollständige Übersetzung).
17 Derrida, J.: L'autre cap suivi de La démocratie ajournée, Paris 1991; dt.: Das andere Kap. Die vertagte Demokratie. Zwei Essays zu Europa, Frankfurt a.M. 1992. S. 12f.

Differenz von einem bedingten und abgrenzenden Begriff des Andersseins weit entfernt.[18]

Führende Denker wie Michel Foucault oder Pierre Bourdieu legten außerdem die totalitären Züge der Moderne dar, ihre Macht- und Disziplinarmechanismen.[19] Die Moderne hatte die Stelle des Menschen als Mittelpunkt der Welt in Frage gestellt (Kopernikus und Darwin) und die traditionellen Machtstrukturen innerhalb der Gesellschaft ins Wanken gebracht. In Anlehnung an Marx und Freud sollten jetzt das Individuum und die autonome Vernunft selbst dezentriert werden. Mit anderen Worten: Die kritische Instanz – das Subjekt – wurde selbst zum Opfer der Kritik. So sollte Platz für eine radikale Differenz und Pluralität geschaffen werden.

Dies veranlaßt Jean-François Lyotard, unsere Zeit als die Zeit der Postmoderne im Sinne des konsequent fortgeführten Anliegens der Moderne zu beschreiben. In unserer komplexen Gesellschaft bestünde eine Interaktion zwischen zahlreichen Gemeinschaften, Gruppen und Lebenssphären wie auch zwischen ihren jeweiligen »Sprachspielen«, die über eigene Regeln, Normen und Verfechter verfügten.[20] Lyotard sieht im herrschenden Streitzustand (*le différend*) dieser verschiedenen »Sprachspiele« eher eine Chance als eine Gefahr: Wenn ein »Sprachspiel« jemand nicht mehr zu überzeugen vermag, wählt er einfach ein anderes als Alternative.[21] Der Widerstreit würde aus diesem Grund regulativ in unseren Gesellschaften wirken. Lyotard betont wie Jürgen Habermas oder Karl-Otto Apel die Notwendigkeit einer interaktiven und dialogischen Kommunikation. Er hält aber nicht viel von der Suche nach einem Konsens, da seiner Meinung nach der Konsens nicht ohne Zwang entstehen kann. Die Suche nach dem Konsens kann den für eine Demokratie notwendigen Streitzustand abschaffen.

Die Moderne hatte die Autonomie des Ego betont und gleichzeitig die Sehnsucht des Ichs nach einem als abgesondert verstandenen Fremdsein hervorgerufen. In den 60er und 70er Jahren legte man dagegen den Akzent – von

---

18 Art Spiegelman, der nordamerikanische Autor des Comics »Maus«, hat in einem Interview gesagt: »Der erste Schritt, um den Anderen auszuwischen, besteht darin, sich von jenem Anderssein zu überzeugen«.
19 Hierzu u.a. Foucault, M.: Folie et déraison. Histoire de la folie à l'âge classique, Paris 1961; dt.: Wahnsinn und Gesellschaft. Eine Geschichte des Wahns im Zeitalter der Vernunft, Frankfurt a.M. 1969; ders. Surveiller et punir. Naissance de la prison, Paris 1975; dt.: Überwachen und Strafen. Die Geburt des Gefängnisses, Frankfurt a.M. 1976; ders.: La volonté de savoir. Histoire de la sexualité I, Paris 1976; dt.: Sexualität und Wahrheit. Der Wille zum Wissen, Frankfurt a.M. 1977; ders.: L'Usage des plaisirs. Histoire de la sexualité II, Paris 1984; dt.: Der Gebrauch der Lüste. Sexualität und Wahrheit 2, Frankfurt a.M. 1986; ders.: Le souci de soi. Histoire de la sexualité III, Paris 1984; dt.: Die Sorge um sich. Sexualität und Wahrheit 3, Frankfurt a.M. 1986.
20 Mit »Sprachspielen« sind hier Lebensformen und kleine Subsysteme der Verhaltenssteuerung und Werte, zum Beispiel die Normensetzung, gemeint.
21 Vgl. Lyotard, J.-F.: La condition postmoderne, Paris 1977; dt.: Das postmoderne Wissen. Ein Bericht, Wien 1986; ders.: Le Différend, Paris 1983; dt.: Der Widerstreit, München 1987.

der Welle des Strukturalismus in Frankreich beeinflußt – auf eine konstitutive und allgegenwärtige Differenz.

In den 70er Jahren wurden unterdessen die regionalen Identitäten in Korsika, Okzitanien, in der Bretagne und im Elsaß wiederbelebt und die Zentralisierung als Ursache der politischen, sozialen und vor allem wirtschaftlichen Mängel Frankreichs, des »französischen Übels« – so der Titel des 1977 in Paris erschienenen Bestsellers des gaullistischen Politikers und Chinaspezialisten Alain Peyrefitte – angeklagt.

Wenn französische Intellektuelle so stark in Anlehnung an die Linguistik Ferdinand de Saussures die Differenz – in ihren beiden Dimensionen von Streitzustand und Vielfältigkeit – und deutsche Denker wie Habermas oder Apel den Konsens hervorheben, dann auch deshalb, weil der französische Staat seit langem zentralistisch organisiert ist, während die deutsche Nation eine »verspätete Nation« ist, die sehr lange mit dem Problem der Zersplitterung konfrontiert war. In Frankreich dient ein durch die Idee der Universalität des Weltbürgers gemäßigter Differenzbegriff als notwendiges Gegengewicht zu einer nach dem Modell der katholischen Kirche sehr hierarchisch organisierten Gesellschaft und einem allgegenwärtigen Staat.

Die derzeitige Rückbesinnung auf die Ideale des Jakobinismus

Doch das Zeitalter der Entkolonisierung und des Vietnamkrieges verging – allesamt Ereignisse, welche die Kritiker der Moderne dazu geführt hatten, einen solch radikalen und im Grunde genommen für die vom nivellierenden Ideal der Jakobiner geprägten linken französischen Intellektuellen ziemlich atypischen Standpunkt anzunehmen.

Außerdem wurde das Scheitern des Kommunismus in den sozialistischen Ländern immer deutlicher. Es wurde problematisch, sich als Marxist zu bekennen. Zumindest verlangte dies ein schmerzhaftes theoretisches Umdenken, wie es der tragische Fall Louis Althussers beweist. Eine Art informelle »Schule« des Antitotalitarismus ist in Frankreich dadurch entstanden. An der Seite früherer Marxisten wie Cornelius Castoriadis oder Claude Lefort fand man ehemalige Linksradikale wie die »neuen Philosophen« Bernard-Henri Lévy oder André Glucksmann. Die Menschenrechte wurden nicht länger als »bürgerlich« und als Stütze des Kapitalismus verpönt, sondern im Gegenteil als minimaler Schutz gegen politische Willkür und Staatsterror anerkannt. In den 80er Jahren konnte sogar gegen die Strukturalisten das Subjekt als Adressat der Menschenrechte durch manche Autoren rehabilitiert werden.[22]

---

22 Vor allem durch Luc Ferry und Alain Renaut, die Autoren des Essays: La pensée 68. Essai sur l'anti-humanisme contemporain, Paris 1985, dt.: Antihumanistisches Denken. Gegen die französischen Meisterphilosophen, München/Wien 1987.

Eine neue Gefährdung der Menschen- und Bürgerrechte bahnte sich allerdings zur gleichen Zeit wieder an, diesmal aus der rechten Szene: Mit dem Niedergang sozialistischer Experimente hat sich der Grundgedanke des partikularistischen »Tribalismus« rasch verbreitet. Argumente der linken Ethnologen sind von rechtsextremen Ideologen ausgenutzt worden, mit der Absicht, die Einzigartigkeit der jeweiligen Kulturen bzw. Ethnien zu betonen (der sog. »Ethnopluralismus«) und hierdurch eine antimoderne, rassistische Denkweise »wissenschaftlich« zu begründen. An die Stelle des Marxismus ist eine neue Ersatzideologie getreten: der ethnozentristische Kulturalismus und Nationalismus.

Angesichts dieser neuen Gefahr sehen jetzt Denker wie Alain Finkielkraut oder Dominique Schnapper in der Hervorhebung der Differenz die Vorstufe des Wertrelativismus. Sie fordern eine Rückbesinnung auf einen Universalismus jakobinischer Prägung: Nicht die verschiedenen Kulturen bzw. »Volksgeiste« seien zu würdigen, betonen sie, sondern vielmehr die den kulturellen bzw. religiösen Sitten, Bräuchen und Überzeugungen übergeordneten, allgemeingültigen Grundwerte. Alain Finkielkraut sieht im Kultur- und Wertrelativismus der Anthropologen und Dritte-Welt-Anhänger eine große Gefahr für die allgemeingültigen, individuellen Menschenrechte, zumal dieser indirekt die Rückkehr des Ethnokulturalismus und des Herderschen »Volksgeistes« legitimieren würde.[23] Freilich hätten Ethnologen wie Claude Lévi-Strauss in der Zeit der antikolonialen Bewegungen mit Recht den Rassismus und den Europazentrismus scharf kritisiert. Finkielkraut meint aber, daß sie die Differenz und die Gleichstellung der verschiedenen Kulturen, ihrer Werte und ihrer Rationalität so sehr in den Vordergrund gestellt hätten, daß sie dadurch auch die Allgemeingültigkeit der Menschenrechte gefährdet hätten.[24] Er befürchtet, daß die aktuelle Hervorhebung ethnischer Identität und die Rückkehr zu religiösen Überzeugungen leicht in der ganzen Welt zu einer Vermehrung des Unheils und der Bürgerkriege führen könnten. Alain Finkielkraut verlangt aus diesem Grund die Überwindung der Frage nach der Identität und im Anschluß an Tocqueville die Hervorhebung der »Gleichheit aller Stände (bzw. Zustände)« (*l'égalité des conditions*). Er stellt sich vor allem den Autoren kritisch gegenüber, die vom »Tod der Moderne«[25] überzeugt sind und in der derzeitigen Schwärmerei für die

---

23 Finkielkraut, A.: La défaite de la pensée, Paris, 1987; dt.: Die Niederlage des Denkens, Reinbek, 1989.
24 Lévi-Strauss selbst hat allerdings nicht nur für die Integration der Ausländer in Frankreich Stellung bezogen, sondern als assimilierter Jude sogar für ihre völlige Assimilation. Zudem bedauerte er, daß die Anziehungskraft der Wertsysteme in Frankreich seit dem 19. Jh. stark nachgelassen habe, und warnte in seinem Buch »Traurige Tropen« vor dem »verhängnisvollen Eklektizismus ... der uns verbietet, jede Ausdrucksform einer fremden Kultur zu verurteilen.« Vgl. Lévi-Strauss, C.: Tristes tropiques, Paris 1955; dt.: Traurige Tropen, Köln 1974/Frankfurt a.M. 1978.
25 Vgl. zum Beispiel: Tod der Moderne. Eine Diskussion (Konkursbuch), Tübingen 1983. Die Postmoderne wird hier fälschlicherweise als Tod der Moderne gedeutet.

Kultur der Vergangenheit und die Traditionen die rettende Zuflucht für eine Menschheit sehen, die wegen der kritischen Gesinnung der Aufklärung ihre alten Richtpunkte verloren hat. Hier sind in Frankreich vor allem die Rechtsintellektuellen des »*Groupement de Recherche et d'Études pour la Civilisation européenne*« – GRECE – von Alain de Benoist oder des »*Club de l'Horloge*« gemeint, die für die europäische Kultur schwärmen und sich für eine »nationale Präferenz« einsetzen.

Die Auffassung Alain Finkielkrauts wird von immer mehr französischen Intellektuellen und politischen Akteuren vertreten. Der ehemalige Verfechter der Dritte-Welt-Bewegung, Pascal Bruckner, konnte in seinem Essay »Das Schluchzen des weißen Mannes. Europa und die Dritte Welt – eine Polemik«[26] schreiben: »Wir glorifizieren bei anderen, was wir bei uns selbst immer kritisiert haben: den überzogenen Protektionismus, den kulturellen Narzißmus, den unverbesserlichen Ethnozentrismus.«[27] Selbst die durch Julien Dray, einen sozialistischen Abgeordneten, und Harlem Désir, neuerdings Mitglied der grünen Partei »*Génération Écologie*«, gegründete antirassistische Bewegung »*SOS-Racisme*« (SOS-Rassismus) hat eine streng laizistische und jakobinische Position eingenommen. Désir nahm in einem 1987 in Paris erschienenen Buch für das Ideal der völligen Integration der Einwanderer Stellung: »SOS-Racisme hat auch mit der Ambivalenz des ›Rechts auf Anderssein‹ gebrochen und betont statt dessen ein ›Recht auf Ähnlichkeit‹.«[28]

Während der gewalttätigen Ausschreitungen zwischen Kindern von Migranten und der Polizei in mehreren französischen ghettoähnlichen Vorstadtsiedlungen 1991 meinte Alain Touraine seinerseits, die Intellektuellen, die Probleme von sozial Ausgegrenzten als eine Konfrontation von Ethnien verstehen, würden zu Opfern einer von den Rechtsextremisten des »*Front national*« (Nationale Front) gestellten Falle. Die Probleme und Spannungen seien nicht auf das Scheitern des französischen Integrationsmodells zurückzuführen, sondern eine Folge der mißlungenen sozialen Integration der ersten, zweiten und dritten Generation von Einwanderern. Er vertrat diese Meinung auf einem in Créteil von 5. bis 7. Juni 1991 durch die Zeitschrift »*Passages*« und das »*Maison des Sciences de l'Homme*« organisierten internationalen Kolloquium über den Rassismus.[29] Die meisten Teilnehmer an diesem Kolloquium bedauerten ebenfalls

---

26 Berlin 1984.
27 S. 133. Zitiert in: Werz, N.: Multikulturalismus, multikulturelle Gesellschaft: Zur Diskussion in Frankreich und Deutschland. In: Interkulturell 3 (1991)4, S. 153–173, S. 161.
28 In: SOS Désirs, Paris 1987, S. 20 u. 36.
29 Auch »*SOS-Racisme*« vertritt jetzt diese These. Während des 4. Kongresses des Vereins in Créteil 1993 hat der neue Vorsitzende, Fodé Sylla, das Thema Rassismus beiseite gelassen. Er rief zu einer energischen Politik der Bekämpfung der Arbeitslosigkeit und der sozialen Ausgrenzung der Siedlungsbewohner auf und appellierte, die Arbeit der »neuen Husaren der Republik« – der Grundschullehrer, der aktiven Mitarbeiter von lokalen Vereinen, der Polizisten und Sozialarbeiter – zu würdigen und zu unterstützen. Vgl. Le Monde vom 13. Juli 1993, S. 8.

die Tendenz, soziale Probleme in ethnische Fragen umzuwandeln, und verlangten die Abschaffung des Rassenbegriffs selbst im Wort »Antirassismus«. Auch die Ethnie wurde von Zeev Sternhell, Professor an der »*Hebrew University of Jerusalem*«, als ein »irrationaler Begriff« abqualifiziert.

Die Praxis des Umgangs mit dem Fremden in Frankreich

Es gibt allerdings in Frankreich eine Kluft zwischen Theorie und Praxis bei dem Umgang mit dem Fremden. Die französischen Intellektuellen vermeiden zwar das Wort »Fremde«, die aus Bulgarien stammende Julia Kristeva kann jedoch aus eigener Erfahrung bezeugen, daß man nirgendwo fremder ist als in Frankreich: »Die Franzosen, die weder die Toleranz der angelsächsischen Protestanten noch die durchlässige Unbekümmertheit der romanischen Südländer, noch die ebenso zurückweisende wie einverleibende Neugier der Deutschen und Slawen haben, setzen dem Fremden ein kompaktes soziales Gefüge entgegen, und dies mit einem nicht zu überbietenden nationalen Hochmut.«[30] Sie stellen die Ausländer vor die Wahl, sich entweder völlig zu assimilieren oder nach einer bestimmten Zeit auszuwandern.

Das frühere Modell des Schmelztiegels funktioniert heutzutage in Frankreich nicht mehr in ausreichendem Maße. Die Schuld daran tragen nicht die neuen Einwanderer aus dem Maghreb, aus der Türkei oder aus Schwarzafrika. Im Gegenteil, alle Untersuchungen zeigen, daß die jüngeren Einwanderergenerationen sich in ihrer Mehrzahl integrieren wollen und die Grundeinstellungen der laizistischen Republik teilt. Dadurch erhoffen sie sich einen Schutz gegen die alltägliche Diskriminierung. 1983 nahmen zum Beispiel fünfzehn junge immigrierte Franzosen aus einer spannungsvollen Großsiedlung von Lyon zusammen mit zwei Pfarrern (dem katholischen Priester Christian Delorme und dem evangelischen Pfarrer Jean Costil) an einem inzwischen berühmt gewordenen Protestmarsch gegen die Diskriminierung und die zahlreichen rassistischen Überfälle gegen Ausländer teil unter dem Motto: »Laßt uns mit unseren Gemeinsamkeiten ungeachtet all unserer Unterschiede zusammenleben.« In Paris wurden sie von sozialistischen Ministern begleitet und vom Staatspräsident im Elysée-Palast empfangen. Aus diesem Marsch sind nicht nur »*SOS-Racisme*«, sondern auch viele andere Bewegungen oder Selbsthilfgruppen entsprungen. Integrationsprobleme entstehen dennoch aufgrund der »illegalen« Einwanderer (*clandestins*), die in der Angst vor einer Abschiebung leben und sich deshalb nicht integrieren können; weiterhin aufgrund der sozialen Benachteiligung vieler Einwanderer, die in armen Stadtvierteln abgesondert leben müssen, und vor allem wegen des ausländerfeindlichen Verhaltens eines Teils der einheimi-

---
30 Kristeva, J.: Fremde sind wir uns selbst, S. 47.

schen Bevölkerung.[31] Durch ihre ablehnende Haltung zwingen sie den Immigranten, sich stärker auf seine Herkunftsidentität zu besinnen.[32]

Außerdem wurde von Anfang an das republikanische französische Verständnis der Staatsangehörigkeit als Willensgemeinschaft mit einem verkrampften Nationalismus gekoppelt. Kurz nach der Französischen Revolution war Frankreich von einer Koalition von Verbündeten umzingelt, die aus Angst vor einer möglichen Ausweitung der Revolution in Frankreich die alte Ordnung wiederherstellen wollten. Nationale Energie mußte mobilisiert werden, um den Feind an den Grenzen zurückzudrängen. Später ist dieser republikanische Patriotismus weitergepflegt worden. Frankreich wurde von den liberalen Politikern als Vaterland der universalen Menschen- und Bürgerrechte und als Verkörperung der Zivilisation dargestellt.[33]

Edmond Marc Lipiansky hat die inneren Widersprüche der französischen Deutung der Zivilisation klargelegt: Erstens war schon für die aufgeklärte Aristokratie des Ancien régime die Zivilisation ein Maßstab – als verfeinerte Lebensweise –, bevor dieses Wort von den Republikanern übernommen wurde. Zweitens ist die Zivilisation von den Republikanern *zugleich* als universale und als nationale Größe gewürdigt worden, was nur durch eine Täuschung möglich war. Man behauptete, die Zivilisation sei zwar ein Universalgut, sie komme jedoch nirgendwo besser zum Ausdruck als durch den französischen Geist (*l'esprit français*) vermittelt. Lipiansky zitiert unter anderem den in dieser Hinsicht sehr aufschlußreichen Schlußsatz eines berühmten, von zahllosen französischen Schülern während der Dritten Republik gelesenen Geschichtslehrbu-

---

31 Vgl. in diesem Band die Erklärungsversuche der gegenwärtigen Fremdenfeindlichkeit von Klaus Peter Fritzsche, »Streßgesellschaften und Xenophobie«.
32 Laut der Volkszählung von 1990 leben in Frankreich 3,6 Mio. Ausländer (6,4% der Gesamtbevölkerung Frankreichs). 1,3 Mio stammen aus Ländern der Europäischen Union. Wenn man aber alle Menschen zusammenrechnet, die in Familien leben, deren Oberhaupt ein Migrant ist – darunter auch die Kinder, die in Frankreich geboren wurden und so die französische Nationalität erworben haben, und die aus der Migration stammenden Eheleute in Mischehen –, kommt man auf eine Zahl von 6,1 Mio. Menschen, die aus der Migration stammen (10,7% der Gesamtbevölkerung). Deren Mehrzahl (55%) ist immer noch europäischer Herkunft. Zwischen 1982 und 1990 hat sich diese Bevölkerung nur um 0,4% pro Jahr erhöht. In diesem Zeitraum sind weniger Europäer (– 7%), mehr Menschen aus dem Maghreb (+ 4%) und viel mehr Menschen aus Asien (China, Libanon), Haiti und vor allem aus den früheren französischen Kolonien Schwarzafrikas (+ 50%) nach Frankreich migriert. Die Zahl der illegalen Einwanderer in Frankreich wird vom »internationalen Arbeitsamt« (IAA) auf 350.000 geschätzt. 1992 sind 111.000 Ausländer legal in Frankreich eingewandert. 36% davon waren Europäer, 28% kamen aus dem Maghreb, 16% aus Schwarzafrika, 13% aus Asien und 7% aus Amerika. Zum Vergleich: Nach den Angaben des Statistischen Bundesamts lebten Ende 1992 rund 6,5 Mio. Menschen nichtdeutscher Herkunft in der Bundesrepublik Deutschland. Dies entspricht einem Anteil von 8% an der Wohnbevölkerung. Vgl. Tribalat, M.: Les immigrés et les populations liées à leur installation en France au recensement de 1990. In: Population (1993)6; Les Étrangers en France, collection Contours et caractères, INSEE, Paris 1994; Bericht der Beauftragten der Bundesregierung für die Belange der Ausländer über die Lage der Ausländer in der Bundesrepublik Deutschland 1993, Bonn, März 1994.
33 Auch der Soziologe Michel Wieviorka nahm vor kurzem für einen »republikanischen« und »aufgeklärten« Nationalismus Stellung. Vgl. Wieviorka, M.: La démocratie à l'épreuve. Nationalisme, populisme, ethnicité, Paris 1994.

ches von Lavisse: »Frankreich und die Menschheit sind keine widersprüchlichen Wörter: sie sind eng verbunden und untrennbar. Unser Vaterland ist das menschlichste aller Vaterländer.« Nach der Historikerin Mona Ozouf hat man damals den Franzosen davon überzeugen wollen, daß nirgendwo in der Welt der Mensch so sicher sein konnte, daß, dadurch daß er seine Heimat liebt, er zugleich der Freiheit, der Gerechtigkeit und der Toleranz zugewandt sei. Dadurch, daß er Frankreich liebt, würde der Franzose angeblich ohne Mühe auch zur universellen Liebe emporsteigen können.[34] Eine derartige Beschlagnahmung der Zivilisation für nationalistische Zwecke erklärt zum Teil, warum sich das deutsche Bürgertum um die Jahrhundertwende so allergisch gegen diesen Begriff wandte und statt dessen den Akzent auf die Kultur setzte.[35] Diese Einstellung prägt weiter viele Franzosen und gehört keinesfalls der Vergangenheit an: Als der Minister für Kultur und Frankophonie, Jacques Toubon, vor kurzem ein Gesetz zum Gebrauch und zur Verteidigung der französischen Sprache entwarf, betonte er, die französische Sprache, »Sprache der Freiheit, der Gleichheit und der Demokratie« zu behüten sei »eine Aufgabe für alle Völker, die von unseren Werten leidenschaftlich ergriffen sind.«[36]
In Frankreich wird also der Anspruch auf Universalität mit einer besonderen Betonung des partikularistischen Nationalstaats verbunden, indem man die Nation als beispielhafte Verkörperung der für jeden Menschen anzustrebenden Zivilisation darstellt. Mit Ausnahme der Nation, als Willensgemeinschaft und nicht als ethnische Abstammungsgemeinschaft betrachtet, werden die Gemeinschaften als mögliche Trägerinnen eines gefährlichen Partikularismus angeprangert. In der französischen republikanischen Tradition gibt es aus diesem Grund nur zwei vertretbare Ebenen: die Ebene des Individuums und diejenige der Universalität, gekoppelt mit der der Nation. Alle andere Ebenen, die zwischen dem einzelnen und der Universalität/Gesellschaft stehen (zum Beispiel die kulturellen bzw. religiösen Gemeinschaften, die regionalen Minderheiten), werden als bedrohlich für die zwischenmenschliche Koexistenz und als undialektische und imaginäre Projektionen eines partikularistischen und abgrenzenden Ego gesehen. Deshalb wertet man die Pflege der Kulturen durch die Minderheiten als rein private Angelegenheit und als irrelevant für das öffentliche Leben. Dabei vergißt man oft zu schnell, daß der Traum, eine Gesellschaft ohne Gemeinschaften zu verwirklichen, meist Verfolgungen und Bluttaten bewirkt hat: So führte zum Beispiel der Jakobinismus während der Französischen Revolution und unter dem Konsulat zu Terror und zur Liqui-

---

34 Vgl. Ozouf, M.: L'école de la France, Paris 1984.
35 Hierzu siehe Lipiansky, E.M.: Discours, représentations de l'identité et relations interculturelles. In: Socialisations et cultures, Toulouse 1989, S. 409–421; ders.: L'âme française ou le national-libéralisme. Analyse d'une représentation sociale, Paris 1979; ders.: L'identité française: représentations, mythes, idéologies, Espace Européen, 1991.
36 Vgl. Le Monde vom 5. Mai 1994, S. 10.

dierung der katholischen »*Chouans*« (bretonische Bauernaufständische) und »*Vendéens*«.

Der französische Rassismustheoretiker Pierre-André Taguieff hat recht, wenn er betont, daß der »Rassismus der Differenz« nicht das »Recht auf Differenz« in Verruf bringen sollte, da der »andere Anspruch, der des Anderen, die Grenze meiner Forderung ist, ohne daß ich ihn deswegen hassen müßte«.[37] Ein in diesem Sinne verstandenes Recht auf Differenz läßt sich sehr wohl mit der Sicht der Aufklärung vom Menschen als Weltbürger vereinbaren. Freilich gibt es in der Definition vom Menschen als Weltbürger einen Anspruch von Universalität. Diese Universalität ist jedoch nicht mit einer die Differenz abschaffenden Uniformität und Totalität gleichzusetzen, welche die Gefahr des Totalitarismus in sich trägt. Es kann sehr wohl eine Universalität von Differenzen geben, eine Universalität nicht *trotz des* Pluralismus, sondern *im* Pluralismus. Nach Tzvetan Todorov ist die Universalität ein regulierendes Prinzip, das die ertragreiche Gegenüberstellung der Unterschiede erst ermöglicht, da sie den einzelnen die Chance gibt, sich von ihren jeweiligen Milieus loszureißen. Nach seiner Auffassung sollte der Unterschied in der Gleichheit gelebt werden.[38]

In Frankreich besteht ein Hang zum Holismus, vor allem aus der Vermischung von Universalität und Jakobinismus, d.h. aus der Synthese allgemeiner Grundwerte und einer Uniformierung der Gesellschaft im Namen einer radikalen Gleichheit durch einen zentral organisierten und laizistisch gesonnenen Staat. Der Jakobinismus führt zu einem im Grunde gerechtfertigten Primat des Staates gegenüber den partikularen Gemeinschaften. Er kann aber auch zu einer schädlichen und gefährlichen Nivellierung der Gesellschaft, zu einem übertriebenen, ideologisch geprägten Nationalismus und zur Überheblichkeit führen. Dies zeigt die Schrift von Dominique Schnapper: »*La communauté des citoyens*«.[39] Schnapper befürwortet eine Rückkehr zur Nation – verstanden als politische Willensgemeinschaft und nicht als Ethnie –, um dem gegenwärtigen Hedonismus entgegenzutreten. In ihrem Plädoyer für die Nation, das mit dem von den nationalistischen Thesen des wertekonservativen Flügels des US-Kommunitarismus geprägten Buch Wolfgang Schäubles »Und der Zukunft zugewandt« verwandt ist, vertritt sie die These einer für den gesellschaftlichen Zusammenhalt notwendigen Rückkehr zur Nation. Zwar lehnt sie jede Art von ethnischer Zwangszugehörigkeit ab. Sie müsse jedoch zugeben, daß jede Nation in sich ethnische Züge trägt.

---

37 Taguieff, P.-A.: La force du préjugé. Essai sur le racisme et ses doubles, Paris 1988. Zitiert auf Deutsch in: Leggewie, C.: SOS France: Ein Einwanderungsland kommt in die Jahre. In: Frankreich Jahrbuch 1990, Opladen 1990, S. 131–156, S. 139.
38 Todorov, T.: Nous et les autres. La réflexion française sur la diversité humaine, Paris 1989; ders.: La conquête de l'Amérique. La question de l'autre, Paris 1982; dt.: Die Eroberung Amerikas, Frankfurt a.M. 1985.
39 Paris 1994.

Die Geschichte lehrt uns aber, wie leicht eine irrationale und leidenschaftliche Adhäsion zur Nation – egal ob diese als Willensgemeinschaft oder als Abstammungsgemeinschaft verstanden wird – die Fremdenfeindlichkeit schüren kann. Außerdem läßt sich eine Überbewertung der Nation mit dem notwendigen europäischen Vereinigungsprozeß nicht vereinbaren. Sie ist mit der proklamierten Universalität nicht zu vereinbaren und kann sogar jederzeit den Weg für den Chauvinismus und sogar ein völkisches Verständnis der Nation als Abstammungsgemeinschaft öffnen.

Universalismus vs. Werterelativismus

Die Kritik dieser Verstrickung von Universalismus und Nationalismus sollte allerdings wiederum nicht zu einer Apologie des Werterelativismus führen. Zwar werden heute immer mehr Einwände von Politikern und Intellektuellen aus der »Dritten Welt« – vor allem aus China, Malaysia, Singapur, Indonesien, Indien und dem Iran – gegen die Universalität der Menschen- und Bürgerrechte erhoben: Wieso sollten gerade die Grundrechte, die in dem bestimmten kulturellen Umfeld der Kolonialstaaten und Großmächte entstanden sind, allgemein gültig sein? Dienen sie nicht unter dem Vorwand der Universalität dazu, die partikularistischen politischen und wirtschaftlichen Machtansprüche der westlichen Welt durchzusetzen? Werden sie nicht von den Staaten, die sie entworfen haben und immer wieder beschwören, mit Füßen getreten, sobald ihr eigenes Interesse dies verlangt? Ist nicht die soziale Gerechtigkeit für eine Bevölkerung, die am Rande des Existenzminimums lebt, viel wichtiger als die Menschenrechte? Führt nicht der politische Liberalismus mit seiner Begleiterscheinung, dem Individualismus, zwangsläufig zu einem Sittenverfall, zum Zusammenbruch des Gemeinsinnes und letztendlich zur »Dekadenz«?

Daß die Theorie der Menschenrechte im Westen entworfen wurde, ist noch lange kein vernichtendes Argument gegen ihre Universalität. Jede Theorie hat ihren Ursprung in einem bestimmten Kontext. Dies sagt jedoch noch nichts über die mögliche Allgemeingültigkeit bestimmter Theorien aus. Ferner beharren nicht allein die westlichen Regierungen auf der Durchsetzung und auf dem Einhalten eines Minimums an Rechtsstaatlichkeit, sondern in erster Linie die unterdrückten Menschen und die Bürgerinitiativen in der sogenannten Dritten Welt selber. Gerade die Menschenrechtsverletzungen der westlichen Großmächte zeigen, wie wichtig es ist, diese Grundrechte zu achten. Daß der Einsatz für die Menschenrechte nicht als Deckmantel ausgenutzt werden sollte, um die ungerechte Verteilung von Gütern und Kapital in der Welt zu vertuschen, liegt auf der Hand. Diese ungerechte Verteilung sollte jedoch wiederum nicht Potentaten und Diktatoren als Rechtfertigung dienen, ihre Machtposition zu untermauern und unbestraft ihre Bevölkerung oder Minderheiten weiter zu unterdrücken. Mit dieser Meinung stehen wir nicht allein. Tim Kuschnerus weist in seinem Kommentar zur Weltkonferenz über Menschenrechte in Wien 1993 darauf hin, daß es dort »entgegen zahlreichen Befürchtungen ... nicht zu einer Einschränkung der Universalität« kam. Er fügt hinzu:»Dabei waren es nicht nur Regierungsdelegationen aus dem Norden, sondern auch rund tausend Nichtregierungsorganisationen aus der ganzen Welt, die an der Konferenz teilgenommen hatten und deutlich für die Universalität Position bezogen. Die Menschenrechtsorganisationen aus der Dritten Welt machten es ihren Regierungsdelegationen schwer, kulturelle oder religiöse Besonderheiten geltend zu machen. In dieser Diskussion werde die ›nicht zu überbrückende Kluft‹ zwischen den Herrschenden und denen, die für die Freiheit kämpfen, deutlich, unterstrich der nigerianische Literaturnobelpreisträger Wöle Soyinka und fügte hinzu: ›Jede Andeutung, daß die Meinungsfreiheit ein Luxus des Westens ist, ist eine Beleidigung für die historischen Kämpfe von einzelnen und Gemeinschaften.‹ In der Bekräftigung der Universalität liegt der größte Erfolg der Konferenz.«[40]

Die theoretische Debatte über das Thema »Umgang mit dem Fremden«, wie sie in Frankreich geführt wird, zeigt uns, daß man einen aufgeklärten Umgang mit dem Fremden fördern möchte und gerade in der Schule ernsthaft und tiefgründig über die folgenden Begriffspaare nachdenken sollte:

– der bzw. das Fremde /die Alterität,
– das Anderssein /die Differenz,
– der Holismus /der Individualismus,
– der Tribalismus bzw. der Ethnozentrismus /der Universalismus,
– der Nationalismus /der Universalismus,
– der Werterelativismus /die allgemeingültigen Grundwerte.

Literatur

Costa-Lascoux, J.: La citoyenneté au-delà du sol et du sang. In: L'immigration en Europe et aux États-Unis, Paris 1988.
Costa-Lascoux, J.: De l'immigré au citoyen, Paris (La documentation française) 1989.
Garson, J.-P./Moulier, Y.: Les clandestins, Paris 1985.
Kristeva, J.: Étrangers à nous-mêmes, Paris 1988; dt.: Fremde sind wir uns selbst. Frankfurt a.M. 1990.
Laacher, S. (Hrsg.): Questions de nationalité. Histoire et enjeux d'un code, Paris 1987.
Lapeyronnie, D.: Assimilation, mobilisation et action collective chez les jeunes de la seconde génération de l'immigration maghrébine. In: Revue Française de Sociologie 28 (1987), S. 287–318.

---

40 Kuschnerus, T.: Reden ist Silber. Die Weltkonferenz über Menschenrechte in Wien. In: Evangelische Kommentare 26 (1993)8, S. 450–451, S. 450.

Lebon, A.: Attribution, acquisition et perte de la nationalité française: un bilan (1973–1986). In: Revue Européenne des Migrations Internationales 3 (1987), S. 7–33.

Leca, J.: Questions sur la citoyenneté. In: Projet 171–172 (1983), S. 113–126.

Les Étrangers en France, collection Contours et caractères, INSEE, Paris 1994.

Lipiansky, E. M.: Discours, représentations de l'identité et relations interculturelles. In: Socialisations et cultures, Toulouse 1989, S. 409–421.

Long, M. (Hrsg.): Etre français aujourd'hui et demain, Rapport de la Commission de la Nationalité, Paris (La documentation française) 1988.

Lorreyte, B. (Hrsg.): Les politiques d'intégration des jeunes issus de l'immigration: situation française et comparaison européenne, Paris 1989.

Malik, S.: Histoire secrète de SOS Racisme, Paris 1990.

Massot, J.: Français par le sang, Français par la loi, Français par le choix. In: Revue Européenne des Migrations Internationales 2 (1985), S. 5–16.

Ministere de la Justice: La nationalité française: textes et documents, Paris (La documentation française) 1989.

Oberndörfer, D.: Der Wahn des Nationalen. Die Alternative der offenen Republik, Freiburg/Basel/Wien 1993.

Schnapper, D.: Unité nationale et particularismes culturels. In: Commentaire 38 (1987), S. 361–365.

Schnapper, D.: La nation, les droits de la nationalité et l'Europe. In: Revue Européenne des Migrations Internationales 1 (1989), S. 21–31.

Schnapper, D.: La France de l'intégration. Sociologie de la nation en 1990, Paris 1991.

Schnapper, D.: La communauté des citoyens. Sur l'idée moderne de nation. Paris 1994.

Thadden, R. von: Identität im Widerstreit. Deutsche und französische Wege aneinander vorbei. In: Frankreich Jahrbuch 1990, Opladen 1990.

Thränhardt, D.: Die Ursprünge von Rassismus und Fremdenfeindlichkeit in der Konkurrenzdemokratie. Ein Vergleich der Entwicklungen in England, Frankreich und Deutschland. In: Leviathan. Zeitschrift für Sozialwissenschaft, (1993)3, S. 336–357.

Werz, N.: Multikulturalismus, multikulturelle Gesellschaft: Zur Diskussion in Frankreich und Deutschland. In: Interkulturell 3 (1991), S. 153–173.

Witohl de Wenden, C. (Hrsg.): La citoyenneté, Paris 1988.

Kapitel 3
Interkulturalität und Modelle gesellschaftlichen Zusammenlebens

Die Begriffe der Multikulturalität und der Interkulturalität erweisen sich als ebenso vieldeutig wie auch das Konzept des Fremden. Meistens deutet der Terminus multikulturell auf einen Tatbestand hin, nämlich auf den des Nebeneinanderbestehens mehrerer kultureller Gemeinschaften innerhalb einer Gesellschaft. Manchmal weist er aber auch auf die Wunschvorstellung einer bunten, ethnisch-gemischten, ausgesöhnten und offenen Gesellschaftsform hin. Nicht selten überdeckt die Beschreibung des Tatbestands eine normative Bewertung: Wenn jemand eine Gesellschaft als multikulturell und nicht als kosmopolitisch zu beschreiben pflegt, ist es womöglich ein Zeichen dafür, daß er der Pflege kultureller Bräuche eine besondere Bedeutung beimißt; mit anderen Worten, daß er eine bestimmte Gesellschaftsform – in diesem Fall die multikulturelle oder die interkulturelle Gesellschaftsform – bevorzugt. Die Begriffe der Multikulturalität und der Interkulturalität müssen geklärt werden, damit bewußter und verständlicher von ihnen Gebrauch gemacht werden kann.

Im ersten Text dieses Kapitels geht Corinna Albrecht darauf ein, daß der inflationäre Gebrauch des *Konzepts der Interkulturalität* – man spricht z.B. von der interkulturellen Germanistik, Pädagogik, Erziehung, Begegnung, Verständigung, Kommunikation u.ä. – es zu trivialisieren und abzuqualifizieren droht. Um diesen Begriff in seiner Substanz zu erfassen, stellt Corinna Albrecht eine Definition der Interkulturalität zur Diskussion. Interkulturalität wird als Bewußtseins- und Erkenntnisprozeß verstanden, der aus der selbstreflexiven Wahrnehmung und Erfahrung kultureller Pluralität erwächst. Dieser Prozeß, der nicht nur als ein kognitiver Vorgang, sondern auch als ein emotionaler und sozialer Vorgang aufzufassen ist, führt potentiell zur Ausbildung einer interkulturellen Wir-Identität und zur Überwindung des Ethnozentrismus. Mit ihrem Beitrag möchte Corinna Albrecht zur Prüfung von Konzepten oder Modellen des interkulturellen Lernens anregen, grundsätzliche Probleme verdeutlichen und die Diskussion darüber anregen, was Interkulturalität ist, wenn sie nicht nur bedeuten soll, daß sich da etwas zwischen Menschen abspielt, die aus unterschiedlichen Kulturen stammen. Ihrer Meinung nach kann die mögliche Ausbildung einer interkulturellen Wir-Identität nicht als Addition oder Selektion verschiedener kulturellen Identitäten aufgefaßt werden, sondern als Auftauchen eines »neuen Dritten, dessen Elemente nicht durch die Eigenschaften der ihnen zugrundeliegenden Basis erklärt werden können.« Dies setzt allerdings voraus, daß der Begriff des Fremden nicht als objektive Kategorie verstanden wird, sondern als dialektisches Beziehungsgeflecht zwischen dem Fremden und dem Eigenen.

Yves Bizeul stellt einen Zusammenhang zwischen *Interkulturalität* und *Gesellschaftsformen* her. Interkulturelles Lernen wird in erster Linie in den pluralistischen Gesellschafsformen – d.h. in der »multikulturellen«, in der »interkulturellen« und in der »zivilen Gesellschaftsform« – gefördert. Diese drei Gesellschaftstypen, die als Idealtypen zu verstehen sind, werden in Anlehnung an den frankophonen kanadischen Bildungspsychologen Michel Pagé erörtert. Zwei weitere, die »jakobinische bzw. kollektivistische Gesellschaftsform« und die »homogene Gesellschaftsform«, werden ergänzend dargestellt und diskutiert.

Unter den gerade erwähnten Gesellschaftsformen kann man zwischen denjenigen unterscheiden, die auf einer holistischen bzw. ganzheitlichen Grundeinstellung beruhen (die »multikulturelle« und die »homogene Gesellschaftsform«), der Form, die im Gegenteil das Individuum hervorhebt (die »zivile Gesellschaftsform«), und den Gesellschaftstypen, die beides einschließen (die »interkulturelle« und die »jakobinische bzw. kollektivistische Gesellschaftsform«). Diese unterschiedliche Akzentuierung spiegelt sich in der Pädagogik wider. Für Pädagogen, Bildungsplaner und -verwalter ist es unumgänglich, diese Gesellschaftsformen genauer zu kennen, zumal alle Versuche, die eine oder die andere konsequent durchzusetzen, wie z.B. in Kanada oder Australien die »multikulturelle« bzw. die »interkulturelle Gesellschaftsform«, direkte Wirkung auf die Erziehungspolitik haben, vor allem, was die Zulassung von auf Minderheiten ausgerichtete Privatschulen, die Akzeptanz spezifischer Kleidungsstücke an staatlichen Schulen, das interkulturelle bzw. kooperative Lernen oder den Unterricht in den Sprachen der Minderheiten betrifft.

Corinna Albrecht

Überlegungen zum Konzept der Interkulturalität

Die folgenden Ausführungen verstehen sich als Versuch, zur Klärung des Begriffs *interkulturell* bzw. *Interkulturalität* beizutragen. Das ist keine leichte Aufgabe, insofern der Begriff als Attribut zwar sein Licht auf viele unterschiedliche Ansätze, Orientierungen und Konzepte wirft, selber aber merkwürdig im dunkeln bleibt. Die auffällige Vermeidung von Substantivierungen wie *das Interkulturelle* oder *Interkulturalität* läßt nicht unbeträchtliche Schwierigkeiten erahnen, den Begriff in seiner Substanz zu erfassen. Gemessen daran, ist es nun wiederum nicht erstaunlich, daß es trotz einer breiten und kontrovers geführten Diskussion um interkulturelle Konzepte bislang weder eine einheitliche, präzise oder formale wissenschaftliche Definition für den Begriff interkulturell noch eine ausgearbeitete Theorie der Interkulturalität gibt. Der Begriff bezieht vielmehr seine Bedeutung aus der Ableitung von jeweils unterschiedlichen Kontexten und Verwendungszusammenhängen:

a) Er wird konturiert im jeweiligen Zusammenhang interkulturell orientierter wissenschaftlicher Disziplinen, die sich bereits als eigenes universitäres Fach etabliert haben (z.B. *Interkulturelle Germanistik*), die sich als Teildisziplin konturiert (z.B. *interkulturelle Pädagogik*) bzw. eine entsprechende Perspektivierung ihres Forschungsfeldes und ihrer Forschungsfragen vorgenommen haben (z.B. *interkulturelle Philosophie, interkulturelle Theologie*).

b) Er ist Bestandteil von Konzepten, die sowohl im wissenschaftlichen als auch im bildungspolitischen Gespräch erörtert werden. Dazu gehören z.B. *interkulturelle Bildung, interkulturelle Erziehung, interkulturelles Lernen, interkulturelles Verstehen*.

c) Darüber hinaus findet sich der Begriff inzwischen in aller Munde, wenn irgendwelche Umstände, Vorgänge oder Sachverhalte bezeichnet werden sollen, die die Beziehungen zwischen verschiedenen Kulturen betreffen, oder wenn Handlungen, Situationen, Erfahrungen o.ä. beschrieben werden sollen, an denen Angehörige verschiedener Kulturen teilhaben. Dazu gehören z.B. *interkulturelle Begegnung, interkulturelle Situation, interkultureller Austausch, interkultureller Kontakt, interkulturelle Verständigung, interkultureller Dialog, interkulturelle Mißverständnisse, interkultureller Konflikt, interkulturelle Kommunikation* u.ä.

In diesem Bereich besteht die größte Gefahr, den Begriff durch inflationären und unreflektierten Gebrauch derart zu trivialisieren, daß er als Konzept bereits fragwürdig ist, bevor er überhaupt gründlich geklärt werden konnte.

Wie die nur skizzierte Übersicht veranschaulicht, gibt es ein breites Spektrum mehr oder weniger theoretisch oder praktisch orientierter interkultureller Ansätze. Wenn die sich anschließenden Ausführungen stärker das theoretische Konzept und den Begriff Interkulturalität in den Vordergrund rücken, geht diese Einschränkung auf zwei mit dieser Ausgangssituation in Zusammenhang stehende Überlegungen zurück.

Zum ersten läßt sich die Vielzahl und Heterogenität vorhandener interkultureller Modelle kaum noch in knapper Überschau präsentieren. Vielmehr liegen für einzelne der genannten Bereiche bereits systematische Darstellungen vor, die jeweiligen Entwicklungen, Problemstellungen, Zielsetzungen in angemessenerer Weise gerecht werden, als das hier in Kürze möglich wäre.[1] Zum zweiten rückt gerade das große Interesse an interkulturell orientierten Frage- bzw. Problemstellungen oder an interkulturell orientierten Perspektivierungen bisheriger Forschungs- und Handlungsfelder – bis hin zur modischen Attitüde – die Frage in den Vordergrund, was Interkulturalität als Konzept für den *Umgang mit dem Fremden* zu bieten habe, welche Erkenntnisse, Problemlösungen Verhaltensänderungen oder -orientierungen Interkulturalität offeriere. In diesem Sinne beschäftigen sich die folgenden Überlegungen nicht mit einzelnen Modellen interkultureller Praxis[2], sondern mit einigen grundsätzlichen Fragen und längst nicht abschließend geklärten Zusammenhängen.

Der kleinste gemeinsame Bedeutungsnenner des wissenschaftlichen, bildungspolitischen und alltagssprachlichen Gebrauchs des Begriffs interkulturell läßt sich am ehesten in der Abgrenzung zum analog verwendeten Begriff multikulturell sichtbar machen. Mit der Kennzeichnung multikulturell wird überwiegend die Vorstellung eines unverbundenen Nebeneinanders unterschiedlicher kultureller Gruppen in einer Gesellschaft assoziiert. Sie dient in

---

[1] Aus der Fülle von Literatur seien hier nur ein paar Hinweise gegeben. Vgl. u.a. den systematisch einführenden und problemorientierten Überblick zum Bereich der interkulturellen Erziehung und Pädagogik von G. Auernheimer: Einführung in die interkulturelle Erziehung. Darmstadt 1990 (= Die Erziehungswissenschaft); vgl. F. Wimmer: Interkulturelle Philosophie. Geschichte und Theorie. Band 1. Wien 1990 (= Passagen Philosophie); vgl. K. Knapp/A. Potthoff-Knapp: Interkulturelle Kommunikation. In: Zeitschrift für Fremdsprachenforschung 1 (1990), S. 62–93 sowie die grundlagentheoretische Arbeit von J. Loenhoff: Interkulturelle Verständigung. Zum Problem grenzüberschreitender Kommunikation. Opladen 1992; vgl. A. Wierlacher: Zur Entwicklungsgeschichte und Systematik interkultureller Germanistik. In: Kenichi Mishima/Hikaru Tsuji (Hrsg.): Dokumentation des Symposiums »Interkulturelle Deutschstudien. Methoden, Möglichkeiten und Modelle« in Takayama/Japan 1990. München 1992 (= Deutschlandstudien international 2), S. 179–194; vgl. ferner W.J. Hollenweger: Interkulturelle Theologie. 3 Bände. München 1979/1982/1988.

[2] Vgl. dazu die Beiträge von Ulrich Bliesener, »Interkulturelles Lernen – eine pädagogische Notwendigkeit und Chance«, und von Klaus Peter Fritzsche, »Multiperspektivität – eine Schlüsselkompetenz beim Umgang mit dem Fremden«, in diesem Band, die die pädagogischen und schulpraktischen Handlungsmöglichkeiten und -spielräume in den Vordergrund stellen.

diesem Sinne der Beschreibung eines nicht weiter qualifizierten statischen Ist-Zustandes.[3]

Demgegenüber impliziert der Begriff interkulturell einen qualitativen und dynamischen Aspekt. Das *inter* eröffnet in seiner Bedeutung des *zwischen* und *miteinander*[4] die Perspektive eines wechselseitigen Aufeinanderbezogenseins verschiedener kultureller Kontexte und die Vorstellung eines Prozesses, der aus diesem Aufeinanderbezogensein resultiert.

Was in diesem wechselseitigen prozeßhaften Aufeinanderbezogensein vonstatten geht bzw. wie dieser Prozeß vorzustellen ist, das ist nun meines Erachtens die eigentliche Frage danach, was Interkulturalität ausmacht. Eine explizite Antwort darauf liegt aber aus den eingangs skizzierten Gründen in aller Regel nicht vor. Interkulturalität wird statt dessen zumeist nur als Katalysator oder Funktion einer vorgängigen Zielformulierung greifbar gemacht. Das heißt, die Kennzeichnung interkulturell gibt zwar die Orientierung eines jeweiligen Ansatzes oder Konzeptes an, aber der ihm innewohnende qualitative Aspekt wird von der Formulierung der jeweils angestrebten Ziele her gedeutet. Mit der Folge, daß es anscheinend so viele Antworten wie Ansätze gibt, da in die jeweiligen konkreten Zielformulierungen ihrerseits unterschiedliche Interessen, Ausgangsprämissen und theoretische Vorüberlegungen eingegangen sind.

Dieser Umstand ist nicht ursächlich als Kontroverse oder Vielfalt konkurrierender Ideen zu interpretieren, sondern läßt eine Aporie in der vorherrschenden Bestimmung des Begriffs interkulturell aufscheinen, die zugespitzt auf folgende Formel gebracht werden könnte: Interkulturell ist, was interkulturell sein soll; das Erreichen der auf Interkulturalität ausgerichteten Ziele ist gleichbedeutend mit Interkulturalität.

In diesem Sinne liegen den Vorstellungen von Interkulturalität normative Erwartungen zugrunde, die sich aber nicht nur auf die finalistische Interpretation und Verwendung des Begriffs interkulturell beschränken. Vielmehr enthält

---

[3] Diese Fassung des Begriffs multikulturell lehnt sich an Verwendungskonventionen an, wie sie sich vor allem im alltagssprachlichen und bildungspolitischen Bereich hergestellt haben. Er wird hier, soweit das unter heuristischer Perspektive möglich und sinnvoll ist, als empirische Kategorie verstanden, ohne seine normativen Implikationen zu berücksichtigen. Vgl. zur Normativität des Begriffs den Beitrag von Yves Bizeul, »Gesellschaftsformen und ihre Auswirkung auf das Erziehungswesen«, in diesem Band; vgl. ferner A. Schulte: Multikulturell – Klärung eines mißverständlichen Begriffes. In: Das Ende der Gemütlichkeit. Theoretische und praktische Ansätze zum Umgang mit Fremdheit, Vorurteilen und Feindbildern. Bonn 1993 (= Schriftenreihe der Bundeszentrale für politische Bildung 316), S. 16–36.

[4] Diese Bedeutungserweiterung des inter wird hier übernommen von Wierlacher (1990) (s. Anm. 1), S. 181: »(...) das ›inter‹ wird seiner Trivialbedeutung bloßer Globalität entkleidet und in seiner ursprünglichen Wortbedeutung des ›zwischen‹ und ›miteinander‹ gefestigt«; vgl. auch ders.: Kulturwissenschaftliche Xenologie. Ausgangslage, Leitbegriffe und Problemfelder. In: Ders. (Hrsg.): Kulturthema Fremdheit. Leitbegriffe und Problemfelder kulturwissenschaftlicher Fremdheitsforschung. Mit einer Forschungsbibliographie von C. Albrecht et al. München 1993 (= Kulturthemen 1), S. 19–127, hier S. 58 sowie ders.: Magisterstudium Interkulturelle Germanistik an der Universität Bayreuth. Zur Architektur eines neuen grundständigen Faches. In: Jahrbuch Deutsch als Fremdsprache 15 (1989), S. 385–419, hier S. 405.

diese normative Bestimmung zugleich eine prospektive Dimension, insofern und indem sich hinter den jeweiligen Zielformulierungen immer auch Gesellschaftsentwürfe verbergen, die durch interkulturelle Ansätze verwirklicht werden sollen bzw. in deren Rahmen Interkulturalität auf eine spezifische Weise wirksam werden soll.[5]

Um die beschriebene Einbindung des Konzeptes Interkulturalität in ihm vorausgehende Hypothesen, Prämissen und normative Aspekte zu erläutern, möchte ich im folgenden einen Definitionsversuch des Konzeptes Interkulturalität zur Diskussion stellen und seine Implikationen aufzeigen.[6]

Den obengenannten Prozeß fasse ich im folgenden als einen Wahrnehmungs-, Erfahrungs-, Bewußtseins- und Erkenntnisprozeß auf. Interkulturalität hieße dementsprechend *ein Bewußtseins- oder Erkenntnisprozeß, der aus der selbstreflexiven Wahrnehmung und Erfahrung kultureller Pluralität erwächst*. In der Begegnung mit anderen kulturellen Identitäten oder kulturellen Kontexten wird wechselseitig die jeweilige Kulturgebundenheit der eigenen Identität, der eigenen Wahrnehmungs- und Handlungsweisen erfahrbar. Interkulturalität bedeutet in diesem Sinne eine Überwindung von Ethnozentrismus, die es zugleich ermöglicht, in der jeweiligen Wirklichkeitskonstruktion und im jeweiligen Handeln die Perspektive des anderen mitzudenken und zu antizipieren.

Dabei wird angenommen, daß es erstens eine Vielfalt unterschiedlicher Kulturen gibt, die zweitens als Regel-, Hypothesen- und Geltungssysteme kollektive Lebensweisen ordnen sowie Wahrnehmung, Orientierung und Verhalten des einzelnen im Sinne einer kulturellen Identität bestimmen, und daß drittens diese Vielfalt an Kulturen und kulturellen Identitäten grundsätzlich eine wechselseitige Bereicherung und ein Erkenntnispotential darstellt.[7]

Der Kulturbegriff, der dem skizzierten Interkulturalitätskonzept zugrunde liegt, ist ein dynamischer, der auch den gesamten Lebenszusammenhang einer bestimmten Gesellschaft oder gesellschaftlichen Gruppe erfaßt, d.h. »die Gesamtheit ihrer Lebensformen, Leitvorstellungen und ihrer durch menschliche Aktivitäten geformten Lebensbedingungen, unter Berücksichtigung von Kraft

---

5 Das Spektrum solcher »Entwürfe« kann von vagen alltagsweltlichen Vorstellungen über ein »friedliches Miteinander« von Menschen unterschiedlicher Kulturen bis hin zu gesellschaftspolitischen Modellen reichen. Vgl. dazu im besonderen den Beitrag von Yves Bizeul, »Gesellschaftsformen und ihre Auswirkung aus das Erziehungswesen«, in diesem Band.

6 Der vorzuschlagende Definitionsversuch gründet sich auf theoretische und systematische Grundlagen interkultureller Germanistik, vgl. Wierlacher (1990) (s. Anm. 1), und lehnt sich im besonderen an Wierlachers Überlegungen und Ausführungen zum Konzept der Interkulturalität im Zusammenhang kulturwissenschaftlicher Fremdheitsforschung an, vgl. Wierlacher (1993) (s. Anm. 4), hier bes. S. 53–62, sowie an das Bayreuther Modell interkultureller Germanistik (s. Anm. 4).

7 Vgl. dazu Wierlacher Wierlacher (1993) (s. Anm. 4), S. 45ff. sowie ders.: Internationalität und Interkulturalität. Der kulturelle Pluralismus als Herausforderung der Literaturwissenschaft. Zur Theorie Interkultureller Germanistik. In: Danneberg, L./Vollhardt, F. (Hrsg.): Wie international ist die Literaturwissenschaft? Methoden- und Theoriediskussion in den Literaturwissenschaften: kulturelle Besonderheiten und interkultureller Austausch am Beispiel des Interpretationsproblems (1950–1990). Stuttgart/Weimar 1996, S. 550–590, hier bes. S. 559ff.

und Richtung ihrer geschichtlichen Bewegung«[8]. Die Teilhabe an und die Eingebundenheit des einzelnen in die so verstandene Kultur wird in dem Konzept einer »kulturellen Identität« zum Ausdruck gebracht.

»Der einzelne erfährt sich selbst ja nicht nur in der Auseinandersetzung mit anderen, sondern auch in seiner kulturellen Ausstattung mit einer bestimmten Sprache, mit bestimmten Überlieferungen, bestimmten Eigenheiten der materiellen Kultur, mit Normen und Werten«.[9] Diese kulturelle Dimension trägt zu seiner Identität bei. Die Erfahrungen des eigenen Selbst sind eingebunden in die Einstellungen, Überzeugungen, Weltbilder und Wertsysteme der eigenen Kultur und Gesellschaft. Diese Dimension der eigenen Identität ist dem einzelnen zumeist nicht hinreichend bewußt. Auf ihr beruhen aber die kollektiven Vorverständnisse, mit denen andere kulturelle Kontexte und kulturelle Identitäten wahrgenommen, und die Folie, auf der sie gedeutet werden. Insofern Kultur »immer eine Art der Lebensbewältigung ist, die sehr viel mit äußeren, mit ökonomischen und sozialen Bedingungen zu tun hat, die folglich auch nicht unveränderlich ist, sondern auf Veränderungen mit Veränderungen reagiert«[10], sind auch die in die eigene Identität hineingenommenen Einstellungen, Werte usw. nicht statisch, sondern lassen sowohl veränderte Wahrnehmungs- und Verhaltensweisen entstehen als auch die Veränderung von Wahrnehmungs- und Verhaltensweisen zu.

Der als Interkulturalität beschriebene Prozeß wird demzufolge nicht nur als ein kognitiver Vorgang aufgefaßt, der die jeweiligen kulturellen Kontexte und kulturellen Identitäten wechselseitig erkennen läßt, sondern der durch die Hereinnahme der Perspektive des jeweils anderen auf das eigene Ich in die jeweils eigene Identität potentiell zur Entstehung einer *interkulturellen Identität* führen kann. Deren Ausbildung kann nicht als Addition der je verschiedenen kulturellen Identitäten oder eine Selektion daraus aufgefaßt werden, sondern eher im Sinne von »Emergenz« als das Auftauchen eines neuen Dritten, dessen Elemente nicht durch die Eigenschaften der ihnen zugrundeliegenden Basis erklärt werden können.

Die Vorstellung von der Möglichkeit der Entstehung einer solchen interkulturellen Identität ist ihrerseits von ihr vorausgehenden Annahmen geleitet. Sie setzt voraus, daß andere kulturelle Kontexte weder in ausgrenzender Weise für objektiv *fremd* gehalten werden noch gleichzeitig die ihnen zugeschriebene *Fremdheit* als abzuwehrende Bedrohung der eigenen Identität erfahren wird.

---

8 B. Thum: Einleitung. In: Ders. (Hrsg.): Gegenwart als kulturelles Erbe. Ein Beitrag der Germanistik zur Kulturwissenschaft deutschsprachiger Länder. München 1985 (= Publikationen der Gesellschaft für Interkulturelle Germanistik 2), S. XXIX; vgl. dazu auch Wierlacher (1990 u. 1993) (s. Anm. 6 u. 7).

9 H. Bausinger: Kulturelle Identität – Schlagwort und Wirklichkeit. In: K. Barwig/D. Mieth (Hrsg.): Migration und Menschenwürde. Fakten, Analysen und ethische Kriterien. Mainz 1987 (= Moraltheologie interdisziplinär), S. 85.

10 Bausinger (1987) (s. Anm. 9), S. 90.

Gegenüber dieser Auffassung liegt dem vorgeschlagenen Konzept von Interkulturalität ein Begriff des *Fremden* zugrunde, der das *Fremde* nicht als objektive Kategorie, sondern als dialektisches Beziehungsgeflecht zwischen dem *Fremden* und dem *Eigenen* faßt, das sich in einem Prozeß der wechselseitigen Wahrnehmung und Deutung konstituiert.[11] Die Fähigkeit, dieses Verhältnis zwischen dem *Eigenen und Fremden* in der konkreten Erfahrung anderer, als *fremd* aufgefaßter Kontexte zu realisieren und sich der wechselseitigen Perspektivierung von *Eigenem und Fremdem* bewußt zu werden, muß gewissermaßen als die grundlegende Voraussetzung für Interkulturalität gelten, macht sie zugleich aber auch aus. Das Verhältnis zwischen Ursache und Wirkung ist nicht nur in dem hier vorgeschlagenen Konzept bislang unzureichend geklärt.

Die teleologische Vorstellung, Interkulturalität stelle sich nolens volens in der Begegnung mit anderen kulturellen Kontexten oder mit Menschen anderer kultureller Herkunft her, läßt sich ebensoschwer verfechten wie die hypothetische Gegenposition, Interkulturalität ließe sich vorab als Kompetenz erwerben, die dann nur noch in der konkreten Situation anzuwenden sei.

Wenn aber als Bedingung der Möglichkeit von Interkulturalität, interkulturellem Handeln oder interkulturellem Verstehen bestimmte Fähigkeiten und Bereitschaften vorausgesetzt werden müssen, bleiben einige grundsätzliche Fragen zu klären. In welchem Maße sind es spezifische Fähigkeiten und Bereitschaften, die den als Interkulturalität bezeichneten Wahrnehmungs-, Erfahrungs-, Bewußtseins- und Erkenntnisprozeß ermöglichen, um welche kognitiven, sozialen und emotionalen Fähigkeiten handelt es sich, und wie sind sie erlernbar?[12] Und inwieweit trägt nun wiederum die Begegnung mit anderen kulturellen Kontexten an sich bereits zur Initiierung dieses Prozesses bei, bzw. inwieweit stellen solche »kulturellen Überschneidungssituationen« selbst schon quasi-Lernarrangements dar, an denen sich die Fähigkeit zur Interkulturalität sich ausbilden kann?[13]

Diese Fragen werden hier nicht aus theoretischer Spitzfindigkeit formuliert, sondern ihre Beantwortung ist meines Erachtens maßgeblich für die Ausrichtung derjenigen pädagogischen und anwendungsbezogenen Perspektiven, die Interkulturalität, interkulturelles Handeln, interkulturelles Lernen, interkulturelle Erziehung oder Bildung usw. als Weg zur Einübung eines konstruktiven *Umgangs mit dem Fremden* zu entwickeln versuchen.

Die Formulierung möglicher Antworten kann aber weder ausschließlich Gegenstand oder Ergebnis begrifflicher Überlegungen sein noch zur alleinigen Domäne pädagogischer Praxis erklärt werden. Louis Porchers kritischer Wen-

---

11 Vgl. dazu meinen Beitrag »Der Begriff der, die, das Fremde« in diesem Band.
12 Vgl. dazu auch die Beiträge von Ulrich Bliesener und Klaus Peter Fritzsche (s. Anm. 2) in diesem Band.
13 Vgl. dazu auch den Beitrag von Christian Alix (Anm. 2) in diesem Band.

dung gegen eine formale Definition des Interkulturellen ist durchaus in dem Punkt zuzustimmen, »(...) daß pädagogisches und kulturelles Handeln der Festigkeit vorgängiger Begriffsdefinitionen zwar notwendig bedarf, hinreichend mit ihnen jedoch nicht begründet werden kann. Soziales Handeln kann nicht zur bloßen Technik reduziert werden, die aus abstrakt entworfenen universellen Konzepten mechanisch abzuleiten wäre«[14]. Dennoch wäre es ein notwendiges und gewinnbringendes Unternehmen, bereits formulierte und zu formulierende pädagogische und im weiteren Sinne handlungsorientierende Modelle gerade daraufhin zu befragen, an welchem Punkt der aufgeworfenen Fragen ihre jeweiligen Problemlösungsentwürfe ansetzen und aufgrund welcher Prämissen und impliziten Konzepte sie entwickelt wurden oder werden. Auf diese Weise ließe sich eine kritische wechselseitige Entwicklung von theoretischem Konzept und pädagogischem Handeln vorantreiben, die zur differenzierteren Klärung der Frage, was Interkulturalität als »Königsweg« im *Umgang mit dem Fremden* ausweist, erheblich beitragen würde.

---

14 L. Porcher: Glanz und Elend des Interkulturellen? In: M. Hohmann/H.H. Reich (Hrsg.): Ein Europa für Mehrheiten und Minderheiten. Diskussionen um interkulturelle Erziehung. Münster/New York 1989, S. 34.

Yves Bizeul

Gesellschaftsformen und ihre Auswirkung auf das Erziehungswesen

»First, resources permitting, the government will seek to assist all Canadian cultural groups that have demonstrated a desire and effort to continue to develop a capacity to grow and contribute to Canada, and a clear need for assistance, the small and weak groups no less than the strong and highly organized.

Second, the government will assist members of all cultural groups to overcome cultural barriers to full participation in Canada society.

Third, the government will promote creative encounters and interchange among all Canadian cultural groups in the interest of national unity.

Fourth, the government will continue to assist immigrants to acquire at least one of Canada's official languages in order to become full participants in Canadian society.«

Pierre Elliott Trudeau, kanadischer Premierminister, 1971

»Any action which encourages only the identity of groups and thus their continued existence may lead to a situation where separate groups compete with each other for economic, social and political power.«

Australian Schools Commission

»Assimilationists believe that the major goal of education for ethnic and cultural minorities should be to help them attain the knowledge, attitudes and skills needed to participate in the mainstream society (...) The pluralist educator believes that ethnic individuals cannot attain equality in US society until their groups acquire structural inclusion into the society because ethnic people are treated first as members of groups and only secondarily as individuals (...) The war between assimilationism and pluralism will continue to exist in US society (...) Neither force will ever experience a complete victory. The pendulum will continue to swing toward one force and then the other. Assimilationism and pluralism are destined to co-exist in the United States in a delicate but tense balance.«

James A. Banks

In der heutigen öffentlichen Debatte werden die möglichen Gesellschaftsformen oft auf die einfache Dichotomie zwischen der monokulturellen und der multikulturellen Gesellschaft reduziert. Die erste wird als die klassische Gesellschaft einer nicht so weit zurückliegenden Vergangenheit dargestellt; die zweite dagegen wird als eine von den neuen Migrationswellen ausgehende, vorher fast unbekannte »patchwork«ähnliche Gesellschaft geschildert. Häufig verknüpft man die deskriptive Darstellung der »multikulturellen Gesellschaftsform« mit einem Werturteil: mit der Wunschvorstellung eines friedlichen und fruchtbaren Zusammenlebens verschiedener Kulturkreise in einem Raum oder aber mit den Schreckgespenstern eines gewaltvollen Wettkampfs zwischen konkurrierenden und in Ghettos lebenden ethnischen Gemeinschaften.

Der einfache Gegensatz zwischen monokulturellen und multikulturellen Gesellschaften ist aber sowohl irreführend als auch zu sehr eingeschränkt.

Dies ist erstens trügerisch, zumal eine »monokulturelle *Gesellschaft*sform« eine Contradictio in adjecto ist. Die Gesellschaft als institutionalisierte und ausdifferenzierte Gemeinschaft unterscheidet sich von einer ethnischen Sippe gerade dadurch, daß sie nicht Volksstammitglieder, sondern Menschen aus unterschiedlichen sozialen und kulturellen Kreisen vereinigt. Freilich haben in Westeuropa die Einwanderung von Süd- und Osteuropäern seit dem 19. Jahrhundert, die verstärkte Immigration von Arbeitskräften aus der sogenannten Dritten Welt seit Ende des Kolonialismus und die zunehmende Einreise von Asylanten, Einwanderern und Aussiedlern aus dem Maghreb, Schwarzafrika, Südostasien und Osteuropa seit Ende der 80er Jahre den Pluralismus innerhalb der Nationalstaaten vergrößert. Doch die Länder Europas bildeten schon lange vor dieser Entwicklung kosmopolite Gesellschaften.

Die Reduktion der möglichen Gesellschaftsformen auf die monokulturelle und auf die multikulturelle Gesellschaft ist zweitens lückenhaft. Sie übersieht mehrere andere mögliche Gesellschaftstypen völlig: die »interkulturelle«, die »zivile« und die »jakobinische oder kollektivistische«[1] Gesellschaftsform. Die wirkliche Trennungslinie verläuft nicht, wie vielfach angenommen wird, zwischen einer wertfreien oder ausländerfreundlichen multikulturellen und einer wertfreien oder ausländerverachtenden monokulturellen Gesellschaft, sondern zwischen den Gesellschaftsformen, in denen sich das politische System bemüht, den kulturellen Pluralismus zu gestalten, und den Gesellschaftstypen, in denen das politische System diese Art von Pluralismus nicht anerkennen will oder bestenfalls auf die Privatsphäre zu beschränken versucht.

Im folgenden Beitrag werden die gerade erwähnten Gesellschaftsformen beschrieben, typologisiert und ihre Auswirkungen auf das Erziehungswesen jeweils kurz erörtert. Dadurch soll eine vielseitige und unübersichtliche Wirk-

---

1 Vgl. die Definition des Jakobinismus im Glossar.

lichkeit überschaubarer gemacht werden. Nur in Ausnahmefällen entsprechen in der Realität die Nationalstaaten voll und ganz einer idealtypischen Gesellschaftsform. Daß es so ist, ist darauf zurückzuführen, daß die meisten Staaten ohne einen klaren Bezug zu einem bestimmten Gesellschaftstyp – wohl aber zu einer bestimmten Staatsform – entstanden sind. Selbst diejenigen, die sich wie die Vereinigten Staaten von Amerika auf eine bestimmte Anschauung des gesellschaftlichen Zusammenlebens berufen haben und sich zum Teil immer noch berufen, haben sich im Laufe der Zeit verändert und sind ihren Idealen mehr oder weniger untreu geworden. Außerdem findet man in den modernen pluralistischen Gesellschaften Teilgebiete, die Merkmale exogener Gesellschaftsformen besitzen können. In Frankreich zum Beispiel prägt das jakobinische Ideal der Zwangsnivellierung der Kulturtraditionen immer noch das Gesellschaftsbild vieler Politiker und beeinflußt in einer nicht zu unterschätzenden Weise sowohl die Gesetzgebung als auch das politische Handeln. Doch aufgrund einer mißglückten Urbanisierung und Sozialpolitik haben sich auch in diesem Land ethnische Ghettos gebildet, die in bestimmten Gebieten eher der »multikulturellen Gesellschaftsform« als der »jakobinischen oder kollektivistischen Gesellschaftsform« entsprechen. Zudem können einzelne politische Entscheidungen von dem herrschenden Modell abweichen. Trotz der Diskrepanz zwischen Idealtypen und Realität kann die folgende Typologie von großem Nutzen sein. Sie erleichtert die Einordnung der Vielzahl der gegenwärtig auf dem Gebiet der Ausländer- bzw. Bildungspolitik gefaßten Beschlüsse und die Bewertung ihrer künftigen Folgen im Hinblick auf ein friedliches Miteinanderleben verschiedener Kulturkreise.

Der frankokanadische Bildungspsychologe Michel Pagé hat überzeugend verschiedene mögliche Typen der *pluralistischen* Gesellschaftsformen bildlich dargestellt, analysiert und ihre Auswirkung auf die Bildung untersucht.[2] Seine Typologie geht aus einer gründlichen Untersuchung der von kanadischen Akteuren der öffentlichen Meinungs- und Willensbildung entworfenen gesellschaftlichen Organisationsformen hervor. Wir werden uns in dem ersten Teil dieses Aufsatzes auf seine Analysen berufen, seine drei Abbildungen etwas vereinfacht wiedergeben und durch weitere ergänzen. Alle Versuche, eine der genannten Gesellschaftsformen in die Realität umzusetzen, haben eine direkte Wirkung auf die Bildungspolitik (wie zum Beispiel die Zulassung von Privatschulen, das Tragen bestimmter Kleidungsstücke während des Unterrichts, das interkulturelle bzw. kooperative Lernen, die Frage des Unterrichts in den Sprachen der Minderheiten).

Die verschiedenen Gesellschaftsformen werden hier jeweils für sich untersucht. Es ist uns selbstverständlich bewußt, daß wir in einer Welt mit weitgehen-

---

2 Pagé, M.: Intégration, identité ethnique et cohésion sociale. In: Ouellet, F./Pagé, M. (Hrsg.): Pluriethnicité, éducation et société. Construire un espace commun, Quebec 1991, S. 119–153.

den internationalen Verflechtungen leben. Es hätte also wenig Sinn, isolierte Nationalstaaten zu untersuchen. In den folgenden Überlegungen wird es sich jedoch nicht um existierende Staaten, sondern um Gesellschafts*typen* handeln. Jeder Typus kann deshalb unabhängig von den anderen dargestellt werden. Jeder Kreis, der in den nachstehenden Abbildungen auftaucht, ist außerdem in der Terminologie von Pagé als »kultureller bzw. ziviler Spielraum« einer Gruppe und nicht als die Gruppe selbst zu verstehen. Als »Spielraum« kann er also ebenfalls unabhängig von den anderen dargestellt werden.

Die »multikulturelle Gesellschaftsform«

Die »multikulturelle Gesellschaftsform« ist nur eine der möglichen pluralistischen Gesellschaftstypen. Pagé nennt sie: »pluralistische Gesellschaft mit vielfältigen kulturellen Spielräumen« im Gegensatz zur »pluralistischen Gesellschaft mit einem gemeinsamen kulturellen Spielraum« (die »interkulturelle Gesellschaftsform«) und zur »pluralistischen Gesellschaft mit einem gemeinsamen zivilen Spielraum« (die »zivile Gesellschaftsform«). Die »multikulturelle Gesellschaftsform« läßt sich wie folgt bildlich darstellen:

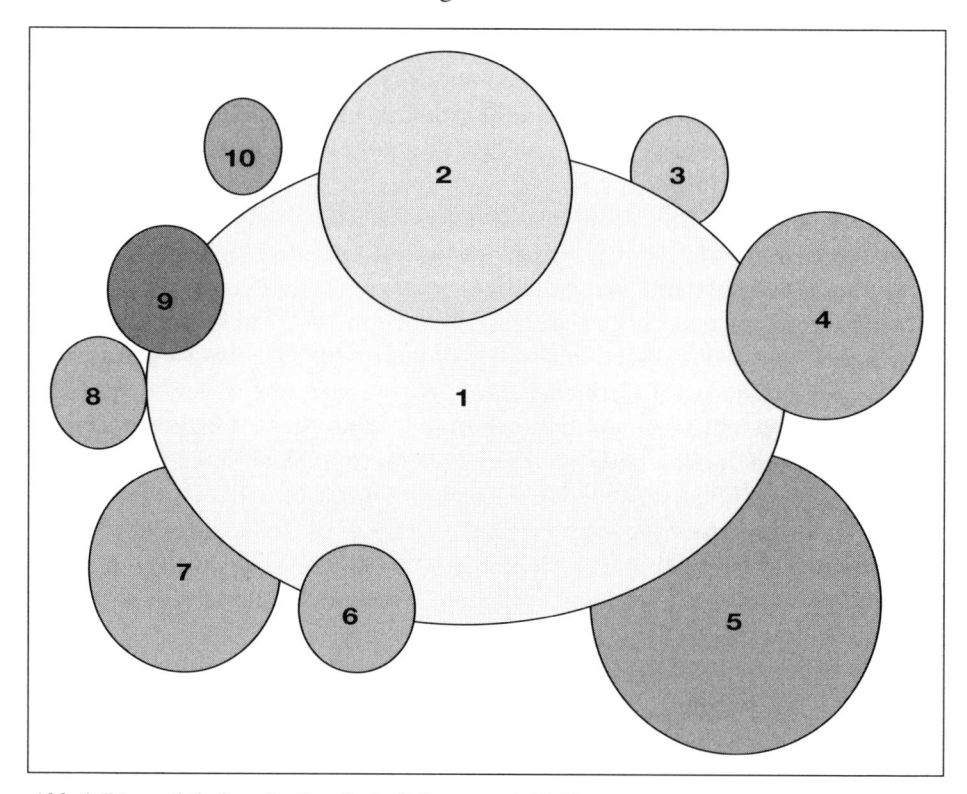

Abb. 1: Die multikulturelle Gesellschaftsform nach M. Pagé

Sie weist folgende Merkmale auf:

Die Mitglieder der kulturellen Minderheiten verfügen über eigene Freiräume, in denen sie ungehindert ihre jeweiligen Kulturen weiter pflegen können. Diese Freiräume sind von unterschiedlicher Größe und überschneiden sich nur teilweise. Einige Gemeinschaften halten einen Abstand gegenüber der Mehrheit (Nr. 8 u. 10 in der Abbildung), während andere freiwillig einige Normen und Werten der Mehrheit übernehmen (3, 5 u. 7). Es ist zwar nicht auszuschließen, daß es auch einigen Gruppen gelingt, einen Teil ihrer spezifischen kulturellen Wert- und Normvorstellungen der Mehrheit zu vermitteln (2, 4, 6 u. 9), aber in dieser Gesellschaftsform haben die Normen und Werte der Mehrheit (1) auf jeden Fall eine zentrale Stelle. Sie prägen vor allem die verschiedenen Bereiche des öffentlichen Lebens.

Hier sollte theoretisch keine weitere übergreifende spezifische regulative Instanz vonnöten sein, um das friedliche Zusammenleben zwischen den verschiedenen kulturellen Gemeinschaften zu sichern, außer den politischen und rechtlichen Systemen. Wird nicht durch die räumliche Trennung der Gemeinschaften in »Reviere« die Zahl der Anlässe zu Auseinandersetzungen auf ein Minimum reduziert? In der Realität kann man am Beispiel der spannungsgeladen Beziehungen zwischen den in den US-amerikanischen Großstädten in ghettoähnlichen Zuständen lebenden ethnischen Gruppen deutlich sehen, daß die räumliche Trennung allein nicht ausreicht, um gewalttätige »Fehden« zu verhindern. Der wichtigste Grund dafür ist wohl, daß die Minderheiten nicht völlig autark leben können. Wenn sie sich in der Gesamtgesellschaft durchsetzen wollen, stehen sie gezwungenermaßen in scharfer Konkurrenz miteinander. Aufgrund des Mangels an konsenstragender Interaktion wird der Konkurrenzkampf zwischen ihnen nur noch verschärft. Deswegen kommt de facto in der »multikulturellen Gesellschaftsform« der Kultur der Mehrheit eine regulative Rolle zu. Schon wegen ihres eigenen Gewichts übernimmt sie eine gewisse Steuerungsfunktion.

Trotz alledem werden in dieser Gesellschaftsform die Normen und Werte der verschiedenen Kulturen als gleichrangig erklärt – eine Auffassung, die dem Werterelativismus sehr nahe steht.

Die Gründung von Privatschulen für Minderheiten wird gefördert, um den Schülern zu einem engen Kontakt zu ihren Herkunftskulturen zu verhelfen. An den staatlichen Schulen ist man außerdem gewillt, den Kindern der verschiedenen Minoritäten die Möglichkeit zu geben, die Sprachen ihrer jeweiligen Bezugsgruppen, die man mit Recht als besonders wichtige Bestandteile der Kultur betrachtet, zu erlernen. Einige Muttersprachen können sogar – meistens in der Primarstufe – als Erstsprachenunterricht erlernt werden. Die Sprache des Einwanderungslandes wird dann als Zweitsprache unterrichtet. Vom Unterricht der Muttersprachen erwartet man, daß er die Lernfähigkeit der Schüler steigert und dadurch auch mittelbar die Chancengleichheit in der Schule erhöht. Die Förderung der Muttersprachen hat auf keinen Fall zum Ziel, die Kinder von Einwanderern für eine baldige Rückkehr in ihre Heimatländer vorzubereiten – das war zum Beispiel der Hauptgrund für die Förderung solcher Sprachen in Frankreich in der Mitte der 70er Jahre.[3] Die Gemeinschaften sollten selber entscheiden können, welche regionalen Sprachvarianten neben ihren jeweiligen Hauptsprachen ebenfalls unterrichtet werden müssen. Pagé bemerkt, daß in dieser Gesellschaftsform die Unterweisung der Muttersprachen außerhalb der normalen Schulzeit stattfinden sollte, um die schulischen Leistungen der zur Mehrheit gehörenden Schüler nicht zu beeinträchtigen.

Schließlich wird das Tragen von Kleidungsstücken in öffentlichen Räumen, zum Beispiel an den Schulen, die auf die Zugehörigkeit zu einer bestimmten Gemeinschaft hinweisen, wie das Kopftuch der moslemischen Frauen (*Hidjab*) oder das Käppchen der Juden (*Kipa*), als selbstverständlich angesehen, ja sogar als notwendig erachtet, um die Mehrheit zur Toleranz zu erziehen.

1971 hat der kanadische Staat offiziell damit begonnen, das Modell der »multikulturellen Gesellschaftsform« als Richtschnur für seine Politik der Eingliederung von Einwanderern zu nehmen. Diese Entscheidung geriet jedoch immer mehr unter das Feuer der Kritik. Es wurde auf die verfehlte soziale und wirtschaftliche Integration der Immigranten hingewiesen in einem Land, wo die verschiedenen kulturellen Minderheiten immer mehr abgesondert lebten. Deshalb wurde 1988 ein sogenanntes »Gesetz über die multikulturelle Gesellschaft« vom Parlament verabschiedet, um zugleich die Berücksichtigung der kulturellen Gemeinschaften in allen Teilbereichen des gesellschaftlichen Lebens und die Verwirklichung der Chancengleichheit für alle Staatsbürger durch eine Vertiefung der Integration von Einwanderern zu fördern. Dies kann nach Pagé als Anfang eines Abdriftens vom Idealtyp der »multikulturellen Gesellschaftsform« in Richtung der »interkulturellen Gesellschaftsform« oder sogar der »zivilen Gesellschaftsform« interpretiert werden.

Die »interkulturelle Gesellschaftsform«

Die »interkulturelle Gesellschaftsform« (bzw. laut Pagé: »pluralistische Gesellschaft mit einem gemeinsamen kulturellen Spielraum«), läßt sich folgenderweise darstellen (Abb. 2).

Wie in der »multikulturellen Gesellschaftsform« werden auch hier die Kulturtraditionen der verschiedenen Gemeinschaften als höchstes Gut gesehen.

---

[3] Vgl. Henry-Lorcerie, F.: Éducation interculturelle et changement institutionnel: l'expérience française. In: Ouellet, F. (Hrsg.): Pluralisme et école. Jalons pour une approche critique de la formation interculturelle des éducateurs, Quebec 1988, S. 223–270, S. 233.

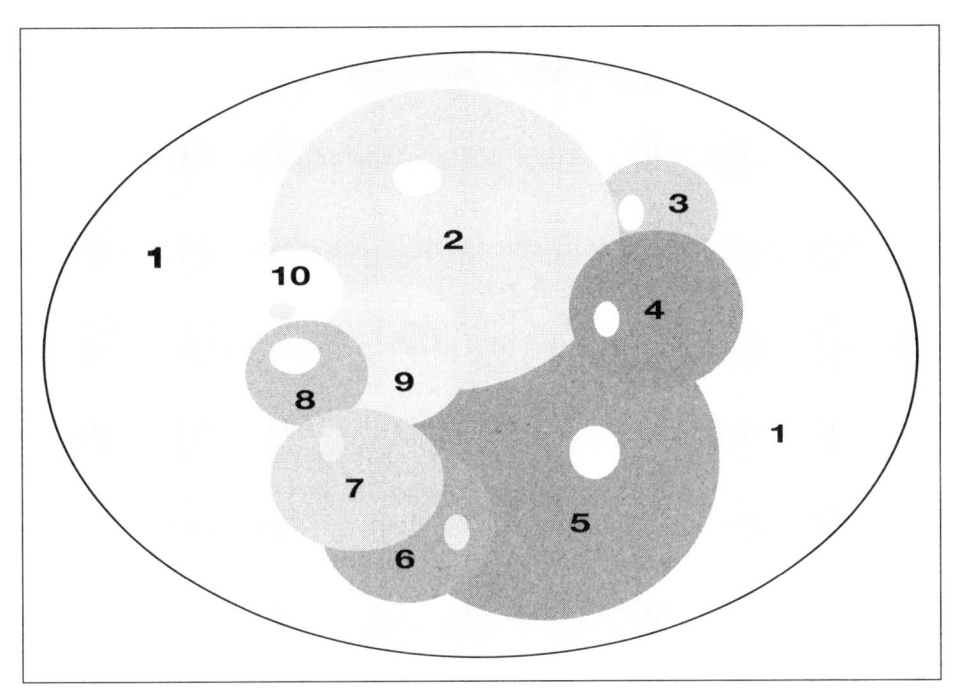

Abb. 2: Die interkulturelle Gesellschaftsform nach Pagé

Diese Gesellschaftsform unterscheidet sich jedoch von der multikulturellen Gesellschaft in folgender Hinsicht:

Hier wird eine konsequente Politik verfolgt, um eine ständige und rege Interaktion zwischen den verschiedenen kulturellen Gruppen (2 bis 10) zu fördern. Dadurch verwischen sich die Trennungslinien zwischen den Gemeinschaften. Die Mehrheit und die Minderheiten pflegen zwar ihre jeweiligen Kulturen weiter. Aus den interaktiven Kontakten bildet sich jedoch eine neuartige gemeinsame sogenannte »Polykultur«, eine Mischung von neuen und alten Verhaltens- und Deutungsmustern aus unterschiedlichen tradierten Kulturtraditionen. Jeder einzelne kann sich aus diesem Fundus eigene Werte- und Normensysteme zusammenstellen, die dann für ihn neben die Normen und Werte seiner Bezugsgruppe oder sogar an deren Stelle treten. Die Kultur der Mehrheit (1) steht nicht mehr im Mittelpunkt. Sie hat zwar in einer ersten Phase aufgrund der Geschichte eine größere Bedeutung als die anderen Kulturtraditionen. Ihr Gewicht wird jedoch dadurch abgeschwächt, daß jedes Gruppenmitglied die Möglichkeit hat, neben den kulturspezifischen Relevanzstrukturen seiner Gemeinschaft auch Werte und Normen aus der »Polykultur« (Pagé) zu übernehmen und zu befolgen. Im Laufe des Interaktionsprozesses übernimmt jede Kultur immer mehr Züge der anderen. Da die Kultur der Mehrheit am Anfang noch überwiegt, werden die Kulturkreise der Minoritäten von den Wert- und Normvorstellungen der Majorität durchdrungen – in der Abbildung wird dies durch die inneren Kreise in den verschiedenen Freiräumen der Minoritäten dargestellt.

Innerhalb der »interkulturellen Gesellschaftsform« sollte aus der Interaktion zwischen den verschiedenen Gruppen eine Selbststeuerung entstehen. Mit anderen Worten, um ein friedliches Leben zwischen den kulturellen Gemeinschaften zu gewährleisten, vertraut man auf die regulative Funktion der zwar nicht konfliktfreien, aber konstruktiven Auseinandersetzung zwischen den verschiedenen Kulturkreisen.

In dieser Gesellschaftsform wird ein militanter Werterelativismus vertreten, mit der Begründung, er sei erforderlich, um jeder Art von Ethnozentrismus entgegenzutreten.[4] Die Wert- und Normvorstellungen der jeweiligen Kulturen werden allerdings nicht mehr dermaßen in den Mittelpunkt gestellt wie in der »multikulturellen Gesellschaftsform«: Wie schon vorher erwähnt, kann jeder bzw. jede die Normen und Werte aus der »Polykultur« denjenigen seiner/ihrer eigenen Bezugskultur vorziehen.

An den Schulen werden die tradierten Minderheitensprachen nicht nur deshalb unterrichtet, um den verschiedenen Gruppenmitgliedern einen Zugang zu ihrer jeweiligen Kultur zu verschaffen und ihre Lernfähigkeit zu erweitern, sondern vor allem, um die Interaktion zu fördern, indem man allen Bürgern die Möglichkeit gibt, die anderen Kulturen besser kennenzulernen. Aus diesem Grund sollten auch die Schüler der Aufnahmegesellschaft dazu ermutigt werden, eine dieser Sprachen als Zweit- bzw. Drittsprache zu lernen. Dies geschieht zum Beispiel jetzt in der kanadischen Provinz Quebec im Rahmen des 1988 entwickelten sogenannten »*Programme d'enseignement des langues d'origine*« – PELO (Programm für den Unterricht der Herkunftssprachen).[5] Im Bundesstaat Südaustralien (*South Australia*) werden neben zahlreichen Fremdsprachen (Französisch, Russisch, Chinesisch, Japanisch, Spanisch, Malaiisch, Indonesisch) seit Anfang der 70er Jahre auch die Muttersprachen von vielen kulturellen Minderheiten (*community languages*) als normale Schulabschlußprüfungsfächer zugelassen (Deutsch, Italienisch, Niederländisch, Hebräisch, Ukrainisch, Litauisch, Neugriechisch, Lettisch, Polnisch, Ungarisch, Chinesisch, Vietnamesisch). Deutsch war zuerst eine »*international language*«, bevor die Sprache als »*community language*« anerkannt wurde. Chinesisch wird zugleich als »*community language*« (die der vielen vietnamesischen Flüchtlinge chinesischen Ursprungs) und als »*international language*« unterrichtet.[6]

---

4 Vgl. in diesem Band den Beitrag von Corinna Albrecht, »Überlegungen zum Konzept der Interkulturalität«, in dem sie Interkulturalität als Überwindung von Ethnozentrismus definiert.
5 Pagé, M. (1991), S. 127.
6 Smolicz, J. J.: Is the Monolingual Nation-state Out-of-date? A Comparative Study of Language Policies in Australia and the Philippines. In: Comparative Education 20 (1984)2, S. 265–285, S. 268f.

In Schweden wird die Pflege der Identität der Einwanderergruppen durch staatliche Zuschüsse und Subventionen unterstützt. Weit über 120 verschiedene Sprachen wurden dort 1993 in Vorschulen und Pflichtschulen im Rahmen des Unterrichts in der Muttersprache gelehrt – Finnisch, Spanisch, Arabisch und Polnisch sind die Muttersprachen, die am meisten unterrichtet werden.[7] Seit 1995 ist es für die Schüler möglich, eine dieser Sprachen anstelle einer der gängigen modernen Fremdsprachen als Wahlfach für das Examen zu wählen. Dies ist schon seit 1992 in den Niederlanden der Fall, allerdings in der Sekundarstufe nur für Türkisch und Arabisch und nur für die allochthonen Schüler, die aus der Türkei und aus Marokko stammen. Ein vom Parlament akzeptierter Vermerk des niederländischen Bildungsministeriums zum Erstsprachenunterricht von 1991 schlägt aber vor, die Zahl der als Wahlfach für das Examen anerkannten Muttersprachen zu erweitern und sie auch für autochthone Schüler zugänglich zu machen.[8]

Auch internationale Jugendbegegnungs- und Jugend- bzw. Lehreraustauschprogramme sollen in einer »interkulturellen Gesellschaftsform« vorangetrieben werden. Vor allem das »Interkulturelle Lernen« (IkL) unter Berücksichtigung der Multi- bzw. Pluriperspektivität wird als pädagogisches Mittel für die Entdeckung anderer Kulturen und Weltanschauungen sehr unterstützt.[9] Die minderheitsbezogenen Schulen, die in der multikulturellen Gesellschaft selbstverständlich sind, werden in einer interkulturellen Gesellschaft eher als Hindernis für den notwendigen Interaktionsprozeß und als Vorstufe der Ghettobildung gesehen.

Zum Tragen von kulturspezifischen Kleidungsstücken wird im öffentlichen Leben ermutigt. Es sollte nicht nur eine pädagogische Funktion haben – d.h., die Bevölkerung zur Toleranz zu erziehen –, sondern vor allem die notwendige Interaktion zwischen den Kulturen erleichtern.

Die »zivile Gesellschaftsform«

In der »zivilen Gesellschaftsform« stehen nicht mehr die kulturellen Gemeinschaften im Vordergrund, sondern die sogenannte Zivilgesellschaft. Tocqueville hatte sie schon beschrieben, allerdings unter dem Namen »politische Gesell-

---

7   Hierzu siehe die Broschüre vom »Swedish Institute«: »Tatsachen über Schweden« vom August 1993.
8   Vgl. Kroon, S./Vallen, T.: Ethnische Minderheiten und Bildungspolitik in den Niederlanden. In: Gogolin, I. (Hrsg.): Das nationale Selbstverständnis der Bildung, Münster / New York 1994, S. 219–233, S. 226f.
9   Zum Begriff der »Multiperspektivität« vgl. in diesem Band den Aufsatz von Klaus Peter Fritzsche: »Multiperspektivität: eine Schlüsselkompetenz beim Umgang mit dem Fremden«. Zum »interkulturellen Lernen« siehe ebenfalls in diesem Band den Beitrag von Ulrich Bliesener: »Interkulturelles Lernen: eine pädagogische Notwendigkeit und Chance«.

schaft«. Das Konzept der Zivilgesellschaft, wie es heute verstanden wird, wurde erst von Gramsci entworfen und in der angelsächsischen Welt ausgearbeitet.[10] Mit Zivilgesellschaft ist der in einer offenen, pluralistischen Gesellschaft entstandene Handlungsspielraum gemeint, der sich von den Handlungsspielräumen der Familie, des Staates und der Geschäftswelt unterscheidet und wo sich die Akteure in freiwilligen Assoziationen, politischen und sozialen Bewegungen, Gemeinschaften, Gruppen und Gruppierungen zusammenschließen, um eigene Interessen oder allgemein nützliche Ziele in der Öffentlichkeit zu vertreten. Das Modell der freiwilligen Assoziation einzelner Staatsbürger ist nicht nur für die Zivilgesellschaft grundlegend, sondern auch für die gesamte Gesellschaft: Nach einem liberalen theoretischen Standpunkt verdankt die »zivile Gesellschaftsform« ihren Ursprung einem sozialen Vertrag zwischen einzelnen Individuen und nicht irgendeiner ethnischen Herkunft. Wegen ihrer klaren universalistischen Dimension ist sie dezentriert und kann nicht mehr als Kreis dargestellt werden.

Um einer Desintegration der Gesamtgesellschaft in die Teilbereiche und »Sprachspiele« der Zivilgesellschaft entgegenzutreten, braucht diese Gesellschaftsform feste Spielregeln in Form eines Bündels von Grundwerten und -normen, die für alle Staatsbürger und für alle Gemeinschaften, Gruppen bzw. Gruppierungen gleichermaßen gelten. Sie sollen über jede kulturspezifische Vorstellung und Tradition den Vorrang haben. Es wird angenommen, daß, obwohl die Grundwerte (etwa die allgemeingültigen Menschenrechte) in einem bestimmten Kulturkreis entstanden sind, ihr *universaler* Geltungsanspruch jedoch durchaus innerhalb eines kommunikativen Dialogs durch eine rationale Argumentation festgelegt werden kann. Die Grundnormen dagegen lassen sich nur durch ein pragmatisches Argument begründen: Das friedliche Zusammenleben verschiedener Gruppen wird durch gemeinsame Verhaltensmuster und Handlungsregeln sehr erleichtert. Dies wiederum bedeutet aber nicht, daß die Grundnormen unverändert bleiben sollten. Sie müssen im Gegenteil kritisierbar bleiben, da sie immer verbesserungsbedürftig sind. Die »zivile Gesellschaftsform« (bzw. nach Pagé: »pluralistische Gesellschaft mit einem gemeinsamen zivilen Spielraum«) hat folgende Gestalt[11]:

---

10 Hierzu u.a. Cohen, J. L./Arato, A.: Civil Society and Political Theory, Cambridge (Mass.) 1992; Eisenstadt, S. N. (Hrsg.): Democracy and Modernity, Leiden 1992; Keane, J.: Democracy and Civil Society, London 1988; Keane, J. (Hrsg.): Civil Society and the State: New European Perspectives, London 1988; Habermas, J.: Faktizität und Geltung, Frankfurt a.M. 1992, S. 399–467; Leca, J.: La citoyenneté entre la nation et la société civile. In: Colas, D./Emeri, C./Zylberberg, J. (Hrsg.): Citoyenneté et nationalité, Paris 1990, S. 478–505; Kumar, K.: Civil society: an inquiry into the usefulness of an historical term. In: The British Journal of Sociology, 44 (1993)3, S. 375–395.
11 Pagé selbst bevorzugt diese Gesellschaftsform.

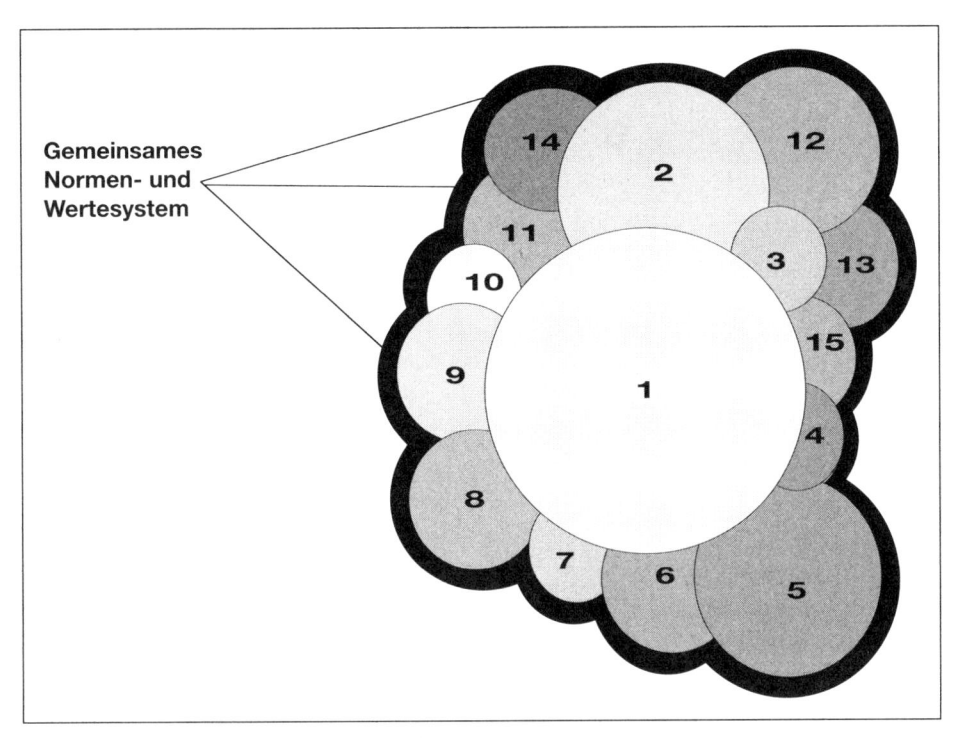

Abb. 3: Die zivile Gesellschaftsform nach Pagé

Die kulturellen Gemeinschaften sind nur eine Komponente der Zivilgesellschaft neben den Vereinigungen und Bewegungen (im Schema die Spielräume Nr. 11, 12, 13, 14 u. 15). Das politische System und die Zivilgesellschaft geben sich in einem interaktiven Prozeß der Meinungs- und Willensbildung einen Rahmen von Grundnormen und -werten, innerhalb dessen auch die ethnischen Minderheiten ihre eigene Kultur frei pflegen können und im öffentlichen Leben als Gruppen auftreten. Einige der kulturellen Gemeinschaften stehen sich näher als andere (zum Beispiel: 1, 6 u. 7). Geeint werden sie alle durch ihre Anerkennung bestimmter Grundnormen und -werte. In dieser Gesellschaftsform verfolgt man das Ziel, die Mitglieder der verschiedenen Gruppen durch eine erhöhte Interaktion zu integrieren, ohne deswegen zu versuchen, ihre Verbindungen zu ihren jeweiligen Kulturen abzureißen. Es sollte also mit John Higham von einer »pluralistischen Integration« gesprochen werden.[12]

In der »zivilen Gesellschaftsform« kommt der »pluralistischen Integration« der Gemeinschaftsmitglieder mit ihrer Anpassung an Grundnormen sowie ihrer Achtung der Grundwerte die entscheidende regulative Funktion zu. Man ist der

---

12 Higham, J.: Send these to me: Jews and Other Immigrants in Urban America, New York 1975.

Meinung, die Interaktion zwischen den verschiedenen Kulturen allein würde nicht ausreichen, um ein friedliches Zusammenleben zwischen den Gemeinschaften zu ermöglichen. Der Wertrelativismus wird scharf kritisiert, zumal er die allgemeine Gültigkeit der Grundrechte in Frage stellt.

Wie in der »interkulturellen Gesellschaftsform« werden auch in der »zivilen Gesellschaftsform« die minderheitsbezogenen Schulen aufgrund ihrer möglichen Förderung der Ghettobildung und der »Balkanisierung« innerhalb des Schulwesens als äußerst bedenklich angesehen. Das Erlernen der Muttersprachen mit dem Ziel, die eigene Kultur zusammen mit den anderen Gemeinschaftsmitgliedern zu pflegen, wird hier als Privatsache gesehen. Wenn diese Sprachen trotzdem an den staatlichen Schulen unterrichtet werden sollen, dann aus pragmatischen Gründen: Das Erlernen dieser Sprachen soll vor allem die Chancengleichheit der Schüler aus den Minderheiten steigern. Es hat aber auch zum Ziel, die Kommunikation der Schüler mit den älteren Mitgliedern ihrer jeweiligen Gemeinschaften zu erleichtern. Auch in der »zivilen Gesellschaftsform« wird der Schwerpunkt auf das interkulturelle Lernen gelegt. Die zukünftigen Staatsbürger sollen jedoch in der Schule vor allem lernen zusammenzuarbeiten, um später in der Lage zu sein, trotz aller Differenzen sozialer oder kultureller Art gemeinsame Ziele zu verwirklichen, die allein nicht erreichbar sind. Die Kooperationsbereitschaft der Schüler sollte durch das sogenannte »kooperative Lernen« (*cooperative learning*) gefördert werden.[13] Darunter verstehen Autoren wie Pagé, Cohen, Kagan, Johnson und Johnson oder Slavin nicht eine einfache Teamarbeit, sondern die Gestaltung der Vielfalt durch die Schüler selbst unter der Supervision des Klassenlehrers – in einer Schulklasse, in kleinen Arbeitsgruppen oder in beidem zugleich nach der Formel »co-op-co-op« von Kagan.[14] Jeder Schüler und jede Gruppe von Schülern lernt dabei, eine Rolle zu übernehmen, Konflikte zu regeln, Zugeständnisse zu machen, Konsensbereitschaft zu zeigen, interaktiv und kooperativ zu arbeiten, hilfsbereit zu sein und eine Verantwortung zu tragen, um ein gemeinsames und komplexes Ziel zu erreichen. Es wird ein besonderer Wert darauf gelegt, daß die leistungsschwä-

---

13 Vgl. Abrami, P.C. u.a.: Using Cooperative Learning, Dubuque (Iowa) 1993; Cohen, E.G.: Designing Groupwork, New York 1986; dies.: Restructuring the Classroom. Conditions for Productive Small Groups, University of Wisconsin-Madison 1992; dies.: Bedingungen für kooperative Kleingruppen. In: Huber, G. L. (Hrsg.): Neue Perspektiven der Kooperation. Ausgewählte Beiträge der Internationalen Konferenz 1992 über Kooperatives Lernen in Utrecht, Baltmannsweiler 1993, S. 45–53; Guttman, A.: Democratic Education, Princeton (N.J.) 1987; Johnson, D. W./Johnson, R. T.: Learning Together and Alone: Cooperation, Competition, and Individualization, Englewood-Cliffs (N.J.) 1987^2; Kagan, J.: Cooperative Learning Resources for Teachers, Riverside (CA) 1985; Pagé, M.: Kooperatives Lernen und sozialer Pluralismus. In: Huber (1993), S. 11–21; Slavin, R. E.: Cooperative Learning, Boston 1990; ders.: Kooperatives Lernen und Leistung: Eine empirisch fundierte Theorie. In: Huber (1993), S. 151–170.
14 Die einzelnen Schüler einer Schulklasse müssen zuerst in kleinen Arbeitsgruppen arbeiten, um Teilziele zu verwirklichen. Dann kooperieren alle Arbeitsgruppen der Schulklasse, um ein gemeinsames und komplexeres Ziel zu erreichen.

cheren Schüler in den Arbeitsgruppen voll integriert werden. Am Anfang werden ihnen von ihren Mitschülern Aufgaben anvertraut, die sie gut bewältigen können. Sie fühlen sich so akzeptiert, werden mit der Zeit selbstbewußter und können womöglich auf diese Weise ihre Leistungen auch in anderen Bereichen verbessern. Durch die enge Zusammenarbeit zwischen Schülern und Schülerinnen verschiedener Niveaus und Herkunft werden Vorurteile abgebaut, der Sinn für Solidarität verschärft und die Chancengleichheit erhöht.

Die Teilung des sozialen Umfeldes in »ethnische« und kulturelle Kategorien und der dadurch entstandene Differenzierungseffekt werden durch das kooperative Lernen geschwächt. Pagé erklärt, aus welchem Grund dies möglich ist: »Der Differenzierungseffekt wirkt sich für Personen in Gruppen stärker aus als für Individuen (...) Da kooperative Lernerfahrungen naturgemäß Schüler zu individuellen Interaktion mit vielen, wenn nicht allen Schülern der Klasse zwingen, trägt diese Erfahrung dazu bei, die Kategorisierungen aufzubrechen, in die Schüler aufgrund kompetitiver individueller Lernsituationen eingeordnet zu werden tendieren (...) Im Zusammenhang mit dieser letzten Beobachtung ist es nötig, auf Untersuchungen hinzuweisen, aus denen hervorgeht, daß bei Kooperation zwischen Gruppen die Mitglieder dieser Gruppen einander individuell wahrnehmen, was sich auf den Abbau kollektiver Stereotype positiv auswirkt. Dies schafft eine günstige Situation für das Verschwinden diskriminatorischer Urteile.«[15] Dies ist auch die Voraussetzung für eine gelungene Gestaltung der sozialen, kulturellen und geschlechtlichen Vielfalt nicht nur in einer Schulklasse, sondern auch innerhalb der modernen Zivilgesellschaft.

Das Tragen von kulturspezifischen Kleidungsstücken an den Schulen wird in der »zivilen Gesellschaftsform« geduldet, vorausgesetzt, es verstößt nicht gegen die Grundwerte. Da die allgemeingültigen Werte stets den Vorrang vor den partikularistischen Einstellungen haben sollten, wird man zum Beispiel argumentativ auf das Tragen des islamischen Kopftuchs eingehen und es anfechten, soweit es sich um ein Symbol der Unterwerfung der Frauen gegenüber den Männern handelt. Michel Pagé zitiert das Beispiel des Sikhs, der sich aus religiösen Gründen weigerte, den für die kanadische *monted police* charakteristischen Hut (*stetson*) zu tragen – die Sikhs sind durch ihre religiöse Vorschriften dazu verpflichtet, stets einen Turban zu tragen. Der Turban ist zwar kein Symbol der Unterwerfung und verstößt deshalb nicht gegen die Menschenrechte. Dieser Zwischenfall hat in Kanada dennoch für viel Aufregung gesorgt, zumal die Uniform der *monted police* zu einem der festen Bestände der kanadischen Identität zählt. Doch ist für Pagé diese allergische Reaktion nationalistischer Prägung nicht so relevant wie die Frage, inwieweit der Turban die Anpassung des Sikhs an die Grundnormen der Institution Polizei verhindert oder nicht.

---

15 Pagé, M. (1993), S. 15.

Wenn ein Minimum an Anpassung an diese Grundnormen gewährleistet ist, ist die Wahl zwischen Hut und Turban zweitrangig. Die von allen Staatsbürgern verlangte Einordnung in die Grundnormen und -werte der Gesellschaft muß als Korrelat die Bekämpfung jeder Art von Diskriminierung haben. In einer »zivilen Gesellschaftsform« ist deswegen das politische System dazu verpflichtet, auch positive Maßnahmen gegen die Diskriminierung von Minderheitenmitgliedern (die sog. *affirmative action* bzw. *political correctness* in den Vereinigten Staaten) zu ergreifen.

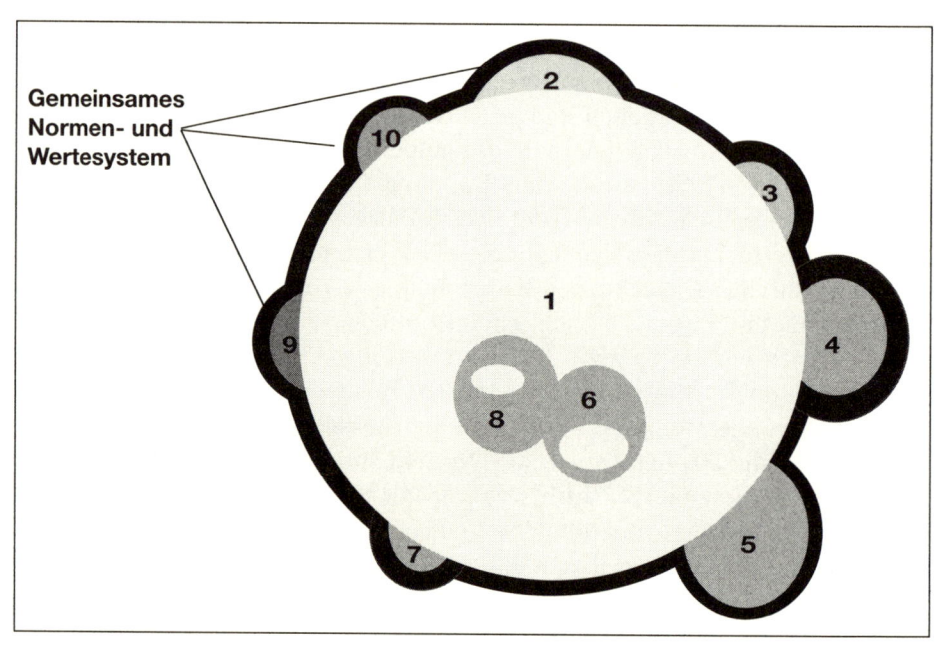

Die »jakobinische oder kollektivistische Gesellschaftsform«

Diese Gesellschaftsform ist die monolithische Variante der letzterwähnten Gesellschaftsform. Sie wurde von den französischen Jakobinern entworfen und später auch von den Mitstreitern des Kollektivismus vorgezogen. Sie wird von Pagé nicht in Anspruch genommen, da es sich nicht oder nur sehr begrenzt um eine Gesellschaftsform mit einem kulturellen Pluralismus handelt. Sie kann jedoch folgenderweise dargestellt werden:

Abb. 4: Die jakobinische oder kollektivistische Gesellschaftsform

In der »jakobinischen Gesellschaftsform« werden Kultur und Zivilisation als zwei unvereinbare Gegensätze gesehen. Die Kultur wird als Trägerin eines gefährlichen »völkischen« Partikularismus angeprangert, die Zivilisation dagegen als Stütze des menschenwürdigen Universalismus verehrt. Aus diesem Grund dürfen in dieser Gesellschaftsform die kulturellen Minderheiten keinen Zugang zum öffentlichen Leben haben. Ihr Handlungsfreiraum sollte sich streng auf die Privatsphäre begrenzen. Einige Minderheiten versuchen jedoch, sich so gut es geht von der globalen Gesellschaft abzugrenzen, um so ihre Kultur und ihre Identität leichter pflegen zu können (4 u. 5). Aufgrund der grundlegenden Theorie des Gesellschaftsvertrages sollte normalerweise die Nation als reines politisches Gebilde, als Schicksalsgemeinschaft aller Staatsbürger unabhängig von ihrer Herkunft gesehen werden. In Wirklichkeit ist aber in Frankreich die partikularistische Kultur der Mehrheit (1) in den Mittelpunkt gerückt. Ihr Vorrang wird dadurch gerechtfertigt, daß sie sich als die Stütze des Universalismus darstellt. Im ehemaligen kollektivistischen Sowjetimperium wurde auch unter dem Vorwand der Verbreitung des universalistisch geprägten Marxismus eine weitgehende und gewaltsame Russifizierung nationalistischer Art durchgeführt.[16] Freilich ist die Mehrheit – zumindest in der Theorie – auch selbst dazu verpflichtet, sich dem gemeinsamen Werte- und Normensystem, das sie vertritt, zu fügen. Dieses Werte- und Normensystem prägt aber nicht nur die Mehrheitskultur – und dadurch auch die ganze Zivilgesellschaft, soweit sie entstehen konnte –, sondern auch die wenigen Kulturen, die ihre kulturspezifischen Deutungsmuster trotz allem auch im öffentlichen Leben durchsetzen (6 u. 8).

Aufgrund der Überlegenheit der Mehrheitskultur wird in einer »jakobinischen oder kollektivistischen Gesellschaftsform« eine regulative Instanz überflüssig. Eine kämpferische Auseinandersetzung zwischen den verschiedenen Kulturen ist nicht zu befürchten, zumal jene vom Staat in ihre jeweiligen Privatsphären gezwängt werden.[17] Unter diesen Voraussetzungen ist es also nicht verwunderlich, daß eine solche Gesellschaftsform sich die völlige Assimilation der Mitglieder von Minderheiten – von neuen wie auch von altansässigen regionalen Minoritäten – als Hauptziel gibt. In der »jakobinischen oder kollektivistischen Gesellschaftsform« erfolgt letztendlich die Regulation durch die Assimilation.

Die staatlichen Schulen werden zum zentralen Instrumentarium des Assimilationsverfahrens. In der Schule – ausdrücklich verstanden als ein Ort der nationalen Souveränität – wird, trotz aller theoretischen Lobgesänge der Universalität der Wissenschaft, in der Praxis ein monokulturelles Lernen erteilt. Um ihre Aufgabe der Assimilation effektiv durchführen zu können, muß aber die staatliche Schule ein Monopol in puncto Bildung haben. Aus diesem Grund

---

16 Die liberale Haltung Lenins gegenüber den »nationalen Minderheiten« wurde nicht von Stalin und seinen Nachfolgern geteilt. Vgl. Lenin, Wladimir I.: Über die nationale und die koloniale nationale Frage, Berlin (Ost) 1960. Vgl. ferner den Beitrag von Marek Prawda, »Der Umgang mit dem Frenden. Das Beispiel Polen – eine Gesellschaft im Wandel«, in diesem Band.
17 Die jüngste Geschichte der osteuropäischen Länder lehrt uns jedoch, daß die Gruppenidentität eine lange Zeit schlummern kann, bis sie mit einem großen Gewaltpotential wieder auftaucht.

steht der Staat nicht nur den »ethnischen« Privatschulen, sondern auch den konfessionellen Bildungsstätten mißtrauisch gegenüber. Was die Muttersprachen der Minderheiten anbelangt, so können sie unter Umständen außerhalb der Schule oder in den Schulgebäuden nach der Schulzeit unterrichtet werden. Dieses Verfahren sollte jedoch in keinster Weise das Erlernen der Sprache des Einwanderungslandes erschweren, da die Aneignung dieser Sprache die wichtigste Voraussetzung für eine gelungene Assimilation ist.[18]

Das Tragen von Sonderkleidungsstücken wird in der »jakobinischen oder kollektivistischen Gesellschaftsform« als Merkmal des verpönten Kulturalismus oder in den sozialistischen Staaten als Relikt der Feudalzeit gebrandmarkt und wenn möglich untersagt.

Die monokulturelle Gesellschaftsform

Die »monokulturelle Gesellschaftsform« braucht hier nicht weiter dargestellt zu werden. Es handelt sich um einen Mythos, der zwar zu sich immer wiederholenden Versuchen (zum Beispiel in Nazideutschland oder in Exjugoslawien), einen kulturell undifferenzierten Zustand künstlich und gewaltsam herzustellen, geführt hat, der sich jedoch nie lange voll realisieren ließ. Der kulturell undifferenzierte Zustand in dieser Gesellschaftsform entpuppt sich letztendlich als das Gebilde einer phantasmagorischen regressiven Sehnsucht nach der fusionalen und konfliktlosen Erfahrung eines Individuums vor und direkt nach der Geburt.

Einordnung der Gesellschaftsformen

Jede der gerade erwähnten folgt einem Prinzip: Die »multikulturelle Gesellschaftsform« folgt dem Prinzip des ethnozentristischen Kulturalismus; die »interkulturelle Gesellschaftsform« demjenigen des pluralistischen Kulturalismus; die »zivile Gesellschaftsform« demjenigen des pluralistischen Universalismus; die »jakobinische oder kollektivistische Gesellschaftsform« demjenigen des nationalen Universalismus; die »monokulturelle Gesellschaftsform« demjenigen des ethnozentrischen Nationalismus. Die Gesellschaftsformen lassen sich auch nach ihren unterschiedlichen Steuerungsmodi des Zusammenlebens der

---

18 In der Sowjetunion wurden die Sprachen der ethnischen Gruppen (»Nationen und Völkerschaften«) auf verschiedene Weise unterrichtet. Doch nach Meinung Wolfgang Mitters deutete »der forcierte Ausbau des Russischunterrichts mit seinen institutionellen, didaktischen und materiellen Faktoren (...) darauf hin, daß die Partei- und Staatsführung es offensichtlich für nicht vertretbar hielt, bei der Verbreitung der lingua franca größerer Geduld zu üben, selbst wenn sie mit ihrer Politik Widerstände provozierte (...)«. Vgl. Mitter, W.: Multikulturalität und Zweisprachigkeit im sowjetischen Bildungswesen. In: Ders.: Schule zwischen Reform und Krise, Frankfurt a.M. 1987, S. 344.

verschiedenen Gemeinschaften einreihen: Die räumliche Trennung ist der Steuerungsmodus der »multikulturellen Gesellschaftsform«; die Interaktion derjenige der »interkulturellen Gesellschaftsform«; die »pluralistische Integration« derjenige der »zivilen Gesellschaftsform«; die Assimilation derjenige der »jakobinischen oder kollektivistischen Gesellschaftsform« und – wenn man diese Vorgehensweise als Steuerungsmodus bezeichnen will – die Exklusion derjenige der »monokulturellen Gesellschaftsform«.

Schließlich sind die Gesellschaftsformen mit einer holistischen Grundeinstellung von den Gesellschaftsformen mit einer individualistischen Grundeinstellung zu unterscheiden.[19]

Die »multikulturelle« sowie die »monokulturelle« und die »kollektivistische Gesellschaftsform« haben alle drei eine klare holistische Grundeinstellung: Der einzelne wird in der »multikulturellen Gesellschaftsform« den Kulturen, in der »monokulturellen Gesellschaftsform« der Nation und in der »kollektivistischen Gesellschaftsform« der Partei untergeordnet. In der »zivilen Gesellschaftsform« dagegen steht der einzelne im Mittelpunkt und sucht sich seine Zugehörigkeit zu einer Gemeinschaft bzw. zu einer Gruppe freiwillig. Hier herrscht eine individualistische Grundeinstellung. Die zwei letzten Gesellschaftsformen haben zum Teil eine holistische und zum Teil eine individualistische Grundeinstellung: In der »interkulturellen Gesellschaftsform« fühlt sich der einzelne weniger stark mit einer einzigen Kulturtradition verbunden als in der »multikulturellen Gesellschaftsform«. Er kann mit Hilfe des Fundus der »Polykultur« sein eigenes Werte- und Normensystem erzeugen. In einer »jakobinischen Gesellschaftsform« wird zwar theoretisch der einzelne (der Bürger) als Adressat der Menschenrechte gewürdigt und in den Mittelpunkt gestellt. In der Realität steht jedoch die den Grundnormen und -werten verpflichtete Kultur der Mehrheit im Vordergrund. Diese verschiedenen Ebenen können wie folgt dargestellt werden. Die Abbildung 6 zeigt, wie nah die zwei extremen Gesellschaftsentwürfe, die »multikulturelle« und die »monokulturelle Gesellschaftsform«, aufgrund ihrer gemeinsamen holistischen Grundeinstellung einander sind und führt die bildungspolitischen Akzente ein, die für die verschiedenen Gesellschaftsformen charakteristisch sind (vgl. die Abb. 5 und 6 auf der folgenden Seite).

Wie bereits in der kurzen Einführung dieses Beitrags erwähnt wurde, wäre es müßig, wollte man die verschiedenen real existierenden Nationalstaaten in die Schublade einer der vorher analysierten Gesellschaftsformen hineinschieben. Die meisten Staaten weisen Züge mehrerer dieser Idealtypen auf. Frankreich zum Beispiel hat zwar, wie schon vorher erwähnt, viele Merkmale der »jakobinischen oder kollektivistischen Gesellschaftsform« behalten. Das Modell der »zivilen Gesellschaftsform« prägt aber mehr als früher die französische politi-

---

19 »Holistisch« wird im Glossar erläutert.

	holistische Grundeinstellung		individualistische Grundeinstellung	holistische Grundeinstellung	
Gesellschaftsformen	multikulturelle Gesellschaftsform	interkulturelle Gesellschaftsform	zivile Gesellschaftsform	jakobinische oder kollektivistische Gesellschaftsform	monokulturelle Gesellschaftsform
Prinzipien	ethnozentristischer Kulturalismus	pluralistischer Kulturalismus	pluralistischer Universalismus	nationalistischer Universalismus	ethnozentristischer Nationalismus
Regulationsmodi	Trennung	Interaktion	pluralistische Integration	Assimilation	Exklusion

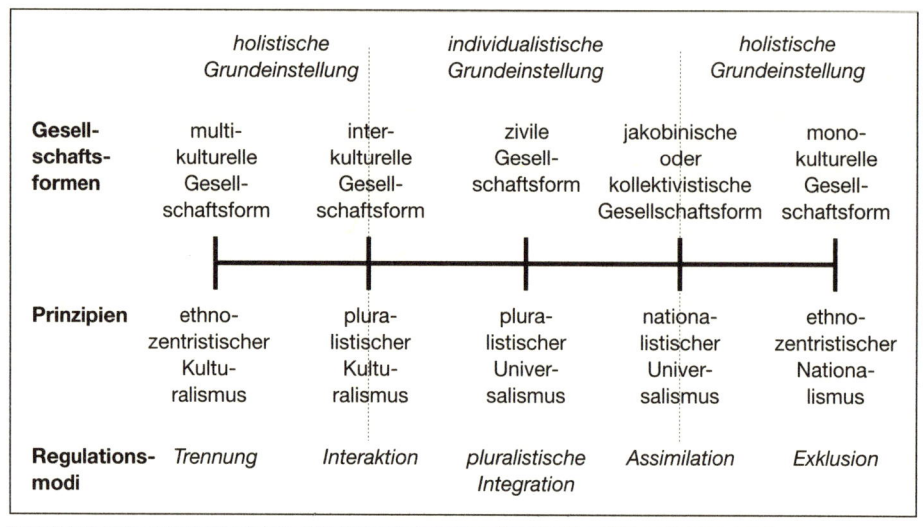

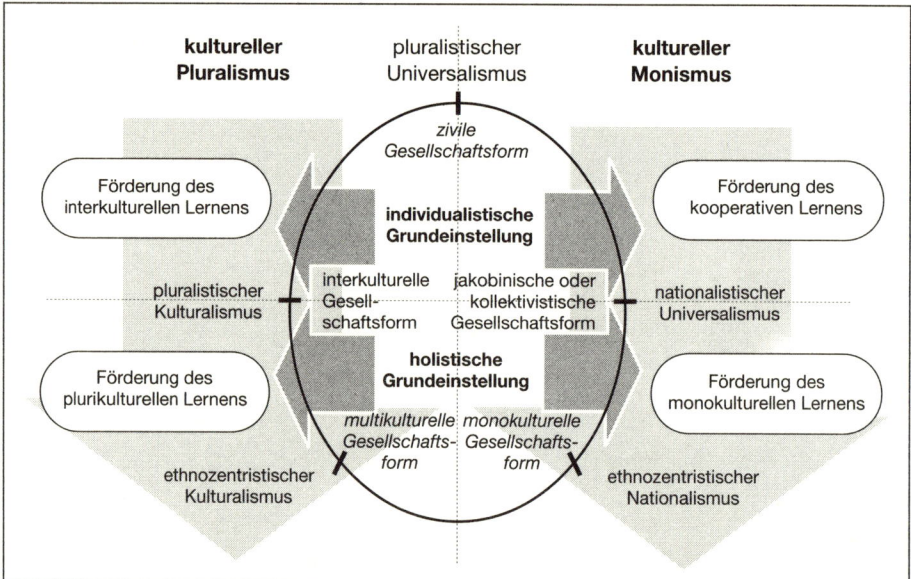

Abb. 5 u. 6: Klassifikation der Gesellschaftsform

sche Öffentlichkeit: Die meisten Politiker geben acht, von Integration anstatt wie früher von Assimilation zu sprechen. Weiterhin wurden Ende der 70er und Anfang der 80er Jahre die Stimmen lauter, die forderten, auf die kulturellen Merkmale der regionalen und nationalen Minderheiten besser zu achten als in der Vergangenheit.

Auch die Bundesrepublik Deutschland ist nicht mit einer einzigen dieser Gesellschaftsformen gleichzusetzen: Zieht man allein das Reichs- und Staatsangehörigkeitsgesetz in Betracht, das immer noch den Kern des deutschen Staatsangehörigkeitsrechts bildet, dann sollte Deutschland als Verkörperung der monokulturellen Gesellschaftsform bezeichnet werden. Betrachtet man aber das gesamte Grundgesetz, ist Deutschland einer »zivilen Gesellschaftsform« sehr nah. Als die gemeinsame Verfassungskommission von Bundestag und Bundesrat 1994 empfahl, einen neuen Artikel 20b zum Schutz ethnischer Minderheiten in die Verfassung aufzunehmen (»Der Staat achtet die Identität der ethnischen, kulturellen und sprachlichen Minderheiten«), äußerte in der »Frankfurter Rundschau« der Richter am Oberverwaltungsgericht Bremen und Experte in Fragen der Minderheitenrechte, Hans Alexy, Vorbehalte gegen eine solche Verfassungserweiterung mit Argumenten, die im Idealtypus der »zivilen Gesellschaftsform« anzusiedeln sind. Nach seiner Auffassung hätte die Einführung dieses Artikels nur zu leicht zu einer Renaissance des ethnischen Denkens führen können. Ein solches ethnisches Denken würde bewirken, daß der einzelne Mensch nicht mehr als einzelner Mensch, sondern nur noch als Vertreter einer bestimmten Gruppe zählen würde. Dieses Phänomen würde die Grenzen zwischen den verschiedenen ethnischen Gruppen verfestigen. Alexy setzt dem Konzept einer Gesellschaft, »die sich aus verschiedenen voneinander abgeschotteten ethnischen Gruppen bildet«, das Modell »einer offenen Gesellschaft« entgegen, »die sich aus ganz vielfältigen, gleichberechtigten Individuen mit jeweils eigener ethnischer, kultureller, sprachlicher oder religiöser Identität zusammensetzt.«[20] Man könnte mit anderen Worten sagen, daß hier für die »zivile Gesellschaftsform« und gegen eine »multikulturelle Gesellschaftsform«, die mit der »monokulturellen Gesellschaftsform« die gleiche holistische Einstellung teilt, Stellung bezogen wird. Ein Teil der deutschen linken Intellektuellen und der Grünen sehnen sich ihrerseits nach einer »multikulturellen« bzw. »interkulturellen Gesellschaftsform«.[21]

Manchmal stimmt ein früheres Gesellschaftsideal mit der heutigen Realität nicht mehr ganz überein: Die Vereinigten Staaten von Amerika haben zwar die »zivile Gesellschaftsform« als Modell ihrer *melting pot society* genommen. In der Wirklichkeit ist sie aber immer mehr in Richtung einer »multikulturellen Gesellschaftsform« entgleist, in der sich die verschiedenen Minderheiten in einem stärkeren Prozeß der Ghettobildung und der gewaltsamen Auseinandersetzung befinden. Jüngere Untersuchungen zeigen allerdings, daß das Integrationsmodell der USA nicht völlig versagt. Es scheint sogar, zumindest unter den

---

20 Vgl. die »Frankfurter Rundschau« vom 14. Februar 1994, S. 5. Vgl. auch den Artikel von D. Oberndörfer: Völkisches Denken. Wider die Aus- und Abgrenzung: Der Schutz »ethnischer Minderheiten« darf nicht ins Grundgesetz. In: Die ZEIT vom 10. Juni 1994, Nr. 24, S. 12.
21 Vgl. Werz, N.: Multikulturalismus, multikulturelle Gesellschaft: Zur Diskussion in Frankreich und Deutschland. In: Interkulturell 3 (1991)4, S. 153–173, S. 167ff.

Mitgliedern der gehobenen Bevölkerungsschichten, wieder an Attraktivität zu gewinnen bis hin zu den Neueinwanderern, den Latinos und den Asiaten.[22]

Außerdem kann ein politischer Umbruch zu einer radikalen Kursänderung in der Gesellschaftspolitik eines Landes führen. In den mittelasiatischen GUS-Ländern Kasachstan und Usbekistan hat man von der »kollektivistischen Gesellschaftsform« der ehemaligen Sowjetunion Abschied genommen. Jetzt wird statt dessen die »multikulturelle Gesellschaftsform« bevorzugt. Nach der neuen Verfassung vom 8. Dezember 1992, Art. 4, gewährleistet die Republik Usbekistan »ein respektvolles Verhältnis zu den Sprachen, Bräuchen und Traditionen der in ihrem Hoheitsgebiet angesiedelten Nationen und Völkerschaften und schafft die Voraussetzungen für ihre Entwicklungen.« Die Kultur der ethnischen Mehrheit hat jetzt dort, wie üblich in einer solchen Gesellschaftsform, eine zentrale Position errungen.[23] Diese tiefgründige Veränderung der Gesellschaftsform hat allerdings nicht die gesellschaftliche Grundeinstellung radikal modifiziert: Es handelt sich weiterhin um eine holistische und nicht um eine individualistische Grundeinstellung.

Es bliebe zu untersuchen, unter welchen Voraussetzungen (wirtschaftlicher, politischer und ideologischer Art) sich eine Gesellschaftsform in eine andere wandelt. Es ist anzunehmen, daß sich in einer Zeit wirtschaftlicher Prosperität die »pluralistische Integration« als viel attraktiver für die Mitglieder der kulturellen Minderheiten erweist als in einer Zeit der ökonomischen Flaute. Während einer Rezession neigen die Minoritäten generell dazu, sich von der Gesellschaft abzusondern, um neue Kräfte zu sammeln. Dieser Prozeß wurde in den 80er Jahren in den Vereinigten Staaten durch eine aus wahltaktischen Gründen geführte Politik der Unterstützung der sozial diskriminierten großen Minderheiten (u.a. der Schwarzen und der Latinos) mit öffentlichen Geldern beschleunigt. Dadurch sind diese Gemeinschaften – und eine ganze Reihe anderer dazu parallel – zu Lobbies gemacht worden. Sie wurden angeregt, auf ihre Gruppenidentität und auf ihre kulturellen Merkmale mehr als vorher zu verweisen.

Die kleineren Gemeinschaften mit einer vergleichsweise breiten gutbegüterten Mittelschicht, die nicht diskriminiert sind, aber eine Diskriminierung wirtschaftlicher und politischer Art fürchten müssen, versuchen normalerweise während einer wirtschaftlichen Krise eine Isolierung mit katastrophalen Folgen für ihren relativen Wohlstand zu vermeiden. Sie plädieren deshalb eher für die Integration oder sogar für eine völlige Assimilation.[24] Hat sich die wirtschaftli-

---

22 Vgl. zum Beispiel das Gespräch mit Arthur Schlesinger in Le Monde vom 27. April 1993, S. 2 und Peshkin, Alan: The Color of Strangers, the Color of Friends: The Play of Ethnicity in School and Community, Chicago 1991.
23 Vgl. Schmidt, G.: Woher kommen die rußlanddeutschen Spätaussiedler? – Reiseeindrücke aus Usbekistan –, Graue Literatur, Frankfurt am Main, 1994.
24 Hierzu Hanf, Th.: The Prospects of Accomodation in Communal Conflicts: A Comparative Study. In: Döring, P. A. (Hrsg.): Bildung in sozio-ökonomischer Sicht, Köln/Wien 1989, S. 313–332.

che Lage verbessert, verlangen die meisten Staatsbürger ein größeres Mitbestimmungsrecht in allen sozialen und politischen Sphären. Die Zivilgesellschaft bekommt neuen Schwung, und dadurch wird die »zivile Gesellschaftsform« anziehender. Die Erklärung durch die wirtschaftliche Entwicklung stößt aber sehr schnell an Grenzen. Wertvorstellungen und Ideale spielen dabei auch eine entscheidende Rolle, was aber noch unzureichend untersucht wurde.

Literatur

Abrami, P. C. u.a.: Using Cooperative Learning, Dubuque (Iowa) 1993.
Banks, J. A.: Race, Ethnicity and Schooling in the United States: Past, Present and Future. In: Banks, J. A./Lynch, J. (Hrsg.): Multicultural Education in Western Societies, London u.a. 1986.
Cohen, E. G.: Designing Groupwork, New York 1986.
Cohen, E. G.: Restructuring the Classroom. Conditions for Productive Small Groups, University of Wisconsin-Madison 1992.
Cohen, E. G.: Bedingungen für kooperative Kleingruppen. In: Cohen, J. L./Arato, A.: Civil Society and Political Theory, Cambridge (Mass.) 1992.
Eisenstadt, S. N. (Hrsg.): Democracy and Modernity, Leiden 1992.
Gogolin, I. (Hrsg.): Das nationale Selbstverständnis der Bildung, Münster/New York 1994.
Guttman, A.: Democratic Education, Princeton (N.J.) 1987.
Habermas, J.: Faktizität und Geltung. Beiträge zur Diskurstheorie des Rechts und des demokratischen Rechtsstaats, Frankfurt a.M. 1992.
Huber, G. L. (Hrsg.): Neue Perspektiven der Kooperation. Ausgewählte Beiträge der Internationalen Konferenz 1992 über Kooperatives Lernen in Utrecht, Baltmannsweiler 1993.
Johnson, D. W./Johnson, R. T.: Learning Together and Alone: Co-operation, Competition, and Individualization, Englewood-Cliffs (N.J.) [2]1987.
Kagan, J.: Cooperative Learning Resources for Teachers, Riverside (CA) 1992.
Keane, J.: Democracy and Civil Society, London 1988.
Leca, J.: La citoyenneté entre la nation et la société civile. In: Colas, D./Emeri, C./Zylberberg, J. (Hrsg.): Citoyenneté et nationalité, Paris 1990, S. 478–505.
Pagé, M.: Intégration, identité ethnique et cohésion sociale. In: Ouellet, F./Pagé, M. (Hrsg.): Pluriethnicité, éducation et société. Construire un espace commun, Quebec 1991, S. 119–153.
Pagé, M.: Kooperatives Lernen und sozialer Pluralismus. In: Scheilke, Ch. Th./Schreiner, P. (Hrsg.): Im Blickpunkt: Interkulturelles Lernen, (Comenius-Institut) Münster 1993.
Slavin, R. E.: Cooperative Learning, Boston 1990.
Slavin, R. E.: Kooperatives Lernen und Leistung. Eine empirisch fundierte Theorie. In: Taylor, Ch.: Multikulturalismus und die Politik der Anerkennung, Frankfurt a.M. 1993.

Kapitel 4
Zum Beispiel Frankreich und Polen

In den nachfolgenden zwei Texten möchten wir dem Leser einen Einblick in die gesellschaftliche Realität der beiden großen Nachbarn Deutschlands – Frankreich und Polen – verschaffen. In den Vordergrund der Analyse rücken historische und aktuelle Merkmale dieser Realität, die das jeweils Spezifische am Umgang mit dem Fremden erfassen und veranschaulichen. Der deutsche Leser soll damit die Möglichkeit bekommen, seine innenpolitische Diskussion zum Umgang mit Fremdheit in einem breiteren europäischen Kontext zu verorten und sie mit der Außenperspektive zu konfrontieren. Die Erfahrungen Frankreichs und Polens sind in dieser Hinsicht zwar sehr unterschiedlich. Dennoch weisen sie einige Merkmale auf, die aus der deutschen Perspektive als Kontrastfolien angesehen werden können. Einmal ist das die Erfahrung einer zentralistisch-laizistischen Gesellschaft mit jakobinischer Prägung. Zum anderen handelt es sich um eine kollektivistisch geprägte und im Wandel begriffene postkommunistische Gesellschaft.

Als bezeichnend für Frankreich hebt Yves Bizeul die Einflüsse des Zentralismus sowie die nachhaltigen Konsequenzen einer scharfen Trennung von Kirche und Staat hervor. Er betont weiterhin eine Verbindung vom Vorrang allgemeiner Grundwerte (Universalismus) und einer die Unterschiede abschaffenden Uniformierung der Gesellschaft (Jakobinismus). Dies hat zur Folge einerseits, daß die Beziehung zum anderen tendenziell vom Individuum und weniger von den Gemeinschaften und Ethnien konstituiert wird. Der unvermittelte Zugang zu den universellen Werten soll die Individuen gegen Partikularismus und Intoleranz immunisieren, die sich aus der Zugehörigkeit zu Gemeinschaften ergeben können. Andererseits bringt das jakobinische Primat eines zentralorganisierten Staates eine Gefahr nivellierender Tendenzen in der Gesellschaft und eines ideologisch geprägten Nationalismus mit sich. Bizeul beobachtet, wie die von ihm geschilderte Tradition in den aktuellen Debatten in Frankreich aufgenommen und fortgesetzt wird.

Marek Prawda diskutiert das Problem des Umgangs mit dem Fremden als ein wesentliches Merkmal der sich in Polen vollziehenden Wandlungsprozesse. Durch den Systemwandel und die Öffnung der Grenzen in einem postkommunistischen Staat gewinnt diese Sache an Aktualität und Brisanz. Sie reflektiert einen gesellschaftlichen Lernprozeß, dessen Stationen im Text dargestellt werden. Polen befindet sich auf dem Weg von einer »geschlossenen« zu einer »offenen« Gesellschaft. Fortschritte und Rückschläge in diesem Prozeß sowie ihre Auswirkungen auf den Umgang mit den Fremden sollen auf Grund von fünf Kriterien präsentiert werden: politische Einheitlichkeit vs. Pluralismus, ethnische Homogenität vs. ethnische Vielfalt, konfessionelle Homogenität vs. konfessionelle Vielfalt, kollektivistische Erbschaft vs. Individualisierung und Abschottung vs. Öffnung. Prawda reflektiert dabei die in Polen aktuell geführten Diskussionen, von denen die Minderheitenfragen und Einwanderungspolitik einen direkten Bezug auf die polnisch-deutschen Beziehungen haben.

Yves Bizeul

Laizität und Umgang mit dem Fremden in Frankreich

Frankreichs Könige haben das Staatswesen weitgehend zentralisiert, und dies um so mehr, als sie im Zeitalter des königlichen Absolutismus die politische Alleinherrschaft für sich beanspruchten. Am Ende des Ancien régime war es ihnen gelungen, die Macht der »korporativen Zwischengewalten« – zum Beispiel der »Parlamente« (höchste Instanz der königlichen Justiz in den Provinzen) – fast vollständig auszuschalten und das Land durch die Polizei-, Gerichts- und Finanzintendanten verwalten zu lassen. Die absolutistische Monarchie unterstützte zur gleichen Zeit die Selbstständigkeitsbestrebungen der französischen katholischen Kirche gegenüber dem Papst als Träger eines potentiellen Gegengewichts (»Gallikanismus«). 1764 wurde sogar der ultramontane Jesuitenorden aus dem Königreich gewiesen.

Doch der Prozeß, der zur Gründung einer »jakobinischen Gesellschaftsform«[1] als solcher führen sollte, wurde erst während der »Großen Revolution« (1789–1799), zur Zeit des Konsulats und des ersten Kaiserreiches (1799–1814) und während der Dritten Republik (1870–1940) eingeleitet bzw. vorangetrieben. Die »Parlamente« wurden gleich am Anfang der Französischen Revolution abgeschafft. Trotz der 1793 verabschiedeten, aber nie praktizierten sogenannten »Verfassung des Jahres I«, die eine direkte Demokratie und eine Dezentralisierung vorsah, wurde Paris unter dem Druck der äußeren und inneren Gefahren zum Zentrum der politischen Macht. 1793 kam es zu einer »föderalistischen« Revolte gegen die Pariser Zentralherrschaft, die durch die Jakobiner blutig niedergeschmettert wurde.

Der Politikwissenschaftler Alfred Grosser stellt fest: »Der französische, von Paris aus gesteuerte Zentralismus bestand bereits vor der Revolution. Sie hat ihn aber erst vollendet. Mit seinen positiven Seiten wie der Vereinheitlichung des Volkes und des Staates in Richtung auf Chancengleichheit und auch Verwaltungsvereinfachung; mit einer Sprache, die allen gemeinsam sei, einem metrischen System, das Dutzende von Maßeinheiten ersetzte. Mit allen Nachteilen, darunter der Zerstörung überlieferter Kulturen und Sprachen. Bis zum Auftau-

---

1 Siehe die Definition des Jakobinismus im Glossar. Der Typ der »jakobinischen Gesellschaftsform« wird in meinem Beitrag »Gesellschaftsformen und ihre Auswirkungen auf das Erziehungswesen« in diesem Band dargestellt und erörtert.

chen eines neuen Regionalismus in Frankreich vor wenigen Jahren ist der durch Paris verkörperte Einheitsgedanke so sehr akzeptiert worden, daß die meisten Revolutionshistoriker jeden Widerstand in den Provinzen als notwendigerweise konterrevolutionär dargestellt haben, obwohl viele Widerstandsaktionen im Namen des Volkswillens gegen die nicht als Ausdruck der Nation legitimierte Macht von Paris gerichtet waren.«[2]

Bonaparte hat die Zentralisierung der französischen Administration konsequent durchgeführt. Der erste Consul vereinheitlichte von 1802 bis 1808 das Erziehungswesen (die Sekundarstufe und das Hochschulwesen) und 1804 das Rechtssystem wie auch die Rechtsordnung. Um die katholische Kirche besser unter Kontrolle zu bekommen, schloß er 1801 ein Konkordat mit Papst Pius VII. und inkorporierte es – ohne die Zustimmung des Heiligen Stuhls – in das »Gesetz über die Organisation der Kulte« vom 8.4.1802 (die sog. »organischen Bestimmungen« vom 18. Germinal im Jahr X der Revolution, die auch die protestantischen Religionsgemeinschaften offiziell anerkannte und organisierte). Die erbitterte Feindschaft zwischen einer katholischen Kirche, die damals auf der Seite der Monarchie und der Aristokratie stand, und den Verfechtern der Ideale einer bürgerlichen Revolution, die auch zu Entchristianisierungsbewegungen, zum Vernunftkult und zum Kult des »Höchsten Wesens« geführt hatte, wurde aber mit dem Konkordat keinesfalls beendet. Im Gegenteil, sie wurde durch die Ausweitung der Einfluß- und Kontrollmöglichkeiten der katholischen Kirche auf das Erziehungswesen während der sogenannten »Zweiten Republik« (»Lex Falloux« von 1850) und vor allem durch die Säkularisierung des Schulwesens durch die Republikaner nach ihrem politischen Sieg 1870 wieder entfacht.

Die katholische Kirche galt damals für die Liberalen als Bollwerk der vorrevolutionären politischen und gesellschaftlichen Ordnung und als Verkörperung des Obskurantismus, der feindseligen, dogmatischen Haltung gegen die Aufklärung und den Rationalismus. Die Republikaner fühlten sich durch die Verdammung der modernen Welt im »*Syllabus errorum*« von 1864 und durch die Erhebung der Unfehlbarkeit des Papstes zum Dogma während des Ersten Vatikanischen Konzils 1870 in ihrer Meinung bestätigt. Die Verbreitung der Ideen des Positivismus und des Szientismus mit ihrer strikten Ablehnung jeder Art von metaphysischem Denken im Namen einer unanfechtbaren, aus den Wissenschaften errungenen Wahrheit hat die Kluft zwischen den Verfechtern der Moderne und des Katholizismus noch vertieft. Nachdem die Republik gefestigt war, nahmen die Republikaner eine Reihe von Maßnahmen auf, die alle darauf zielten, den Einfluß der katholischen Kirche zu begrenzen: 1880 erließen sie über 261 nicht anerkannte Ordensgemeinschaften ein Verbot; 1881

---

2 Grosser, A.: Vernunft und Gewalt. Die französische Revolution und das deutsche Grundgesetz heute, München/Wien 1989, S. 50f.

wurden die Krankenhäuser, die Beerdigungsinstitute und die Friedhöfe säkularisiert. Das Kruzifix mußte von den Gerichtshöfen sofort und von den Schulklassen allmählich entfernt werden. Vom März 1882 bis Oktober 1886 wurden auf Anregung des Schulreformers Jules Ferry »laizistische Gesetze« für die öffentlichen Primarschulen verabschiedet. Jede Spur von konfessionellem Inhalt wurde aus den schulischen Lehrplänen entfernt, die Unterweisung der Religion innerhalb der Schulgebäude wurde abgeschafft, und der Zugang zu den staatlichen Grundschulen wurde den geistlichen Lehrern versperrt.[3] Zwischen 1902 und 1904 schloß Émile Combes die Privatschulen, in denen Ordensbrüder oder -schwestern den Unterricht erteilten. Schließlich kam es 1905 zu einer strikten Trennung von Kirche und Staat.

Den Zeitraum von rund hundert Jahren, von den »organischen Bestimmungen« 1802 bis zur Trennung von Kirche und Staat 1905, kann man, dem Experten der französischen Laizität Jean Baubérot folgend, als die erste der zwei Stufen in der Säkularisierung Frankreichs betrachten: Die monopolistische Position der katholischen Kirche auf dem religiösen Markt wurde gebrochen, ihr Einfluß in der Politik und in der Gesellschaft immer stärker beschränkt und endlich wurde von dem religiösen Pluralismus offiziell Rechnung getragen (1802 wurden die lutherische und die reformierten Religionsgemeinschaften und 1808 die jüdische Religionsgemeinschaft offiziell anerkannt). Der Religion wurde aber damals noch eine wichtige gesellschaftliche Funktion beigemessen. Sie mußte die ethische Gesinnung und den Gemeinsinn der Bürger kraft ihrer moralischen Prinzipien stärken. Sogar in dem »*instruction morale et civique*« (Moral- und Staatsbürgerkundeunterricht), der ab 1882 den Moral- und Religionsunterricht in den öffentlichen Schulen ersetzte, mußten die Lehrer ihre Schüler an die »Pflichten vor Gott« erinnern. Allerdings zeugte eben die Einführung dieses Unterrichtsfachs in den öffentlichen Schulen von einer bedeutenden Stimmungsänderung: Beeinflußt vom Positivismus und Szientismus, engagierten sich damals immer mehr Republikaner, wie Jules Ferry, für die Durchsetzung einer »laizistischen Moral«, verstanden als eine universalistische humanistische Moral, eigenständig und ursprünglich gegenüber den einzelnen Religionen.[4] Die Konturen dieser »laizistischen Moral« sollten ihrer Meinung nach im Laufe der Entwicklung der Wissenschaften für jeden einzelnen immer schärfer und einleuchtender werden. Die Zeitschrift »*La revue de philosophie positive*« versuch-

---

3 Diese Maßnahme konnte jedoch nicht überall sofort durchgesetzt werden. 1914 gab es noch einige Ordensschwestern, die in staatlichen Schulen unterrichteten.
4 Die Idee von der Selbständigkeit der Moral gegenüber den Religionen wurde schon 1770 vom deutschen Philosophen und Enzyklopädisten Baron von Holbach in seinem Werk »*Le système de la nature*« (Das System der Natur) vertreten. Auch der französische Mathematiker und Philosoph Condorcet plädierte in seinem Schulreformentwurf vom 20. April 1792 für eine Trennung der Moral »von den Prinzipien der einzelnen Religionen.«

te eine solche Moral auf der Grundlage der neuen wissenschaftlichen Errungenschaften zu entwerfen.

So verschwand auch die letzte Rechtfertigung eines Bezugs zur Religion in der öffentlichen Sphäre, und mit der Trennung von Kirche und Staat wurde die zweite Stufe der Säkularisierung Frankreichs überschritten: Ab diesem Zeitpunkt wurde die Religion auf die Privatsphäre begrenzt. Vor allem die Instituteurs, die sogenannten »schwarzen Husaren der Republik«, haben sich damals – und diese Tradition lebt heute noch weiter – als Vorkämpfer der Ideale der Aufklärung, des Positivismus und Szientismus, der »laizistischen Moral«, der religiösen Neutralität (Laizität) in der Schule und der Einheit der Republik verstanden. Durch ihr militantes Engagement für die Universalität und ihren Nationalismus wurde der Lokalpatriotismus in Frankreich weitgehend zerstört. Trotz des gegenwärtigen Eifers für die Regionalisierung und Dezentralisierung Frankreichs übt in diesem Land der Mythos der hexagonalen Vollkommenheit weiterhin eine nicht zu unterschätzende Faszination aus.

Interkulturalität und Laizität an den französischen Schulen

Aufgrund der Entkolonisierung und im Laufe des europäischen Einigungsprozesses wurde jedoch allmählich die monokulturelle und laizistische Erziehung in Frankreich immer öfter hinterfragt.[5] Mehrere französische Pädagogen und Erziehungswissenschaftler haben in den Jahren 1975–1985 für die Einführung der Interkulturalität in der Schule plädiert. Einige Stimmen verlangten sogar die Unterweisung eines sogenannten »laizistischen Wertrelativismus« an den Schulen.[6] 1985 empfahlen zum Beispiel Gutachter aus dem renommierten »*Collège de France*« in dem Bericht »*Propositions pour l'enseignement de l'avenir*« (Empfehlungen zum Unterricht der Zukunft)[7], in den französischen Bildungsstätten eine Kombination von Universalität und Partikularismus anzubieten. Die Autoren unterstrichen die Notwendigkeit, die verschiedenen Weltkulturen mit einem »wissenschaftlichen« Abstand zu vermitteln. Im Unterricht sollten die Schüler sich zugleich die Universalität des wachsamen wissenschaftlichen Denkens und den Relativismus, »den uns die Sozialwissenschaften lehren«, zu eigen machen. Die Vermittlung einer kritischen Haltung sollte als Abwehrmechanismus gegen jede Form von ideologischem Druck politischer

---

5 Siehe meinen Beitrag »Die französische Debatte um Alterität und Kultur« in diesem Band.
6 Der Ethnologe Lucien Lévy-Bruhl hatte wohl als erster in seinem 1903 veröffentlichten Buch »*La morale et la science des mœurs*« (Die Moral und die Sittenwissenschaft) die Grundlagen eines laizistischen Werterelativismus formuliert. Er prangerte den Europazentrismus an und nahm für einen gemäßigten Relativismus Stellung. Vgl. Lévy-Bruhl, L.: La morale et la science des mœurs, Paris 1971[16].
7 Vgl. Le rapport du Collège de France in: Le Monde de l'Éducation 116 (1985)5, S. 62–68.

oder religiöser Art dienen. Es wäre den Autoren zufolge aber zugleich auch angebracht, die Relativität jeder Kultur – auch bzw. vor allem die der westlichen Welt – hervorzuheben, andere Kulturformen zu studieren und sie zu akzeptieren. Durch die Entdeckung der Verschiedenheiten und die Ausübung der Solidarität sollte man die Toleranz zwischen den »Zivilisationen« lernen. Vor allem sollte man sich von der Tradition des europäischen Ethnozentrismus definitiv abwenden.

Der französische Ethnozentrismus wurde Mitte der 70er Jahre auch durch Maßnahmen und Initiativen gelockert, die vor allem auf verschiedene Empfehlungen, Beschlüsse und Projekte des Europarats bzw. der »*Standing Conference of European Ministers of Education*« und auf ein Aktionsprogramm vom 9. Februar 1976 mit Studien und Modellversuchen sowie eine Richtlinie vom 25. Juli 1977 (77/486/EWG) der Europäischen Gemeinschaft zurückzuführen waren. Nach einer Probezeit mit portugiesischen Schülern wurde in Frankreich 1975 offiziell eine Unterweisung der Migrantenkinder – vor allem in der Primarstufe – in ihren Herkunftssprachen und -kulturen innerhalb des *Enseignement de Langues et Cultures d'Origine – ELCO –* eingeführt. Sie wird von den konsularischen Vertretungen organisiert und meist außerhalb der regulären Unterrichtszeit von im Herkunftsland ausgebildeten Lehrern erteilt. Im Schuljahr 1989/1990 waren über 112.000 Schüler aus acht Herkunftsländern (Portugal, Italien, Spanien, Algerien, Tunesien, Marokko, der Türkei und Exjugoslawien) und 1.429 Lehrer an diesem Unterricht beteiligt. Es handelt sich um 3 bis 3,5% der Schüler der Primarstufe und der zum Zweck der Erstaufnahme von Migrantenkindern eingerichteten Sonderklassen (*classes d'initiation* und *classes d'adaptation*) bzw. um etwa ein Drittel aller Schüler aus den acht Herkunftsländern. 1976 sind auch »*Centres de Formation et d'Information pour la Scolarisation des Enfants de Migrants*« – CEFISEM (Bildungs- und Informationszentren für die Einschulung der Migrantenkinder) – gegründet worden, um die Einschulung und schulische Betreuung der Migrantenkinder zu verbessern. Ein wichtiger Teil ihrer Tätigkeit war damals, den obenerwähnten ELCO-Unterricht durch die Aufnahme und die Fortbildung der Lehrer zu unterstützen. Bis 1984/1985 traten die Bildungs- und Informationszentren engagiert für die interkulturelle Erziehung ein. In den Jahren 1980 bis 1983 haben sie Teamworks organisiert und interkulturelle pädagogische Schulprojekte eingeleitet. Seitdem haben sie jedoch den Schwerpunkt ihrer Tätigkeit von der Erziehung zur Interkulturalität auf die Integration der Migrantenkinder verlegt. Andere französische Initiativen aus den 70er Jahren sind das Amt für Migrantendokumentation »*Documentation Migrants*« des »*Centre National de Documentation Pédagogique*« – CNDP (Nationalen Zentrums für pädagogische Dokumentation) – mit seinen beiden Zeitschriften »*Migrants-Formation*« und »*Migrants Nouvelles*« und die kleine Arbeitsgruppe des elitären Oberseminars für Lehrer »*École Normale Supérieure*« von Saint-Cloud, die unter der Obhut des »*Centre de*

Recherche et d'Étude pour la Diffusion du Français« – CREDIF (Forschungs- und Studienzentrums für die Ausbreitung der französischen Sprache) – steht und pädagogische Schriften über die Interkulturalität veröffentlicht hat. Im März 1984 hat außerdem der damalige Bildungsminister, Alain Savary, eine Kampagne *»vivre ensemble«* (für das Zusammenleben) mit einer Hervorhebung der interkulturellen Erziehung in die Wege geleitet.[8]

Savary hat auch das Erlernen der Regionalsprachen (der baskischen, bretonischen, katalanischen, korsischen und okzitanischen Sprache sowie des elsässischen Dialekts) erleichtert. Die Schüler können eine dieser Sprachen als Pflichtfach für die Schulabschlußprüfung nehmen. 1993 lernten rund 130.000 französische Schüler eine der Minderheitssprachen und rund 150.000 den elsäsischen Dialekt[9], der im Elsaß faktisch als Deutschunterricht erteilt wird. Gleichwohl hat sich Frankreich am 5.11.1992 geweigert, die vom Europarat entworfene *»European Charter for Regional or Minority Languages«*[10] zu unterschreiben, mit der Begründung, sie würde gegen die »Gleichheit der Staatsbürger«, gegen den Artikel 2 der Verfasssung (»die Sprache der Republik ist Französisch«) und gegen das Edikt von Villers-Cotterêts von 1539, welches das Verfassen der ersten öffentlichen Urkunde in der französischen Sprache vorsah, verstoßen.[11]

Seit Mitte der 80er Jahre hat in Frankreich ohnehin die Interkulturalität rasch an Anziehungskraft verloren.[12] Jean-Pierre Chevènement, ein überzeugter linker Jakobiner, wurde im Juli 1984 neuer Bildungsminister an der Stelle von Savary, der in seinem Versuch, die Privatschulen enger an das öffentliche Schulsystem zu binden, gescheitert war. Chevènement legte wieder Wert auf soziale

---

8   Vgl. zu diesem Problemfeld der Schulbildung von Migrantenkindern in Frankreich: Boos-Nünning, U. u.a.: Aufnahmeunterricht, Muttersprachlicher Unterricht, Interkultureller Unterricht, München 1983; Reid, E./Reich, H. (Hrsg.): Breaking the Boundaries, Clevedon 1992; Reich, H./Gogolin, I. (Hrsg.): Migrantenkinder in den Schulen Europas, Versuche und Erfahrungen, Münster/New York 1990 (6 Bde., 2 weitere in Vorbereitung); Lynch, J.: Multicultural Education in Western Europe. In: Banks, J. A./Lynch, J. (Hrsg.): Multicultural Education in Western Societies, London u.a. 1986, S. 125–152, S. 129–135; Porcher, L.: The Education of Children of Migrant Workers in Europe. Interculturalism and Teacher Training, Strasbourg 1981; Council of Europe (Council for Cultural Cooperation), The CDCC's Project N 7: The education and cultural development of migrants, Strasbourg 1986; Kommission der Europäischen Gemeinschaften, Bericht über die Schulbildung von Migrantenkindern in der Europäischen Union, Brüssel 1994.
9   Vgl. Le Monde vom 21. Januar 1993, S. 17.
10 European Treaty Series Nr. 148.
11 1994 haben in Frankreich 1.655 Schüler eine von 40 sogenannten »seltenen« Fremdsprachen (Vietnamesisch, Türkisch, Serbokroatisch, Persisch, Finnisch, Tamil usw.) als Pflichtfach für die Schulabschlußprüfung wählen können. Mehr als 100.000 andere haben sich dagegen für eine der sechs internationalen Fremdsprachen Englisch, Deutsch, Spanisch, Russisch, Portugiesisch und Italienisch entschieden. Ein Erlaß vom 17.3.1994 begrenzt ab 1995 die Zahl der als Pflichtfach vorgesehenen Fremdsprachen auf 14. Es handelt sich um: Deutsch, Englisch, Arabisch, Chinesisch, Dänisch, Spanisch, Griechisch, Hebräisch, Italienisch, Japanisch, Niederländisch, Polnisch, Portugiesisch und Russisch. Andere Sprachen können als Wahlfach belegt werden. Vgl. Le Monde vom 26./27. Juni 1994, S. 8.
12 Dies war die Folge der Rückbesinnung vieler französische Intellektuelle auf den Jakobinismus. Diese Entwicklung wird in meinem Beitrag »Die französische Debatte um Alterität und Kultur« in diesem Band geschildert und erörtert.

Integration und Anpassung an das laizistische Weltbild.[13] Seitdem wird man an den französischen Schulen einer für ein gelungenes Zusammenleben von Minderheiten und Mehrheiten notwendigen Dezentrierung zuwenig gerecht. Die Schüler, die zur ersten Migrantengeneration gehören, müssen an erster Stelle die französische Sprache erlernen, um grundsätzlich am gemeinsamen Unterricht teilnehmen zu können. Bei Bedarf sollten sie theoretisch alle einen Förderunterricht in Französisch in den »*classes d'initiation*« (»Vorbereitungsklassen«) des Primarschulwesens und in den »*classes d'adaptation*« (»Anpassungsklassen«) des Sekundarschulwesens erhalten. Da aber die Zahl dieser Schulklassen begrenzt ist (1986 gab es 201 »Anpassungsklassen«), werden sie zum Teil auch in Sonderschulklassen für Lernbehinderte (in den »*Sections d'Éducation Spécialisée*« – SES) eingeschult. Diesen (Sprach-)Ethnozentrismus versucht man zu rechtfertigen, indem man auf die notwendige Förderung der Chancengleichheit zugunsten der Migrantenkinder hinweist. Leider zeigen die Statistiken, daß dieser Wunsch bisher nicht in Erfüllung gegangen ist. Im übrigen trifft die folgende Bemerkung Frank-Olaf Radtkes über den Sprach- und Förderunterricht in der Bundesrepublik auch für das französische Schulsystem zu: »Der Sprach- und Förderunterricht reproduziert tendenziell in den Schulen die soziale Isolierung, Ausgrenzung und Ghettoisierung der Ausländer, die für die Lebenssituation dieser Bevölkerungsgruppe in der Gesellschaft insgesamt gilt.«[14] Es ist zu hoffen, daß neue Initiativen der EU für die Schaffung des erwünschten »gemeinsamen europäischen Raumes für die Bildung« das Interesse der französischen Schulpolitiker, Schulverwalter und Pädagogen für das interkulturelle Lernen neu beleben wird. Gemeinsam mit einem Gymnasium aus Besançon arbeiten schon jetzt zwei Schulklassen im Gymnasium Darius-Milhaud aus dem Kremlin-Bicêtre (Val-de-Marne) mit italienischen, deutschen, spanischen, luxemburgischen und englischen Schulen an einem Projekt über die Aufnahme der Ausländer und den Multikulturalismus zusammen.[15]

Aufgrund wachsender gewaltsamer Spannungen in vielen französischen vorstädtischen, ghettoähnlichen Trabantensiedlungen werden von der Regierung immer mehr Maßnahmen zur Bekämpfung der sozialen Ausgrenzung von Migrantenkindern bzw. von den Kindern aus den unteren Schichten getroffen: 1981 wurden die ersten *Zones d'Éducation Prioritaires* – ZEP – gegründet, in denen verschiedene öffentliche und nichtöffentliche, schulische und nichtschulische Einrichtungen gemeinsam arbeiten sollen und pädagogische Experimente erprobt werden. Seit 1992 werden Sekundarschulen als »*sensible*« eingestuft,

---

13 Vgl. hierzu Lorcerie, F.: Interculturel, intégration et politique de la ville: deux perspectives, un projet. In: Éducation et pédagogies, spécial »De l'interculturel en éducation« 19 (1993), S. 65–73. Eine Erklärung dieser Entwicklung liefert mein in Anmerkung 12 genannter Beitrag.
14 Radtke, F.-O.: Magische Praxis – Ursprünge und Folgen der Maßnahmen-Pädagogik. In: Bildung und Erziehung, Beiheft 2/II, II. Teilband, Köln 1985, S. 477.
15 Vgl. Le Monde vom 23. Juni 1994, S. 15.

also als soziale Brennpunkte, die aus diesem Grund besondere Mittel zugeteilt bekommen. Die schulische Erziehung ist ferner ein wichtiger Bestandteil der neuen sogenannten »Stadtpolitik«, die darauf abstellt, durch gezielte Maßnahmen (Sanierungen, Verbesserung der Bildungsangebote, Arbeitsbeschaffungsmaßnahmen usw.) und auf der Basis einer Partnerschaft zwischen den öffentlichen Institutionen der Ausgrenzung der in den berüchtigten Trabantenstädten wohnenden Bevölkerung entgegenzutreten. Priorität hat aber dabei keineswegs die Bewahrung der Herkunftskulturen der Einwandererkinder, sondern die Verminderung des sozialen Gefälles.

Der obenerwähnte ELCO-Unterricht wird zwar weiter erteilt, die Lehrer aus dem Maghreb und der Türkei werden jedoch an den Schulen oft marginalisiert und nicht selten als mögliche Träger des islamischen Fundamentalismus gesehen, was dem Ansehen ihres Faches auch in den Augen der Einwanderer schadet. Außerdem haben die neue Betonung der Integration, die Tatsache, daß die Herkunftssprache in der zweiten Generation sogar zu Hause oft nicht mehr gesprochen wird und sonst keinen großen Nutzen für die Zukunft hat, die zusätzliche schulische Belastung, die aus der Verbreitung des Frühfremdsprachenunterrichts an den französischen Primarschulen entstanden ist, sowie die Angst vor dem Schulversagen in einem stark auf Selektion ausgerichteten Schulsystem eine negative Auswirkung auf die Bereitschaft der Betroffenen, sich an einem solchen freiwilligen Zusatzunterricht zu beteiligen. In einem Bericht vom 26. Juni 1995 machte das »*Haut Conseil à l'intégration*« auf die Schwäche des ELCO-Unterrichts aufmerksam und schlug vor, ihn nach dem Modell des Fremdsprachenunterrichts neu zu gestalten.

Der Laizismus kennt jetzt einen neuen Zulauf. Die Front der Anhänger des Laizismus schien zwar 1984 zu bröckeln, nachdem knapp eine Million Menschen auf die Straßen von Paris und anderer französischer Großstädte gegangen waren, um die Rechte der zu 95 Prozent katholischen, nicht selten elitären Privatschulen, die sich mit dem Staat vertraglich geeinigt haben, zu verteidigen. Der damalige sozialistische Bildungsminister Alain Savary hatte zuvor versucht, diese privaten Bildungsstätten enger in das öffentliche Bildungssystem einzubeziehen. Nach den gewaltigen Demonstrationen wurde der Gesetzentwurf zurückgezogen, und der Minister mußte zurücktreten.

Le Monde vom 16. Mai 1992, S. 11

Die Laizisten hatten jedoch längst nicht ihr letztes Wort gesprochen. Dies zeigte sich an dem Ausmaß des Widerstands, als die neue bürgerliche Regierung 1993/1994 die »Lex Falloux« von 1850 vergeblich zu revidieren versuchte, um die Finanzierung der Investitionen der privaten Sekundarschulen durch die territorialen Gebietskörperschaften zu erleichtern. Für viele Verfechter des Laizismus würde dies indirekt die Macht der Kirche stärken und die Neutralität, die ihrer Meinung nach vor allem in den öffentlichen Bildungsstätten gewährleistet wird, gefährden. Seit der Französischen Revolution stehen trotz aller neueren Entwicklungen immer noch die religiösen Gemeinschaften – in erster Linie die katholische Kirche – unter dem Verdacht, Machtansprüche zu erheben und gegenaufklärerische Züge anzunehmen.

Anfang 1994 hat das französische Verfassungsgericht (*Conseil constitutionnel*) den Artikel 2 der neuen Fassung der »Lex Falloux«, die gerade vom Parlament verabschiedet worden war, für verfassungswidrig erklärt. Dieser Artikel hätte es den territorialen Gebietskörperschaften ermöglicht, mehr als die 10 Prozent der Investitionskosten der privaten Sekundarschulen, die das Gesetz Falloux als Höchstgrenze vorgesehen hatte, zu übernehmen. Nach dem Verfassungsgericht verstößt dieser Artikel gegen das Prinzip der Gleichbehandlung aller Schulen und Schulformen: Die bürgerlich orientierten Gemeinden hätten mehr Zuschüsse für die Privatschulen ausgeben können als die sozialistisch orientierten, und es wäre nicht auszuschließen, daß manche Privatschulen günstiger behandelt worden wären als die öffentlichen Schulen. Trotz der Entscheidung des Verfassungsgerichts demonstrierten am 16. Januar 1994 in Paris mehr als 600.000 Menschen für den »Schutz« des öffentlichen Schulwesens (*la défense de l'école publique*).

Der gescheiterte Versuch, einen Religionskundeunterricht an den französischen Schulen einzuführen

Aufgrund der seit kurzem wieder auftauchenden fundamentalistischen Tendenzen in verschiedenen Religionsgemeinschaften ist deswegen auch der Versuch, Religionskundeunterricht an staatlichen Schulen einzuführen, gescheitert. In Frankreich wird in der Regel kein Religionsunterricht an den öffentlichen Schulen erteilt. Allein im Elsaß und im Mosel-Departement findet ein solcher Unterricht statt, da diese Gebiete sich von 1871 bis 1918 unter deutscher Herrschaft befanden, als der Religionsunterricht an den öffentlichen Schulen Frankreichs abgeschafft wurde. Dort gilt heute noch die frühere französische Gesetzgebung. In den anderen Teilen Frankreichs wird Religion nur an den Privatschulen unterrichtet. Eine seelsorgerliche Betreuung der Schüler ist allerdings auch an den öffentlichen Schulen möglich (in den *aumôneries* der Sekundarschulen zum Beispiel).

Einige Intellektuelle, darunter der protestantische Denker und Experte der französischen Laizität, Jean Baubérot[16], oder die Islamexperten Mohamed Arkoun und Bruno Étienne dachten Ende der 80er Jahre, die Zeit wäre in dem multiethnischen und multireligiösen Frankreich gekommen, die französische Laizität zu reformieren und einen nichtkonfessionellen Religionskundeunterricht an den öffentlichen Schulen einzuführen. Diese Maßnahme sollte vor allem helfen, den »religiösen Analphabetismus« der jungen Franzosen zu beheben und den Sinn der Schüler für Toleranz gegenüber anderen Glaubensrichtungen – insbesondere gegenüber dem Islam – zu schärfen. Außerdem sollte sich dadurch das französische Schulsystem den anderen europäischen Schulsystemen annähern: Frankreich hat das Abkommen der Europaschulen unterschrieben, das in diesen neuen Bildungsstätten die Erteilung eines Religionsunterrichts vorsieht.

Dieser Wunsch ist allerdings nicht in Erfüllung gegangen: Zwar hat selbst die laizistische »*Ligue française de l'Enseignement*« (Französische Liga der Bildung) den heutigen Mangel an religiösen Kenntnissen der französischen Schüler als ein auszugleichendes Defizit betrachtet, und Nachfragen haben gezeigt, daß eine Mehrheit der Franzosen (66% im Jahre 1988 und 59% im Jahre 1991) der Einführung eines wissenschaftlich konzipierten Faches »Religionsgeschichte« an den öffentlichen Schulen zustimmen würde. Doch ist es den Verfechtern des Laizismus jetzt in einem Kraftakt gelungen, diesen Prozeß zu stoppen, indem sie auf das Wiedererwachen der religiösen Intoleranz und des Fundamentalismus hingewiesen haben, vor allem auf die »Affären« Scorsese und Rushdie. Angesichts dieser Situation könnte nach ihrer Meinung der Religionskundeunterricht leicht auf die schiefe Bahn geraten und sich zu einem Forum des religiösen Fanatismus entwickeln. Außerdem deuteten sie auf eine mögliche Einflußnahme der (katholischen) Kleriker auf das neue Fachgebiet wie auch auf die schwierigen Fragen der Ausbildung der zukünftigen Religionslehrer und des gerechten Umgangs mit dem Islam während des Unterrichts hin. Einige – so zum Beispiel die Philosophieprofessorin Catherine Kintzler – meinten, es würde keinen Grund geben, Religion und nicht Mythologie in der Schule zu unterrichten.

Ein Religionskundeunterricht würde darüber hinaus die kulturellen Unterschiede zwischen den Schülern nur verschärfen und so zu neuen Spaltungen führen. Der Auffassung der Verfechter des Laizismus nach sei es ohnehin für eine Gesellschaft keinesfalls notwendig, irgendeine Religion zu haben, um zu bestehen. Schließlich bestünde die Gefahr, daß die Kleriker einen solchen Unterricht wie ein Trojanisches Pferd nutzen würden, um ihren Einfluß zu

---

16 Vgl. Baubérot, J.: La laïcité, quel héritage de 1789 à nos jours?, Genf 1990; ders., Vers un nouveau pacte laïque?, Paris 1990.

verstärken. Andere, wie der Philosophielehrer Guy Coq[17], zeigten sich weniger streitsüchtig. Sie betonten aber die Schwierigkeit, einen neutralen Ort für die Ausbildung der neuen Lehrkräfte zu finden und warnten vor einer zu großen Ausdifferenzierung oder aber Konfessionalisierung des Lehrinhalts eines solchen Fachs.[18]

In den durch und durch säkularisierten neuen Bundesländern findet man oft unter den Intellektuellen eine ähnliche Ablehnung des Religionsunterrichts. Selbst der als Alternative zum Religionsunterricht in Brandenburg entworfene Modellversuch »Lebensgestaltung, Ethik, Religion« (LER) wurde von den Freidenkern als »Trojanisches Pferd der Kirche« bezeichnet. Sie befürchten, daß das neue Pflichtfach durch die Kirchen vereinnahmt wird. Das Mitglied des Berliner Landesvorstandes des Humanistischen Verbandes Deutschlands, Bruno Osuch, zitiert als Grund seiner Befürchtungen die folgende Äußerung der ehemaligen Schulministerin Marianne Birthler: »Wir geben mit dem Modellversuch der Kirche die Chance, sich an alle Jugendliche zu wenden.« Er sieht eine »schleichende Funktionalisierung« des Faches durch die Kirchen vor allem in der vorgesehenen Einführung einer sogenannten »Differenzierungsphase«, »in der die Schüler (oder die Eltern) zwischen Lebensgestaltung/Ethik sowie einem konfessionellen Religionsunterricht wählen müssen.« Wie die französischen Anfechter des Laizismus ist er der Auffassung, daß Religion und Weltanschauung gerade im aufgeklärten Berlin und Brandenburg »vornehmste Privatsache der Welt« bleiben sollten. Konfessionellen Religionsunterricht und staatliche Angebote auf eine Ebene zu setzen würde faktisch eine Aufhebung der Trennung von Kirche und Staat in diesem Bereich bedeuten. Der Humanistische Verband Deutschlands sieht den weltlichen Humanismus als eine demokratische, nicht-religiöse, ethisch begründete Lebensauffassung.[19] Allerdings haben die virulenten Angriffe von Politikern der CDU/CSU und von Bürgern gegen den Beschluß des Bundesverfassungsgerichts von 1995, der die Kruzifixe in bayerischen Klassenzimmern als Verletzung der Glaubensfreiheit anderer, wenn sie damit nicht einverstanden sind, betrachtete, gezeigt, daß, zumindest in Bayern, Religion noch heilig ist.

Kein Politiker, sei er aus dem linken oder aus dem rechten politischen Spektrum, würde in Frankreich das Risiko auf sich nehmen, mit der Einführung des Religionskundeunterrichtes in den öffentlichen Schulen einen neuen »Schulkrieg« (»*guerre scolaire*«) auszulösen. Aus diesem Grund wird man höch-

---

17 In Frankreich wird die Philosophie im letzten Schuljahr vor der Abschlußprüfung unterrichtet. Dieses Fach sollte ursprünglich auch dazu dienen, die Fächer Religion und Ethik durch eine rein laizistische Unterweisung zu ersetzen.
18 Vgl. Le Monde des Débats 12 (1992)3, S. 10–11.
19 Vgl. Osuch, B.: Ein trojanisches Pferd der Kirche. Der Modellversuch »Lebensgestaltung, Ethik, Religion« aus Sicht der Freidenker. In: Tagesspiegel vom 31.8.1993, S. 15.

stens empfehlen, wie es der Rektor der Akademie von Besançon, der Historiker Philippe Joutard, in einem Bericht von September 1989 tat[20], innerhalb der Schule das Thema Religion in den Fächern »Geschichte«, »Kunst«, »Französisch« und »Philosophie« gründlicher als bisher zu bearbeiten.[21] Interessante Experimente werden in einigen »*collèges*« (Oberschulen) in dieser Richtung durchgeführt. Ein Jahr lang hat außerdem die Religionssoziologin Danièle Hervieu-Léger zusammen mit anderen Experten eine Reihe von Vorträgen im »*lycée*« (Gymnasium) Buffon in Paris über die heutigen Entwicklungen der verschiedenen religiösen Milieus gehalten. Dadurch ist aber eine notwendige und ernsthafte Auseinandersetzung der Kinder von Einwanderern arabischer Herkunft mit ihrer Religion, dem Islam, kaum zu erreichen. Den französischen Kindern und Jugendlichen wird ein Zugang zu anderen Kulturen und Glaubensrichtungen auch künftig weitgehend versperrt bleiben. Es ist zu erwarten, daß aufgrund von tiefer Unkenntnis seitens der Lehrer diese wichtige Dimension des Lebens an den französischen öffentlichen Schulen weiterhin überhaupt nicht behandelt oder zumindest zu kurz kommen wird.

Sogar die Unterweisung moslemischer Schüler in ihrer Herkunftssprache und -kultur (ELCO-Unterricht) ist vor kurzem von einigen berühmten Intellektuellen wie dem Historiker Jacques Le Goff oder dem Islamspezialisten Olivier Roy im Namen des Laizismus als verdeckter islamischer Religionsunterricht und als geheimes Forum des Fundamentalismus diskreditiert worden.[22] Daß diese Angst weitgehend unbegründet ist, wird nur von wenigen Spezialisten wahrgenommen. Die Sozialwissenschaftlerin Françoise Lorcerie bemerkt zum Beispiel in Anlehnung an einen Bericht der Schulaufsichtsbehörde von 1992, daß im Rahmen des ELCO-Unterrichts die Religion nur einen sehr eingeschränkten Platz einnimmt und daß die moslemischen Lehrer, die allesamt Ausländer sind, durch Staaten (Algerien, Marokko, die Türkei) ausgewählt werden, die selber mit dem islamischen Fundamentalismus zu kämpfen haben und deswegen überhaupt nicht geneigt sind, ihn in Frankreich verbreiten zu lassen. Für den französischen Staat hat sogar der ELCO-Unterricht eine regulative Funktion: Er soll verhindern, daß eine zu rasche und radikale Trennung der Kinder von ihren Herkunftsländern zu einer nicht mehr kontrollierbaren Mobilisierung von Gemeinschaftsidentitäten führt und daß dadurch aus den

---

20 Vgl. die Zeitschrift Éducation et pédagogie 7 (1990)9.
21 Die Zeitschrift »Le Monde de l'Éducation« vom Juli–August 1991 (S. 20–38) bewertete die Ergebnisse der Umfrage von 1991 und vermittelte dabei den Eindruck, die Einführung eines Faches »Religionsgeschichte« an den öffentlichen Schulen sei nur noch eine Frage der Zeit. Ein Jahr später mußte Jean Baubérot in »Le Monde des Débats« (Dezember 1992, S. 10) verbittert feststellen, daß eine solche Entwicklung durch diverse Ängste unmöglich gemacht wurde.
22 Vgl. Le Goff, J.: Derrière le foulard, l'histoire. In: Le Débat 58 (1990), S. 21–33 und Roy, O.: L'islam en France: religion, communauté ethnique ou ghetto social? In: Lewis, B./Schnapper, D. (Hrsg.): Musulmans en Europe, Arles 1992, S. 73–88. Im Schuljahr 1989/1990 haben 55% der Kinder türkischer Herkunft, 20% der Kinder algerischer Herkunft und 25% der Kinder marokkanischer Herkunft an diesem Unterricht teilgenommen.

kulturellen »Gruppen an sich« »Gruppen für sich« mit starkem Gruppenbewußtsein und einem Anspruch, von den französischen öffentlichen Behörden als Minderheiten anerkannt zu werden, entstehen.[23]

Der Traum von einem »laizistischen Islam«

Das Verbot des Zugangs zum Unterricht für Mädchen, die das moslemische Kopftuch tragen, an der Oberschule »Havez« von Creil in der Nähe von Paris im Herbst 1989 ist ein weiterer Hinweis für den Mangel an Aufgeschlossenheit im französischen Erziehungswesen. Der Oberschuldirektor Ernest Chénière – inzwischen ist er gaullistischer Abgeordneter geworden – hat diese Art und Weise, sich anzuziehen, als Verstoß gegen den laizistischen Grundsatz der französischen Schule verstanden, da die Mädchen das Kopftuch nicht aus folkloristischen, sondern aus religiösen Gründen getragen haben. Organisationen wie »*France Plus*«, die sich für die völlige Assimilation der Ausländer einsetzen, nahmen für das Verbot Stellung mit der Begründung: Die Laizität sei das »Rückgrat der Freiheit und der Demokratie« und sollte deswegen keine Ausnahme akzeptieren. Ein anderer Grund wurde oft in der darauffolgenden Debatte hervorgehoben: Den Schleier zu tragen, ein Zeichen der Unterwerfung der Frauen, verstoße gegen die Rechte der Frauen. Man könne nicht zulassen, daß dies gerade an dem Ort geschieht, wo Kinder einen Sinn für Demokratie und Recht erwerben sollen. Diese Affäre hat die französische intellektuelle Szene gespalten. Viele stimmten mit Régis Debray überein, als er für die »traditionelle« radikale Laizität à la française Stellung nahm, oder mit Catherine Kintzler bzw. Alain Finkielkraut, als diese verlangten, man sollte doch die Schule der Republik vor dem Eindringen des Fundamentalismus bewahren. Diese Position wurde vor allem von der freimaurerischen und laizistisch gesinnten Loge »Grand Orient de France« eingenommen.

Andere waren dagegen gespalten. Sie erinnerten daran, daß der Laizismus sich schon immer zum Ziel gesetzt hatte, den Pluralismus zu bewahren und zu fördern, und daß sie eine Kritik jeglicher Auffassungen verlangt (Edgar Morin). Die »*Ligue française de l'Enseignement*« (französische Liga der Bildung) war geneigt, die ganze Auseinandersetzung als einen Ausnahmefall herunterzuspielen. Die Liga wurde zwar 1866 gegründet, um die laizistische Schule durchzusetzen, sie legt heute aber auch Wert auf die Anerkennung der kulturellen Eigenschaften. Wieder andere vertraten die These, die Minderheiten sollten das Recht

---

23 Hierzu Lorcerie, F.: L'Islam dans les cours de »langue et culture d'origine«: le procès, in: Revue Européenne des Migrations Internationales 10 (1994) 2, S. 5–33. Die Unterscheidung zwischen »Kulturgruppen an sich« und »Kulturgruppen für sich« wurde von Theodor Hanf eingeführt. Vgl. Hanf, Th.: Koexistenz im Krieg. Staatszerfall und Entstehen einer Nation im Libanon, Baden-Baden 1990, S. 38.

haben, ihre Sitten zu pflegen, solange sie nicht gegen die öffentliche Ordnung verstoßen. Der Soziologe und Historiker Jean Baubérot warf den Widersachern des Tragens des Schleiers während des Unterrichtes vor, sie würden die Schulklasse in einen sakralen Ort verwandeln, zumal sie das Schleierverbot nur in diesem einzigen Raum verlangten: Die zwei moslemischen Mädchen konnten sich mit ihren Schleiern in der Schulbibliothek aufhalten und durften dort, nicht aber in der nahe gelegenen Schulklasse unterrichtet werden. Die Auffassung dieser letzten Gruppe steht den Verfassern des vorher angesprochenen Berichtes des »*Collège de France*« von 1985 sehr nahe.

Die meisten Kirchen und religiösen Gemeinschaften haben in dieser Angelegenheit für die Religionsfreiheit Stellung genommen, jedoch mit unterschiedlichen Akzenten:

- Der konservative Flügel der katholischen Kirchenführung in Frankreich betrachtet die Laizität immer noch als eine Waffe, die gegen ihre Kirche gerichtet wird, und er würde sie deswegen nur zu gern weiter schwächen. Deswegen hat er sich eindeutig für das Tragen des Schleiers an den Schulen geäußert. Liberale katholische Intellektuelle wie Jean Delumeau, René Rémond, Émile Goichot haben sich auch dafür eingesetzt, allerdings nicht um der Laizität zu schaden, sondern mit dem Wunsch, sie offener zu gestalten.
- Geprägt durch eine »kontextuelle Theologie«, die sich für die Bewahrung der Sitten und Riten von Religionen aus anderen kulturellen Kreisen einsetzt, halten zwar die »progressiven« Protestanten, die sich eine Machtposition in ihren Amtskirchen verschafft haben, an der protestantischen Tradition der Unterstützung der Laizität fest, gleichzeitig sind sie aber für die Toleranz gegenüber anderen Kulturen und für eine multikulturelle bzw. interkulturelle Gesellschaft. Selbst die »*Fédération Protestante de l'Enseignement*« (Evangelischer Bund der Bildung) hat sich in der Affäre von Creil geweigert, den Standpunkt der Laizisten einzunehmen.
- Der Großrabbiner von Paris, Alain Goldmann, warf denjenigen, die das Tragen des Hidjab durch islamische Mädchen und der Kipa durch jüdische Jungen verbieten wollten, eine intolerante Haltung vor. Als Teilnehmer von Mikrominderheiten fühlten sich die meisten Protestanten und Juden von den radikalen Stellungnahmen vieler Politiker gegen das Tragen des Schleiers bedroht (von Bruno Mégret von der rechtsradikalen »Nationalen Front« bis zum Gaullisten Charles Pasqua, dem Liberalen Valéry Giscard d'Estaing oder dem Sozialisten und Jakobiner Jean-Pierre Chevènement). Sie solidarisierten sich mit der kleinen islamischen Minderheit.

Diese liberale Auffassung schien sich zunächst allmählich durchsetzen zu können. Am 27. November 1989 riet auf Anfrage des damaligen sozialistischen Bildungsministers Lionel Jospin (auch ein Protestant) der Staatsrat (das höhere Verwaltungsgericht, zugleich beratendes Kollegium bei der Gesetzgebung), daß angesichts der Grundprinzipien der Republik – vor allem der Meinungs- und Religionsfreiheit – das Tragen religiöser Zeichen allein an sich noch nicht gegen das Prinzip der Laizität verstoße, vorausgesetzt, sie werden nicht aufgrund ihres prahlerischen und fordernden Charakters zum Zwecke des Proselytismus und der Propaganda benutzt, sie sind kein Hindernis für die unterrichtliche Tätigkeit und sie gefährden nicht die Ordnung innerhalb des Schulgebäudes. Am 2. November 1992 hob derselbe Staatsrat die vom Oberschuldirektor Ali Boumahdi verhängte Verweisung zweier türkischer Schülerinnen und einer französischen Schülerin algerischen Ursprungs von der Schule Jean-Jaurès in Montfermeil (Seine-Saint-Denis), die ein Kopftuch getragen hatten, auf mit der Begründung, daß das Tragen des Schleiers an den öffentlichen Schulen *nicht allgemein* verboten werden kann, solange es nicht als Druck-, Provokations-, Bekehrungs- oder Propagandamittel benutzt wird.[24]

Laut Meinungsumfragen lehnten im Oktober 1989 mehr als die Hälfte der Befragten ein Verbot der Kopftücher an den öffentlichen Schulen ab (*I.P.S.O.S.- Institut – Journal du dimanche*). Die Meinungen haben sich jedoch aufgrund einer massiven Pressekampagne, die die Angst vor dem religiösen Fanatismus geschürt hat, innerhalb eines einzigen Monats schlagartig geändert: Im November 1989 waren jetzt drei Viertel der französischen Bevölkerung gegen das Tragen des Kopftuches an dieser Schule (1990 waren es 83 %[25]). Sogar 45 % der Moslems teilten diese Auffassung (I.F.O.P., November 1989).

Ab 1993 kam es zu weiteren Zwischenfällen, die sofort von Politikern der neuen regierenden Koalition ausgenutzt wurden, um die Unerläßlichkeit ihrer restriktiven Asylpolitik zu beweisen. Der neue Erziehungsminister, François Bayrou, erinnerte dann in einem Rundschreiben an die Schulleiter an die Entscheidung des Staatsrats, mahnte sie aber zugleich zur Wachsamkeit angesichts des wachsenden Fundamentalismus. Bayrou hat sich seitdem entschieden gegen das Tragen des Kopftuches in der Schule geäußert.[26] Die meisten Schulleiter und Lehrer versuchen durch Verhandlungen mit den Mädchen, die sich immer noch weigern, während des Unterrichtes das Kopftuch abzunehmen, und mit ihren Eltern dieses Ziel zu erreichen.

Wenn es nur um die Pflege kultureller Bräuche geht, können in Frankreich relativ unbürokratisch Lösungen gefunden werden: In vielen Schulkantinen wird jetzt selbstverständlich »Hallal«-Speise vorbereitet; zum Opferfest können die Schlachthöfe oder spezielle Schlachtorte benutzt werden. Aktivitäten mit einem Hauch von Fanatismus und Obskurantismus dagegen werden gnadenlos bekämpft. Radikale religiöse Gruppen können nicht auf die Unterstützung des

---

24 Vgl. Le Monde vom 4.11.1992, S. 10.
25 Vgl. Le Quotidien de Paris vom 10./11.2.1990, S. V.
26 Siehe das Interview mit François Bayrou im Nachrichtenmagazin »Le Point« vom 10.9.1994. Vgl. auch Le Monde vom 11./12.9.1994, S. 10 und vom 13.9.1994, S. 1 u. 12.

Du hast die Wahl: entweder aus deinem Zuhause oder aus der Schule rausgeschmissen zu werden.
Le Monde vom 11. November 1993, S. 16

Staates rechnen, wenn sie Privatschulen gründen wollen. So hat im Mai 1994 der Rat der Region Ile-de-France abgelehnt, den Bau eines privaten technischen Gymnasiums, das vom Staat vertraglich anerkannt ist, finanziell zu unterstützen, aus Angst, daß in dieser Schule, die von der radikalen jüdisch-orthodoxen Religionsgruppe der Lubawitscher Chassidim getragen wird, die Gewissensfreiheit der Schüler nicht genug geachtet werden könnte – trotz aller Versicherung der Auftraggeber in dieser Hinsicht und trotz ihrer Unterstützung durch den Großrabbiner Frankreichs, Joseph Sitruk.[27] Sitruk war übrigens kurz vorher selber unter Rechtfertigungszwang geraten, nachdem er den Juden empfohlen hatte, nicht am zweiten Wahlgang der Bezirkswahlen von 1994 teilzunehmen, da dieser mit dem Passahfest kollidierte. Sein Plädoyer für eine »Wiederjüdisierung« der Juden sorgt bis heute für Polemik innerhalb und außerhalb der jüdischen Religionsgemeinschaft.

Nun kann manchmal die Grenze zwischen einem kulturellen Brauchtum und einem Akt des Fanatismus fließend sein. Dies zeigt nicht nur die »Kopftuchaffäre«, sondern auch andere Vorkommnisse: Am 15. Januar 1993 sprach das Schwurgericht von Seine-Saint-Denis eine fünfjährige Freiheitsstrafe gegen eine Mutter aus Mali aus, die 1991 nach traditionellem Brauch ihr Mädchen hatte beschneiden lassen. Sie mußte darüber hinaus dem Verein »*S.O.S.-Femmes Alternatives*«, der Internationalen Liga der Frauenrechte und der Kommission für die Abschaffung der sexuellen Verstümmelung, die sie allesamt angeklagt hatten, einen symbolischen Geldbetrag geben.[28] Moslemische Schülerinnen müssen in Frankreich am Turn- und Biologieunterricht teilnehmen, auch wenn ihre Eltern diese Aktivität als sittenwidrig betrachten. Nur ein ärztliches Attest kann sie dieser Verpflichtung entheben. Moslemische bzw. jüdische Schüler in

---

27 Vgl. Le Monde vom 7.5.1994, S. 13.
28 Vgl. Le Monde vom 19.1.1993.

Frankreich müssen ohne Ausnahme während des Ramadans oder des Sabbats in die Schule gehen, und zwar trotz einer Zunahme der Anträge auf Dispens. Das Verwaltungsgericht von Nizza hat Anfang 1994 die Rechtmäßigkeit der Verweisung des jüdischen Schülers Yonathan Koen vom Lycée Masséna bestätigt. Dieser hatte sich geweigert, an den Unterrichtsstunden am Samstagmorgen teilzunehmen, um den Sabbat zu ehren. Nach der Auffassung des Richters sollte die Gewissensfreiheit der einzelnen Schüler in keiner Weise die Freiheit der anderen beeinträchtigen; sie sollte insbesondere keine negativen Auswirkungen für die Unterrichtstätigkeiten, den Inhalt der Lehrpläne und die Anwesenheitspflicht mit sich bringen.[29] Der Rabbiner Josy Eisenberg hat diese Entscheidung kritisiert. Er bemerkt, daß früher in solchen Fällen die französischen Schulleiter viel einfühlsamer und verständnisvoller reagiert haben, und stellt fest, daß die Französische Republik nicht so laizistisch sei, wie oft behauptet, zumal die meisten Feiertage des zivilen Kalenders einen klaren christlichen Ursprung hätten. Aufgrund der in der Verfassung verankerten Religionsfreiheit sollten auch einige andere, nichtchristliche Feiertage einbezogen und beachtet werden.[30] Dieser Wunsch wird sehr wahrscheinlich nicht in Erfüllung gehen. Wie in allen »jakobinischen oder kollektivistischen Gesellschaftsformen« steht weiterhin auch in Frankreich, trotz aller Bekenntnisse zur Universalität, die Kultur der Mehrheit im Mittelpunkt. Gleichzeitig klagte Eisenberg die Zunahme neuorthodoxer oder hyperorthodoxer Strömungen im französischen Judentum an. Diese Entwicklung hat zu einer Zunahme von religiösen Einrichtungen geführt: In den letzten dreißig Jahren hat sich die Zahl der jüdischen Schulen in der Region Ile-de-France verzehnfacht. Auch die Zahl der Synagogen, der Räume für Talmud- und Thorastudien und der koscheren Metzgereien ist stark gestiegen. Die Anerkennung der Mischehen und die Konversion zum Judentum wird zugleich immer schwieriger. Die orthodoxen Juden finden vorwiegend neue Anhänger unter den Sephardim, die am Ende des Algerienkrieges aus Nordafrika nach Frankreich eingewandert sind.[31]

Viele denken, die einfachste Lösung aller Probleme wäre eine Rückbesinnung der Juden auf den Laizismus und die Gründung eines Islams à la française, eines laizistischen Islams. Diese Idee wurde von den Protestanten Pierre-Patrick Kaltenbach und seiner Frau Jeanne-Hélène aufgegriffen. Pierre-Patrick Kaltenbach ist zugleich Mitglied des Rechnungshofes, ehemaliges Mitglied der Kommission für die Nationalität, ehemaliger Vorsitzender des »*Institut National des Études Démographiques*« – INED (Nationales Institut für demographische Studien) – sowie des »*Fonds d'Action Sociale*« – FAS (Sozialenfonds für die

---

29 Vgl. Le Monde vom 23.2.1994.
30 Vgl. Le Monde vom 21.4.1994, S. 2.
31 Vgl. den Artikel von Henri Tincq: Les crispations du judaïsme français, in: Le Monde vom 19.3.1994, S. 1 u. 13.

Gastarbeiter und ihre Familien). Jeanne-Hélène Kaltenbach war Lehrerin und ist heute Generalsekretärin der Bürgschaft-Genossenschaft »*Entreprendre en France*« (Unternehmen in Frankreich). Ihr gemeinsamer Essay »*La France, une chance pour l'Islam*« (Frankreich, eine Chance für den Islam)[32] hat für große Aufregung gesorgt. Die Kaltenbachs wünschen sich, daß nach dem Beispiel einer Benazir Bhutto eines Tages eine gläubige islamische Frau Bürgermeisterin einer Großstadt wie Marseille werden kann. Als Protestanten wünschen sie sich aber auch, daß im Islam zwischen Glauben und Gesetz getrennt wird: Sie sind für den Bau von Moscheen auch mit öffentlichen Mitteln, in denen die Gläubigen frei ihre Religion praktizieren können, lehnen aber die fundamentalistische Interpretation der Scharia (islamisches Rechtssystem) strikt ab. Als Voraussetzung für die Integration der Moslems in Frankreich sollte der Islam zumindest in diesem Land die Menschenrechte und den *Code civil* (französisches Bürgerliches Gesetzbuch) voll achten. Die Kaltenbachs stellen fest, daß in den verschiedenen moslemischen Staaten die Vorschriften des Islam sehr unterschiedlich ausgelegt werden. Als Vorbild könnten dienen: die tunesische Form der Heirat, die kein Verstoßen der Frauen und keine Polygamie kennt, die Adoption und die Rechte des unehelichen Kindes, wie sie im islamischen Teil Schwarzafrikas verstanden werden, das Erbrecht des Jemens bzw. des Irans, das auf diesem Gebiet Mädchen und Jungen dieselben Rechte zuspricht, oder die elterliche Gewalt Indonesiens, die den Männern keine Überlegenheit gegenüber den Frauen zuerkennt. Kurz: Der Islam sollte im laizistischen Frankreich eine Reformation erleben.

In die gleiche Richtung, wenn auch einen Schritt weiter, geht der frühere Berater zur Frage der Einwanderung des Innenministers Charles Pasqua, Jean-Claude Barreau, in einem im November 1991 veröffentlichten Buch: »*De l'Islam en général et du monde moderne en particulier*«[33] (Vom Islam im allgemeinen und von der modernen Welt im besonderen). Seiner Meinung nach sollte Frankreich im Gegensatz zu Nordamerika nicht versuchen, die Gemeinschaft der Moslems als solche zu integrieren. Es sollte sich eher darum bemühen, die französisch gewordenen Moslems als einzelne Individuen zu assimilieren. Ihre Religion sollte – wie jede andere Religion auch – im laizistischen Frankreich die Toleranz lernen. Barreau lehnt deshalb das gemeinschaftliche und multikulturelle Gesellschaftsmodell strikt ab. Nach dem Scheitern des 1990 vom früheren sozialistischen Innenminister Pierre Joxe gegründeten »*Comité de réflexion sur l'avenir de l'islam en France*« – CORIF (Beratender Ausschuß über die Zukunft des Islams in Frankreich) –, bestehend aus ca. 15 moslemischen Vertretern

---

[32] Paris 1991.
[33] Derselbe Autor hat einen weiteren Essay veröffentlicht: *De l'imigration en général et de la nation française en particulier* (Von der Einwanderung im allgemeinen und von der französischen Nation im besonderen), Paris 1992.

unterschiedlicher Tendenzen, unterstützt jetzt die bürgerliche Regierung die Versuche der unter Einfluß Algeriens stehenden Moschee von Paris, die Moslems in Frankreich föderativ zu organisieren: 1993 hat der Rektor der Moschee von Paris, Dalil Boubakeur, einen »Beirat der Moslems in Frankreich« gegründet. Dadurch wollte die französische Regierung auf keinen Fall die Entstehung einer anerkannten Minderheit fördern.[34] Sie strebte im Gegenteil die Durchsetzung eines französischen laizistischen Islams an, der gegen die Versuchung des Fundamentalismus geimpft ist. Um dem allmählichen Erstarken fundamentalistischer islamischer Bewegungen in den Trabantensiedlungen Frankreichs entgegenzutreten, unterstützt sie zugleich die harte Vorgehensweise der Militärregierung in Algerien gegen die Anhänger der »Islamischen Heilsfront« (FIS) und geht verstärkt mit polizeilichen Einsätzen gegen die militanten Islamisten in Frankreich vor.

Es ist bezeichnend für die derzeitige Rückbesinnung der französischen Politiker auf den Laizismus und europäischen Ethnozentrismus bzw. auf den Nationalismus, daß der vom Bildungsminister Bayrou im Mai 1994 vorgelegte »Neue Vertrag für die Schule« mit seinen 155 »Vorschlägen für die Zukunft« kein Wort über die notwendige Förderung des Unterrichtes in der Muttersprache und der heimatlichen Landeskunde, über »Interkulturelles Lernen«, das »Lernen in Kooperation« oder über die Unterweisung in Religionskunde innerhalb oder außerhalb der schon vorhandenen Unterrichtsfächer verliert. Lediglich eine Verbesserung des Fremdsprachenunterrichtes und eine Einführung in das »europäische und internationale Leben« innerhalb des Staatsbürgerkundeunterrichtes sind geplant. Die folgende Diagnose des Berichts der Kommission der EG über die Schulbildung von Migrantenkindern in der Europäischen Union von 1994 trifft für Frankreich voll zu: »In allen Mitgliedstaaten der EU ist die Qualität der Schulbildung zum Zentralthema der bildungspolitischen Debatten geworden. In dem Maße, in dem die Anwesenheit von Schülern ausländischer Herkunft als dauerhaftes Phänomen begriffen wird, das seinen Ausnahmecharakter völlig verloren hat, werden diese Schülergruppen deutlicher als zuvor als Bestandteil der ›normalen‹ Schülerpopulation gesehen, Lösungen werden verstärkt im Rahmen der allgemeinen Politik zur Modernisierung der Bildungssysteme gesucht und wirken umgekehrt auf diese zurück.«[35] Nun stellt sich die Frage, ob der Versuch, sich über die Herausforderung einer intensiven Auseinandersetzung mit dem anderen bzw. mit dem Fremden durch seine Assimilation an die Aufnahmengesellschaften hinwegzusetzen, nicht eine bequeme, aber

---

34 Zum Problem der anerkannten Minderheiten vgl. in diesem Band der Beitrag von Marek Prawda, »Der Umgang mit dem Fremden. Das Beispiel Polen – eine Gesellschaft im Wandel«.
35 Vgl. Kommission der Europäischen Gemeinschaften: Bericht über die Schulbildung von Migrantenkindern in der Europäischen Union, Brüssel 1994, Anlage 1: »die gemeinsamen Probleme: Die Maßnahmen der Mitgliedstaaten zur Schulbildung von Immigrantenkindern, Absatz 17.

letztendlich unbefriedigende und auf längere Sicht auch riskante Lösung ist. Die zentripetale Tendenz, die aus dem Selbstbezogensein des Menschen und der menschlichen Gruppen ausgeht, wird dadurch nur bekräftigt – mit allen möglichen gefährlichen Konsequenzen einer solchen Rückentwicklung in einen geschlossenen und erstarrten Ich-Zustand – und die Chance, sich selbst durch den Umgang mit dem Fremden in Frage stellen zu lassen und somit etwas Neues zu lernen – auch über sich selbst –, vertan. Es bleibt zu hoffen, daß das Zusammenwachsen Europas nicht nur die Regionalisierung und die Dezentralisierung Frankreichs beschleunigen wird, sondern auch zu einem offeneren Umgang der französischen Mehrheit mit den alteingesessenen wie auch mit den neuen, aus den Migrationsprozessen stammenden Minderheiten führen wird. Vor allem die französische Schule sollte wieder den Akzent auf die interkulturelle Erziehung und auf eine systematischere und effektivere Vermittlung der Regional- und Muttersprachen setzen.

Literatur

Angenendt, S.: Ausländerforschung in Frankreich und der Bundesrepublik Deutschland, Frankfurt a.M./New York 1992.
Barreau, J.-C.: De l'Islam en général et du monde moderne en particulier, Paris 1991.
Barreau, J.-C.: De l'imigration en général et de la nation française en particulier, Paris 1992.
Baubérot, J.: La laïcité, quel héritage de 1789 à nos jours?, Genf 1990.
Baubérot, J.: Vers un nouveau pacte laïque?, Paris 1990.
Berque, J.: L'immigration à l'école de la République, Paris 1985.
Braudel, F.: L'identité de la France, Bd. 1, Paris 1986.
Dubet, F.: Immigrations: qu'en savons-nous? Un bilan des connaissances, Paris 1989.
Goguel, A.-M.: Les jeunes d'origine étrangère et l'école française: quelques réflexions sur l'état présent des problèmes. In: Bildung und Erziehung, Beiheft 2/II, II. Teilband, Köln 1985, S. 437–452.
Kaltenbach, P.-P./Kaltenbach, J.-H.: La France, une chance pour l'Islam, Paris 1991.
La Laïcité. In: Pouvoirs 75, 1995.
Leggewie, C.: SOS France: Ein Einwanderungsland kommt in die Jahre. In: Frankreich Jahrbuch 1990, Opladen 1990.
Lorcerie, F.: L'universalisme en cause? Les équivoques d'une circulaire sur la scolarisation des enfants d'immigrés. In: Mots 18 (1989), S. 38–56.
Lorcerie, F.: Interculturel, intégration et politique de la ville: deux perspectives, un projet. In: Éducation et pédagogies, spécial »De l'interculturel en éducation« 19 (1993), S. 65–73.
Lorcerie, F.: L'islam dans les cours de »langue et culture d'origine«: le Procès (Beitrag zum Kolloquium der »*Groupe de recherche sur le droit français des religions*« und des »*institut du droit local alsacien-mosellan*«: »Statuts de l'enseignement religieux en France« vom 14.–15. Oktober 1993 in Straßburg).
Porcher, L.: L'éducation des enfants des travailleurs migrants en Europe: L'interculturalisme et la formation des enseignants, Strasbourg 1981.
Seksig, A.: A l'école, l'intégration: Rassembler ou différencier?. In: Hommes et migrations, spécial »Laïcité-diversité«, Februar/März 1990, S. 23–28.

Marek Prawda

Der Umgang mit dem Fremden

Das Beispiel Polen – eine Gesellschaft im Wandel

Einleitung

Im Herbst 1989 begann in Polen der sozial-politische Umbruch. Seitdem versucht man, demokratische Staatsinstitutionen aufzubauen und die freie Marktwirtschaft einzuführen. Die sozialen und wirtschaftlichen Reformen erfordern auch intensive Lernprozesse. Mit dem Strukturwandel gehen tiefgreifende Veränderungen im Bewußtsein der Menschen einher – sie bemühen sich, die neue Wirklichkeit zu verstehen und zu deuten. Dabei, nach der politischen »Öffnung«, erfahren sie etwas mehr über die eigene Gesellschaft und über sich selbst.

Der Umgang mit dem Fremden gehört sicherlich zu den Problemen, durch die man besonders viel über sich selbst lernen kann. Es ist überhaupt einer der wesentlichen Aspekte und Maßstäbe der sich in Polen vollziehenden Veränderungen. Nach der Wende in den mittelost- und osteuropäischen Ländern ist dort der Umgang mit dem Fremden zu einer aktuellen und häufig schwierigen Frage geworden. Mit dem Einblick in die polnischen Realitäten eröffnet sich eine Möglichkeit, das Thema »Fremdheit« aus der Sicht einer postkommunistischen Gesellschaft im Wandel zu betrachten und es mit der Perspektive Deutschlands und Frankreichs zu vergleichen.

Deutschland spürt die Konsequenzen des Wandels im Osten unmittelbarer als andere westliche Länder. In seinen Beziehungen zum direkten östlichen Nachbarn, Polen, wird der Umgang mit dem Fremden sehr konkret, es sei hier nur an die gemeinsame Geschichte, an die Wanderungsbewegungen zwischen beiden Ländern oder an die aktuelle Asylproblematik erinnert. Auch deshalb kann die polnische Perspektive für den deutschen Leser interessant sein.

In meinem Aufsatz werde ich versuchen, einige spezifische Merkmale des Umgangs mit dem Fremden in der polnischen Gesellschaft darzustellen. In Anlehnung an die von E. Nowicka[1] und, in diesem Band, von Corinna Albrecht vertretene Position möchte ich »das Fremde« als eine Beziehungskategorie

---

1 Nowicka, E.: Wprowadzenie. Inny jako obcy, in: E. Nowicka (Hrsg.): Religia a obcosc, Krakow 1991, S. 9–25.

verstehen. Fremdheit ist keine objektive Eigenschaft – sie drückt vielmehr das Verhältnis des Subjekts zu einer Person oder Sache aus.

Die Rolle des subjektiven Faktors soll auch bei dem Vorgang der Entstehung von Stereotypen berücksichtigt werden. Die Soziologen tendieren heute zu der Ansicht, daß es sich dabei um viel mehr als um »eine vereinfachte Form der Gesamtheit von den real existierenden und wertend betrachteten Merkmalen« handelt. Die Stereotypen sagen etwas über diejenigen aus, die sie bilden und verwenden – sie spiegeln ihre Bedürfnisse, Ambitionen und Komplexe wider. Sie erfüllen konkrete gesellschaftliche Funktionen, dienen etwa der Rechtfertigung des Status quo. Die Herrschenden oder Stärkeren legitimieren mit deren Hilfe ihre privilegierte Stellung. Die Dominierten oder Schwächeren versuchen mit den negativen Autostereotypen, sich selbst ihre Benachteiligung zu erklären. Gleichzeitig protestieren sie aber dagegen mit den Abwehrstereotypen, etwa denen von Rücksichtslosigkeit oder Größenwahn der Stärkeren.[2] Mechanismen dieser Art werden auch dort wirksam, wo Fremdheit wahrgenommen wird, also dort, wo man die anderen zu Fremden erklärt. Wenn wir im weiteren vom Umgang mit dem »Fremden« sprechen, sind die erwähnten Vorbehalte mitgedacht.

Für die Behandlung unseres Themas am Beispiel Polens möchte ich an die in den Sozialwissenschaften wohlbekannte Unterscheidung zwischen einer »offenen« und einer »geschlossenen« Gesellschaft anknüpfen (K. Popper). Eine geschlossene Gesellschaft könnte man – in dem für uns interessanten Kontext – durch folgende Merkmale charakterisieren: eingeschränkte Wahlmöglichkeiten, ideologische Zwänge, Abschottung von der Außenwelt, weniger Übung mit der Andersheit und die scharf gezogenen Grenzen zwischen »uns« und »den Fremden«. In einer offenen Gesellschaft haben wir es mit dem Gegenteil zu tun, die Menschen haben Möglichkeiten, die soziale Wirklichkeit in ihrer ganzen Vielfalt und ohne ideologische Prägung zu erfahren, es stehen ihnen keine unüberwindbaren (etwa politischen) Barrieren des Aufstiegs im Wege, sie lernen den Umgang mit Andersheit nicht nur im Inland, sondern auch über die Grenzen, usw. In den beiden Gesellschaftstypen werden – entsprechend – »offene« bzw. »geschlossene« Einstellungen der Menschen gefördert.

E. Nowicka weist auf die weitgehende Einheitlichkeit der Kriterien hin, die in Polen die Grenzen zwischen einer vertrauten und einer fremden Welt bestimmen. Aufgrund der in den letzten fast 50 Jahren stärkeren (als vor 1939) Homogenität im ethnischen und konfessionellen Sinne sowie infolge der begrenzten Kontaktmöglichkeiten in bezug auf das Ausland entstanden dort besonders günstige Bedingungen für die »geschlossenen« Einstellungen, für die Verbrei-

---

2 Bokszanski, Z.: O czynnikach ksztaltujacych obraz Polski i Polakow w swiecie, in: Kultura i Spoleczenstwo, 1/1993, S. 35–45.

tung von Vorurteilen und Stereotypen.³ Der zitierten Autorin zufolge unterscheiden sich die Gesellschaften voneinander unter anderem durch die Reichweite der »Vertrautheit« und »Fremdheit«, die sie ihren Mitgliedern anbieten. Die Erweiterung der Vertrautheitssphäre dürfte als Korrelat des Zivilisationsprozesses angesehen werden.⁴ Dies heißt also, daß eine offene Gesellschaft eher bereit ist, diejenigen, die etwas anders sind, in ihre Sphäre der »Vertrautheit« einzubeziehen. Es ist dabei selbstverständlich zu beachten, daß die Gesellschaften im ungleichen Grade mit den anderen (z.B. hinsichtlich der Anzahl der Zuwanderer) konfrontiert werden.

Es darf nun behauptet werden, daß wir es in Polen mit einer eher »geschlossenen« Gesellschaft zu tun haben, die nach dem Zerfall des Kommunismus den Versuch unternimmt, sich in eine »offene« zu verwandeln. Auf diesem Wege zeichnen sich sowohl Erfolge als auch Rückschläge ab. Die aufgestellte These möchte ich anhand von fünf Kriterien präsentieren, die den sich abzeichnenden Veränderungen in Polen Rechnung tragen sollen:

– politisch-ideologische Homogenität versus Pluralismus;
– ethnische Homogenität versus ethnische Vielfalt;
– konfessionelle Homogenität versus konfessionelle Vielfalt;
– Kollektivismus versus Individualismus;
– Abschottung versus Öffnung.

Von der Illusion einer ideologischen Einheit zur Illusion einer Bürgergesellschaft?

Das nach dem Zweiten Weltkrieg in Polen installierte kommunistische System wurde von großen Teilen der Bevölkerung als Fremdherrschaft empfunden. Nach dem Krieg, der allgemein in den Kategorien der »Verachtung nationaler Gefühle« erfahren worden war, hatte man dem Volk eine ausgerechnet antinationalistische Kur verordnet. Der stalinistische Kampf gegen den »polnischen Nationalismus« richtete sich undifferenziert gegen die gesamte Tradition der nationalen Kultur und Identität. Das provozierte Abwehrreaktionen und Überempfindlichkeiten – die ständig verletzten Polen neigten zur Verherrlichung eigener Geschichte. Die Verschiebung der Grenzen des polnischen Staates von Ost nach West war ein Element einer von Stalin gestellten »politischen Falle«⁵: Die Kommunisten wurden zum Garanten der polnischen Grenzen erklärt.

---
3 Nowicka (1991) (s. Anm. 1), S. 24.
4 Ebd., S. 16.
5 Vgl. Michnik, A.: Zwischen Rußland und Deutschland, in: Kultura – Sondernummer deutsch-polnischen Beziehungen gewidmet, Paris, Herbst 1984, S. 33–49.

Diese Feststellung hatte ihre – fatalistisch verstandene – Plausibilität, was auch eine gewisse Wirkung zeigte. Die Kritik an Kommunisten konnte von der offiziellen Propaganda als Anschlag auf den polnischen Staat in seinen neuen Grenzen hingestellt werden.

Die Bedrohung von außen und das damit verbundene Feindbild erfüllten beim Aufbau eines neuen Staates eine wichtige politische Funktion. Die Existenz des politischen Feindes sollte die Legitimationsdefizite der kommunistischen Macht kompensieren. Damit wurde der (bedrohliche) Fremde zur politischen Kategorie. Der Fremde war aber auch eine ideologische Kategorie, die sich aus der Aufteilung der Welt in die Klassenfreunde und -feinde ergab.

Damit zeichnete sich in den Augen der Menschen eine Wirklichkeit mit scharf gezogenen Grenzen zwischen »uns« und »ihnen« ab. Der Fremde wurde zu einem unverzichtbaren, sinnstiftenden Element in dieser Welt. Ohne ihn wären wohl viele Rituale der kommunistischen Wirklichkeit nicht sozial durchsetzbar gewesen. So mußte es fast zum Effekt der »belagerten Festung« kommen, d.h. zur Entstehung des Klimas der allgegenwärtigen Bedrohung, die eine kritische Auseinandersetzung mit der eigenen Vergangenheit erschwerte. Die Zwänge des ideologischen Kampfes verhinderten auch die Kontakte mit der Außenwelt, so daß die Praktiken des Umgangs mit den anderen und Fremden nicht ausreichend erlernt werden konnten. In dieser Welt spielten überhaupt dichotome Modelle eine wesentliche Rolle – sie halfen die Illusion von der Existenz eines politisch einheitlichen Volkes stärken. Im Vordergrund der Tätigkeit der damaligen Opposition gegen den Kommunismus (vornehmlich nach 1976) stand das Projekt des Aufbaus einer selbstorganisierten, offenen Gesellschaft. In diesem gesellschaftlichen Projekt, das – mit Recht oder auch nicht – eine »civil society« genannt wurde, handelte es sich um die demokratische Beteiligung und das Subjektsein der Bürger, die sich gegen den Staat richteten. Für diese Epoche war also eine polarisierte Weltsicht bezeichnend – die Gesellschaft (»wir«) wurde immer der Staatsmacht (»sie«) entgegengesetzt.

Dies veränderte sich erst in den späten 80er Jahren, als das kommunistische System immer deutlicher seine Schwächen zeigte. Die Gesellschaft reagierte mit spontanen Initiativen, die in der Tendenz zur Herausbildung einer veränderten Wirklichkeitsauffassung führten: von der Perspektive der Trennung zur Perspektive der Verständigung.[6] Es ging nun nicht mehr um die Emanzipation der gegen die totalitäre Macht mobilisierten Gesellschaft, sondern um den Aufbau eines modernen Rechtsstaates, also um das Projekt einer civil society im veränderten, Hegelschen Sinne.[7]

---

[6] Fehr, H.: Solidarnosc – Mobilisierungsbedingungen einer alten und neuen sozialen Bewegung, in: Forschungsjournal Neue Soziale Bewegungen 2/1990.
[7] Prawda, M.: Solidarnosc – polnischer Weg zu einer zivilen Gesellschaft, in: Aktuelle Ostinformationen. Ereignisse und Entwicklungen, Vlotho 1–2/1991, S. 39–48.

Diese Etappe des gesellschaftlichen Lernprozesses bedeutete einen Übergang zu Verhandlungslösungen und zur Schaffung vermittelnder Institutionen. Damit eröffnete sich auch die Chance, daß die Gesellschaft neue kognitive Instrumente entwickeln kann, um Fremdheit, Andersheit oder Konflikthaftigkeit anders als bisher, nicht in der Welt verbindlicher Ideologie, wahrzunehmen und zu verstehen. Die erwähnten gesellschaftlichen Prozesse lassen sich als wesentliche Stationen auf dem polnischen Weg zur Pluralisierung des politischen Lebens und der Weltdeutungen ansehen. Sie schufen damit Grundlagen für das mögliche »Vertrautwerden der Fremdheit«.

Nach der Wende 1989 wurden aber auch Nebenerscheinungen der Pluralisierung und Öffnung manifest. Die von wirtschaftlichen Problemen geplagte Gesellschaft zeigte viele Gesichter, darunter die überwunden geglaubten der Xenophobie, des Nationalismus und der Ressentiments. Der Umgang mit dem Fremden wurde zu einem der entscheidenden Maßstäbe der demokratischen Entwicklung.

Die Entstehung einer freien Öffentlichkeit ist ein unverzichtbares Instrument der Demokratisierung – sie macht aber den politischen Pluralismus noch nicht aus. Die pluralistische Gesellschaft darf die sich abzeichnenden neuen Gefahren nicht übersehen. Die sind dort zu suchen, wo man sich in der politischen Sprache der Kategorien »Naturrecht« oder »nationale Identität« exzessiv bedient. Mit diesen Kategorien könnten Projekte von einer Welt ohne Alternative heraufbeschworen werden. Mit dem Naturrecht oder Nationalgeist ist keine Diskussion möglich. Damit werden Entwicklungen gefördert, die unter Umständen zur Ausgrenzung, Ablehnung oder Stigmatisierung des Fremden führen. Das eben überwundene kommunistische System könnte also durch eine neue gesellschaftliche Vision mit neototalitärem Anspruch ersetzt werden. Nach den letzten Parlamentswahlen im Herbst 1993 (Marginalisierung der Parteien mit den betont konfessionellen bzw. national motivierten Programmen) scheint jedoch gerade diese Gefahr für Polen gebannt zu sein.

In der Atmosphäre der Enttäuschung und Desillusionierung tendiert man manchmal in der polnischen Publizistik dazu, das Experiment mit der »Bürgergesellschaft« als gescheitert anzusehen. Es sollte jedoch dabei beachtet werden, daß eben aus dieser Tradition die Strategie des Runden Tisches als Lösung der Machtfrage in Polen (und in anderen mittelosteuropäischen Staaten) erwachsen ist. Machtkämpfe werden bekanntlich nicht immer am Tisch ausgetragen. Der Runde Tisch verpflichtete beide Seiten, Kommunisten und ihre Kontrahenten, zum Respektieren einer »europäischen Anstandsnorm«, wie sie von M. Krol genannt wurde.[8] Das europäische Minimum bedeutete ein Korsett, das von den meisten Akteuren des politischen Lebens beachtet werden sollte.

---

8   Krol, M.: Europejska norma przyzwoitosci, in: E. Skotnicka-Illasiewicz (Hrsg.): Dylematy europejskiej tozsamosci, Warszawa 1992, S. 11–15.

Gewiß, nicht alle tragen dieses Korsett. Man darf aber trotzdem nicht außer acht lassen, daß sich nach der Wende in keinem der bisherigen Parlamente bei uns irgendwelche offen fremdenfeindlichen oder agressiv nationalistischen Parteien etabliert haben. Angesichts der sozioökonomischen Probleme wäre eine solche Entwicklung zumindest denkbar gewesen. Die »europäische Anstandsnorm« scheint darüber hinaus in Gestalt einer sensiblen Öffentlichkeit zu funktionieren. Das, was wir als europäische Anstandsnorm bezeichnen, entwickelte und verstärkte sich im Westen nicht zuletzt in der Auseinandersetzung mit dem totalitären Ostblock. Weil wir nun aber nicht mehr als der »konsolidierende Feind« zur Verfügung stehen (unter anderem deshalb), gerät diese Norm in die Krise. Dies wendet sich wiederum gegen uns in Mittelosteuropa, weil wir dadurch einen wirksamen Orientierungsrahmen verlieren können. Sollte die »europäische Norm« – und geduldete Praxis – auf den nationalen Egoismus ausgedehnt werden, so könnten auch die national orientierten Haltungen in Polen einen zusätzlichen Auftrieb bekommen.[9] Insofern sind die Krisenerscheinungen der liberalen Demokratie im Westen auch unser eigenes Problem mit direkten Folgen für die Art und Weise des Umgangs mit dem Fremden.

Von der ethnischen Homogenität zur »Entdeckung« der nationalen Minderheiten

Die Illusion einer homogenen sozialistischen Gesellschaft war bis 1989 durch die Illusion einer ethnischen Homogenität ergänzt. Die Kommunisten entschieden sich, ihre fragliche Legitimität mit der Betonung ihrer Rolle bei der Errichtung eines nationalen polnischen Staates zu reklamieren. Sie knüpften an die Tradition eines national einheitlichen »Polen der Piasten« und nicht an die eines »Polen der Jagellonen« an, das als Modell einer Vielvölkerrepublik betrachtet wird (zwei Herrscherfamilien, die für die Geschichte Polens maßgebend waren). Ein Bestandteil dieses innenpolitischen Konzepts war die These von den »wiedergewonnenen urpolnischen Gebieten« im westlichen Teil des Landes.

Das Festhalten am Prinzip der ethnischen Homogenität hatte schwerwiegende Folgen für den Umgang mit den Fremden im eigenen Lande. Im Jahre 1947 wurden 150.000 Ukrainer in den nördlichen Teil Polens umgesiedelt. 1952 wurde die Aktion der Zwangspolonisierung der Vornamen und Namen durchgeführt. Zu den besonders mißtrauisch behandelten Volksgruppen gehörten Oberschlesier und Masuren.

Eine zusätzliche Schwierigkeit der polnisch-deutschen Beziehungen ergab sich aus den damals noch nicht vernarbten Wunden und wachen Kriegserinnerungen. Aus der Perspektive der deutschen Bevölkerung erschien Polen – der

---

9   Krol, M. (1992) (s. Anm. 8).

nun näher gerückte Nachbar – beinahe als »Nutznießer« des Krieges. Die kritische Haltung dem östlichen Nachbarn gegenüber wurde auch durch die polnische Tabuisierung der Zwangsaussiedlung der Deutschen verstärkt. So konnte auch in Deutschland ein Opferbewußtsein erweckt werden. Polen wurde zum Objekt, an dem man eigene Kriegsfrustrationen am einfachsten auslassen konnte.[10] In Polen dagegen, auch in den Kreisen der Opposition, erwartete man von Deutschland die endgültige Anerkennung der Westgrenze. Es wurde außerdem daran erinnert, daß auch Millionen Polen nach dem Abkommen zwischen dem Deutschen Reich und der Sowjetunion umgesiedelt bzw. deportiert wurden. Die polnischen Historiker hielten der deutschen Seite vor, daß sie die deutschen »Vertreibungsverluste« in der Endphase des Zweiten Weltkrieges übermäßig den Polen anlastete, darunter auch die Opfer der von den Nazibehörden angeordneten Evakuierung und die Opfer der Flucht vor der heranrückenden Roten Armee.[11] Auch an den polnisch-jüdischen Beziehungen lassen sich Aspekte erkennen, die für die polnische Variante des Umgangs mit dem Fremden ausschlaggebend sind. Wenn wir mit den Juden über unsere Beziehungen sprechen, haben wir das Gefühl, in den Dialog mit uns selbst verwickelt zu sein und nach unserem Selbstverständnis zu fragen. Publikationen zu diesem Thema werden häufig zu Auslösern von nationalen Debatten.

Der Antisemitismus wurde in Polen zum Erkennungszeichen von Nationalisten aller Art und auch, wie etwa im Falle einer Intrige in den Kreisen der Machtführung im Jahre 1968, zum Instrument des politischen Kampfes. In einem Klima der nationalen Mythologisierung versuchte man die Geschichte dieser Beziehungen zu beschönigen und das Unangenehme auszublenden. Dem polnischen Stereotyp – in Polen sei überhaupt kein Antisemitismus festzustellen – steht ein jüdisches Stereotyp entgegen – in Polen sei dieses Phänomen besonders verbreitet. Konfrontiert mit solchen Urteilen, fühlen sich Polen oft von der westlichen Öffentlichkeit auf die Anklagebank gesetzt, um als Alibi für das westliche Nichtstun während des Zweiten Weltkrieges dazustehen.[12] Ähnlich verhält es sich mit der gelegentlich formulierten These von dem »Antisemitismus ohne Juden« als einer polnischen Besonderheit. Polen wird hier zum Paradebeispiel für eine höchst irrationale Variante dieses Phänomens erklärt, als wenn der Antisemitismus in anderen Ländern »rationaler« oder weniger ausgeprägt wäre. In den vergangenen 45 Jahren konnten die Fragen der eigenen Schuld und Verantwortung im Kontext der Beziehungen zu anderen ohne politisches Risiko und ideologische Befangenheit kaum diskutiert werden. Wer

---

10 Prawda, M.: Wir gewähren Vergebung und bitten um Vergebung. Die Entwicklung der polnisch-deutschen Beziehungen von 1945 bis zu den Verträgen 1990/91, in: Praxis Geschichte 3/1993, S. 41–43.
11 Dmitrow, E.: Flucht – Vertreibung – Zwangsaussiedlung, in: E. Kobylinska/A. Lawaty/R. Stephan (Hrsg.): Deutsche und Polen. 100 Schlüsselbegriffe, München 1992, S. 420–427.
12 Vgl. Michnik. A.: Solidarnosc z zydowskim losem, »Gazeta Wyborcza« vom 22.04.1991.

von der offiziellen Linie abwich, bekam den Stempel eines »Verräters am Polentum«, was einem oppositionellen Autor, J.J. Lipski, im Jahre 1981 widerfuhr. In seinem Essay »Zwei Vaterländer, zwei Patriotismen«[13] kritisierte er polnische Voreingenommenheiten im Verhältnis zu anderen Völkern und setzte sich für mehr Ehrlichkeit in den Beziehungen der Polen mit ihren Nachbarn und Mitbürgern anderer Nationalitäten ein. Die heftige Debatte, die dieser Publikation folgte, markiert eine wesentliche Station im gesellschaftlichen Lernprozeß. Lipski ist es wohl überzeugender als vielen anderen gelungen, die für den Umgang mit dem Fremden fundamentalen Voraussetzungen zu demonstrieren: innere Souveränität und Perspektivenübernahme. Auf die Umsetzung dieser Qualitäten kommt es auch heute, nach der politischen Wende, an, in deren Folge die nationalen Minderheiten »wiederentdeckt« worden sind. In Polen leben über eine Million Menschen anderer Nationalität (3–4% der Gesamtbevölkerung) – relativ wenig für europäische Verhältnisse. Dennoch nahmen viele von ihnen nach 1989 eine aktive Tätigkeit in mehr als 60 Verbänden auf. Die größte Gruppe bildet die deutsche Minderheit, deren Zahl auf 300.000–500.000 geschätzt wird (ca. 300.000 Menschen gehören den Minderheitenverbänden an). Außerdem leben in Polen etwa 250.000–350.000 Weißrussen und 250.000–300.000 Ukrainer. Zu den kleineren Minderheiten gehören u.a. Roma (25.000), Litauer (15.000–20.000) und Slowaken (15.000). Von der jüdischen Minderheit, die vor dem Zweiten Weltkrieg über 3 Millionen umfaßte, sind nur noch etwa 10.000 Personen geblieben. Zu einer historischen Erfahrung der jungen polnischen Demokratie wurde die Regelung der Minderheitenrechte in den internationalen- und Nachbarschaftsverträgen. Neben der kulturellen Tätigkeit und Pflege ihrer nationalen Identität sind einige der Minderheitenorganisationen auch politisch aktiv. Bereits bei den Kommunalwahlen im Jahre 1990 wurden den Minderheiten Mandate nach ihrem prozentualen Anteil in den Gemeinden zugesprochen, so daß sie in Kommunalparlamenten mit 550 Vertretern präsent sein konnten. Es waren darunter 380 Mitglieder der deutschen Minderheit (nach den Wahlen im Jahre 1994 zogen über 400 ihrer Vertreter in Kommunalparlamente ein).

Das polnische Wahlgesetz aus dem Jahre 1993 befreit die Minderheiten von der 5prozentigen Sperrklausel. Nach den letzten Wahlen im Herbst 1993 konnte die deutsche Minderheit, als einzige unter allen, die in Polen vertreten sind, vier Sitze im polnischen Parlament (Sejm und Senat) gewinnen.

Die Möglichkeiten der Pflege der ethnischen- und Sprachidentität entsprechen den internationalen Standards. Es wurden Schulen mit Muttersprache als Unterrichtssprache gegründet und Schulen mit zusätzlichem Unterricht der Sprache der Minderheit. Der Staat unterstützt finanziell die Herausgabe der

---

13   Lipski, J.J.: Zwei Vaterländer – zwei Patriotismen, in: Kontinent 22/1982.

Zeitungen und stellt den Minderheiten Radiosendungen für ihre originalsprachigen Programme zur Verfügung.

Im polnisch-deutschen Vertrag über »gute Nachbarschaft und freundschaftliche Zusammenarbeit« vom 17. Juni 1991 wurde den Minderheitenrechten besonders viel Platz gewidmet. Viele Bestimmungen sind zusätzlich durch Richtlinien der praktischen Politik ergänzt worden. In den Verträgen, die beide Seiten inzwischen mit anderen Partnern schlossen, findet man häufig dieselben, übernommenen Minderheitenregelungen.

Die Regelungen und Verträge sind sicherlich nicht alles. Es mangelt oft an Erfahrung und Wissen im Umgang mit Minderheiten. Dies muß von der Bevölkerung und nicht zuletzt von den Behörden auf allen Ebenen allmählich erlernt werden. Solche Kenntnisse muß jede Generation für sich gewinnen, sie lassen sich kaum übertragen.

Nun kommt es darauf an, das Vertragswerk zu verwirklichen. Die Rechte, die der deutschen Minderheit in Polen zuerkannt wurden, gelten auch für diejenigen Bürger der Bundesrepublik, die sich zur polnischen Tradition, Kultur oder Sprache bekennen. In Deutschland leben 280.000 Personen mit ausschließlich polnischem Paß. Vielfach größer ist aber die Zahl der Polnischstämmigen mit deutscher Staatsbürgerschaft, die oft seit Generationen in Deutschland völlig integriert leben und zugleich ihre polnische Herkunft nicht vergessen haben.

Die Integration in die deutsche Gesellschaft um den Preis der manifesten Ablehnung der früheren Identität überfordert viele Zuwanderer. Sie sind aber mit einem Rechtssystem konfrontiert, das auf völlige Assimilation zugeschnitten ist. Um ihr »hundertprozentiges Deutschtum« unter Beweis zu stellen, werden sie durch die Einbürgerungsprozedur dazu gezwungen, sich von ihren früheren Bindungen zu distanzieren. Das Land, in dem sie früher lebten, sollen sie nun im wörtlichen Sinne als ein ihnen ausgesprochen »fremd« gewordenes Land erklären. Je fremder, desto besser. Einbürgerung durch Entfremdung.

Und nur in diesem Rahmen, nach Erfahrungen der Betroffenen, lassen sich ihre Berufschancen und Lebensperspektiven aufrechterhalten. Natürlich darf man es abei nicht außer acht lassen, daß in Deutschland als einem reichen Staat ein starker Druck entsteht, sich eigene Chancen dadurch zu verbessern, daß man »nicht auffällt« und möglichst »so wie die Einheimischen wird«. In einem ärmeren Staat, wie Polen, versuchen die Minderheiten geradezu »aufzufallen« und ihre »Andersheit« zu betonen, um sich auf diese Weise Vorteile zu verschaffen. Seit der Unterzeichnung des polnisch-deutschen Vertrages melden sich die in ihren Verbänden organisierten Polnischstämmigen verstärkt zu Wort. Sie manifestieren ihr Interesse an der Pflege der Kultur ihres Herkunftslandes und möchten, daß ihre Kinder die Zweisprachigkeit und das Bewußtsein ihres polnischen kulturellen Hintergrunds bewahren.

Sie werden zwar in Deutschland an der Pflege ihrer polnischen Identität nicht gehindert. Meistens bekommen sie aber auch keine materielle oder politische Unterstützung seitens örtlicher bzw. Landesbehörden (z.B. für die »Sonntagsschulen« der polnischen Sprache oder die Begegnunsstätten). Absagen werden mit dem Argument begründet, sie seien weder eine »Minderheit«, noch können sie entsprechende, mit den sogenannten Gastarbeiterländern vereinbarte Hilfeleistungen in Anspruch nehmen. Sie passen nirgendwo hinein. Die polnischen Gruppen verweisen dagegen auf die – offensichtlich wenig bekannten – Bestimmungen des Nachbarschaftsvertrages. So entsteht eine Assymetrie hinsichtlich der Implementierung der sogenannten Minderheiten-Artikel in beiden Ländern.

Es wäre wünschenswert, wenn die soziale und kulturelle Emanzipation der in der Bundesrepublik lebenden Personen polnischer Abstammung als gemeinsame Chance von beiden Seiten erkannt würde. Eine aktive Politik der deutschen Seite hinsichtlich der Förderung der polnischen Gruppen könnte bei einem relativ geringen Aufwand den Nachbarschaftsvertrag mit Leben erfüllen. In der letzten Zeit gab es ermutigende Beispiele einer offenen und kooperativen Haltung. Z.B. beschloß die Ständige Konferenz der Kultusminister der Länder die Förderung des polnischen Sprachunterrichts in den Schulen. Auch seitens des Bundesministeriums des Inneren wurde die Unterstützung der polnischen Organisationen und ihrer kulturellen Aktivitäten zugesagt.

Von einer kämpfenden Kirche zur Kirche des Dialoges

Die polnische Gesellschaft ist vorwiegend katholisch. Die ausgeprägte katholische Identität ist in Polen stark mit der nationalen verflochten, was auf die Eigenart der historischen Entwicklung zurückzuführen ist. Abwehrkämpfe gegen das orthodoxe Rußland und das protestantische Preußen festigten die Rolle des katholischen Glaubens in den Bemühungen um die Erhaltung der polnischen Kultur und des nationalen Lebens. Dieses doppelte Identifikationsmuster existierte im gesellschaftlichen Bewußtsein über Jahrhunderte hinweg. Es gab Zeiten, wo nur in der Kirche polnisch gesprochen werden durfte.

Die Verbindung von zwei Kriterien der eigenen Identität verschärft die Grenze zwischen dem Eigenen, Vertrauten und dem Fremden und fördert die Neigung zur zweigeteilten Vision der Wirklichkeit. Im Kontext der hier diskutierten Frage bedeutet das, daß wir mit ausgeprägten Merkmalen von »geschlossenen« Einstellungen rechnen müssen. Die Selbstverständlichkeit der katholischen Identität hat zur Folge, daß die Begegnung mit den Menschen, die anderer Konfession sind, nicht zur Alltagserfahrung gehört. So werden auch keine

Kontaktmuster und kognitiven Instrumente etwickelt, die eine solche Begegnung vorbereiten könnten. In vertrauten Ineraktionen bedient man sich typischer – und stereotyper – Verhaltensmuster, die aus dem Vorrat des geteilten Alltagswissens geschöpft werden können.[14] Der Umgang mit den Fremden muß folglich schwieriger sein, weil er, als untypische Interaktion, das Ausbrechen aus der in doppelter Hinsicht zementierten Vertrautheit erfordert.

Die dargestellte Situation gilt exemplarisch für die polnische Gesellschaft. Die sozial-politische Wende brachte die Notwendigkeit mit sich, das bisher nicht Hinterfragbare im katholischen Selbstverständnis doch in Frage zu stellen. Die kleinen konfessionellen Minderheiten (Orthodoxe, Protestanten, Zeugen Jehovas und andere) haben auf ihre Anwesenheit und Probleme aufmerksam gemacht. Das gelegentlich verwendete Stereotyp von den »mit der kommunistischen Macht arrangierten« konfessionellen Minderheiten (im Gegensatz zur »kämpfenden« katholischen Kirche) verlor nun jede Berechtigung. Das Konzept der Ökumene und des praktischen Umgangs mit anderen Religionen mußte endlich in einer entpolitisierten Situation entworfen werden: ein Lernprozeß für die katholische Hierarchie und für die Gläubigen.

Damit sind aber nicht alle Aspekte der Rolle von Religion und Kirche für den Umgang mit dem Fremden in Polen angesprochen. Wir sollten noch andere berücksichtigen – zum einen den der gesellschaftspolitischen Funktion der Kirche und zum anderen den des inhaltlichen Einflusses des Katholizismus. Die Kirche war seit den 50er Jahren die einzige offiziell existierende pluralistische Alternative im Lande. Die unausgesprochene, aber spürbare Erwartung der Bevölkerung hat die Kirche in eine gesellschaftlich relevante Rolle gedrängt. Sie bot Zuflucht all denen, die sich dem autoritären Regime nicht beugen wollten, die also als »Fremdkörper« im gesunden Organismus der kommunistischen Gesellschaft bezeichnet wurden. Dem Konzept der ideologischen Anpassung begegnete die Kirche mit ihrer Vision des Menschen, der von Natur frei und würdig sei. Sie setzte sich für die Menschenrechte und Demokratie ein.

Im Jahre 1965, als die polnisch-deutschen Beziehungen sehr angespannt waren, hatten die Bischöfe den Mut gehabt, ein spektakuläres Versöhnungsangebot an die Deutschen zu richten (»Wir gewähren Vergebung und bitten um Vergebung«), worauf die kommunistische Macht mit einer heftigen Diffamierungskampagne gegen die Kirche reagierte. Auch bei großen Teilen der Bevölkerung stießen sie zunächst auf Unverständnis. Es gibt kein anderes Ereignis in der Nachkriegsgeschichte Polens, das so viel Nachdenken über das Verhältnis zu unseren Nachbarn ausgelöst hätte. Im »Geiste der Botschaft der Bischöfe« entwickelte man später Konzepte und Begriffe, die eine zukunftsgewandte Aufarbeitung der Vergangenheit möglich machten.

---

14 Kowalski, M.: Polskosc, katolicyzm i inne wyznania, in: Nowicka (1991) (s. Anm. 1), S. 139–164.

Als sich 1968 eine der Fraktionen der polnischen kommunistischen Partei der antisemitischen Intrige bediente – woraufhin Tausende polnischer Bürger jüdischer Herkunft zur Emigration gedrängt wurden –, waren es die Klubs der Katholischen Intelligenz, die als einzige offizielle Institution ihren Protest erhoben. Wenn man heute die sprichwörtliche katholische Intoleranz anprangert, darf dabei nicht vergessen werden, daß z.B. die Hilfsaktionen für die Juden während des Krieges zum großen Teil von den katholischen Einrichtungen durchgeführt und aus den Kreisen katholischer Laien initiiert worden waren.

Die Kirche leistete einen wichtigen Beitrag zum gesellschaftlichen Dialog, sie inspirierte zur Kompromißsuche mit dem politischen Gegner. Die von katholischen Publizisten verbreiteten Ideen des Personalismus wurden in der oppositionellen Politik als das Recht auf Anderssein ausgelegt. Gemeinsam mit der Kirche laborierte die politische Opposition an den Konzepten einer Bürgergesellschaft. Die in den 60er und 70er Jahren geführte Diskussion zum »zivilen Ungehorsam« gründete sich auf Ideen des deutschen Theologen Dietrich Bonhoeffer, die etwa in den Texten von A. Morawska und T. Mazowiecki dem polnischen Leser zugänglich gemacht worden waren. Christliche Grundlagen und Werte wurden zum Synonym der humanen Grundlagen des gesellschaftlichen Lebens. Ohne religiöse Einflüsse wären die damaligen Ideen der sogenannten Antipolitik oder des gewaltfreien zivilen Widerstandes undenkbar gewesen. Heute steht die polnische Kirche am Scheideweg. Aus den oben skizzierten Problemen sollte auch ersichtlich werden, wo sie im Prozeß des »Vertrautmachens« der Fremdheit behilflich – und wo hinderlich sein kann. Vieles hängt davon ab, wie sie mit der neuen Freiheit fertig wird. Zur Zeit scheint sie manchmal von ihr überfordert zu sein. Man darf heute von zwei Kirchen in Polen sprechen, einer, die ihr Modell der »kämpfenden Kirche« auch in die postkommunistische Zeit überträgt, und einer »Kirche des Dialoges«. Die erstere tut sich sehr schwer ohne einen – sie mobilisierenden – Gegner und versucht ihn krampfhaft zu finden. Sie kennt nur die Kritik von außen, die früher als Verfolgung galt und als solche schlichtweg zurückgewiesen werden mußte. Sie versteht jeden Streit um Werte und Institutionen als Kampf von Gut und Böse. Mit ihren integralistischen Ansprüchen – Präsenz und Einfluß in allen Sphären des gesellschaftlichen Lebens – bereitet sie den Weg zur Einschränkung der Toleranz und zur Rückkehr zur ideologischen Definition des Fremden. Fixiert auf die Opferrolle, versperrt sie sich den Blick auf universelle Probleme und universelle Kriterien.

Es gibt aber auch die Kirche des Dialoges, die den Aufbau einer offenen Gesellschaft fördert. Sie gibt der Politik christliche Inspiration – wie sie es bereits in der Vergangenheit mit Erfolg tat –, ohne dabei die Politik zu instrumentalisieren. Die Kirche verfügt in unserem Lande über effektive Instrumente, um den unverkennbaren Desintegrationsprozessen (Zerfall der bisherigen Strukturen, Arbeitslosigkeit) entgegenzuwirken. Es ist auch – oder vor allem –

die Krise der »polnischen Identität«, die zu neuartigen Symptomen der Fremdenfeindlichkeit führt. Deshalb ist es wichtig, an die Elemente der Tradition und Beheimatung anzuknüpfen, weil man dadurch einen gefährlichen Kontinuitätsbruch verhindern kann. Dies kann eine der Aufgaben der Kirche sein.

Vom Kollektiv zum Individuum

Im folgenden möchte ich die Ebene der persönlichen Erfahrung diskutieren. Hier soll das besondere Augenmerk auf die biographischen Konsequenzen der sich im Lande vollziehenden Reformprozesse gelenkt werden.

Als ein weiteres Merkmal einer »geschlossenen« Gesellschaft kann die Überbetonung des Kollektiven angesehen werden. Die Konzentration von vielen Elementen ausgeprägter Homogenität (ideologisch, ethnisch, konfessionell), auch wenn sie zum Teil zueinander im Gegensatz stehen, fördert die Neigung zur Übernahme von kollektiv geprägten Idealen und Haltungen. Daß sie dann für die eigenen gehalten werden, bedeutet eine Art Entmündigung. Der einzelne fühlt sich z.B. von der eigenständigen Ausarbeitung seiner Biographie und von der Verantwortung dafür befreit. Diese Aufgabe überläßt er gern der Gemeinschaft. Es ist ebenfalls die Gemeinschaft, die man – »logischerweise« – für eigenes Versagen zur Rechenschaft ziehen kann. Werte und Normen werden in der Tendenz nicht in universellen, sondern in ideologisierten Kategorien definiert. Dies hat dann zur Folge, daß die Beziehung zum anderen stärker von der Gemeinschaft als vom Individuum selbst konstituiert wird. Der vermittelte, also erschwerte Zugang zu den universellen Werten verbindet sich zum Beispiel mit der erhöhten Anfälligkeit für Intoleranz. Es kann leichter zur Suche nach Sündenböcken und »Schuldigen« kommen. Dafür eignen sich bekanntlich »die Fremden« besonders gut. Diese idealtypisch skizzierte Situation trifft vor allem auf die polnische Gesellschaft vor der Wende zu. Im Widerstand gegen den Kommunismus entwickelten sich Tendenzen, die die beschriebene Konstellation, einerseits, aushöhlten und, andererseits, noch verstärkten. Das oppositionelle Gemeinschaftsethos, so notwendig und wirksam es auch war, wies doch auch deutliche Merkmale des Kollektivismus auf. Die politisch »richtigen« Ansichten – in den oppositionellen Kreisen – erfüllten oft Ersatzfunktionen für die sonst anders begründeten Unterschiede, sie wurden zum wichtigsten Erkennungszeichen und zum ausreichenden Kriterium. Damit will ich nur sagen, daß die Quelle der Stärke manchmal auch zur Belastung werden kann. Was hat sich in dieser Hinsicht nach dem Zerfall des Kommunismus verändert, und wie wirkt sich das auf den Umgang mit dem Fremden aus? Mit der gegenwärtigen Transformation geht ein deutlicher Individualisierungsprozeß einher. Den Menschen eröffnen sich neue Wahl- und Entscheidungsmöglichkeiten, bzw. werden sie zu ihnen gedrängt. Die Biographien müssen zweifellos stärker mit eigenen Kräften entworfen und gestaltet werden. Viele kollektive Vorgaben und Sinnstützen sind außer Kraft.

Diesen Prozeß möchte ich hier kurz am Beispiel einer eigenen soziologischen Studie schildern.[15] Mitte der 80er Jahre führte ich narrative Interviews (erzählte Lebensgeschichten) mit jungen Ökonomen. Nach der Wende, 1989–92, führte ich erneut eine Reihe solcher Interviews (mit anderen jungen Ökonomen), um den möglichen Auswirkungen der gesellschaftlichen Prozesse auf die individuellen Biographien auf die Spur zu kommen.

Für die persönlichen Lebensentwürfe war damals, um 1985, die Konstruktion eines permanenten Provisoriums bezeichnend, man hat vorwiegend nach vorübergehenden Lösungen gesucht. Die Welt wurde als »unveränderlich« begriffen: »Wenn ich in einer unveränderlichen Welt lebe, kann ich auch mein Leben nicht frei gestalten.« Polen wurde zu einem unwirklichen Ort erklärt – das Echte und Rationale existiere nur im Ausland. Die Menschen schienen von einer »Warteraummentalität« befallen zu sein – die Emigrationsidee tauchte in praktisch jeder Erzählung auf.

Ein anderes typisches Merkmal der besprochenen Epoche war die Organisation des Lebens in Form von zwei getrennten biographischen Linien, was seinem Zerfall in zwei Sphären – eine private und eine offizielle – entsprach. Textanalytisch fiel es auf, daß große Fragmente der Erzählung mit markanten Pointen abgeschlossen wurden: »Hier kommst du zu nichts«, »Hier steht sowieso alles auf dem Kopf«. Auf diese Weise wurde der biographische Diskurs blockiert, man fühlte sich von der Notwendigkeit weiterer Ausführungen befreit. Im Ergebnis bekommen wir »reduktive Erklärungen«, d.h., komplizierte Dinge werden auf scheinbare, zu einfache Zusammenhänge zurückgeführt. Die Unterdrückung »des Dialogischen« kann natürlich breitere Konsequenzen haben. In einer solchen Situation konstituiert man »den eigenen Sinn« nicht sozusagen in der Kooperation mit der Außenwelt, sondern gegen sie, im Widerstand. Handeln muß man aber – wohl oder übel – in dieser externen Welt. So entsteht ein Entfremdungseffekt. Der Entfremdete bekommt manchmal Schwierigkeiten damit, sich selbst zu akzeptieren. Noch komplizierter kann aber für ihn die Akzeptanz »der Fremden« werden. Wie sieht das nach etwa 5–7 Jahren, also nach der Einleitung der Reformprozesse, aus? Der erste Unterschied zu den damals erzählten Lebensgeschichten ist die implizite Annahme, daß man in einer unvollendeten, »prinzipiell unfertigen« Welt lebt. Diese Wirklichkeit ist also auch gestaltbar. Die im Entstehen begriffene Welt fügt sich

---

15 In meiner Studie verwendete ich die von Fritz Schütze entwickelte Methode des narrativen Interviews (F. Schütze: Biographieforschung und narratives Interview, in: Neue Praxis 3/1983, S. 283–293). Mehr dazu in meinem Aufsatz: »Der Wandel der Einstellungen, Erwartungen und Verhaltensweisen im polnischen Transformationsprozeß«, in: M. Spieker (Hrsg.): »Die Interdependenz von Strukturreformen und Einstellungswandel in der e. DDR und in Polen (Hrsg. M. Spieker, Universität Osnabrück, in Vorbereitung.

schwer in die alten Schablonen. Es entsteht der innere Zwang zu neuen Erläuterungen.

Ich stelle eine Verschiebung von »reduktiven« zu »thematischen« Erklärungen fest, d.h., Probleme werden jetzt häufiger in »explikative« Kontexte gebracht, sie müssen aus mehreren Perspektiven betrachtet werden.[16] Z.B. gibt es auch heute genügend Gründe für die Emigration, sie »versteht sich aber nicht von selbst«, dazu muß man heute viel mehr sagen. Auch das persönliche Versagen muß anders als vorher (»An allem ist der Kommunismus schuld«) interpretiert werden. All das bedeutet, daß der innere Dialog nicht nur möglich, sondern auch erzwungen wird. Das Wiederaufleben »des Dialogischen« schafft Voraussetzungen für wesentliche Bildungsimpulse. Zweifelsohne bringt es auch eine Barriere gegen das partikuläre und unkritische Denken mit sich.

Es gibt aber Nebenwirkungen dieser kreativen Tendenz. Die Welt ist nun nicht mehr so überschaubar. Es offenbart sich in biographischen Erzählungen eine gewisse Hilflosigkeit bei dem Versuch, die Welt zu beschreiben und zu deuten. Man merkt, wie sich die Menschen damit herumquälen. Viele bemühen die alten, »reduktiven« Formen, versuchen sie in die neue Situation hinüberzuretten: So entstehen neue Feindbilder, neue Schuldige werden denunziert (neue Nomenklatura, neue politische Klasse, die »nichts taugt«, reiche Ausländer, die unser Land aufkaufen, etc.). Man muß also von spezifischen »Neurosen der Wendezeit« sprechen.

Dem Individualisierungsprozeß wirkt der Rückfall zum Kollektivismus in neuen Varianten entgegen. Mit der Wirtschaftsreform kommt es zu einer starken Ausdifferenzierung in der sozialen Struktur, zur Herausbildung von neuen Interessengruppen. Die Interessengemeinschaft wird aber zunächst durch die gemeinsame Benachteiligung definiert. Die sozialen Ängste bewirken, daß man eher von »Gruppen kollektiver Benachteiligung«, die in ihr kollektives Schicksal flüchten, sprechen muß. Die Menschen, die Angst haben, können ihre biographische Autonomie weder entfalten noch praktizieren.

Hier stellt sich die Frage: Wieviel Individualität und wieviel Gemeinschaftsgeist braucht diese Gesellschaft, um mit sich selbst und mit »den Fremden« zurechtzukommen?[17] Der »kreative« Individualismus offenbart auch seine Schattenseiten. Nach der Lockerung der integrativen Strukturen und nach dem Verlust der gemeinsamen Ideen sind viele Menschen »geistig obdachlos« geworden. Sie reagieren aggressiv vor allem gegen ihre Gemeinschaft, die mit

---

16 Zu »Thematisierung« und »Reduktion« in der Biographieanalyse vgl. Geissler, B./Neumann, E./Zoll, R.: Arbeiteridentität und Krisenwahrnehmung, in: R. Zoll (Hrsg.): Hauptsache, ich habe meine Arbeit, Frankfurt a.M. 1984, S. 12–24.
17 Ich knüpfe hier an die Frage an, die J. Reiter bezüglich der deutschen Gesellschaft stellte: »Wieviel Nationalgefühl braucht ein Volk, um mit sich selbst, aber auch mit anderen Völkern zurechtzukommen?« Reiter, J.: Wieviel Nationalgefühl braucht ein Volk?, in: Kobylinska u.a. (1992) (s. Anm. 11), S. 386.

eigenen Problemen nicht zu Rande kommt. Die Angst vor den Fremden stellt nur einen der Aspekte, die damit zusammenhängen, dar.

Wir haben es in Polen mit einer »verletzten Gesellschaft« zu tun, die ihr angeschlagenes Selbstwertgefühl aufzubauen versucht – nicht ganz ohne Resultate. Ihr Umgang mit dem Fremden wird maßgeblich davon bestimmt sein, inwieweit sie in dieser Hinsicht Erfolge verbuchen kann. Außerdem dürfen wir mit den uns verfügbaren sozialen Bindungen nicht allzu verschwenderisch umgehen. Auch das politisch und wirtschaftlich emanzipierte Individuum braucht seine Gemeinschaft.

Vom Herkunfts- zum Zielland

Einen letzten Aspekt, den ich hier erwähnen möchte, stellt die Erfahrung der polnischen Bevölkerung mit ausländischen Flüchtlingen bzw. Zuwanderern dar. Im kommunistischen Polen waren die Kontakte mit dem Ausland auf eine diesem System eigene Weise erschwert. Dennoch verfügten die Polen über die im Vergleich zu ihren Nachbarn etwas größeren Reisemöglichkeiten. Sie nutzten sie häufig auch auf eine für dieses System typische Weise – sie emigrierten. So kam Polen in der Nomenklatur der zuständigen Behörden im Ausland meistens als »Herkunftsland« vor.

Das hat sich nach der Öffnung im Jahre 1989 verändert. Die Emigrationsrate ging deutlich zurück, es erschienen dagegen im Lande immer mehr »Fremde«. Für die meisten von ihnen wurde Polen zum Transitland oder zum Beschäftigungsort. Nun setzt aber eine neue Tendenz ein, Polen wird für sie immer häufiger auch zum »Zielland«.

Zu der ersten spektakulären Begegnung mit »den Fremden« kam es im frühen Herbst 1989, gerade einige Wochen nach der Bildung der ersten nichtkommunistischen Regierung in Polen und damit in der Region. Es handelte sich ausgerechnet um deutsche Flüchtlinge, die aus der ehemaligen DDR, über Warschau, in die Bundesrepublik ausreisen wollten.[18] Am Beispiel dieser Episode läßt sich der Umgang mit »den Fremden« als ein politisch kompliziertes und heikles Problem darstellen. Einerseits war es sogar eine willkommene Gelegenheit für den entstehenden stolzen und freien Staat, sich als unabhängig und humanitär zu präsentieren, indem er für die Flüchtlinge eine schnelle und akzeptable Lösung fand. Es war auch nicht schwierig, unter Mitwirkung der bundesrepublikanischen Botschaft in Warschau für entsprechende Unterkünfte

---

18 Vgl. dazu Prawda, M.: Polens Begegnung mit den Fremden, in: Die Neue Gesellschaft. Frankfurter Hefte 9/1993, S. 812–817. Die Warschauer Episode mit deutschen Flüchtlingen darf als eine wahre »Insel« im Sinne des von Klaus Peter Fritzsche für die pädagogischen Zwecke konstruierten Beispiels angesehen werden, vgl. »Multiperspektivität: eine Schlüsselkompetenz beim Umgang mit dem Fremden« in diesem Band.

in der Gegend zu sorgen. Niemand dachte an die Abschiebung der Flüchtlinge in ihr Herkunftsland, obwohl man dazu nach den immer noch geltenden Abkommen verpflichtet gewesen wäre. Ununterbrochen kamen auch die Vorwürfe wegen »der Einmischung in die inneren Angelegenheiten« der DDR. (Die Geschichte endete dann aber glücklich.) Andererseits gab es damals tatsächlich Gründe, um besonders vorsichtig zu sein und die immer noch von Kommunisten regierten Nachbarn nicht zu provozieren. Viele machten sich Sorgen, daß uns »brüderliche Hilfe für die Rettung des Kommunismus« widerfahren kann. Es war die Auffassung verbreitet, daß das Scheitern des polnischen Experiments mit der Mazowiecki-Regierung eine historische Chance für die ganze Region, also auch für unsere unmittelbaren Nachbarn, vernichten kann. Zum Gebot der Stunde wurden daher äußerste Umsicht und penible, sogar übertriebene Zurückhaltung. Trotzdem durfte man damals in vielen westlichen Zeitungen lesen, daß die Polen, als notorische Unruhestifter bekannt, ihren Abschied vom Kommunismus zu hastig und unbedacht unternommen haben. Ein englischsprachiges Blatt – wahrscheinlich von seinen fundierten Polenkenntnissen beflügelt – verstieg sich zu einer vorsichtigen Prognose: »Die werden sich selbst und halb Europa in die Luft sprengen.« In dieser freundlichen Atmosphäre standen wir mit unserem Flüchtlingsproblem und mit unserer etwas komplizierten Freiheit da. Das neue Polen lernte politische Nuancen »des Umgangs mit den Fremden« kennen und suchte eine Antwort auf die Frage: Wie löst man eigene Probleme, ohne daß man beim Nachbarn »chaotische Zustände« produziert bzw. ihn in die Luft sprengt? Am 1. Juli 1993 ist in Deutschland das neue Asylrecht in Kraft getreten. Polen und Deutschland schlossen zuvor das Abkommen über die Zusammenarbeit hinsichtlich der Auswirkungen von Wanderungsbewegungen ab. Damit ging die Phase der Kontroversen um die praktischen Folgen der deutschen Entscheidung, Polen als »sicheren Drittstaat« erklärt zu haben, zu Ende. Vorher entstand in Polen der Eindruck, man brauche uns in Europa als »Cordon sanitaire« und erwarte, daß wir nun unsere Türen den östlichen Nachbarn – im Namen Europas – vor der Nase zuschlagen. Polen war an einer internationalen Lösung mit tragbaren Kompromissen und nicht an einer Politik der neuen Mauer interessiert. Sowohl bilateral als auch im internationalen Rahmen gelang es schließlich eine Lösung zu erarbeiten, die eine unkontrollierbare Entwicklung in der Migrations- bzw. Asylfrage vorerst verhindern konnte.

Die eigentliche Sorge Polens war nicht die neue Asylregelung an sich, sondern ein neuer Unsicherheitsfaktor, der damit – zusätzlich zu allen ohnehin existierenden sozialen und politischen Unsicherheiten – einhergeht. Für Asylbewerber und Flüchtlinge ist Polen zwar immer noch eher eine Übergangsstation. Dies kann sich aber schnell ändern, sobald sich Westeuropa gegen die Flüchtlinge stärker als bisher abschottet. Polen ist bereits zum »Zielland« für viele Bürger aus den GUS-Staaten geworden. Im Jahre 1992 sind beispielsweise bei uns 200.000 mehr Staatsbürger der ehemaligen Sowjetunion eingereist als ausgereist. Jeden Tag, für kurz oder lang, halten sich in Polen mehrere hunderttausend Besucher aus dem östlichen Ausland auf.

Die Präsenz der Ausländer, vor allem aus dem Osten, im Straßenbild und auf dem Arbeitsmarkt ist seit 3–4 Jahren eines der auffälligsten Zeitzeichen. Hier stellt sich die Frage nach dem Umgang mit dem Fremden ganz konkret. Die Anwesenheit »der Fremden« schafft Probleme, die eher noch größer werden können. Dennoch, wenn man es realistisch sieht, verkraften das beide Seiten bis jetzt relativ gut. Vielleicht betrachten die Polen ihre ausländischen Gäste wie einen Spiegel, in dem sie sich selbst besehen, was dann zur »Perspektivenübernahme« führt? Zum polnischen Selbstverständnis gehört die Erfahrung von sehr vielen eigenen Emigrationswellen, die wirtschaftlich bzw. politisch motiviert waren. Damit hängt wiederum die Erfahrung zusammen, daß »unsere Leute« irgendwo in der Welt von jemandem aufgenommen wurden. Vielleicht bleibt es auch nicht ganz ohne Einfluß, daß Polen lange Zeit als tolerantes Aufnahmeland mit der Tradition der Ablehnung von extremen Handlungen bekannt war? Es wäre sicherlich trügerisch, ein harmonisches Bild zu malen. In ausländischen Arbeitskräften wird man wohl nicht mehr lange nur eine Bereicherung des Arbeitsmarktes sehen wollen. Und nicht alle Parteien lassen sich »die Chance« nehmen, aus Problemen mit Ausländern politisches Kapital zu schlagen. Auf andere potentielle Gefahren habe ich bereits im Text ausführlich hingewiesen. Wahr ist es aber auch, daß bis jetzt mit fremdenfeindlichen Parolen keine erfolgreiche Politik in Polen zu machen war. Über die Ergebnisse der letzten Parlamentswahlen im September 1993 bzw. der Präsidentschaftswahlen 1995 läßt sich alles sagen, mit Sicherheit aber nicht, daß sie den nationalistisch orientierten Kräften Auftrieb gegeben hätten.

Schlußbemerkungen

In den fünf behandelten Sphären lassen sich Veränderungen beobachten, die den Stil und die Qualität des Umgangs mit dem Fremden in der polnischen Gesellschaft bestimmen. Besonders wichtig für die Zukunft erscheint es hier, daß die aus der alten und vertrauten Welt entwurzelten Menschen ihr Selbstbewußtsein und ihre Integrität erlangen. Für die Ausprägung demokratischer und liberaler Haltungen bedarf es demokratischer Institutionen und einer offenen, demokratischen Debatte; »Amerikaner verhalten sich häufig so, als lebten sie in einer toleranten Kultur, was zur Folge hat, daß es mehr Toleranz gibt« – schreibt J.C. Goldfarb und empfiehlt dasselbe den Polen.[19]

Zum anderen darf diese Gesellschaft ihre Chance nicht verpassen, sich an die europäische Wertegemeinschaft zu binden. »Europa« bleibt aber vorerst ein

---

19 Goldfarb, J.C.: Porozmawiajmy o rasizmie, in: Res Publica 7–8/1993, S. 65.

entferntes und deshalb abstraktes Ziel. Damit entgleitet uns eine mobilisierende und sinnstiftende Idee, die einem möglichen Sinnvakuum in der Bevölkerung entgegenwirken könnte.

Je deutlicher europäische Modelle nur durch wirtschaftliche Kriterien definiert werden, desto zwingender werden alle Schwächeren zu Fremden. »Fremd« muten doch vor allem die Ärmeren an. Es gibt viele Methoden, »Fremdheit« zu erzeugen oder zu fördern. So werden z.B. die ostmitteleuropäischen Länder einer unehrlichen Konkurrenz bezichtigt, weil sie mit ihren Billigwaren auf die Westmärkte vorstoßen. So werden sie unter den wichtigsten Verursachern sozialer Probleme in den EU-Ländern immer häufiger genannt. Um sich des wirklichen Ausmaßes dieses »Dramas« bewußt zu werden, soll man folgendes beachten: Der Handelsumsatz mit Polen macht etwas mehr als 1 % des gesamten deutschen Außenhandels aus, wobei Polen sowohl in Deutschland als auch in der EU viel mehr kauft als dort verkauft, darunter allerhand »Sensibles«, was in polnischen Textilwaren- und Lebensmittelgeschäften mühelos festzustellen ist.

Die ostmitteleuropäischen EU- bzw. NATO-Anwärter werden manchmal als aufdringliche, unberechenbare und von historischen Obsessionen gefesselte Völker hingestellt, die eine vertraute und sichere europäische Ordnung ins Wanken bringen.

Dem integrierenden Westen wird oft in der Publizistik der zerfallende Osten mit seiner Renaissance des Nationalismus entgegengehalten. Das stimmt, aber nicht immer. Auch der Westen entdeckt das Nationale im postmodernen Wirrwarr bzw. sucht nach neuen Vergemeinschaftungsformen, nachdem offensichtlich wurde, daß das selbstbewußte Individuum etwas mehr als »funktionale Verflechtungen« in seiner perfekten Gesellschaft braucht. Auch dort zeigen sich Symptome der sozialen Desintegration, die von zum Teil unangenehmen Entwicklungen begleitet werden. Viele von ihnen sind einfach Reaktionen auf die befürchteten Folgen europäischer Integration. Es bedarf großen methodologischen Mutes, diese Tendenzen in erster Linie auf die Ansteckung vom Osten (der übrigens auch nicht homogen ist) zurückzuführen. Damit wird der ohnehin fremde Osten noch »fremder« gemacht.

Diese und ähnliche Ansichten (und aus ihnen resultierende Praktiken) tragen zur Verfestigung der Stereotypen beträchtlich bei. Sie sind wirksamer als alle wohlgemeinten Programme zum Abbau von Stereotypen, die meistens nicht viel mehr als »Versöhnungskitsch«[20] produzieren. Förmliche Komplimente und Begeisterung für die sogenannte menschlichen Wärme können das einfache Desinteresse für den nahen, aber zugleich fernen Nachbarn nur selten verschleiern.

Was kann man angesichts dieser Situation tun? Vor allem nicht noch mehr schaden und, soweit es geht, Barrieren gegen die Entstehung von Stereotypen

---

20 Prawda, M.: Polnische Neurosen und die Deutschen, in: Kobylinska u.a. (1992) (s. Anm. 11), S. 468.

und Fremdheitszuschreibungen errichten. A. Kloskowska[21] sieht eine Chance dafür in der Universalisierung der Kulturen, also in der Erweiterung der Sphäre von allgemein geteilten Werten und Ideen. Es gilt daher, sich der bereits vorhandenen Gemeinsamkeit der Lebenswelten in verschiedenen Ländern erst überhaupt bewußt zu werden. Es gilt weiterhin, diese gemeinsam erfahrbaren Lebenswelten in den Schulen und in den Medien zu fördern. Vielleicht wird es irgendwann überflüssig sein, sich einem Thema »Der Umgang mit dem Fremden«, mangels Forschungsgegenstandes, zu widmen.

---

21 Kloskowska, A.: Sasiedztwo narodowe i uniwersalizacja kultury, in: Kultura i Spoleczenstwo 4/1991, S. 19–33.

Kapitel 5
Konsequenzen für die Schule: Die Wendung ins Pädagogische

Nach den grundsätzlichen Erörterungen in den vorangegangenen Kapiteln wird in Kapitel 5 der Schritt auf die Ebene der Schule gewagt. Zwei unterschiedliche, aber miteinander korrespondierende Texte behandeln die Frage der schulischen Konkretisierung interkulturellen Lernens, d.h. die Frage, wie die Schüler und Schülerinnen auf eine aktive Mitwirkung bei der Gestaltung einer »zivilen Gesellschaftsform« (vgl. Yves Bizeul, »Gesellschaftsformen und ihre Auswirkungen auf das Erziehungswesen«, in diesem Band) vorbereitet werden können und welche Parameter dabei zu beachten und mit zu bedenken sind. Die beiden Texte gehen von unterschiedlichen Ansätzen aus, weichen aber im Grundsatz nicht voneinander ab, sondern nehmen unterschiedliche Aspekte in den Blick und versuchen vom jeweiligen Ausgangspunkt aus ein Konzept für interkulturelles Lernen zu entwerfen.

Klaus Peter Fritzsche geht von den xenophoben Barrieren einer multikulturellen Gesellschaft aus (vgl. seinen Beitrag »Streßgesellschaften und Xenophobie« in diesem Band) und schlägt als einen möglichen Weg zu deren Überwindung das Konzept der Multiperspektivität vor: Es beinhaltet eine Strategie vielfältiger wechselseitiger Perspektivenübernahme zum einen als Prinzip der unterrichtlichen Vermittlung von Sachverhalten und Problemstellungen (vgl. dazu auch den Text von Ulrich Bliesener in diesem Kapitel) und zum anderen als eine Richtschnur für die Erstellung von Unterrichtsmaterialien und die Auswahl von zu bearbeitenden Texten. Es hat also eine didaktische und eine methodische Komponente, indem es einerseits Inhalt und Ziel unterrichtlichen Handelns und andererseits zugleich auch Verfahren der Vermittlung ist. Die Fähigkeit zu multiperspektivischer Betrachtungsweise ist eine wesentliche Kompetenz, die es den Schülern zu vermitteln gilt. Multiperspektivität kann zu einem Verhalten erziehen, das sich in den anderen, den Fremden, hineinversetzen kann und dazu befähigt, ethnische und kulturelle Differenzen zu akzeptieren. Insofern ist Multiperspektivität auch ein Weg, die Xenophobie und die Ursachen für ihre Entstehung zu verstehen und sie sogar zu überwinden. Ein starkes und stabiles Selbstwertgefühl ist allerdings die Voraussetzung dafür, sich in dieser Weise auf das andere, Fremde, einzulassen. Wer sich seiner selbst sicher ist, braucht den anderen/Fremden nicht zu fürchten.

Ulrich Bliesener unternimmt in seinem Beitrag den Versuch, vor dem Hintergrund der voraufgegangenen theoretischen Erörterung (in den ersten vier Abschnitten) ein Gesamtkonzept des interkulturellen Lernens für die Schule zu entwerfen, das sowohl das Schulleben als auch den Beitrag der einzelnen Fächer und den fächerübergreifenden Lernbereich beinhaltet. Wie die Fremdsprachenkompetenz ist auch die interkulturelle Kompetenz zu einer Schlüsselqualifikation geworden. Vor diesem Hintergrund stellt er Überlegungen zu einer inneren Neuordnung der Schule vor, die im Hinblick auf das sich verändernde und in Teilen neu sich bildende Europa anderen Anforderungen zwischenmenschlicher Kompetenz genügen muß als in den bisherigen festen nationalstaatlichen

Gemeinschaften. Interkulturelles Lernen ist nicht eine Angelegenheit nur bestimmter Fächer oder Fachbereiche, sondern durchgehendes pädagogisches Prinzip für jegliche unterrichtliche Veranstaltung in der Schule. Das hat vielfältige Konsequenzen: Besseres gegenseitiges Verstehen verlangt mehr Wissen; die Begegnung mit dem anderen/Fremden setzt Einübung in Formen friedlichen Umgangs mit allen Menschen (soziale Kompetenz) voraus, wofür Lehrer, aber auch die Schulorganisation Vorbild sein und Entfaltungsmöglichkeiten schaffen müssen. In diesem Zusammenhang werden bestimmte Strukturen der Schule, so wie sie sich heute darstellen, kritisch beleuchtet, und es wird auf vielfältige Defizite hingewiesen. Gleichzeitig wird der Versuch unternommen, die anzustrebende interkulturelle Kompetenz, d. h. die Ziele interkulturellen Lernens, zu definieren und Möglichkeiten ihrer Vermittlung aufzuzeigen, wobei auf die besonderen Aufgaben bestimmter Sach- und Lernbereiche hingewiesen wird. Bei den Überlegungen geht es immer auch um die Frage, wie der Ausländerfeindlichkeit in unserem Land zu begegnen sei. Allerdings steht im Vordergrund die umfassendere und übergreifende Frage, wie die Schüler zu einem positiv aktiven Leben in einer international durchmischten Gemeinschaft im eigenen Lande, aber auch in der Fremde zur Mitwirkung an der Gestaltung gemeinsamen Lebens in der Nachbarschaft und in der größeren Gemeinde und auf die Kooperation mit Menschen anderer kultureller und ethnischer Herkunft in internationalen Organisationen und Unternehmen vorbereitet werden können.

Klaus Peter Fritzsche

Multiperspektivität: eine Schlüsselkompetenz beim Umgang mit dem Fremden

Neue Vielfalt und neue Unübersichtlichkeit

Multiperspektivität ist ein (relativ) neuer Name für etwas, was es in Ansätzen schon lange gibt, was in unseren modernen oder gar postmodernen Zeiten jedoch ein außerordentliches Wachstum erlebt. Gemeint ist eine Vielheit und Verschiedenartigkeit von Traditionen, Weltanschauungen, Sinndeutungen, Lebensweisen und Werten. Genaugenommen ist Multiperspektivität eine Qualität historischen und gesellschaftlichen Lebens überhaupt: die Unterschiedlichkeit der Abstammung, Herkunft und Klasse, der Religion, Kultur und Ideologie. Unterschiedliche Erfahrungen bringen unterschiedliche Perspektiven hervor. Das Ausmaß der Unterschiedlichkeiten wird durch Prozesse der Pluralisierung der Weltdeutungen und der Individualisierung der Lebensstile erhöht. Das Ende vieler kollektiv verbindlicher Ideologien nach dem Zusammenbruch des Ostblocks vergrößert die Multiperspektivität in ähnlicher Weise, wie das Ende ethnisch-kulturell homogener Nationalstaaten durch weltweite Migrationsbewegungen besiegelt scheint: Neue multiethnische Profile kennzeichnen »unsere« Gesellschaften. Eine globale verkehrstechnische, touristische und mediale Vernetzung bringt schließlich die Realität der Einen – aber so verschiedenartigen – Welt in unsere Wohnzimmer und unsere Köpfe.

Mit dem Begriff der Multiperspektivität reagieren nun vor allem die Erziehungswissenschaft, die Geschichtsdidaktik und die politische Bildung auf die Chancen und Herausforderungen der multikulturellen und multiethnischen Verschiedenartigkeit. Um die Potenzen nutzen zu können, die in dieser Verschiedenartigkeit enthalten sind, vor allem jedoch, um den Problemen zu begegnen, die durch eine Haltung der Abwehr, Ausblendung oder Ausgrenzung hervorgerufen werden, wurde die Multiperspektivität als eine pädagogische Strategie entwickelt. Multiperspektivität soll als Einübung in die multikulturelle Gesellschaft dienen.

Multikulturelle Gesellschaft meint hier weder eine utopische Schwärmerei für einen nicht einlösbaren gesellschaftlichen Idealzustand noch eine romantische Verklärung bestehender Realität als »Multi-Kulti-Harmonie«; multikulturell meint das reale Zusammenleben von Menschen unterschiedlicher nationaler, ethnischer und/oder kultureller Herkunft mitsamt den multikonfliktuellen

Spannungen, die durch neue widerstreitende Interessen und Identitäten entstehen. Multikulturalität ist in diesem Sinne zunächst eine empirische Kategorie. Die normativen Implikationen des Begriffs zielen auf das Modell einer Zivilgesellschaft, wobei ich in unserem Fall vorschlagen möchte, von einer multikulturellen Zivilgesellschaft zu sprechen. Der Kern dieses Konzepts liegt in der Verbindung der Akzeptanz multiethnischer und -kultureller Vielfalt bei gleichzeitiger Verpflichtung aller auf einen menschenrechtlichen Grundkonsens.[1]

Die Wirkungsbereiche der Multiperspektivität

In dem Maße, in dem der objektiven Zunahme der Differenzierung und Pluralisierung der Gesellschaften in West und Ost noch keine Zunahme an Kompetenzen entspricht, dies subjektiv zu verarbeiten und als Bereicherung zu erfahren, sondern mit Abwehrstrategien des »closed mind«: mit Xenophobie und Rassismus, mit Nationalismus und Ethnozentrismus reagiert wird, in dem Maße wächst die Herausforderung an die politische und historische Bildung.

Multiperspektivität versucht auf die monoperspektivischen Verengungen einer kulturell, ethnisch und politisch sich pluralisierenden Welt zu reagieren. Sie soll dem Abbau von und der Vorbeugung gegen Stereotype, Vorurteile und Feindbilder dienen.[2] Im Rahmen der interkulturellen Erziehung versucht der neue Ansatz der Multiperspektivität einen Fokus zu etablieren, einen Fokus für:
– die Unterrichtsgestaltung,
– die Schulbuchkonzeptionen und
– die Kompetenzen der SchülerInnen.

Multiperspektivität als Unterrichtsprinzip

Nach den Verkürzungen der pädagogischen und curricularen Debatten der 70er Jahre, nach den Einseitigkeiten einer Harmonie- wie einer Konfliktpädagogik bietet der Ansatz der Multiperspektivität ein Konzept an, das der Kontroversität und Konflikthaftigkeit der Gesellschaft Rechnung trägt, gleichzeitig aber darauf verzichtet, ein einziges Lösungsangebot für diese Konflikte zu präsentieren. Nach den vielen Wenden der Erziehungswissenschaft und der Fachdidaktiken ist der Ansatz der Multiperspektivität der Ansatz, der heute weitgehend konsensfähig ist:

---
1 Schulte, A.: Multikulturell – Klärung eines mißverständlichen Begriffes, in: Das Ende der Gemütlichkeit. Theoretische und praktische Ansätze zum Umgang mit Fremdheit, Vorurteilen und Feindbildern, Schriftenreihe der Bundeszentrale für politische Bildung 316, Bonn 1993.
2 Fritzsche, K.P.: Multiperspektivität – eine Strategie gegen Dogmatismus und Vorurteile, in: M. Byram (Hrsg.): Germany. Its Representation in Textbooks for Teaching German in Great Britain. Schriftenreihe des GEI Bd. 74, Frankfurt a.M. 1993.

- als didaktisches Prinzip des Unterrichts,
- als Strukturprinzip der Textgestaltung und
- als zu erlernende Kompetenz.

Im Geschichtsunterricht sollte die Geschichte nicht nur von einer Perspektive aus rekonstruiert, erzählt und gedeutet werden. Bereits Anfang der 70er Jahre hat hierfür Klaus Bergmann den Begriff der Multiperspektivität in die Geschichtsdidaktik eingeführt.[3] Vielfältig sind hier die Möglichkeiten monoperspektivischer Verengung: sei es als Perspektive der Sieger und der Eroberer, der Könige und Führer oder der Europäer und Weißen. Hier verweist der Einspruch darauf, daß auch die Perspektive der Besiegten, der Opfer, der Kolonisierten, der Nichteuropäer und der Nichtweißen zu berücksichtigen sei. Neben den nationalistischen, euro- und ethnozentrischen Blickverengungen gibt es aber auch die Einseitigkeiten ideologischer Deutungen oder infolge bestimmter Zugehörigkeiten zu »Schulen« der Geschichtswissenschaft; auch hier soll Multiperpektivität die Schüler mit unterschiedlichen Varianten bekannt machen, wie Geschichtswissenschaft Geschichte be- und verarbeitet.

Ähnliches gilt auch für den Gesellschaftskundeunterricht. Vor allem an den heißen und umstrittenen Themen der letzten Dekade konnte die multiperspektivische Behandlung ihre Stärken demonstrieren: Friedensbewegung, Ökologie und Fremdenfeindlichkeit. Stärker noch als im Fach Geschichte ist in Gesellschaftskunde der Ansatz der Multiperspektivität eine Reaktion auf die Herausforderungen der multitkulturellen Gesellschaft: Gefordert ist auch eine angemessene Art, in der die Perspektiven der Minderheiten berücksichtigt werden. Daß die Auffassungen, über das, was die »angemessene Art« sei, hoch kontrovers sein können, zeigen zur Zeit beispielhaft die Konflikte mit dem »Political-Correct-Movement« in den USA. In dieser Bewegung streiten die vielfältigen ethnischen, kulturellen und sexuellen Minderheiten um ihre repräsentative Berücksichtigung in den Curricula und Lehrbüchern.

Schließlich gewinnt die Strategie der Multiperspektivität auch im Bereich des Fremdsprachenunterrichts an Gewicht.[4] Da es beim Sprachenlernen immer um mehr geht als um das Erlernen von Grammatik und das Einpauken von Vokabeln, nämlich um die Begegnung mit anderen Gesellschaften, Kulturen und Sichtweisen, bemüht sich ein moderner Sprachunterricht sowohl um die Vermittlung kommunikativer wie »kultureller Kompetenz«. Es geht vor allem um

---

3   Bergmann, K.: Personalisierung und Geschichtsunterricht – Erziehung zur Demokratie?, 1972.
4   P. Doye (Hrsg.): Großbritannien. Seine Darstellung in deutschen Schulbüchern für den Englischunterricht. Schriftenreihe des Georg-Eckert-Instituts Bd. 72, Frankfurt a.M. 1991; M. Byram (Hrsg.): Germany. Its Representation in Textbooks for Teaching German in Great Britain. Schriftenreihe des GEI Bd. 74, Frankfurt a.M. 1993.

die Überwindung stereotyper Wahrnehmung anderer Länder und Kulturen durch die eigene einseitige Brille und um eine Öffnung für die Perspektive der anderen Kultur.

Multiperspektivität als Dimension der Schulbuchgestaltung

Auch im Bereich der Schulbuchforschung und -beurteilung avanciert der Begriff der Multiperspektivität immer mehr zu einem »magic word«, mit dem eine unverzichtbare Qualität eines »guten« Schulbuchs gekennzeichnet werden soll. In dem im April 1993 abgeschlossenen Projekt »Schulbücher gegen Fremdenfeindlichkeit«, in dem u.a. LehrerInnen nach ihren Erwartungen an Schulbücher befragt wurden, mit denen sie einen Unterricht gegen Fremdenfeindlichkeit gestalten könnten, spielte die Forderung nach Multiperspektivität eine wichtige Rolle.[5] Es wurde gefordert, daß Schulbücher mehr die Möglichkeiten bieten, die Situation von Fremden »mit den Augen der anderen« zu sehen, Betroffenheit zu provozieren.

»Sowas mach ich gerne, weil ... dort emotional was rüberkommt. Weil sie ihr Schicksal selber schildern. Dieses Faktenwissen muß vorhanden sein, Tradition, Religion, Geographie ... Aber mit diesen Fallbeispielen, dazu komm ich, da müßten viel mehr sein, viel mehr, die das Gefühl anregen ...«[6]

»Aber die Schüler nehmen das Buch in der Hinsicht immer gerne an, wenn da wirklich so Schicksale beschrieben werden. Da sind sehr viele Meinungen ... Wenn da jetzt z.B. drinstände, erst lebte das (Mädchen) in der Türkei, hat dort ihre Freunde gehabt – ich weiß nun nicht, wie das Leben dort genau abläuft – und jetzt kommt sie mit ihren Eltern hierher. Wie ändert sich das, welche Meinung hat sie jetzt zu ihrem Leben. Oder – muß ja nicht einer aus der Türkei sein, ... aus einem anderen Land. Wie die Ausländer ihr Leben erst mal umstellen müssen, wie sie sich in diese Kultur hier hineinfinden ...«[7]

---

5 Fritzsche, K.P. u.a.: Schulbücher gegen Fremdenfeindlichkeit. Ein Forschungsbericht, in: Internationale Schubuchforschung 2-3/1993.
6 Doye, P. (Hrsg.): Großbritannien. Seine Darstellung in deutschen Schulbüchern für den Englischunterricht. Schriftenreihe des Georg-Eckert-Instituts Bd. 72, Frankfurt a.M. 1991; Byram, M. (Hrsg.): Germany. Its Representation in Textbooks for Teaching German in Great Britain. Schriftenreihe des GEI Bd. 74, Frankfurt a.M. 1993; Fritzsche, K.P.: Multiperspektivität – eine pädagogische Antwort auf die multikulturelle Gesellschaft, in: PÄDEXTRA 11/1992; ders., Toleranz im Umbruch, in: Aus Politik und Zeitgeschehen 43/1995.
7 Breit, G.: Mit den Augen des anderen sehen – Betroffenheit durch soziale Perspektivenübernahme. Eine Unterrichtsskizze zur Lage der Jugendlichen in der DDR 1990, in: Internationale Schulbuchforschung 3/1990; P. Doye (Hrsg.): Großbritannien. Seine Darstellung in deutschen Schulbüchern für den Englischunterricht. Schriftenreihe des Georg-Eckert-Instituts Bd. 72, Frankfurt a.M. 1991; M. Byram (Hrsg.): Germany. Its Representation in Textbooks for Teaching German in Great Britain. Schriftenreihe des GEI Bd. 74, Frankfurt a.M. 1993.

»Wir sehen nur die Probleme, wenn die Ausländer hierher kommen, welche Probleme *wir* dann haben, aber welche Probleme die Ausländer *selbst* haben, jetzt sich in diesem neuen Land zurechtzufinden, nicht ... von der Sicht sieht man das meistens gar nicht.«[8]

»Und schon wäre doch das Verständnis auch für den anderen, die *Bereit*schaft, den zu verstehen (da), wir gehen immer nur von unserem Stückchen Deutsch aus ..., das nehmen als das große Allheilmittel, aber wir wissen nichts von dem anderen.«[9]

»... hab ich festgestellt, auf das eigene Urteil hat das Faktenwissen, das ich ihnen im Unterricht gebracht hab, überhaupt keinen Einfluß gehabt, also ich bin bei einigen noch völlig unreflektiert mit den gleichen Dingen konfrontiert, die sie mir im vorigen Jahr auch gesagt haben ..., es ist in den Köpfen *überhaupt* nichts passiert. Also da denk ich, Erlebnisberichte aus der Sicht der Fremden, wenn sie hierherkommen, müßten – drin sein« [10]

»Diese Erlebnisberichte *aus* der Sicht der Fremden. *Wir* reflektieren ja immer ... über den Fremden. Aber wie sieht der *uns* denn? Ja, wie stinken wir denn einem Asiaten, mit dem wir essen zum Beispiel ...?«[11]

Multiperspektivität als Kompetenz

Die Strategie der multiperspektivischen Erziehung zielt schließlich und vorrangig auf die Vermittlung einer Kompetenz, sie zielt auf eine Einübung in die Wahrnehmung der anderen und dadurch auf eine Vorbeugung gegen Vorurteile und gegen die Furcht vor Fremden.

---

8 Breit, G.: Mit den Augen des anderen sehen – Betroffenheit durch soziale Perspektivenübernahme. Eine Unterrichtsskizze zur Lage der Jugendlichen in der DDR 1990, in: Internationale Schulbuchforschung 3/1990. Fritzsche, K.P. u.a.: Schulbücher gegen Fremdenfeindlichkeit. Ein Forschungsbericht, in: Internationale Schubuchforschung 2-3/1993.
9 Breit, G.: Mit den Augen des anderen sehen – Betroffenheit durch soziale Perspektivenübernahme. Eine Unterrichtsskizze zur Lage der Jugendlichen in der DDR 1990; in: Internationale Schulbuchforschung 3/1990. – Taylor, Ch.: Multikulturalismus und die Politik der Anerkennung, Frankfurt a.M. 1993.
10 Schulte, A.: Multikulturell – Klärung eines mißverständlichen Begriffes, in: Das Ende der Gemütlichkeit. Theoretische und praktische Ansätze zum Umgang mit Fremdheit, Vorurteilen und Feindbildern, Schriftenreihe der Bundeszentrale für politische Bildung 316, Bonn 1993; Bergmann, K.: Personalisierung und Geschichtsunterricht – Erziehung zur Demokratie?, 1972.
11 Schulte, A.: Multikulturell – Klärung eines mißverständlichen Begriffes, in: Das Ende der Gemütlichkeit. Theoretische und praktische Ansätze zum Umgang mit Fremdheit, Vorurteilen und Feindbildern, Schriftenreihe der Bundeszentrale für politische Bildung 316, Bonn 1993; Fritzsche, K.P.: Multiperspektivität – eine pädagogische Antwort auf die multikulturelle Gesellschaft, in: PÄDEXTRA 11/1992; ders.: Toleranz im Umbruch, in: Aus Politik und Zeitgeschehen 43/1995.

- Im Mittelpunkt steht eine frühe Anleitung zur Perspektivenübername, zu Empathie und zu Toleranz gegenüber Minderheiten und Fremden. Der kognitive und der affektive Bereich müssen hier gleichermaßen berücksichtigt werden, denn die intellektuelle Leistung, sich in jemanden hineinzudenken, garantiert noch keinesfalls ein Mitfühlen.
- Eine Voraussetzung wie ein Bestandteil von Multiperspektivität ist die Vergewisserung der eigenen Perspektive. Das Bewußtwerden der eigenen Position macht durchsichtig, was beim anderen, beim Fremden, gefürchtet oder aber auch bewundert werden kann (der Fremde als anziehender Exot!).
- Wechselseitige Perspektivenübernahme erfolgt sowohl zwischen Mehrheitsgesellschaft und Minderheit als auch zwischen verschiedenen Nationen und verschiedenen Religionen.
- Die Perspektivenübernahme muß wechselseitig sein, auch die Minderheiten müssen dazu angeleitet werden, sich in Perspektiven der Mehrheitsgesellschaft hineinzuversetzen.
- Zur Perspektivenübernahme gehört auch die Fähigkeit, sich vorstellen zu können, wie der andere einen selbst wahrnimmt und welche Folgen aus der Differenz von Selbst- und Fremdbild entstehen.
- Da wechselseitige Perspektivenübernahme auch das Sichhineinversetzen in die Ängste und in die Interessen der anderen bedeutet, kann sie besonders bei einer zivilen Konfliktregelung helfen. Dies ist wichtig, denn es bleibt zu beachten: Die multikulturelle Gesellschaft ist auch eine multikonfliktuelle Gesellschaft! Die Kompetenz, die Welt auch durch die Augen der anderen zu sehen, kann in Konflikten eine kontrollierende Wirkung entfalten, kann konfliktbegrenzend wirken. Das Ziel der multikulturellen Gesellschaft ist nicht, daß es keine Konflikte mehr gibt und daß alle Inländer alle Ausländer mögen, sondern daß die vorhandenen Konflikte zivil, d.h. vor allem gewaltfrei ausgetragen werden.
- Für eine rationale Konfliktaustragung ist eine Perspektivenübernahme auf argumentativer, sozialer und emotionaler Ebene wichtig: Es gilt die Argumente der Gegenseite zu verstehen, die Wirkung der eigenen Aktionen auf andere abschätzen zu können und sich in die Ängste des Gegenübers einfühlen zu können.
- Multiperspektivität ist eine Strategie der pragmatischen Verständigung, nicht der Anpassung. Dies gilt für beide Seiten. Sowenig ein Perspektivenwechsel eine Vorbereitung auf eine Assimilation von Minderheiten sein kann, sowenig soll sie zu stereotypen Freundbildern alles »Fremden« führen. Xenophobie darf nicht durch Xenophilie ersetzt werden.
- Eine entwickelte Form der Perspektivenübernahme ist die Fähigkeit, auch die Position »eines generalisierten Dritten« einnehmen zu können. Erst aus dieser Sicht lassen sich dann konsensfähige Positionen entfalten, die für alle Mitglieder einer Gemeinschaft Gültigkeit haben, unabhängig davon, welche

besonderen individuellen oder kollektiven Perspektiven existieren. Diese übergeordnete Perspektive ist die eines unverzichtbaren gesellschaftlichen Grundkonsenses und die der Menschenrechte.
– Um die wechselseitige Perspektivenübernahme durchsetzen zu können, muß sie allerdings als Prinzip verteidigt werden, d.h. keine Toleranz gegenüber Intoleranz.

Die Multiperspektivität prüft allerdings auch, inwieweit der zunächst unversöhnlich erscheinende Gegensatz von Toleranz und Intoleranz abzuschwächen ist und wie auch das sich daraus ergebende Diktum »Keine Toleranz für Intoleranz« zu differenzieren ist. Dies scheint dann möglich, wenn Intoleranz als eine Reaktion auf das – wie auch immer gedeutete oder mißdeutete – eigene Verhalten identifiziert werden kann und wenn die Intoleranz durch eine eventuelle Veränderung dieses eigenen Verhaltens auch aufgeweicht werden kann.

Einübung der Perspektivenübernahme

Der Ansatz der »sozialen Perspektivenübernahme« als Einübung in eine Kompetenz und als Unterrichtspraxis wird in Deutschland vor allem von Gotthard Breit vertreten. »Die Aktivierung der Fähigkeit sich in die Gedanken und Gefühle anderer hineinzudenken und zu fühlen, bringt die Schüler dazu, nicht nur sich selbst, sondern auch ihre Mitmenschen zu sehen. Die Bereitschaft zur sozialen Wahrnehmung und das prosoziale Bewußtsein der Jugendlichen werden so gestärkt. Das Entdecken von Gemeinsamkeiten mit dem anderen und die Herausarbeitung von Unterschieden können die Lernenden dazu bringen, über ihre eigene Identität nachzudenken«.[12] Breit hat zahlreiche Unterrichtseinheiten entwickelt, in denen die Schüler angeregt werden, sich in die Perspektiven unterschiedlichster Menschen hineinzuversetzen. Immer jedoch wählt er die Strategie der unmittelbaren Perspektivenübernahme. Ein anderer Weg ist aber vielleicht noch ertragreicher.

Ein besonders vielversprechendes Unterrichtsexperiment zur Perspektivenübernahme scheint mir das Planspiel »Die Insel« zu sein.[13]

Die Spielidee ist folgende: Irgendwo auf der Welt gibt es eine große Insel, die zu 90% von den Insulanern bewohnt ist, und seit zwei Generationen wohnen dort auch ungefähr 10% Zuwanderer, die Deutschen. Das Zusammenleben funktioniert recht und schlecht mit den üblichen Reibereien und Vorurteilen gegenüber den Deutschen: Sie würden nach Bier und Kohl stinken und seien

---

12 Breit, G.: Mit den Augen des anderen sehen – Betroffenheit durch soziale Perspektivenübernahme. Eine Unterrichtsskizze zur Lage der Jugendlichen in der DDR 1990, in: Internationale Schulbuchforschung 3/1990.
13 Regionale Arbeitsstellen für Ausländerfragen e.V. Berlin und Brandenburg (Hrsg.): Die Insel. Ein Planspiel zur Gewaltprävention, in: Interkulturelle Beiträge 5.

sehr geschäftstüchtig. Doch eines Tages ändert sich das Verhältnis zwischen der Mehrheit der Insulaner und der deutschen Minderheit. Eine ökologische Katastrophe in Deutschhland veranlaßt immer mehr Deutsche, auf die Insel zu fliehen. Als dieser Zustrom fremder Deutscher auf die Insel eine unüberschaubare Dynamik anzunehmen beginnt, eskalieren die Konflikte auf der Insel. Einerseits bilden sich Gruppen, die fordern »Deutsche raus«, andererseits bilden sich sowohl Solidaritätsgruppen, die den Deutschen helfen wollen, als auch Flüchtlingsgruppen unter den Deutschen, die für ihr Aufenthaltsrecht streiten. Als die Regierung der Insel keine politische Lösung zustande bringt, beruft sie eine Bürgerversammlung ein, die über das Bleiberecht der Deutschen diskutieren und entscheiden soll. Hier beginnt nun das eigentliche Planspiel. Die Schüler übernehmen bestimmte Rollen und spielen dann den Konfliktfall und den Entscheidungsprozeß. Im Mittelpunkt stehen die Gruppen der Initiative »Deutsche raus«, die Bürgerinitiative »Solidarität mit den Deutschen« und die Flüchtlingsgruppe. Weitere zu vergebende Rollen sind die der Presse und der Politiker.

Die Innovation dieses Ansatzes liegt darin, daß man zunächst nicht die bekannte Wirklichkeit im Planspiel rekonstruiert und unmittelbar auffordert, sich in die anderen hineinzuversetzen, sondern daß man den Umweg über eine Entfremdung sucht, die es mittelfristig aber erleichtert, Fremdheit abzubauen. Die Vorstellung, wie man sich als Deutscher auf der Flucht fühlen würde, ausgesetzt den Vorurteilen und Diskriminierungen eines Aufnahmelandes, ebnet den Weg, sich in die Flüchtlinge hineinzuversetzen, die in Deutschland eine Bleibe suchen. Es war ja wohl auch diese Erfahrung in Deutschland durch den Nationalsozialismus, die ein Asylrecht hervorgebracht hatte, das von viel Empathie für die Asylsuchenden dieser Welt gekennzeichnet war. Es ist auch diese Entfernung zu dieser Erfahrung, die es zunehmend erschwert, die Perspektive von flüchtenden Menschen übernehmen zu können.

Bedingungen für Multiperspektivität

Multiperspektivität ist natürlich kein Allheilmitel gegen die Hemmnisse einer multikulturellen Gesellschaft, das allzeit einsatzfähig ist. Sie ist vielmehr eine Strategie, deren Erfolg an deutlich markierbare Bedingungen gebunden ist. Die multiperspektivische Erziehung entfaltet ihre Wirksamkeit vor allem als frühe und präventive Erziehungsstrategie. Dort, wo sich bereits Vorurteile und Fremdenfurcht etabliert haben, ist es sehr schwirig, diese wieder abzubauen. Dort, wo Konflikte bereits eskaliert sind, ist es kaum noch möglich, Bereitschaft zu entwickeln, sich in andere hineinzuversetzen.[14]

---

14 Fritzsche, K.P.: Kommen wir nicht ohne Vorurteile aus?, in: Internationale Schulbuchforschung 4/1989.

Wenn Kinder rechtzeitig erfahren, daß unsere gesellschaftliche Wirklichkeit multikulturell geworden ist, wenn man sie in eine Art multiperspektivischer Wahrnehmung der Gesellschaft einübt, dann werden die anderen, die Minderheiten, erst gar nicht zu Fremden, zumindest erhalten diese dann keine Dimension des Bedrohlichen. Wenn Kinder und Jugendliche rechtzeitig erfahren, daß zum Zusammenleben in der Gesellschaft auch Konkurrenz und Konflikte gehören, brauchen sie später nicht die Flucht anzutreten in utopische Harmoniemodelle der Gesellschaft. Wenn man Kinder und Jugendliche darauf vorbereitet, daß es in der Gesellschaft und in der Politik auch Krisen, Frustrationen und Streß gibt, dann wird die Gefahr geringer, daß sie gesellschaftliche und wirtschaftliche Unsicherheiten als Streß wahrnehmen oder auch unter Bedingungen von sozialem Streß Sündenbockbedürfnisse entwickeln.

Gefordert ist also eine Erziehung zur Empathie- und Konfliktfähigkeit wie auch zur Streßtoleranz, die rechtzeitg Barrieren errichtet gegen die Anfälligkeit des Autoritarismus.

Die Wirksamkeit multiperspektivischer Erziehung kann weiterhin nur dann voll zum Tragen kommen, wenn die emotionalen und kognitiven Entwicklungsniveaus der Lernenden berücksichtigt werden. Einige Forschungsergebnisse sprechen dafür, daß die emotionale Seite der Perspektivenübernahme – ein Mit-Leiden – sich früher als die intellektuelle Seite entwickelt. Die intellektuellen Kompetenzen wiederum entwickeln sich auch nur stufenweise.

Schließlich gilt es zwischen der kognitiven Fähigkeit zur Perspektivenübernahme und ihrer emotional verankerten Bereitschaft zu unterscheiden. Die Bereitschaft, eine fremde Perspektive zu übernehmen, setzt eine selbstsichere eigene Perspektive, ein starkes Ich voraus. Diese Forderung nach einem »starken Ich« als Basis von Empathie ist nicht mit einem selbstüberheblichen, egoistischen Ich zu verwechseln, das sich ja gerade auf Kosten anderer profiliert. Gemeint ist hier vielmehr eine stabile Identität mit einem angemessenen Selbstwertgefühl. Nur Menschen ohne Minderwertigkeitsgefühle sind bereit, sich in andere hineinzuversetzen. Fehlt die Bereitschaft zur Perspektivenübernahme oder geht sie unter Streß verloren, dann hilft auch die kognitive Kompetenz wenig.

Fremder Islam, fremde Moderne – Chancen für einen Perspektivenwechsel

Ein hervorragender Testfall für die Leistungsfähigkeit der Strategie der Multiperspektivität liegt m.E. in der Begegnung mit dem Islam vor. Innerhalb der westlichen multikulturellen Gesellschaften stellt der Islam eine besondere Herausforderung dar.[15] Ethnisch-kulturelle Differenzen werden hier noch einmal durch eine religiöse Differenz verdoppelt. Die Fremdheit erscheint dadurch besonders groß. Die Dynamik der Vorurteilsbildung gegenüber moslemischen Minderheiten wird weiterhin durch objektive Prozesse in der islamischen Welt beschleunigt. Fundamentalistische Strömungen und terroristische Aktionen von Gruppierungen, die ihre Taten fundamentalistisch begründen, geben einen fruchtbaren Boden ab, auf dem neue Feindbilder entstehen können. Oft werden diese realen Provokationen zum Anlaß generalisierender Verurteilung des Islam und der islamischen Minderheit genommen.

Ebenso naiv wäre es aber auch, wenn man die Vereinbarkeit von multikultureller Demokratie und Fundamentalismus behaupten wollte. Kann eine multiperspektivische Erziehung auf eine gelingende Begegnung mit dem Islam und mit moslemischen Minderheiten in einer multikulturellen Gesellschaft vorbereiten? Meine These ist, daß der Beitrag dieses Ansatzes darin bestehen kann, sowohl wechselseitige Fremdenfurcht abzubauen als auch Regeln wechselseitiger Anerkennung aufzubauen. Multiperspektivität könnte die Begegnungen mit dem Isalm, vor allem auch mit den zu- oder eingewanderten muslimischen Minderheiten tolerant gestalten, ohne in die Toleranzfalle zu geraten.

a) Ebensowenig wie westlicher Überlegenheitsdünkel und Fremdenfeindlichkeit strukturell mit einer multikulturellen Zivilgesellschaft verträglich sind, ist es auch islamischer Fundamentalismus mit seinen Ausgrenzungen, Selbstüberhöhungen und seiner Menschenrechtskritik. Toleranz gegenüber dem Islam ist also mit einer radikalen Kritik an seinen fundamentalistischen Varianten zu verbinden.

b) Eine Begegnung mit dem Islam kann nur eine multiperpektivische sein, wenn sie eben auch die Differenz der Perspektiven im Islam deutlich macht. Dazu gehört die Aufklärung darüber, daß Fundamentalismus nicht identisch mit dem Islam ist, sondern nur eine seiner Strömungen und daß auch Fundamentalismus noch nicht mit Extremismus gleichgesetzt werden kann. Dies gehört ebenso zum »Blick auf die andere Seite« wie die Wahrnehmung der Intoleranz des Fundamentalismus.

c) Die Vertreter des neueren Antirassismus zeigen sich hier befangen. Da sie die multikulturelle Gesellschaft von einem einzigen Antagonismus aus kritisieren, in dem immer nur die weiße Mehrheit ihre rassistische Macht praktiziert, bleibt ihnen die Machtperspektive von seiten des Fundamentalismus verschlossen. Zudem scheint es bei den »Antirassisten« ein Mißverständnis gegenüber dem Islam zu geben, fast ein positives Vorurteil: Da der

---

15 Fritzsche, K.P.: Multiperspektivität – eine pädagogische Antwort auf die multikulturelle Gesellschaft, in: PÄDEXTRA 11/1992; ders., Toleranz im Umbruch, in: Aus Politik und Zeitgeschehen 43/1995.

Islam oft die Weltanschauung derer war, die einen antikolonialen und antikapitalistischen Kampf geführt haben, sieht man ihn in der Nähe der eigenen Positionen. Das Tragen des Kopftuches wird deshalb als Widerstandssymbol gegen die Anpassungsforderungen der westlichen Einwanderungsgesellschaft gewürdigt, d.h., es wird nur der Akt des Protestes geschätzt, ohne seinen Inhalt zu beachten. Das Tragen eines Kopftuches kann aber Unterschiedliches bedeuten. So falsch es ist, hierin nur eine Manifestation des Fundamentalismus zu erblicken, so einseitig ist es auch, hierin immer schon ein Symbol des Widerstands zu sehen!

d) Eine Übernahme der Perspektive muslimischer Minderheiten kann deutlich machen, welche Orientierungfunktion und identitätsstiftende Kraft der Islam für sie besonders in einer fremden Gesellschaft haben kann. Eine solche Perspektivenübernahme setzt allerdings voraus, daß die Bürger der Mehrheitsgesellschaft selbst über eine ausgeprägte Identität und ein gesichertes Selbstwertgefühl verfügen, um die Bereitschaft entwickeln zu können, sich auf die fremde Perspektive einzulassen.

e) Zur Perspektivenübername gehört auch, daß man die andere Seite nicht als etwas Statisches wahrnimmt, sondern daß man das andere begreift als etwas Wandelbares und daß man versteht, daß der Wandel auch durch die Interaktionen mit einem selbst, mit der eigenen Seite, hervorgerufen wird. Die Entwicklung und die Strömungen des Islam – vor allem in einer westlichen, multikulturellen Gesellschaft – sind auch Ergebnis der Konfrontation der Religion und Lebensweise der Migranten mit der Aufnahmegesellschaft. Hierin liegt eine Anfälligkeit für den Fundamentalismus begründet, der auch von einer Art der Fremdenfurcht geprägt ist: der Furcht vor dem Fremden der Moderne! Auch im Fundamentalismus wird aus Verunsicherung die Flucht in die Ausgrenzung der anderen und in die Konstruktion der eigenen Überlegenheit gewählt.

f) Schließlich bleibt anzumerken, daß es bei der multiperspektivischen Begegnung mit dem Islam auch um eine Begegnung der Religionen geht und um eine Selbstvergewisserung eigener Traditionen und Positionen. Multiperspektivität wird in diesem Fall zur Einübung in einen interreligiösen Dialog im Horizont einer toleranten und aufgeklärten Gesellschaft. Bei diesem Dialog – so hat es Hans Küng nachdrücklich bei seinem Plädoyer für ein »Projekt Weltethos« formuliert – geht es darum, gleichermaßen die Extreme eines Absolutheitsanspruchs jüdischer, christlicher oder moslemischer Provenienz wie die eines Beliebigkeitspluralismus, der alle religiöse Deutungen gleichermaßen gelten läßt, zu vermeiden.[16]

---

16 Küng, H.: Projekt Weltethos, München 1990.

Multiperspektivität bedeutet nicht Beliebigkeit

Multiperspektivität bedeutet keinesfalls: Alles ist gleich richtig, »Everything goes«. Eine Orientierung für den Umgang mit der Multiperspektivität, der Vielfalt von Werten und Standpunkten können die UNESCO-Positionen im Bereich »Internationale Erziehung« bieten. Der Begriff »Internationale Erziehung« ist hierbei ein UNESCO-Begriff, der die unterschiedlichen Bereiche Friedenserziehung, Entwicklungserziehung, Menschenrechtserziehung, Umwelterziehung und Erziehung zur Bewahrung des kulturellen Erbes zusammenfaßt.

Einerseits versucht die UNESCO der Vielfalt unterschiedlicher nationaler und kultureller Perspektiven Raum zu geben, andererseits versucht sie der Gefahr eines Wertrelativismus, einer Beliebigkeit von Wertentscheidungen zu entgehen. Sie bemüht sich zum einen um einen jeweils aktuellen Minimalkonsens in ihren Konferenzen und Empfehlungen, d. h. Wertentscheidungen, denen alle Beteiligten zustimmen können, und zum anderen verweist sie auf die universelle Gültigkeit von Menschenrechten, einen historischer Konsens, hinter den nicht mehr zurückgefallen werden darf. Diese Position gilt für die Internationale Erziehung ebenso wie für die Interkulturelle Erziehung.

Über die institutionelle Vermittlung von Multiperspektivität und Menschenrechten hinaus gibt es aber auch einen inneren Zusammenhang: Die Multiperspektivität hat eine menschenrechtliche Qualität! Es ist die wechselseitige Anerkennung des anderen als Gleichen. Auf der Basis der Anerkennung dieser Gleichheit wird es dann möglich, die Verschiedenartigkeit von Perspektiven zu berücksichtigen. Diese Verschiedenartigkeit darf aber selbst nie das Fundament der Gleichheit in Frage stellen.

In diesem Sinne zielt die Multiperspektivität auch auf den Integrations- und Interaktionsmodus einer Gesellschaft, die u.a. Pagé als Zivilgesellschaft bezeichnet.[17] Es geht um die Synthese aus Gemeinsamkeit und Differenz, es geht um die Anerkennung und Praxis der kulturellen Differenz auf der Grundlage einer für alle verbindlichen menschenrechtlichen Basis.[18] Kein Assimilationismus, keine multikulturellen Patchworks, sondern Integration in eine Gesellschaft, die allein auf der Basis menschenrechtlicher Gemeinsamkeit und Gleichheit die Verschiedenartigkeit zusammenführen und aushalten kann.

---

17 Vgl. den Beitrag »Gesellschaftsformen und ihre Auswirkungen auf das Erziehungswesen« von Yves Bizeul in diesem Band.
18 Taylor, Ch.: Multikulturalismus und die Politik der Anerkennung. Frankfurt a.M. 1993.

Ulrich Bliesener

Interkulturelles Lernen: eine pädagogische Notwendigkeit und Chance

Fremdsein ist eine schlimme Erfahrung. Wir drängen uns nicht nach ihr, aber wir machen sie auf unterschiedliche Weise, und wir sollten sie uns nicht nehmen lassen! Sie gehört zur menschlichen Existenz. Verdrängen wir diese Erfahrung von Fremdsein nicht zugunsten der bequemen Illusion, daß wir alle gleich und nett sein sollten und die dann umschlagen in die Erkenntnis, daß der andere die Hölle ist.

Jean Paul Sartre

Beides ist verkehrt und geht am Menschen vorbei: Wir sind nicht alle gleich und sollten uns auch nicht gleichmachen, und auch der andere ist nicht die Hölle und die Bedrohung unserer selbst. Die Erkenntnis vom Fremdsein braucht uns auch nicht zu traurigen Einzelgängern zu machen. Sie kann uns zu Menschen machen, die handeln, leben und lieben, damit der Riß, der durch die Erde, Nationen und Menschen geht, nicht noch größer wird.

Elisabeth Moltmann-Wendel, Tübingen;
Sonntagsblatt vom 18.6.1993 – Berichte zum Evangelischen Kirchentag

Begriff und Ziel

Unsere Gesellschaft ist unter anderem auch dadurch charakterisiert, daß Menschen unterschiedlicher kultureller und ethnischer Herkunft in ihr zusammenleben. Diese Gesellschaft hat der Europarat als *multikulturelle Gesellschaft* bezeichnet und will damit den Ist-Zustand beschreiben und einen Sachverhalt nennen. Der Begriff *interkulturelle Gesellschaft* dagegen bezieht sich auf den dynamischen Prozeß, der darauf zielt, die Multikulturalität zu gestalten, d.h., das Zusammenleben der verschiedenen ethnischen, kulturellen und religiösen Gruppen so zu regeln und so zu organisieren, daß aus dem Nebeneinander (= multikulturelle Gesellschaft) ein Miteinander entsteht. Das ist eine Aufgabe der Gesellschaft insgesamt; sie muß dazu Konzeptionen entwerfen und Modelle entwickeln, die angenommen und realisiert werden können, und das ist ein langer und keineswegs einfacher Weg. Andererseits drängt die Zeit: Neben den Entwürfen für die Zukunft ist schon heute der Alltag zu gestalten, sind täglich Probleme zu lösen; das friedliche Leben miteinander muß bereits jetzt jeden Tag aufs neue gewonnen werden.

Zu dieser Gestaltungsaufgabe einen Beitrag zu leisten ist das wesentliche Anliegen des interkulturellen Lehrens und Lernens. Das ergibt sich u. a. auch aus der Charta der Vereinten Nationen (1948)[1], in der es in Artikel 1 zu den Menschenrechten heißt: »Alle Menschen sind frei und gleich an Würde und Rechten geboren. Sie sind mit Vernunft und Gewissen begabt und sollen einander im Geiste der Brüderlichkeit begegnen«, eine Formulierung, die ihre Entsprechung in Artikel 1 des Grundgesetzes der Bundesrepublik Deutschland – »Die Würde des Menschen ist unantastbar« (Art. 1 [1]) – und in dem Bekenntnis zu den »unverletzlichen und unveräußerlichen Menschenrechten« (Art. 1 [2]) findet und ebenso in den Verfassungen und Schulgesetzen der Bundesländer ihre Entsprechung gefunden hat.[2]

Jede Bemühung um ein friedliches Zusammenleben verschiedener Kulturen außerhalb einer Gemeinschaft kann weder den »Schmelztiegel« noch die Assimilierung von anderen kulturellen Gruppen in die Kultur der Mehrheit einer Gesellschaft zum Ziele haben. Leben in einer multiethnischen Gesellschaft kann demnach nur heißen: Gruppen verschiedener kultureller, religiöser und ethnischer Herkunft leben in aktiver Koexistenz und in einer durch fruchtbaren Austausch gekennzeichneten friedlichen Koexistenz miteinander. Dieses Miteinander bedarf der bewußten Gestaltung.

Interkulturelle Erziehung ist damit eine Aufgabe, die vor allem der Schule gestellt ist. Sie muß ihren Beitrag zur Gestaltung des Zusammenlebens in einer multikulturell gemischten Gesellschaft leisten, und zwar durch eine interkulturelle Erziehung, die zu friedlicher Koexistenz[3] der verschiedenen Kulturen und zu einem sich gegenseitig befruchtenden Miteinander von Gruppen unterschiedlicher kultureller, religiöser und ethnischer Provenienz befähigt.

---

1 Die Allgemeine Deklaration der Menschenrechte, verabschiedet von der UNO-Generalversammlung am 10.12.1948, wurde, wenn auch rechtlich nicht bindend, weltweit als gemeinsamer Maßstab der Errungenschaften für alle Völker und alle Nationen anerkannt. Vgl. hierzu auch das Abschlußdokument der Wiener Weltkonferenz über Menschenrechte der UNO vom 14. bis 25.6. 1993. Vgl. ferner die Europäische Konvention der Menschenrechte und Grundfreiheiten, die die Mitglieder des Europarats am 4.11.1950 in Rom verabschiedet haben und die mit dem Protokoll von 1952, von den meisten Mitgliedstaaten ratifiziert, in Kraft getreten ist. In der Bundesrepublik wurde die Konvention durch das Gesetz vom 7.8.1952 in Kraft gesetzt (erweitert 1963 und 1983). Der Europäische Gerichtshof für Menschenrechte wurde 1959 eingesetzt. Vgl. auch Europa-Rat, Rahmenübereinkommen zum Schutz nationaler Minderheiten, Entwurf Stand Juli 1994.
2 Vgl. z.B. Niedersächsisches Schulgesetz in der Neufassung vom 27.9.1993; § 2.1 Bildungsauftrag der Schule.
3 Nicht zu verwechseln mit der friedlichen Koexistenz von Chruschtschow, die eher feindlich und auf Balance der Kräfte gerichtet war.

Für die Schule ist der Begründungszusammenhang für diesen Auftrag ganz nahe und unmittelbar: Täglich muß in der Schule das Zusammenleben mit anderen und mit »Fremden« organisiert und für *alle* Beteiligten sinnvoll und einsichtig gestaltet werden. Gleichzeitig muß die Schule durch geeignete Lehrangebote und Inhalte auf die professionelle Mobilität in dem sich zusammenschließenden Europa vorbereiten und zur Kooperation mit Menschen unterschiedlicher ethnischer und kultureller Herkunft in überregionalen und internationalen Organisationen (z.B. der UNO), Unternehmen und sonstigen Gruppierungen erziehen. Schließlich ist der Zusammenhang zwischen den Standards westlicher Lebensgewohnheiten und der wirtschaftlichen und ökologischen Situation in Entwicklungsländern zu verdeutlichen, der Bezug zur Umweltproblematik herzustellen und auf eine Bewußtseinshaltung hinzuwirken, die aus Einsicht in den globalen Kontext zu verantwortungsbewußtem Handeln im eigenen Lebensbereich führt.

Rolle der Schule

Aufgabe und Wagnis

Die Schule erbringt ihren Beitrag durch interkulturelle Erziehung. Zum Begriff des interkulturellen Lernens gehört wesensmäßig der Dialog, die bilaterale oder multilaterale Kommunikation. Eine interkulturelle Beziehung zwischen Menschen verschiedener Kulturen, die die Bezeichnung zu Recht verdient, ist nie einseitig; sie ist gekennzeichnet durch ein gegenseitiges Geben und Nehmen, durch partnerschaftliches Aushandeln von Problemen und Positionen. Sie lehnt die einseitige Überbewertung der einen Kultur gegenüber der anderen ab und wendet sich gegen eine Haltung, die die *eine* Kultur zum Maß für die *andere* setzt.

Der partnerschaftliche interkulturelle Dialog ist immer ein Wagnis: Er verbleibt nicht im Stadium des Austausches. Ein ehrlich geführter interkultureller Dialog, bei dem die Partner bereit sind, sich auf den jeweils anderen einzulassen, führt immer zu etwas Neuem, in ein unbekanntes Territorium, wo der eigene Standort neu bestimmt werden muß. Es entsteht ein Drittes, über das es keine verläßlichen Vorhersagen gibt. Interkulturelle Erziehung muß zu diesem Schritt ins Ungewisse, durch das eigene Wertvorstellungen möglicherweise relativiert und unsicher werden, ermutigen und fähig machen, sich in einer solchen Situation neu zu orientieren.[4]

---

4 Vgl. hierzu C. Albrecht: Überlegungen zum Konzept der Interkulturalität; in: vorliegendem Band: In ihrem Beitrag weist Corinna Albrecht auf den inflationären Gebrauch des Begriffs Interkulturalität und auf die Gefahr der Entwertung hin. In den meisten Fällen dient der Begriff nur als

Solche Prozesse lassen sich etwa bei der Zusammenarbeit in den sogenannten Europäischen Kooperationsprogrammen des EU-Bildungsprogramms LINGUA (jetzt Kapitel III von SOCRATES) beobachten. Allerdings führt der Bewußtseins- und Erkenntnisprozeß keineswegs immer zur angestrebten Interkulturalität, wie das Beispiel Bosnien mit seinen schrecklichen Konsequenzen verdeutlicht.[5]

Konkret zielt interkulturelle Erziehung und interkulturelles Lernen – in der Schule, aber auch in außerschulischen Institutionen, in der Erwachsenenbildung – lebenslang auf

– Offenheit gegenüber dem Fremden, dem anderen und seiner Andersartigkeit,
– die Bereitschaft zum Erwerb von Kenntnissen über die jeweils andere Kultur,
– die Bereitschaft, sich der kulturellen Basis, die das eigene Leben und die eigene Lebensgestaltung bestimmt, bewußt zu werden und auch in Zeiten gesellschaftlicher Wandungsprozesse seinen Standort zu bestimmen,
– die Bereitschaft, in der Begegnung mit dem jeweils anderen sich auf die Veränderung des eigenen Selbst einzulassen und sie zu ertragen, wodurch emotionale Kräfte ebenso mobilisiert werden wie die Kräfte des Verstandes, und
– die Einsicht, daß man mit der Möglichkeit ungewollten eigenen Fehlverhaltens im Umgang mit dem Fremden und mit daraus resultierenden Mißverständnissen und Verletzungen rechnen muß, die aber in geeigneter Weise entschärft werden können.

Diese Zielvorstellungen interkultureller Erziehung gelten für alle Beteiligten, für die ethnische Mehrheit in einem Gebiet ebenso wie für die anderen/Fremden, die im Gebiet dieser Mehrheit leben. Ein erfolgreiches Zusammenleben unterschiedlicher ethnischer, kultureller und religiöser Gruppen in einer Gemeinde, einer Region, in einem Land verlangt Anstrengungen auf beiden Seiten.

Kennzeichnung schon vorhandener Zielformulierungen. Allen Verwendungen im wissenschaftlichen, bildungspolitischen und alltäglichen Bereich gemeinsam ist die Vorstellung eines wechselseitigen Aufeinanderbezogenseins verschiedener kultureller Kontexte und des Prozesses, der daraus resultiert. Damit bleibt aber der Begriff Interkulturalität letztendlich doch ungeklärt: Interkulturell ist danach, was interkulturell sein soll. Als mögliche Definition beschreibt Corinna Albrecht Interkulturalität als einen Bewußtseins- und Erkenntnisprozeß, der aus der selbstreflexiven Wahrnehmung und Erfahrung kultureller Pluralität entsteht und der zugleich ein kognitiver Vorgang ist, aber auch als ein emotionaler und sozialer Prozeß verstanden werden muß. Er führt potentiell zur Ausbildung einer interkulturellen Identität und damit zur Überwindung des Ethnozentrismus.

5 Vgl. auch Bundeszentrale für Politische Bildung (Hrsg.): Das Ende der Gemütlichkeit – Theoretische und praktische Ansätze zum Umgang mit Fremdheit, Vorurteilen und Feindbildern; Schriftenreihe Arbeitshilfen für die politische Bildung Band 316, Bonn 1993.

Bedingungen interkulturellen Lehrens und Lernens

In der Schule findet heute unter den zur Zeit gegebenen äußeren und organisatorischen Bedingungen zielgerichtetes interkulturelles Lehren und Lernen überwiegend im rationalen Diskurs statt. Auch die persönlichen Erfahrungen, die sich aus der unmittelbaren Begegnung mit dem Fremden in der Schule, im persönlichen Umfeld, bei schulischen Veranstaltungen im Ausland (Schulfahrten, Schulpartnerschaften etc.) ergeben, bedürfen der intellektuellen Aufarbeitung und Bewußtmachung, um interkulturell ertragreich zu werden. Auf diese Weise wird der Boden für eine positive Einstellung zum Dialog mit anderen Kulturen bereitet und die Fähigkeit entwickelt, mit dem Fremden Formen und Regeln des Miteinander partnerschaftlich auszuhandeln und festzulegen. Entsprechend der jeweiligen Schulform geschieht dies in unterschiedlicher Weise, handlungsorientiert und weniger rational in der Grundschule, wesentlich durch Reflexion bestimmt in den Sekundarstufen I und II.

Dabei ist klar, daß Rationalität allein nicht ausreicht, um interkulturelles Verstehen und interkulturelles Miteinander zu gewährleisten. Menschliches Verhalten im kulturellen und gesellschaftlichen Kontext wird durch Werthaltungen, Einstellungen, Glauben und Gewohnheiten mitbestimmt, die ihre Wurzeln nicht nur in der Ratio, sondern auch in übernommenen Traditionen, in Gefühlen und unreflektierten Überzeugungen, im Temperament und in antrainierten Verhaltensmustern haben. Fremde sind nicht nur äußerlich und in ihrem Verhalten anders; sie fühlen und empfinden auch anders, sie lachen und ärgern sich über andere Situationen und Gegebenheiten als wir. Dieser emotionale Bereich darf nicht außer acht gelassen werden; es ist einsichtig, daß er nicht direkt Gegenstand oder Lernziel des Unterrichts sein, sondern nur indirekt zum Tragen gebracht werden kann: Mit dem Herzen denken kann man nicht lehren. Dennoch: Die Rationalität im interkulturellen Diskurs muß immer darauf bedacht sein, auch Emotionen und affektive Elemente zu mobilisieren und für den interkulturellen Dialog fruchtbar werden zu lassen.

Begründung für interkulturelles Lernen

Die Notwendigkeit für interkulturelles Lernen ergibt sich aus den dynamischen Veränderungen in der Gesellschaft, die seit einer Reihe von Jahren zu beobachten sind. Zu nennen sind vor allem

– die erhöhte Mobilität innerhalb Europas, bedingt durch den europäischen Einigungsprozeß und die daraus folgende Notwendigkeit der intensiven und vielseitigen Kommunikation und des direkten Austausches, durch die eine wirkliche Kooperation im Rahmen Europas erst ermöglicht wird[6];

- die verstärkte Zuwanderung von Arbeitskräften vor allem aus europäischen Drittländern und Ländern mit schwach entwickelter Wirtschaftsstruktur, von Aussiedlern aus den Ländern Mittel- und Osteuropas, die deutschstämmig sind, die aber dennoch einem anderen kulturellen Hintergrund zuzuordnen sind, und durch Flüchtlinge und Asylsuchende aus den vielen Krisengebieten in der Welt[7];

- die Veränderungen im ökologischen Gleichgewicht der Welt und damit auch unserer Umwelt, die es notwendig machen, sich intensiver mit den Verhältnissen in außereuropäischen Ländern und deren Gegebenheiten auseinanderzusetzen; diese Auseinandersetzung darf sich nicht nur auf Fragen der Wirtschaft und der industriellen Entwicklung beschränken; sie muß umfassend sein und sich auch auf die Kultur und Geschichte, auf Wertvorstellungen und Lebensweisen erstrecken. Denn: Probleme der Dritten Welt sind auch Probleme unserer Gesellschaft und sind nicht nur durch einen Transfer von Know-how und moderner Technologie zu lösen.[8]

---

6 Auf die zahlreichen Mobilitätsprogramme der Europäischen Union, im wesentlichen zusammengefaßt in den beiden Großprogrammen SOCRATES für die allgemeine Bildung und LEONARDO für den berufsbildenden Bereich und für die Weiterbildung im Beruf, sowie die Kooperation zwischen Betrieben innerhalb der Europäischen Union sei hingewiesen. Zu erwähnen ist in diesem Zusammenhang auch die Freizügigkeit und die Niederlassungsfreiheit innerhalb der Europäischen Union.

7 Aus der Fülle der Literatur und Zeitschriftenaufsätze zum Thema Migration, Ausländer, Aussiedler, Asyl seien nur die folgenden genannt; dort auch weitere Literaturhinweise: K.J. Bade: Ausländer, Aussiedler, Asyl in der Bundesrepublik Deutschland, Aktuell – Kontrovers 1994, Niedersächsische Landeszentrale für Politische Bildung, 3., neubearbeitete und aktualisierte Ausgabe, Hannover 1994; K.J. Bade (Hrsg.): Deutsche im Ausland – Fremde in Deutschland, Migration in Geschichte und Gegenwart, München 1992; K.J. Bade: Ausländer, Aussiedler, Asyl – Eine Bestandsaufnahme, München 1994; K.J. Bade (Hrsg.): Das Manifest der 60 – Deutschland und die Einwanderung, München 1994; D. Leistico: Immigration und Multikulturalismus in Frankreich – eine Fallstudie; in: Schriftenreihe des Zentrums für europäische Studien Band 17, Universität Trier o.J.; M. Reinarzt/S. Thomas (Hrsg.): Multikulturalismus, in: Schriftenreihe des Zentrums für europäische Studien Band 14, Universität Trier o.J. (neben der Darstellung der besonderen deutschen Situation (Nationalität, Ethniebegriff, Ausländerpolitik) werden andere Länder (z.B. Niederlande, Frankreich, Spanien) und ein europäischer Ländervergleich zur sozialen Lage von Immigranten, Ausländern und Minderheiten angeboten); Kirchenamt der Evangelischen Kirche in Deutschland, EKD (Hrsg.): Flüchtlinge und Asylsuchende in unserem Land, in: EKD-Texte 16, Hannover 1986. Schließlich sei auf die Arbeiten und Veröffentlichungen des Instituts für Migrationsforschung und interkulturelle Studien (IMIS) an der Universität Osnabrück verwiesen. Vgl. nicht zuletzt den Beitrag von Christof Lützel in diesem Band.

8 Auf die Bedeutung dieses Bereichs für den thematischen Zusammenhang interkultureller Erziehung ist verschiedentlich hingewiesen worden. Genannt sei G. Széll: Umweltkonflikte als neue Dimension der Friedens- und Konfliktforschung, in: Universität Osnabrück Magazin, Dezember 1992, S. 35ff.

Grundsätzliche Probleme, Grenzen, Chancen

Definition

»Fremdsein« ist keine objektive Qualität, die bestimmte Dinge oder Menschen von Natur aus haben und andere nicht. »Fremd« ist das, was subjektiv als vom eigenen Ich verschieden empfunden oder verstanden wird. Das, was ich nicht kenne, nicht verstehe, noch nicht erfahren oder erlebt habe, Menschen, die anders sind als ich, bezeichne ich als »fremd«. Das »Fremde« ist eine Eigenschaft, die nicht objektiver Bestandteil des Wesens des jeweils anderen ist; vielmehr ist »Fremdheit« etwas dem anderen Zugeordnetes, ein Interpretament.[9]

Der andere, der Fremde, kann aus unterschiedlichen Gründen als fremd erfahren werden, z. B. durch
- sein *Aussehen* (z. B. Hautfarbe oder Kleidung): anderes Aussehen distanziert,
- seine *nationale* oder *kulturelle Herkunft* (Österreicher oder Engländer, wobei diese aufgrund z. B. schulischer Bildung oder aufgrund des höheren Bekanntheitsgrades, etwa durch Urlaub, weniger fremd erscheinen mögen als ein Türke oder Ägypter),
- seine *Zugehörigkeit zu einer Glaubensgemeinschaft* (ein Christ, selbst ein orthodoxer Christ, erscheint weniger fremd als ein Moslem; aber auch da gibt es Unterschiede: Ein orthodoxer Christ ist wiederum weiter entfernt, d. h. weniger vertraut als ein Christ der eigenen Denomination),
- seine *regionale Zugehörigkeit* und die dadurch bedingten Unterschiedlichkeiten in Sitte und Brauchtum (Dialekt; »Zugereister« oder Einheimischer, man denke z. B. an die Flüchtlinge »aus dem Osten« nach dem Zweiten Weltkrieg),
- seinen *sozialen und durch Bildung bedingten Status*, der oftmals breitere Gräben zwischen Menschen desselben kulturellen Hintergrundes bedeutet als zwischen Angehörigen unterschiedlicher kultureller Herkunft bei gleicher Bildungsschicht,
- aber auch durch seine *Zugehörigkeit zu einer anderen Generation* oder dem *anderen Geschlecht*.[10]

Das Gefühl der Fremdheit ist eher irrational als rational begründet und wird durch die räumliche Nähe des Fremden verstärkt. Dabei wird vergessen, daß man selber Fremder für Andere ist.

---

9 Vgl. hierzu A. Wierlacher: Kulturthema Fremdheit – Leitbegriffe und Problemfelder kulturwissenschaftlicher Fremdheitsforschung, mit einer Forschungsbibliographie von C. Albrecht/U. Bauer/S. Krolzig/D. Schiller, München 1993, vor allem Kapitel 1 und 2.
10 D. Tannen: Du kannst mich einfach nicht verstehen, Hamburg 1991; dies.: Das hab' ich nicht gesagt!, Hamburg 1992.

Verunsicherung

Die Begegnung mit dem Fremden und Unbekannten führt nicht nur zu einer fruchtbaren Verunsicherung und Beunruhigung, indem sie, wenn man sich auf das Fremde, das Andere einläßt, zu selbstkritischem Fragen nach der eigenen Identität und den eigenen Werthaltungen zwingt. Sie kann aber auch Angst vor dem Fremden als einer Bedrohung der eigenen Existenz und der vertrauten eigenen Kultur verursachen, vor allem dann, wenn die Begegnung mit dem Fremden zur alltäglichen Erfahrung wird, wenn Mangel an Kenntnissen und Einsichten in die Andersartigkeit hinzukommt, wenn Ausländer sich ihrerseits in Gruppen abkapseln, wenn nicht durchschaubare soziale und politische Entwicklungen in der eigenen Gesellschaft, denen man weitgehend ausgeliefert ist, das bis dahin vertraute kulturelle Umfeld verändern.[11]

Je ungewisser die individuelle Verankerung in der eigenen Gesellschaft ist, je weniger das Zugehörigkeitsgefühl zur eigenen kulturellen Gruppe ausgeprägt ist, desto bedrohlicher wird das Fremde für die eigene Existenz empfunden.[12] Das begünstigt eine Haltung, die das Fremde ablehnt, weil in ihm die Ursache für die eigene Ungewißheit vermutet wird.

Vertraut – fremd

Internationaler Tourismus, aber auch die elektronischen Medien, die das Ferne, Fremde nahebringen, verdecken oftmals die tiefer sitzenden ethnischen und kulturellen Unterschiede. Als Tourist sieht man nur die Oberfläche des anderen, wird auf das Malerische und Pittoreske beschränkt und leicht zur Annahme verführt, daß die Menschen zwar äußerlich anders sind, im Grunde aber alle gleich sind, gleich empfinden, handeln und sich verhalten. Aber: Was im Massentourismus als malerische Spielart des »*einen*« Menschen erlebt (und mißverstanden) wird, was während der »glücklichsten Tage des Jahres« weit weg vom eigenen Zuhause gefällt, anregt, entspannt, zur Bewunderung reizt, wird zu Hause als Bedrohung empfunden. Spätestens dann werden die ethnischen und kulturellen Unterschiede als von der (eigenen) Norm abweichend (oder gar als

---

11 Diese Verunsicherung aus Unkenntnis gegenüber dem Fremden hat H. W. Katz sehr eindringlich, aber auch verständnisvoll in seinem Roman *Schloßgasse 2* (Weinheim/Berlin 1994, S. 1190) beschrieben.

12 Das Zusammenwachsen der ehemals getrennten beiden Teile Deutschlands – Bundesrepublik Deutschland und Deutsche Demokratische Republik – ist nicht zuletzt auch deswegen so schwierig, weil das Ergebnis der Wiedervereinigung für beide Seiten, wenn auch in unterschiedlichem Maße, Verunsicherung und Bedrohung gebracht hat. Gerade darum ist in den neuen Bundesländern der Wunsch des Geborgenseins in einem vertrauten System mit vertrauten Regeln so ausgeprägt, was sich z.B. im Verhalten Jugendlicher oder auch, bis zu einem gewissen Grade, im Wahlverhalten erkennen läßt. Dies mag auch ansatzweise als Erklärung für manche der ausländerfeindlichen Ausschreitungen dienen.

gegen sie verstoßend) entdeckt. Das Schlachten eines Hammels am Ende des Ramadan ist in der Türkei oder in Tunesien filmenswert und interessant; in Deutschland wird der gleiche Brauch, ausgeführt von einer türkisch-muslimischen Familie in der dritten Generation in Deutschland, in einer ethnisch gemischten Vorstadtsiedlung, abgelehnt; Nachbarn regen sich auf, Kinder sind erschreckt. Das Verhalten der türkischen Familie, das der eigenen kulturellen Herkunft und ihren Wertvorstellungen und Verhaltenskodizes entspricht, also »richtig« ist, wird verurteilt.

Der Vorschuß des Vertrauten, Bekannten oder Ähnlichen führt oftmals zu Fehlurteilen und Trugschlüssen. Auch Amerikaner sind anders, Franzosen sind trotz des deutsch-französischen Vertrages im Sinne der Definition Fremde, wie leicht zu erfahren ist, wenn man eigene, vertraute Maßstäbe an Vorgänge des Alltags in der fremden Lebenswirklichkeit anlegt. Diese Fremdheit wird allerdings nicht immer als Bedrohung empfunden oder nur unter gewissen Umständen als akut (z.B. sind trotz aller Last die »Piefkes« in Österreich willkommene Devisenbringer, man nimmt sie als notwendiges Übel in Kauf; oder: »Notre pays n'est pas à vendre«, Slogan zum Ausdruck des Protestes gegen deutsche Aufkäufer von Ferienhäusern an der französischen Atlantikküste)[13], weil man gemeinsame Grundhaltungen und Wertevorstellungen vermutet. Die Vorbehalte und die Ablehnung sind gleichwohl vorprogrammiert (wie z.B. die gegenseitigen Vorurteile im deutsch-niederländischen Verhältnis leicht belegen), und das, obwohl man eine gemeinsame Grenze hat und obwohl bestimmte historische und geistesgeschichtliche Erfahrungen (Aufklärung, Teilhabe an der technologischen Entwicklung, Forschung in den naturwissenschaftlichen Disziplinen, Entwicklung zur Demokratie etc.) gemeinsam sind.

Fragen der Ethik – Grundwerte

Leben in einer »nationalen« Gemeinschaft mit vielen ethnischen Gruppierungen (die sog. »multikulturelle Gesellschaft« des Europarats) kann nicht bedeuten, daß unterschiedslos alle Wertsysteme der verschiedenen Kulturen gleichberechtigt nebeneinander ausgelebt werden können, wenngleich sie für die Betroffenen weiterhin gültig und bestimmend sind. Hier sind Fragen der öffentlichen Ordnung, des Wertesystems, aber auch Grundfragen der Ethik bis hin zu Regeln des Zusammenlebens in der lokalen Gemeinschaft berührt.

Die im Grundgesetz der Bundesrepublik verbriefte Gleichstellung von Frau und Mann erlaubt es zum Beispiel nicht, daß eine andere kulturelle Gemeinschaft in unserem Lande die Frauen benachteiligt oder diskriminiert oder es

---

13 Vgl. die STERN-Umfrage »Sind wir wirklich so unsympathisch – Wie uns die anderen sehen«, STERN Nr. 18, 27.4.1994, S. 112–124.

zuläßt, daß sie körperlich beschädigt werden, aus welchen religiösen, brauchtums- oder traditionsbedingten Gründen auch immer (z.B. Beschneidung von jungen Mädchen)[14].

Eine solche Benachteiligung, Diskriminierung oder körperliche Beschädigung verstößt nach (west)europäischem Kulturverständnis gegen allgemeingültiges Menschenrecht (Ethik), gegen vielfältig kodifizierte Grundrechte (Grundgesetze, Verfassungen), gegen die von einer großen Zahl von Nationen unterzeichnete Charta der Menschenrechte, obwohl oder weil nach eigener Sitte und Religion Rechtens und gefordert und Teil der eigenen kulturellen Identität, also daher zulässig. Wie tief die Gräben zwischen den Kulturen sein können, wird deutlich, wenn man den Versuch unternimmt, Äußerungen und Wertvorstellungen der einen Kultur in die Begriffswelt einer anderen zu übersetzen. Körperlich »krank« und »gesund« sind relativ leicht übertragbar; schwieriger dagegen schon »glücklich« und »traurig«. Bei Begriffen wie »Gut« und »Böse«, »Recht« und »Unrecht«, »Ehre« und »Unehre« werden die Unterschiede zwischen den Kulturen besonders augenfällig. Dies gilt im übertragenen Sinne auch für das Verständnis der Grundrechte der Menschen.

Hier liegen unausweichliche Konflikte grundsätzlicher Art. Wie die Wiener Menschenrechtskonferenz zu Beginn des Jahres 1993 gezeigt hat, wird die Charta der Menschenrechte der Vereinten Nationen unterschiedlich, nämlich vor dem Hintergrund der eigenen Kultur, verstanden und umgesetzt. Ferner: Wer setzt die Menschenrechte, die Betroffenen selbst oder eine »höhere, übergeordnete Instanz«, und welchen Grad allgemeiner Verbindlichkeit a priori haben sie, welcher wird ihnen zuerkannt oder soll ihnen zuerkannt werden? Das führt notwendig zu der Frage, ob man sich mit der Unterschiedlichkeit der Kulturen und ihren spezifischen Wertvorstellungen als unabänderlich abfinden muß (kulturelles Nebeneinander) oder ob man auf der Anerkennung der universellen Werte bestehen sollte. Man müßte zur Durchsetzung die Welt missio-

---

14 Vgl. die Verurteilung einer in Frankreich lebenden afrikanischen Mutter aus Mali durch ein französisches Gericht wegen der Beschneidung ihrer einmonatigen Tochter zu fünf Jahren Gefängnis auf Bewährung; aus: Le Monde, 19.1.1993. Bei diesem Prozeß ging es vordergründig um die Straftat der Mutter, im Grunde aber um die Frage der Berechtigung einer durch Kultur und Brauchtum als Verpflichtung empfundenen Handlung. Die Angeklagte konnte, dem Bericht von Le Monde zufolge, der Argumentation des Gerichts nicht folgen. Sie wußte nur eines: Ihre Großmutter, ihre Mutter, sie selber sind alle beschnitten worden, also mußte auch ihre Tochter beschnitten werden, damit sie »propre« sei nach den Regeln einer Tradition, die die Heirat einer unbeschnittenen Frau nicht vorsieht. Der Richter beschrieb die Schwierigkeit des Prozesses so: »Es geht hier um totales Nicht-Verstehen. Die Angeklagte versteht nicht, warum hier (in Frankreich) etwas schlecht sein soll, was dort (in Afrika) gut sei.« Und er warf der Staatsanwaltschaft vor, daß sie unfähig sei, sich in die Lage der Angeklagten aus dem Sahel zu versetzen. Daher wurde die Strafe zur Bewährung ausgesetzt. Das chinesische Parteiorgan »Volkszeitung« reagierte ähnlich als Antwort auf den US-Menschenrechtsbericht: »Nationen seien unterschiedlich, dasselbe gelte für Menschenrechte. Niemand sollte dem anderen sein Konzept von Menschenrechten aufzwingen.« Auf die Unterschiedlichkeit der Beispiele braucht nicht hingewiesen zu werden; dennoch ist die Beurteilung durchaus vergleichbar. Ähnlich argumentierte der Vertreter der indonesischen Delegation auf der Wiener Menschenrechtskonferenz der UNO (Juni 1993).

nieren (was der christlichen Mission heute als Machtstreben sicher nicht zu Unrecht von den Missionierten angelastet wird) oder gar erobern, weil es überall auf der Welt Gebräuche und Werthaltungen gibt, die mit dem universellen (d.h. letztendlich unserem westlichen) Verständnis der Menschenrechte nicht übereinstimmen.[15] Die Frage der allgemeinen Verbindlichkeit solcher Grundrechte, ihr Anspruch auf Gültigkeit für alle Menschen *vor* allen anderen Bindungen und Verpflichtungen[16], werden oft als Ausfluß einer westlich oktroyierten Denkweise, als neue Form des westlichen Kolonialismus verstanden, was notwendig zu offenen oder verdeckten Konflikten mit der zahlenmäßig größten Gemeinschaft des Sitzlandes, aber auch zu internen Konflikten in den Familien führen muß.[17] Diese Probleme entstehen immer dann, wenn sich Kulturen begegnen, wie es in allen europäischen Gesellschaften heute der Fall ist. Dadurch entstehen Situationen, in denen man gezwungen ist, sich für oder gegen eine kulturelle Werthaltung zu entscheiden, auch wenn diese Werthaltung im Herkunftsland allgemein als verbindlich gilt. In der Bundesrepublik können wir Witwenverbrennung ebensowenig dulden wie Blutrache, auch nicht die zumindest in der fremden Öffentlichkeit geltende Nachrangigkeit von Frauen gegenüber den Männern, wie etwa im Islam.

Das bedeutet aber die Ablehnung der Forderung, die innerhalb eines national, sozial oder kulturell bestimmten Gebietes ein absolut gleichberechtigtes Nebeneinander der Kulturen verlangt, oft mißverständlich als »multikulturelle Gesellschaft« bezeichnet. Diese Forderung ist ohne Frage humanistisch bestimmt, läßt aber die in westlichen Gesellschaften geltende Verpflichtung zur Anerkennung der Grundrechte aller Menschen außer acht. Islamische Werthaltungen und Grundsätze und die des westlichen Kulturkreises lassen sich so nicht versöhnen, sondern führen den Fremden in für ihn nicht lösbare Konflikte. Oder aber die Kulturen schotten sich gegenseitig ab und bilden kulturelle Ghettos, wofür es in Amerika ausreichende Beispiele gibt.[18]

Umgekehrt müssen auch wir uns dem »ordre public« in Staaten des Massentourismus unterwerfen: kein Alkohol in islamischen Herrschaftsgebieten, lange Röcke für Frauen in Moscheen, bedeckte Arme und Kopfbedeckung für Frauen in italienischen Kirchen, Kopfbedeckung auch für nichtjüdische Besucher einer Synagoge.

Die Organe unseres Rechtsstaates sind verpflichtet, den Grundrechten und

---

15 Vgl. hierzu auch I. Fall: Streitpunkt Universalität, in: Menschenrechte, UNESCO Kurier Heft 3/1994, S. 4–6.
16 Vgl. Menschenrechtserklärung der Vereinten Nationen und ihren Anspruch auf Universalität; vgl. auch das unterschiedliche Grundrechtsverständnis in der ehemaligen DDR, der Sowjetunion und China.
17 Man denke in diesem Zusammenhang an die Probleme der Kinder türkischer Arbeitnehmer in unserem Land, vor allem der Töchter, denen oftmals aufgrund der türkischen und islamischen Tradition das Recht auf Selbstbestimmung versagt wird.
18 Dies gilt in besonderem Maße für Los Angeles.

der daraus hergeleiteten Ordnung unserer Gemeinschaft Geltung zu verschaffen. Sie versuchen, in Einzelfallentscheidungen Konflikte der genannten Art zu regeln. Allerdings gibt es bisher keine politischen und rechtlichen Grundsatzentscheidungen, die verbindliche und abschließende Regeln für die mehrkulturelle Gemeinschaft festlegen.[19] Das würde möglicherweise die augenblicklich angespannte Situation entschärfen und entemotionalisieren, wenn man sich gleichzeitig auch fragen muß, ob zum gegenwärtigen Zeitpunkt rein nationale Lösungen noch greifen können.

Unabhängig davon gilt, daß es nicht immer die Grundsatzfragen sind, die die Probleme des Miteinander akut werden lassen, sondern die Fragen des Alltags, des alltäglichen Sichverhaltens und des Umgangs miteinander, die zu Widerspruch und Streit führen. Sie haben natürlich ihre tiefere Wurzel einerseits in den ungeklärten Rahmenbedingungen, zum anderen und vor allem in den unterschiedlichen Auffassungen von Grundwerten und ihrer konkreten Bedeutung im täglichen Leben. Es wäre auch unrealistisch, von den in einer Gemeinschaft zusammenlebenden Menschen zu erwarten, daß sie ständig eine Grundwertediskussion führen. Gleichwohl ist niemand von der Verpflichtung entbunden, sich mit dem Fremden in seiner unmittelbaren Umgebung auseinanderzusetzen und immer wieder neu die gemeinsame Schnittmenge zu definieren, d.h., die fließende Grenze zwischen Akzeptanz und Ablehnung zu bestimmen. Die Probleme müssen von Fall zu Fall gelöst und die Grenzen des noch Annehmbaren immer wieder neu festgelegt werden. Deshalb ist es notwendig, die Konflikte offenzulegen, Verhaltensweisen – fremde und eigene – zu reflektieren, damit der Modus vivendi des Miteinander täglich neu gewonnen werden kann.

Das verlangt eine kontinuierliche Anstrengung auf beiden Seiten, die nicht zu Ausgrenzung und totaler Ablehnung führen darf, sondern zu besserem Verstehen und zum festen Vorsatz, den Versuch des Zusammenlebens zu wagen. Die Vorbereitung der Menschen – der einheimischen *und* der fremden, wohlgemerkt – auf diese tägliche Anstrengung des Sich-miteinander-Verständigens ist eine wesentliche Aufgabe der Schule.

Das kann sich allerdings immer nur auf *unsere* Gesellschaft beziehen. Der Export unserer Werthaltungen in andere Kulturen außerhalb der Grenzen unseres Landes wäre zumindest problematisch, wie die frühen Mißerfolge etwa

---

19 Vgl. hierzu K.J. Bade (Hrsg.): Das Manifest der 60, München 1994; ders.: Die neue Einwanderungssituation und die Bringschuld der Politik, in: Themen, Vierteljahreszeitschrift der »Stiftung Christlich-Soziale Politik«, Heft 4, Dezember 1991; ders.: Wanderers Elend, in: Evangelische Kommentare, Heft 1/1994; ders.: Politik der Migration – Fachtagung im Hessischen Landtag zur Einwanderung. Geschichte – Analysen – Perspektiven, in: POLIS – Schriftenreihe der Hessischen Landeszentrale für politische Bildung, Heft 3/1992; Sekretariat der Ständigen Konferenz der Kultusminister der Länder in der Bundesrepublik Deutschland: Dokumentation der VI. Konferenz der Europäischen Kultusminister am 25./26.4.1990 in Palermo: Diskussionsbeiträge der Präsidentin der Kultusministerkonferenz, Frau Ministerin Rühmkorf, 1990.

bei der Entwicklungshilfe deutlich belegen. Und es sei daran erinnert, daß der Kolonialismus und die christliche Mission von der Überzeugung getragen waren, daß man dem jeweils anderen die richtigen Werte und Haltungen bringen müsse. Die Ergebnisse sind hinreichend bekannt. Heute kann es nicht um die Oktroyierung von als »richtig« bestimmten Werten gehen; vielmehr kommt es darauf an, Einsichten und Dispositionen als Voraussetzung für ein friedliches, interkulturell aktives Zusammenleben zu vermitteln und zu festigen.

Die Bedeutung der Religion

Religionen und Glaubensüberzeugungen bestimmen mehr als alles andere Werthaltungen und Verhaltensweisen der Menschen und führen daher oftmals zu Intoleranz gegenüber dem Andersgläubigen, zu Ausgrenzungen und Ablehnungen bis hin zu individueller und kollektiver Verfolgung. Darum muß interkulturelles Lernen die Religionen und ihre Bedeutung für die Einstellungen und die kulturelle Identität der Menschen berücksichtigen und in seine Bemühungen einbeziehen.

Die zumindest in Europa zu beobachtende Orientierung am Konsum und am Markt hat zum Werteverfall, zumindest zu einer Werteveränderung beigetragen und den einzelnen in seinem Verhältnis zur Gemeinschaft verunsichert; es fällt zunehmend schwerer, die Verantwortung gegenüber den Mitmenschen und der Gesellschaft zu erkennen und zu akzeptieren.[20] Hier mag ein Grund dafür liegen, daß ein Rückgriff auf die Religion (oder einen Religionsersatz) und ein starker Trend zu fundamentalistischen Haltungen zu beobachten ist.

Diese Rückbesinnung auf die Religion darf aber nicht zur Geringschätzung der Grundprinzipien der Demokratie und der Menschenrechte führen. Grundlage unseres heutigen gemeinschaftlichen Lebens sind die weithin akzeptierten demokratischen Menschenrechte, die in den Verfassungen garantierten Grundrechte und die darauf aufbauende Rechtsstaatlichkeit. Das bedeutet, daß jede Anstrengung unternommen werden muß, um diesen Grundrechten, zu denen auch die freie Religionsausübung gehört[21], zur Gültigkeit zu verhelfen, damit es nicht zur Ausgrenzung des anderen/Fremden kommt und Toleranz keine leere Formel bleibt. Hier ist Aufklärung und Unterweisung auf allen Ebenen der Bildungssysteme vonnöten; dazu gehört aber auch praktizierte Toleranz und Respekt vor religiös begründeten Besonderheiten der Kleidung, der Ernährung, der Feste, des Gemeinschaftslebens und des Auslebens religiöser Überzeugungen.

Die Toleranz findet allerdings dort ihre Grenze, wo die *eigene* religiöse

---

20 Vgl. z. B. hierzu »Eltern im Kaufstress – Konsum-Terror der Kinder«, in: Der Spiegel, Heft 50, 1993.
21 Grundgesetz für die Bundesrepublik Deutschland, Artikel 4 (1) und (2).

Überzeugung zu Diffamierung, Verunglimpfung oder gar Bedrohung anderer religiöser Überzeugungen und damit auch kultureller Eigenarten verführt.[22]

Dies gilt für Mohammedaner gleichermaßen wie für Katholiken und Protestanten. Die Beschäftigung mit der eigenen Religion und den Religionen anderer Gruppen bedeutet nicht nur eine Bereicherung des eigenen Lebens, sondern auch einen Gewinn für die Gesellschaft, in der man lebt. Sie führt zum Bewußtwerden der eigenen religiösen Wurzeln und Verpflichtungen, die in vielfältiger Weise im alltäglichen Verhalten, in Gewohnheiten und Einstellungen ihre Auswirkungen haben, und sie hilft, den Andersgläubigen in seiner Art, zu denken und zu fühlen, besser zu verstehen. Aber das Zusammentreffen unterschiedlicher Religionen, Wertanschauungen und Lebensentwürfe muß zu friedlicher Begegnung, auch wenn es um kritische Auseinandersetzung geht, führen, immer auf das Basis der grundsätzlichen Akzeptanz des Andersseins. Hier hat die Schule eine eminent wichtige Aufgabe der Erziehung zu angemessenen Formen im Umgang mit dem Fremden, zu Verständnis und Toleranz zu leisten, wobei die Tatsache des notgedrungenen Zusammenlebens von unterschiedlichen religiösen Gruppierungen im Rahmen der Schule besondere Möglichkeiten für eine die eigenen religiösen Begrenzungen überwindende Kommunikation bietet.

Soziale Kompetenz – Konfliktfähigkeit

Die Einstellung gegenüber Fremden, vor allem wenn sie durch Unkenntnis, Ablehnung und Angst bestimmt wird, wird sich nur schwer in ein positives Miteinander wandeln lassen, wenn es nicht gelingt, die Grundregeln menschlichen Zusammenlebens allgemein im schulischen Leben wieder stärker zur Geltung zu bringen. Es ist leichtfertig zu verlangen, Frieden gegenüber Fremden zu halten, wenn es nicht mehr gelingt, Frieden in der eigenen Gruppe zu halten, mit den eigenen Klassenkameraden, mit Schwächeren, Behinderten und sonst

---

22 Zum Problem der Toleranz sei auf A. Wierlacher: Toleranzforschung, in: Jahrbuch Deutsch als Fremdsprache, Heft 18, 1992, S. 13–29 hingewiesen, wo es nicht nur um die Begründung für die Toleranzforschung geht, sondern auch der Begriff Toleranz als solcher zu definieren versucht wird. Vgl. auch Sekretariat der Ständigen Konferenz der Kultusminister der Länder in der Bundesrepublik Deutschland: Saarbrücker Erklärung der Kultusministerkonferenz zu Toleranz und Solidarität, Beschluß der Kultusministerkonferenz vom 8./9.10.1992; Deutscher Bundestag, 12. Wahlperiode: Unterrichtung durch die deutsche Delegation in der Parlamentarischen Versammlung des Europarats über die Tagung der Parlamentarischen Versammlung des Europarats vom 1.5.2.1993 in Straßburg, Tagesordnungspunkt »Die Religiöse Toleranz in der demokratischen Gesellschaft«, Drucksache 12/4572 vom 15.3.1993, S. 16–20; Deutsche UNESCO-Kommission: Internationale Verständigung, Menschenrechte und Frieden als Bildungsziel – drei Texte der UNESCO, Bonn 1992; dies.: Empfehlung zur »internationalen Erziehung« (Neufassung), verabschiedet von der 18. Generalkonferenz der UNESCO am 19.11.1974, Bonn 1992, im deutschen Text veränderte Auflage 1990.

Benachteiligten der eigenen Gesellschaft. Konkret gesprochen: Die vielbeschworene Wendung gegen Ausländerfeindlichkeit bleibt ehrenwerte Wunschvorstellung, wenn nicht der Zunahme von Aggressivität gegen den anderen (nicht nur den Fremden) Einhalt geboten werden kann. Wer den eigenen Klassenkameraden nicht zu respektieren gelernt hat, der wird auch vor dem Fremden keinen Respekt haben, wird ihm entweder mit Gewalt begegnen oder andere Methoden der Zurücksetzung und Benachteiligung anwenden.[23]

Viele Ausländer halten Deutsche für sehr direkt, unhöflich und aggressiv. Unwichtig ist dabei, ob man tatsächlich so ist oder nicht. Bedeutsam ist vielmehr, wie unser Verhalten, das als sehr direkt, zugreifend, ohne Umschweife bezeichnet werden kann und Kritik unmittelbar und nicht verschlüsselt äußert, auf den jeweils anderen wirkt. In internationalen Kontexten kann diese (ungewollte) Wirkung interkulturellen Dialog schwer behindern oder gar unmöglich machen. Offensichtlich liegt hier ein Defizit, das z.B. von Amerikareisenden oder Austauschlehrern in den USA implizit bestätigt wird, wenn sie von der (sicher ritualisierten) Freundlichkeit als auffälliges Merkmal des Lebens in Amerika berichten. Dieser sozialen Kompetenz wird in den USA – und in anderen Ländern – eine große Bedeutung zugemessen, weil sie den Umgang der Mesnchen miteinander erleichtert. »*Being nice to people*«, bei aller Hartnäckigkeit in der Sache, ist ein wesentliches Kriterium bei Bewerbungen.[24] Umgekehrt wirken Defizite im zivilen Umgang mit Menschen als Hemmschwelle im Verhalten zum anderen/zum Fremden. Die Schule muß darum stärker als in den letzten Jahren die Grundregeln zwischenmenschlichen Umgangs bewußt vermitteln. Ausdruck eines solchen friedlichen Zusammenlebens wären die täglich zu praktizierenden Regeln der Höflichkeit. Diese soziale Kompetenz und das

---

23 In letzter Zeit haben sich die Medien wiederholt mit der Frage der Erziehung zu Toleranz, gegenseitiger Achtung und Höflichkeit geäußert; z.B. Der Spiegel, Heft 9/27.2.1995, S. 40–66, hier besonders Gespräch mit dem Soziologen O. Negt, Hannover, der fordert, den Kindern Strukturen zu vermitteln, um bei ihnen Verhaltenssicherheiten zu entwickeln, und der als wesentlichen Inhalt aller Erziehungsbemühungen Achtung fordert. »In der Schule, die immer mehr Erziehungsarbeit übernimmt, muß ein junger Mensch beispielsweise den pfleglichen Umgang mit sich und anderen lernen. Das ist eine Frage des Wissens, nicht nur der Gefühle. Es stellt sich das Problem: Wie grenze ich mich ab und wogegen?« Und etwas später: »... Aber was man sich vorwerfen könnte, ist, daß man sich nicht auf Auseinandersetzungen eingelassen hat. Daß man nicht gesagt hat, was für einen wichtig ist und was nicht«; Focus: Die Flegel kommen, Heft 17, 24.4.1995, S. 218–226; in diesem Zusammenhang zu nennen ist auch: Böse Zeiten für das Gute, in: Der Spiegel, Heft 4, 1994, S. 168–174.

24 Als Musterbeispiel die Ten Commandments of Human Relations aus einer amerikanischen Grundschule: 1. *Speak to people*. There is nothing so nice as a cheerful word of greeting. 2. *Smile at people*. It takes 70 muscles to frown, only 14 to smile. 3. *Call people by name*. The sweetest music to anyone's ears is the sound of his own name. 4. *Be friendly and helpful*. If you would have friends, be a friend. 5. *Be cordial*. Speak, and act as if everything you do is a genuine pleasure. 6. *Be genuinely interested in people*. You can like almost everybody if you try. 7. *Be generous with praise – cautions with criticism*. 8. *Be considerate with the feeling of others*. There are usually three sides to a controversy; yours, the other fellow's, and the right side. 9. *Be alert to give service*. What counts most in life is what we do for others. 10. *Add to this a good sense of humour, a big dose of patience and a dash of humanity,* and you will be rewarded many-fold.

gewaltfreie Umgehen mit Menschen der *gleichen* kulturellen Gruppierung ist eine wesentliche Voraussetzung für die interkulturelle Kompetenz.

Wenn Menschen unterschiedlicher Herkunft miteinander umgehen, im privaten oder öffentlich/beruflichen Bereich, dann sind Fehler unvermeidlich, selbst bei gutem Willen und aller Bereitschaft zur vorbehaltlosen Anerkennung des anderen, da man nicht über die instinktive Sicherheit im kulturellen Hintergrund des anderen verfügt und weil man dem eigenen kulturellen So-Sein verhaftet bleibt, von daher denkt, fühlt, handelt und sich äußert. Es ist eine häufig zu beobachtende Fehleinschätzung der tatsächlich gegebenen interkulturellen Verständnisschwierigkeiten zu glauben, daß Freundlichkeit, wohlmeinendes Engagement und Toleranzbekenntnisse ausreichen, um kulturelle Verschiedenheiten und ethnische Unterschiede zu überspringen (the One-Man-in-the-One-World-Syndrom) und um Mißverständnisse gar nicht erst entstehen zu lassen. Das gelingt nicht einmal immer mit Angehörigen der eigenen kulturellen und ethnischen Gruppe, ja nicht einmal immer innerhalb der Familie. Zur sozial-interkulturellen Kompetenz gehört auch, daß man sich des Fehlerrisikos bewußt ist, sich eher zurückhaltend als offensiv und vorschnell verhält und sich darum bemüht, durch eine Art interkulturellen Kommentars (»Ich möchte Sie nicht verletzen/Ihnen nicht zu nahe treten«; »Ich habe Sie möglicherweise nicht richtig verstanden, aber meinen Sie nicht auch, daß ...«) dem Fehler die Schärfe und den möglicherweise verletzenden Charakter zu nehmen. Oftmals hilft auch ein freundliches, entschuldigendes Lächeln, um die Atmosphäre zu entspannen. Aber auch das kommt – leider – nicht bei allen von selbst, sondern braucht den Hinweis und die Anleitung.

Höfliches Umgehen miteinander ist nicht gleichbedeutend mit dem Verdrängen oder Unterschlagen von Konflikten, so als ob es zwischen Menschen ganz allgemein und zwischen solchen unterschiedlicher kultureller Zugehörigkeit keine Differenzen oder Streitpunkte gäbe. Sie müssen vielmehr benannt und ausgetragen werden, nicht nur im Sport oder im Spiel, sondern auf allen Ebenen, in allen Sachfragen, die das Zusammenleben in der Gemeinschaft betreffen. Die Schule darf den Ärger und den Unmut, sofern sie sich nicht als gewaltsame Aggression äußern, nicht ausklammern; sie muß sich vielmehr bemühen, die notwendige Auseinandersetzung ins Produktive zu wenden, Lösungen für einen Ausgleich bzw. neue Möglichkeiten des Miteinander zu suchen, so daß niemand benachteiligt wird. Die Auseinandersetzung soll Entfaltungsmöglichkeiten eröffnen und zu kreativer Gestaltung führen. In dem obengenannten Konflikt zwischen der türkischen Familie und den deutschen Nachbarn aus Anlaß des Ramadan wäre, bei offenem, gleichberechtigtem Bemühen, durchaus eine Lösung denkbar, die dem einen erlaubt, seinen Überzeugungen und überkommenen Werten zu folgen, und dem anderen die Beeinträchtigung seines Lebens erspart, etwa durch die Zuteilung eines abgeschlossenen Raumes für die von der Religion und durch Brauch vorgeschriebenen Handlungen. Notwendig ist also das Einüben in eine Kompetenz, die den Konflikt nicht ausklammert, die aber die Auseinandersetzung auf der Basis des Respekts und unter Wahrung der Gleichwertigkeit und Gleichberechtigung des jeweils anderen führt.

Die Wendung ins Pädagogische

Möglichkeiten der Schule

Die Schule kann die genannten, auf vielschichtige Ursachen zurückgehenden Grundkonflikte in der Gesellschaft nicht allein lösen, sie kann keine Grundsatzentscheidungen für allgemeine gesellschaftspolitische Probleme vorbereiten oder herbeiführen. Sie kann auch keine unmittelbare Abhilfe gegen gesellschaftliche Verwerfungen oder gegen aktuelle Ausbrüche von Gewalt schaffen. Es ist die gesellschaftspolitische Aufgabe des Staates, geeignete Rahmenbedingungen zu schaffen, die positive Lösungen befördern. Bis heute hat der Staat diese Aufgabe nicht entschlossen genug angenommen. Er hat die Schule mit den dort zuerst aufgetretenen interkulturellen Problemen und Verwerfungen allein gelassen und ihr nur allzugern die Aufgabe des Heilens zugeschoben (»Die Schule muß zur Toleranz erziehen!«). Dabei wird geflissentlich übersehen, daß die Schule sich nur in *ihrem* Bereich um vorbildhafte Lösungen im kleinen bemühen und (vielleicht) zu Verhaltensweisen erziehen kann, die die Gewalt als Weg der Bewältigung von Konflikten mit dem anderen und dem Fremden ausschließen und statt dessen zu einer rationalen (und daraus sich entwickelnden positiv-affektiven) Auseinandersetzung mit dem Fremden in der eigenen Gemeinschaft führen. Insofern kann sie präventiv wirken. Sie muß das tun, weil sie ein Teil der Gesellschaft ist und daher an die Grundwerte dieser Gesellschaft gebunden ist. Dieser Auftrag ist in fast allen Schulgesetzen der Länder in der Bundesrepublik als verbindliche Aufgabe formuliert.[25] Die Schule leistet damit einen wichtigen, wenn auch begrenzten Beitrag zum Frieden in der Gemeinschaft und damit auch indirekt in der Welt.

Aufgaben

Aus dieser allgemeinen Verpflichtung ergeben sich für die Schule die folgenden Aufgaben der interkulturellen Erziehung:

---

25 Vgl. Niedersächsisches Schulgesetz i. d. F. vom 27. 9. 1993 (Nieders. GVBl. D 383); 1. Teil, Allgemeine Vorschriften, Teil I § 2.

- Erziehung zum friedlichen Zusammenleben und Arbeiten in der eigenen, multikulturell gemischten Gesellschaft;
- Erziehung zum Leben und Arbeiten in kulturell anders definierten Kontexten (internatinale Organisationen/Institutionen etc. in anderen Ländern der Europäischen Gemeinschaft und der Welt);
- Erziehung zu Verhaltensweisen und Einsichten, die die eigene kulturelle Lebenswirklichkeit und Anspruchshaltung in Relation zur Situation in Ländern der Dritten Welt und zu allgemeinen Problemen der Umwelt setzen und daraus Konsequenzen für sich selber ziehen kann.

Mit anderen Worten: Die Schule muß auf die Kommunikation im weitesten Sinne mit Menschen anderer kultureller Herkunft und Identität vorbereiten, im eigenen Lande oder außerhalb davon in anderen Ländern in Europa und in der Welt. Interkulturelle Kompetenz, wie sie für den Umgang mit dem Fremden bei uns unabdingbar ist und wie wir sie auch von den Fremden einfordern, ist zugleich auch eine wesentliche Qualifikation für ein möglichst konfliktfreies Leben als Fremder in einer anderen kulturellen Gemeinschaft.

Das bedeutet aber nichts anderes als die Verwirklichung von allgemeinen pädagogischen Grundsätzen wie

- Achtung und Respekt vor der kulturellen Leistung anderer;
- demokratischer Gleichberechtigung für alle, unabhängig von ihrer Gruppenzugehörigkeit;
- Mitwirkung aller in einer Gemeinschaft lebenden Menschen bei der Gestaltung des gemeinsamen Lebens.

Insofern sind die Erziehung zum interkulturellen Verstehen und die Befähigung zu interkultureller Interaktion keine Neuerung, sondern eher eine bewußte Akzentuierung und Intensivierung bestimmter allgemein akzeptierter pädagogischer Grundsätze.[26]

Konsequenzen

Interkulturelles Lehren und Lernen und interkulturelles (Schul-)Leben sind darum ihrem Wesen nach nicht isolierte, auf Fächer oder Fachbereiche beschränkte Veranstaltungen, sondern integrierte Bestandteile *aller* schulischen Aktivitäten. Dies ernst genommen hat weitreichende Konsequenzen.

Interkulturelle Erziehung in dem beschriebenen umfassenden Sinne heißt, alle schulischen Aktivitäten strikt an dieser allgemeinen pädagogischen Ziel-

---

26 Vgl. Niedersächsisches Schulgesetz, Teil I, Allgemeine Vorschriften, § 2 Bildungsauftrag der Schule.

setzung zu orientieren. Sie führt vor allem zur Einsicht, daß interkultureller Dialog nur dann möglich ist, wenn der Fremde als Partner einen Anspruch darauf erhält, im dialogischen Bemühen um das Miteinander, um die Schnittstellen der Gemeinsamkeit beider Kulturen, seine Interessen, seine kulturellen Bedürfnisse, seine Wertorientierung in den Dialog einzubringen und selber mit zu verhandeln. Das setzt Gleichberechtigung im vollsten Sinne des Wortes voraus. Die Schule muß in ihrem Mikrokosmos dafür die Voraussetzungen schaffen, damit dieses gleichberechtigte Aushandeln gelernt und geübt werden kann und auf Grund von Einsicht und Verstehen (und dann auch emotional-affektiv) als der einzig gangbare, vernünftige Weg zur Gemeinsamkeit von allen akzeptiert wird.

Konkret bedeutet dies:

– Lehrer und Lehrerinnen müssen die gleichberechtigte Anerkennung auch des Fremden vorteilhaft vorleben und für alle nachvollziehbar begründen, denn überzeugend vertretene Haltungen wirken emotional positiv auf Kinder und Jugendliche;
– Schüler und Schülerinnen müssen Spielräume erhalten, die das gleichberechtigte Aushandeln des partnerschaftlichen Miteinander ermöglichen;
– Lehrer und Lehrerinnen müssen dazu Anleitung und Hilfestellung geben.

Das Aushandeln unterschiedlicher Interessen bei der Gestaltung des gemeinsamen Schullebens findet seine Entsprechung in einer differenzierten Vermittlung von Sachverhalten, ihren Ursachen und Zusammenhängen, die Einseitigkeiten vermeidet, indem sie alle relevanten Standpunkte vorstellt.

Der Umgang mit dem Fremden ist mehrdimensional. Die Frage, wie denn mit dem Fremden interkulturell friedlich und für beide Seiten bereichernd umzugehen sei, ist mit fast allen Bereichen gesellschaftlichen Lebens verzahnt. Wirtschaftliche und soziale Änderungen hier oder in anderen Ländern bewirken angesichts der Komplexität und Internationalität der modernen Gesellschaften Veränderungen und Erschütterungen an entfernten Stellen; man denke z.B. an die Zusammenhänge, die zur Migration führen. Darum ist es nötig, die Schüler und Schülerinnen zum Denken in Zusammenhängen (Konzeptlernen/Rasterlernen), zu problemlösendem Denken und Handeln anzuleiten. Das kann aber nur gelingen, wenn man die traditionelle Organisation des Lehrstoffes wenigstens in Teilen oder zu bestimmten Zeiten zugunsten fächerübergreifender, interdisziplinärer Lehr- und Lernvorhaben aufbricht.[27] Auch muß sich die Schu-

---

27 Niedersächsisches Kultusministerium: Schule und Erziehung im Kontext Europa, hier: Text C: Fächerübergreifende Unterrichtsvorhaben (Lernbereiche), in: Einwürfe, Hannover, März 1993; ähnliche Überlegungen zu interdisziplinärem Lernen sind kürzlich auch aus Baden-Württemberg bekanntgeworden; vgl. dazu FAZ vom 9.2.1994.

le für Fragestellungen jenseits der Fachwissenschaft öffnen und der Realität Einlaß gewähren. Wie sonst kann ein junger Mensch lernen, daß Probleme der sogenannten Dritten Welt seine eigenen, durch ihn mitverursachte Probleme sind und daß z.B. die Anwesenheit des Fremden im eigenen Land auch in seinen Lebensgewohnheiten, Erwartungen und Ansprüchen mit begründet, daß wirtschaftliche und soziale Gegebenheiten in anderen Ländern durch Sachverhalte im eigenen Land mit bedingt sind? Wie sonst soll ein junger Mensch lernen, seine Werthaltungen und die seiner Kultur zu relativieren, sich zu ihnen kritisch zu verhalten, nicht um sie geringzuachten, sondern um sie ins rechte Verhältnis zur Kultur anderer zu setzen? Über den Weg der kritischen Distanzierung, der Relativierung der eigenen Unschuld und durch Vergleich mit anderen Kulturen und Sichtweisen mag es gelingen, Probleme der eigenen Kultur zu erkennen und sie nicht absolut zu setzen. So kann ein junger Mensch ihren Wert und ihre Bedeutung für *sich selber* eher erkennen und sie als *eine* Möglichkeit menschlichen Lebensausdrucks *neben anderen* verstehen lernen.

Die Konsequenzen betreffen also sowohl die Organisation der Schule und des Schullebens als auch die Organisation des zu vermittelnden Wissens (Lernbereiche) und der zu vermittelnden Einsichten und Kompetenzen (z.B. Problemverständnis, Konzeptdenken, Handlungskompetenz etc.) sowie auch die Art der Vermittlung. Standpunktwechsel wird an die Stelle der ausschließlich eigenen Sichtweise treten in dem Versuch, den anderen und den Fremden besser zu verstehen.

Evaluation

Schule und Unterricht vermitteln Wissen und Kompetenzen und testieren den erreichten Lern- und Leistungsstand. Sie tun das, entsprechend der Ordnung des Wissensangebots, nach Fächern getrennt; sie beschränken sich dabei ausschließlich auf fachspezifische Inhalte und urteilen und bewerten nach fachspezifischen Kriterien.

Interkulturelles Lehren und Lernen ist seinem Wesen nach nicht fachgebunden, sondern interdisziplinär, fachübergreifend, indem einerseits das Aufzeigen von Zusammenhängen (s.o.: Konzeptdenken, Rasterdenken) die vielfältige Verflochtenheit von Ursachen, Bedingungen, Wirkungen für interkulturelle Sachverhalte und Inhalte darstellt; andererseits aber werden Lernleistungen (= Verhaltensänderungen) erwartet, die sich nicht den traditionellen, fachspezifischen Bewertungskriterien erschließen, wie zum Beispiel Aufgeschlossenheit, Fragebereitschaft, feste Werthaltungen, Kommunikationsfähigkeit, partnerschaftliches Handeln, Einfühlungsvermögen, positiv-affektive Einstellungen, Fähigkeiten und Kompetenzen, die bei der üblichen Beurteilung und Bewertung von Lernleistungen nicht zum Tragen kommen. Gerade diejenigen Fähigkeiten und Kompetenzen werden geringgeachtet oder gar unberücksichtigt gelassen, die für eine interkulturell positive Disposition und Verhaltensweise von besonderem Wert sind. Hier ist ein Umdenken erforderlich: Neben die individualisierten, leistungsbezogenen Bewertungskriterien müssen in allen Lernbereichen, in denen benotet wird, verbindlich solche treten, die mit den Zielen des interkulturellen Lernens korrespondieren. Vor allem muß dies für die fachübergreifenden interdisziplinären Lernbereiche gelten.

Um Mißverständnissen vorzubeugen: Interkulturelles Lernen ist kein Fach und soll es auch nicht werden. Es geht aber darum, diejenigen Fähigkeiten in den Schülern und Schülerinnen zu wecken und anzuerkennen, die für die Entwicklung der sozialen und interkulturellen Kompetenz von Bedeutung sind. Gemeint sind neben Faktenwissen angemessenes, den Normen entsprechendes Benehmen, Bereitschaft zum Teamwork, zur Solidarität und zum Mitteilen und Teilen, zur Aufgeschlossenheit gegenüber anderen Positionen und zur Neugier, aber auch Bereitschaft zur kritischen Haltung gegenüber eigenen Ansprüchen. Daß hier das Vorbild der Lehrer ganz besonders entscheidend ist, vor allem auch im außerschulischen öffentlichen Bereich, muß nicht noch einmal betont werden. Der auf Wettbewerb und individualisierte Leistung fixierte Bewertungsansatz bedarf der Erweiterung. Wenn Betriebe darüber klagen, daß Abiturienten und Hochschulabsolventen sich nicht so gern als Mitglieder eines Teams oder einer Gruppe, sondern eher als Individuen empfinden und vor allem als solche auch anerkannt werden wollen, dann weist das auf Defizite hin, die sich auch im Verhalten gegenüber Schwächeren, anderen, Fremden auswirken können.

Es wird also darüber nachzudenken sein, wie im engen Fachunterricht solche Kompetenzen zu entwickeln sind, und zum anderen darüber, wie solche außerhalb des Fachunterrichts in Projekten und Lernbereichsvorhaben erworbene Fähigkeiten und Kompetenzen (natürlich auch im Zusammenhang mit interkulturellem Lernen) testiert und ausgewiesen werden können.

Kompetenzen

Interkulturelles Lehren und Lernen ist eine allen Fächern und Lernbereichen gestellte Aufgabe. Die Möglichkeiten für einen konkreten Beitrag sind für jedes Fach unterschiedlich; dennoch gilt, daß jedes Fach, jeder Fachbereich auf seine Weise einen Beitrag zu leisten hat. Im Rahmen dieser generellen Verpflichtung wären im einzelnen die nachstehenden Ziele und Kompetenzen anzustreben.[28]

---

28 Eine klare Trennschärfe zwischen den als Einzelzielen formulierten Kompetenzen ist nicht möglich; jede einzelne Kompetenz und Fähigkeit ist mit jeder anderen verbunden. Daher gibt es Überschneidungen und in Teilen Doppelungen.

Entwicklung und nachhaltige Festigung von Ich-Stärke

Das heißt Entwicklung eines Identitätsbewußtseins und eines kulturellen Selbstwertgefühls durch mehr Kenntnisse über das eigene Land, über seine Geschichte und Leistungen und über seine Werthaltungen. Dazu gehört die Einsicht, daß man Produkt dieser Kultur ist, durch sie lebt und daß man sich ihr nicht entziehen kann, auch nicht den negativen Aspekten, und daß man ganz unmittelbar durch die Sprache emotional, jenseits aller Rationalität, mit dieser Kultur verbunden ist. Das mag zu einer differenzierten Selbstwahrnehmung und zum Bewußtwerden des eigenen Standortes führen. Wer sich seiner selbst gewiß ist, der braucht den anderen/Fremden nicht zu fürchten. Allerdings, diese Ich-Stärke stellt sich nicht von selbst ein; sie muß bewußt im Unterricht angestrebt werden, in der Grundschule durch eine zielgerichtete Konzeptbildung, im weiteren Unterricht durch Kontrastierung, durch Einüben in das bewußte Wahrnehmen kultureller Unterschiede (z.B. bei der Behandlung von Literatur[29], bei vergleichender Kunstbetrachtung, in Werte und Normen, im Religionsunterricht, in der Sozialgeographie etc.): Vor der Folie des anderen/Fremden wird man sich des Eigenen gewahr, durch den Wechsel des Blickwinkels wird die Egozentrik mit ihren Verzerrungen deutlich. Damit werden die Voraussetzungen für den rationalen Diskurs mit dem anderen geschaffen; rationaler Diskurs schützt vor emotionsgesteuerter Reaktion und vorschneller Zuordnung und rät eher zur Prüfung und Klärung und demokratischem Aushandeln.

Entwicklung und Förderung affektiver und emotionaler Zuwendung und der Bereitschaft, sich dem Fremden gegenüber zu öffnen

Das heißt Entwicklung und Stärkung der Fähigkeit zu gefühlsgesteuerter Zuwendung; bei aller Notwendigkeit des rationalen Diskurses sind immer auch emotionale Kräfte für interkulturelle Interaktion erforderlich: Rationalität ist nur die eine Seite der individuellen und gesellschaftlichen Psyche. Eine ausschließlich vom Verstand bestimmte Offenheit gegenüber dem Fremden bleibt letztlich distanziert tolerant (was an sich schon eine beachtliche Lernleistung ist); sie muß durch affektive Zuwendung flankiert werden. Aber: Die affektive Zuwendung darf nicht in eine romantisch verklärte und kritische Haltung abgleiten, weshalb die Bewußtmachung und die rationale Überprüfung ein notwendiges Korrektiv darstellen. Zuneigung und Zuwendung sind schwer als

---

29 Vgl. hierzu Neusprachliche Mitteilungen aus Wissenschaft und Praxis, Heft 2, 1994, hier besonders den Beitrag von D. Knauf: Die Etablierten-Außenseiter-Beziehungen in Harper Lee's Roman *To Kill a Mockingbird* – Ein Projekt für den Bereich Cultural Studies und interkulturelles Lernen, 1994, S. 86–96.

Thematisierungen in konkreten Unterrichtsveranstaltungen vorstellbar; gleichwohl kann gerade im Literaturunterricht, anhand von Spielfilmen, durch Aufzeigen von religiösen, ethischen, sozialen Hintergründen und Prämissen der irrational und affektiv bestimmten Wurzeln von eigenen Werthaltungen die Bedeutung dieses Bereichs einsichtig gemacht werden.

Befähigung zur Kommunikation und zum rationalen Diskurs mit dem anderen/Fremden

Das heißt Hinführung zur Bereitschaft zur Kommunikation und die Vermittlung von Fähigkeiten zur Kommunikation – muttersprachlich/fremdsprachlich, auch metasprachlich oder nonverbal. Die differenzierte Ausdrucksfähigkeit in der Muttersprache ist die Voraussetzung dafür, über sich selbst, über seine Gefühle und die eigene Befindlichkeit zu sprechen. Sie erst macht das Aushandeln von Positionen möglich und verhilft außerdem zu der Einsicht, daß der Andere/Fremde ebenfalls Positionen und Überzeugungen hat, die ihm wichtig sind und die er einbringen will. Hierher gehören auch die Kenntnis von Spielregeln des zwischenmenschlichen Dialogs, was wiederum selbst Teil der anzustrebenden interkulturellen Kompetenz ist, und die Einsicht, daß die eigenen Spielregeln nur zu Hause gelten. Die Fähigkeit zur Kommunikation ist die Voraussetzung für die rationale Auseinandersetzung mit dem anderen/Fremden über die eigene und die fremde Werthaltung. Dem Fremdsprachenunterricht kommt hier eine besondere Bedeutung zu.[30]

Vermittlung einer Sozialkompetenz

Das heißt die Fähigkeit zum zivilen und konventionsgerechten Umgang mit anderen, zunächst im unmittelbaren Umfeld der Schule, dann mit den Menschen der eigenen Gemeinschaft: Hierher gehören die Beachtung der Formen höflichen Umgangs miteinander, aber auch die Friedenspflicht nicht nur gegenüber Sachen, sondern auch gegenüber Personen, selbst im Streß und im Konflikt. Gemeint ist auch die Erziehung zur Selbstbeherrschung, zur Eigenkontrolle, zur Einsicht, daß nicht *alle* Ansprüche und schon gar nicht *alle auf einmal* erfüllt werden können, daß es auch Ungerechtigkeit geben kann, die einen

---

30 Vgl. hierzu Sekretariat der Ständigen Konferenz der Kultusminister der Länder in der Bundesrepublik Deutschland: Überlegungen zu einem Grundkonzept für den Fremdsprachenunterricht – mit Gutachten zum Fremdsprachenunterricht in der Bundesrepublik. Gegebenheiten und Vorschläge zur Weiterentwicklung, Bonn 1994, hier bes. Kap. 4.1.1 und 4.1.2, S. 57–60; vgl. auch H. Christ: Das Bild vom anderen – Verständigung über die Sprache hinaus, in: J. Gallieẞ/R.E. Lob (Hrsg.): Handbuch Praxis der Umwelt- und Friedenserziehung Band 3: Friedenserziehung, Düsseldorf 1988.

selber trifft und die man ertragen lernen muß; hierher gehören ferner das Zuhörenkönnen, das Erspüren der Interessen anderer und das Artikulieren eigener Interessen in angemessener Form, was eng mit der Befähigung zur Kommunikation zusammenhängt. Die allgemeine soziale Kompetenz ist die Voraussetzung für die angestrebte interkulturelle Kompetenz.

Bereitschaft, sich im Dialog mit dem Fremden auf das entstehende Neue einzulassen

Das setzt einerseits (bei aller Vorläufigkeit) Festigkeit in den eigenen Wertvorstellungen und Wissen um den eigenen Standort voraus; andererseits auch Offenheit, Distanz zu sich selbst, Bescheidenheit und Zurückhaltung, Lernfähigkeit und Sensibilität in Situationen, die nicht durch die Spielregeln der eigenen kulturellen Gruppe bestimmt werden, aber auch die Bereitschaft, sich durch den anderen/Fremden verunsichern zu lassen (»Machen die es vielleicht besser als wir?«) und die Verunsicherung zu ertragen; das ist kaum als ein »Thema« abzuhandeln, sondern nur in geeigneten Vorhaben (z. B. im Rahmen von Projektwochen) und in fächerübergreifenden Lernbereichen und in bi- oder multikulturellen Begegnungen und Partnerschaften zu erproben.[31]

Bereitschaft zum offensiven Vertreten von allgemeinen Werthaltungen

Auch dies ist ohne klare Wertorientierung und die Fähigkeit zur Prioritätensetzung nicht möglich. Schülergemäßer formuliert: »Was ist für mich unverzichtbar, was ist für mich nachrangig?« Diese Bereitschaft wird zunächst in der unmittelbaren Umgebung (eigene Familie, Hobbys, Sport) wirksam werden, dann aber sich auf die Gemeinschaft und das Zusammenleben in ihr (Freunde, Schule, Jugendgruppe, Verein) bis hin zu Überzeugungen (z. B. Ehrlichkeit, Hilfsbereitschaft, Einsatz für Dritte, Gewaltfreiheit) und Fragen des Glaubens und der Ethik beziehen.[32] Auch dies kann nicht als Stoff vermittelt werden, aber man kann standhafte Haltungen diskutieren (z. B. im Literaturunterricht) und ethische und religiöse Grundsatzfragen erörtern, wo es ebenfalls um das Positionbeziehen und das Vertreten von Standpunkten geht. Die Schule kann nicht die Einstellung vorgeben, aber sie kann die notwendigen Informationen und Gründe sowie Gegengründe für eine überlegte Entscheidung und Haltung bereitstellen und das offensive, aber gewaltfreie Vertreten von so gewonnenen Werthaltungen einüben gemäß den Spielregeln für eine rational geführte Diskussion.

---

31 Vgl. Chr. Alix: »Pakt mit der Fremdheit?« – Interkulturelles Lernen als dialogisches Lernen im Kontext internationaler Schulkooperationen, Frankfurt a.M. 1990.
32 Vgl. hierzu auch die bereits zitierten Äußerungen von O. Negt, in: Der Spiegel, Heft 9, 1995.

*Einübung von Grundeinstellungen und offenen
Verhaltensweisen/Dispositionen*

Zum Kenntniserwerb, zur Sozialkompetenz und zur Fähigkeit zu rational bestimmter Kommunikation muß eine realistische Einstellung und Erwartungshaltung gegenüber dem anderen/Fremden und seinen Reaktionen kommen, die nicht mehr vom fremden Partner erwartet, als er tatsächlich leistne kann; auf Grund der Kenntnisse (Vorverständnis) vom anderen/Fremden und seiner Welt werden realistische Annahmen formuliert: »Er/Sie wird sich so verhalten, wird so denken, reagieren, weil ...«; dazu gehört aber auch eine realistische, sich selbst gegenüber ehrliche Einschätzung dessen, was man selber zu leisten und einzubringen bereit ist: »So weit will ich mich einlassen – weiter nicht.« Es geht darum, die beiden Fehlhaltungen, nämlich Ablehnung und Fremdenangst (Xenophobie), die in Feindseligkeit umschlagen kann, als auch die vorschnelle, unkritische Zuwendung (Xenophilie) zu vermeiden.

Fähigkeit und Bereitschaft, auch das Unverstandene zu ertragen und zu tolerieren

Hiermit ist die Bereitschaft gemeint zu akzeptieren, daß der/das Fremde zur Normalität, zum Alltag gehört. Die Partner, einander fremd, müssen lernen, sich einander in einer Haltung zu begegnen, in der der jeweils andere weder zum Exoten noch idealisiert, noch herabgesetzt, noch an den eigenen Wertmaßstäben gemessen, sondern als der *normale Fremde* akzeptiert wird, als das unbekannte Gegenstück zum bekannten Selbst angenommen wird.

Schließlich:

Fähigkeit, die (unvermeidlichen) eigenen Fehler zu erkennen und damit im Verhältnis zum anderen/Fremden angemessen umzugehen

Es geht um die Einsicht, daß bei aller Offenheit und allem Bemühen niemand dagegen gefeit ist, im Umgang mit dem anderen/Fremden aus Unkenntnis, nicht aus böser Absicht, etwas Falsches zu sagen oder zu tun. Schon im Umgang mit Menschen der eigenen kulturellen Herkunft ist man vor solchen Fehlern nicht sicher. Man muß sich dieser Gefahr bewußt werden und gleichzeitig dem anderen/Fremden signalisieren, daß man das Fehlerrisiko weiß. Das kann z. B. durch einen entsprechenden interkulturellen Kommentar geschehen (»Ich hoffe, daß ich Ihnen nicht zu nahe trete. Bei uns sagt man das so; ich weiß nicht, wie man das bei Ihnen sagt ...«, »Verzeihen Sie mir, wenn ich vielleicht etwas Falsches sage ...« etc.). Hier sind natürlich soziale Kompetenz, Selbstkritik (Ich kann nicht erwarten, daß der Andere/Fremde die ganze Verstehensarbeit leistet und stets Nachsicht übt) und vor allem auch sprachliche Kompetenzen gefragt (Fremdsprachenunterricht).

Der spezifische Beitrag von Fächern und Lernbereichen

Gemeinsame Aufgaben

Es sei noch einmal ausdrücklich betont, daß interkulturelles Lehren und Lernen nicht nur eine Angelegenheit bestimmter Fächer, Lernbereiche oder Aufgabenfelder ist (z.B. nur Gemeinschaftskunde, Geschichte, Werte und Normen, Fremdsprachen etc.), sondern Aufgabe der gesamten schulischen Veranstaltung. Ernstgenommen bedeutet dies, daß bestimmte Veränderungen in der inneren und äußeren Struktur der Schule als Vorbedingungen für erfolgreiches interkulturelles Lehren und Lernen unabdingbar sind:

– Einrichtung von fächerübergreifenden Lernbereichen und
– (wenigstens in Teilen) interdisziplinäre Organisation des Wissens,
– Öffnung von Schule für andere Lernerfahrungen,
– andere Parameter für die Evaluation der von Schülern in der Schule und in einzelnen Vorhaben und Fächern erbrachten Leistungen,
– Freiräume für eigenverantwortliches Gestalten des schulischen Miteinander,
– Einforderung der sozialen Kompetenz im schulischen Alltag.

Allen unterrichtlichen Veranstaltungen im engeren Sinne gemeinsam ist die Aufgabe, zur Bildung eines Bewußtseins von der eigenen Kultur und des eigenen Wertesystems beizutragen: »Was macht meine Kultur aus? Was sind die Agentes, die das Leben in der Gesellschaft, der ich angehöre, bestimmen? Welche Werte halte ich für unabdingbar? Wer bin ich in diesem System, was ist meine Rolle? Wie weit wird mein Leben durch diese kulturelle Gemeinschaft bestimmt?«

Das ist angesichts des nur schwer erkennbaren Grundkonsenses darüber, was denn in unserer pluralistischen Gesellschaft die gemeinsame Basis ist, von der aus die Zukunft zu gestalten sei und welche Rolle der einzelne dabei zu spielen habe, eine schwere Aufgabe.[33] Um so wichtiger sind der einzelne Lehrer und sein persönliches Vorbildverhalten als Orientierungsangebot für die Schüler und Schülerinnen.

---

33 Vgl. dazu den schon zitierten Artikel im Spiegel, Heft 4, 1994: Böse Zeiten für das Gute.

Gleichwohl gibt es einige Grundprinzipien, denen sich eine Mehrheit verpflichtet fühlt: Die Grundrechte der Menschen, kanonisiert in der Verfassung, christliche und humanistische Ideale, die unbeschadet der Kritik an den Amtskirchen dennoch unser Gemeinschaftsleben weitgehend bestimmen. Solidarität für die Benachteiligten, Demokratie, d. h. das Recht auf Mitwirkung an der Gestaltung des gesellschaftlichen Zusammenlebens; aber auch die Einsicht, daß Unwägbarkeiten und Irrationalität in uns selbst das Einverständnis über bestimmte Werte in Frage stellen können, durch äußere Gewalt, durch das Recht, das sich der Stärkere oder Einflußreichere nimmt, und durch den dem Menschen innewohnenden Hang zur Destruktivität. Deshalb ist die Vermittlung der sozialen Kompetenz, des gewaltfreien Umgehens miteinander – auch in Konfliktfällen, von denen das Zusammenleben der Menschen auch bei größter Gutwilligkeit nicht frei ist – so wichtig. Diese Kompetenz gilt es in allen unterrichtlichen Veranstaltungen zu vermitteln und durchzusetzen, gewissermaßen als vorgegebene Kontrollinstanz. Die Einübung in zivile Verfahren des Interessenausgleichs unter den Schülern, zwischen Schülern und Lehrern, auch zwischen Schule und Elternhaus ist darum so wichtig. Auch hierfür ist das Vorbild im Verhalten der Erwachsenen – Lehrerschaft, Eltern – von besonderer Bedeutung.

Rationaler Diskurs

Auf die Bedeutung einer affektiven Disposition und Empathy gegenüber den anderen/Fremden ist bereits hingewiesen worden. Es gilt aber auch, daß Gefühle der Verunsicherung und Bedrohung, ausgelöst durch das Fremde und den Fremden, vor allem wenn sie zur alltäglichen Realität werden, am ehesten durch das Vertrautmachen, durch Wissenserwerb und durch das gemeinsame Sprechen darüber überwunden werden können. Was man kennt, verliert seine Bedrohlichkeit. Dies gilt auch für die Grundschule: Bei aller Betonung der Handlungsorientiertheit, des spielerischen Umgehens mit dem anderen, dem zunächst Fremden, bei aller Vorrangigkeit der unmittelbaren Erfahrung muß danach dennoch die altersgemäße Bewußtmachung (die Frage nach dem »Warum« und die Begründung durch das »Weil«, die dann zu diskutieren wäre) folgen, behutsam, ohne Druck und Überforderung.

Von Beginn der Sekundarstufe I ab sind der rationale Diskurs, die Reflexion auf sich selbst (»Warum tue ich/tut meine Familie das ... in dieser Weise?«) eine Notwendigkeit. Ziel ist dabei, den eigenen kulturellen Hintergrund der Altersstufe gemäß darzustellen, die Gründe und die Entstehung für Haltungen, Verhaltensweisen und Wertvorstellungen offenzulegen und den Schülern und Schülerinnen zu helfen, ihren eigenen Standort im System zu finden, Stellung zu den allgemein geltenden Werten zu beziehen, sich mit ihnen zu identifizieren oder sie gegebenenfalls zu revidieren. Das kann nur über die Reflexion gelingen. Daß dabei aber die emotiven Kräfte und Aspekte nicht außer acht gelassen werden dürfen, sondern gestärkt und ermuntert werden müssen (Zuwendung zum anderen), versteht sich von selbst.

Einzelne Fächer

Vielschichtigkeit und Komplexität der Aufgabe »Interkulturelles Lehren und Lernen« legen Interdisziplinarität im didaktischen und methodischen Ansatz nahe. In der Schule ist das wegen der Struktur der Organisation des Wissens in Unterrichtsfächer nur in Teilen möglich. Darum kommt den traditionellen Fächern eine große Verantwortung zu. Fächer bzw. Fachbereiche wie Deutsch, Kunst und Musik, Religion, Werte und Normen, Geschichte und Gemeinschaftskunde sind interkulturellem Lernen besonders verpflichtet, da sie Grundfragen der Ethik, Ausprägungen der Kultur, Wertvorstellungen, Haltungen und Einstellungen behandeln, die auch Themen des interkulturellen Lernens sind. Jedes Fach muß für sich und in Kooperation mit anderen die Möglichkeiten suchen, die am ehesten geeignet sind, neben den fachspezifischen Zielen auch die des interkulturellen Lehrens und Lernens anzustreben.

Dies gilt auch für die naturwissenschaftlichen Fächer, wenn auch in geringer ausgebildetem Maße: In interdisziplinären Vorhaben können bei der Verhandlung verschiedener Lösungsvorschläge in der Sache Formen des zivilen Vertretens und Aushandelns, aber auch des Streitens und Durchsetzens wie des Kompromisses eingeführt und erprobt werden.

In den geisteswissenschaftlichen Disziplinen sind es die Themen in erster Linie und das methodische Umgehen mit ihnen, die für das interkulturelle Lernen von Belang sind. Dabei ist es hilfreich, die Welt nicht nur aus der eigenen Perspektive zu betrachten. Andere, Fremde, sehen die Welt und die Ereignisse in ihr aus *ihrem* Blickwinkel, so wie wir dieselben Vorgänge und Verhältnisse aus unserem sehen. Die Geschichtsschreibung liefert dazu eindrucksvolle Beispiele. Unterschiedliche Sichtweisen, die zu vergleichen wären, können deutlich gemacht werden, was notwendig zu einer Relativierung aller Standpunkte, auch der des anderen/Fremden, führt.

In anderen Fächern und Fachbereichen stellt sich das noch zugespitzter dar, etwa im Religionsunterricht, in den Fächern Werte und Normen und Philosophie, wenn zum Beispiel die verschiedenen, kulturell bedingten Interpretationen der von westlichen Gesellschaften als universal gültig eingestuften Menschenrechte diskutiert werden. Hier kommt es zu Entscheidungszwängen, wenn es darum geht, eine Position zu beziehen, Kompromisse zu schließen und Regeln für das Zusammenleben aufzustellen. Die Entscheidung sollte immer rational begründet sein, weil damit dem Moment des Irrationalen, das leicht in die Irre führt, wenngleich immer präsent, ein Korrektiv gegenübergestellt wird. Die Rahmenrichtlinien und die Erlasse für die Arbeit auf den verschiedenen Schulstufen müssen konkrete Anleitungen darüber enthalten, wie welchen Themen und in welcher Weise dem interkulturellen Lernen entsprochen werden soll und kann.

Muttersprache – Fremdsprache

Eine besonders schwierige, aber wesentliche Aufgabe in der interkulturellen Erziehung ist der Aufbau der Ich-Stärke. Man kann sich mit anderen Kulturen und Ethnien nicht angstfrei und damit vorurteilsfrei auseinandersetzen, wenn man nicht weiß, wer man selber ist, wenn man nicht weiß, daß man durch Geburt und Familie einer gewachsenen kulturellen Wertegemeinschaft angehört, die wesentlich über Sprache die Parameter (Religion, Sitten und Gebräuche, Geschichte, gemeinschaftliche Erfahrungen) formuliert und tradiert, die zusammen den Bezugsrahmen bilden, in dem allein *diese* Gemeinschaft *in dieser Weise* funktionieren, leben und sich wegen der Vertrautheit sicher geborgen fühlen kann, und wenn man nicht weiß, daß man sich aus dieser Einbettung (oder Umklammerung) nicht leicht lösen kann – wenn überhaupt. Gerade die zunehmende Ungewißheit darüber, ob der vor Zeiten geltende Bezugsrahmen heute noch stimmt und den gewohnten Schutz bietet, macht es nötig, kontinuierlich und bewußt die Linien dieses Bezugsrahmens aufzuzeigen und das ethnische und kulturelle Eingebundensein (oder die Verstrickung) des Einzelnen in seiner Gemeinschaft bewußtzumachen.

Das muß bereits in der Grundschule beginnen, wobei man auf dem aufbauen wird, was im Elternhaus an Vorarbeit geleistet wurde. Gemeint ist hier die Konzeptbildung – Raum und Zeit, Größe, Lage der Dinge zueinander, Wahrheit und Lüge und Erfindung, Realität und Dichtung, Leiden und Wohlsein, Gottheit und moralische Instanz, Falsch und Richtig, Recht und Unrecht, Gut und Böse, Ich und Du, Wir und die anderen –; diese Konzeptbildung beginnt in der Grundschule und bedarf der kontinuierlichen Entwicklung. Darum ist die Ausbildung einer differenzierten muttersprachlichen Kompetenz so wichtig, damit die Schüler über sich selbst und die genannten Konzeptionen sprechen können. Erst dann ist ein abwägendes Vergleichen der eigenen Kultur, der eigenen Werthaltung mit der anderer Kulturen möglich, erst dann ist eine Basis für den rationalen Diskurs gegeben.

Neben der Entwicklung der muttersprachlichen Kompetenz kommt dem Fremdsprachenerwerb im Prozeß der interkulturellen Erziehung eine besondere Bedeutung zu. Fremdsprachen ergänzen auf ihre Weise den Vorgang der Konzeptbildung, indem sie andere Weisen, die Welt um uns zu benennen (Messer – knife – couteau) und zu beschreiben (Handhabung der Zeiten, Verlauf der Zeit,

Verdeutlichung der räumlichen Beziehungen), Intentionen mitzuteilen (Bedeutung des Konjunktivs etwa im Französischen) und menschliche Grundhaltungen zu bezeichnen (Fairneß, Tugend, Gerechtigkeit), vorstellen und eigene (muttersprachlich formulierte) Konzeptionen relativieren. Wenn es stimmt, daß die Sprache die Denk- und Vorstellungsweisen einer Kulturgemeinschaft und die sie bestimmenden Überzeugungen transportiert, dann liegt im Sprachunterricht ganz allgemein eine wesentliche Möglichkeit, auf interkulturell aktive Kommunikation vorzubereiten. Allerdings kann das, wenn ernst genommen, nicht ohne Konsequenzen für die Inhalte und die Methoden ihrer Vermittlung im (Fremd-)Sprachenunterricht bleiben. In jedem Falle ist es verantwortungslos, junge Menschen in eine mehrkulturelle Welt zu entlassen, ohne sie durch Vermittlung von Fremdsprachenkenntnissen auf das gemeinsame Leben und Arbeiten mit Menschen anderer kultureller Herkunft vorbereitet zu haben. Die Kenntnis anderer Sprachen gehört zur bildungsmäßigen Grundausstattung eines jeden jungen Menschen. Der Fremdsprachenunterricht trägt zur Erschließung *fremder* Kulturen (die dann zu *anderen* Kulturen werden) bei. Er muß die Informationen und Daten über die fremde Lebenswirklichkeit vermitteln und bei ihrer Einordnung in den Erfahrungskontext der jungen Menschen helfen. Umgekehrt führt die Beschäftigung mit fremden Sprachen dazu, sich der eigenen Lebenswirklichkeit und ihrer Wertvorstellungen bewußter zu werden und sie distanzierter zu betrachten. So wird die Voraussetzung für eine Haltung geschaffen, die die eigenen Werte nicht absolut setzt, eine feste eigene Position gewinnt und sich nur begründet entscheidet. Dazu bietet sich die Behandlung zentraler Themen der Geschichte, Politik, Wirtschaft und Geographie, vor allem aber der Kunst und Literatur des anderen Landes an. Sprache transportiert Kultur, ist Ausdruck der Kultur. In Texten sind die Werte und Normen, die eine Gesellschaft bestimmen, beschrieben, poetisch verarbeitet und kommentiert worden. Alles, was an Werthaltungen und Überzeugungen, Lebensentwürfen, Gefühlen und Hoffnungen in einer Kulturlandschaft bestimmend ist, ist in den vielfältigen Äußerungen dieser Gemeinschaft, vor allem aber in der Literatur, niedergelegt worden und braucht dort nur aufgesucht zu werden. Das verlangt erweiterte Fragestellungen bei der unterrichtlichen Behandlung, die auf die kulturellen Agentes dieser Gemeinschaft zielen. Der jeweiligen Altersstufe und ihrem Verstehenshorizont angemessen, kann die Beschäftigung mit der fremden Sprache und ihren Dokumenten und durch den Zwang zum Vergleich der eigenen mit der fremden Perspektive Achtung und Respekt für das Fremde und Bescheidenheit in bezug auf das Eigene entstehen lassen. Das mag nach dem rationalen Diskurs und über das bessere Verstehen zu positiv-affektiven Haltungen und interkultureller Sensibilität gegenüber dem Fremden führen und damit letztendlich auch zu aktiver Toleranz und Annahme des (nun nicht mehr ganz) Fremden als gleichberechtigten Partners. Hierzu sind besondere didaktische und methodische Handreichungen (evtl. in den Rahmenrichtlinien) zu erarbeiten.

Schlußbemerkung

Ziele, Inhalte und Formen des interkulturellen Lehrens und Lernens werden die Bildungspolitik, die Schulverwaltungen, Lehrerinnen und Lehrer, Schüler und Elternschaft noch längere Zeit beschäftigen. Dabei ist zu hoffen, daß auch in anderen gesellschaftlichen Bereichen Überlegungen zur Interkulturalität und zur Gestaltung des Zusammenlebens vieler Kulturen in einer Kommune oder Region, wo die Probleme eine hohe Aktualität haben, angestellt werden und daß es gelingen möge, die Bemühungen zusammenzuführen, so daß sie sich ergänzen und gegenseitig befruchten.

So wichtig Gesetzesvorgaben im Sinne der Rechtsstaatlichkeit sind, es bedarf vereinigter Anstrengungen vieler Wissenschaftsbereiche und Praxiserfahrung, um zu eruieren, wie gewaltsame Aggressionen einzudämmen und auf Dauer zu verhindern sind und wie die Vielfalt der Völker und Kulturen als Reichtum der Menschheit einsichtig und erlebbar gemacht werden kann.

Anhang

Glossar

Abstammungsprinzip (lat. jus sanguinis): Nach dem Abstammungsprinzip bzw. »Recht durch das Blut« steht denjenigen eine bestimmte Staatsangehörigkeit zu, die ihre Zugehörigkeit zur Nation aufgrund ihrer Abstammung nachweisen können.

Asyl/Asylbewerber: Unter dem Begriff »Asyl« wird die Gewährung von Schutz einer Person verstanden, beispielsweise durch einen Staat und auf dessen Territorium. Asylbewerber sind Flüchtlinge, die an der Grenze oder bei einer Ausländerbehörde einen Asylantrag gestellt haben. Als Asylbewerber gilt jemand so lange, bis das Asylbegehren rechtskräftig entschieden ist. Der Asylbewerber unterliegt einer Reihe von Auflagen und Einschränkungen, so genießt er beispielsweise keine Freizügigkeit – er kann sich nur dort aufhalten, wo er auch einen Asylantrag gestellt hat.

Ausländer: Ausländer ist jeder Nichtdeutsche – wer Deutscher ist, regelt ein Gesetz von 1913: Danach kann man Deutscher werden nach Geburt oder durch Einbürgerung.

Autoritärer Charakter meint in der klassischen Theorie (Fromm, Adorno, Horkheimer) eine solche Persönlichkeitsstruktur, die die Wahrnehmung politischer Verhältnisse und Prozesse dermaßen durch Vorurteile und Stereotypen verzerrt (Ethnozentrismus, Antisemitismus u.ä.), daß eine Anfälligkeit für faschistische Propaganda und Politikangebote entsteht. Im Mittelpunkt dieser Persönlichkeit wird – orientiert an der psychoanalytischen Theorie – ein schwaches Ich ausgemacht, das nicht in der Lage ist, zwischen dem, was es will, was es soll und was es kann, zu vermitteln. Aus dieser Schwäche erwächst eine autoritäre Unterwürfigkeit gegenüber schützenden Kollektiven und starken Führern, gepaart mit einer autoritären Aggression gegenüber Minderheiten. Die Ursachen für diese Persönlichkeitsstruktur liegen in der frühen Kindheit, in einer autoritären Familie. Diese Familienstruktur und ihre autoritären Erziehungspraktiken schließlich werden als Produkt der Gesellschaft interpretiert.

Ethnos/Demos: Dominique Schnapper unterscheidet die auf Blut und Kultur beruhende »*nation ethnique*« von der modernen republikanischen »*nation élective*«, die durch einen gemeinsamen politischen Willen entstanden ist. Der Unterschied zwischen den zwei entsprechenden griechischen Volksbegriffen »Ethnos« (Ethnie = Menschengruppe mit einheitlicher Abstammung, Sprache und Kultur) und »Demos« (ein politisches Gebilde) stammt von Emerich K. Francis und wurde von Rainer M. Lepsius und Friedrich Heckmann aufgegriffen. Jürgen Habermas unterscheidet seinerseits in Anlehnung an Charles Taylor zwischen zwei ähnlichen konkurrierenden Konzepten. Statt von einer »holistischen Einstellung« spricht er allerdings von einem »ganzheitlichen Modell« und betont seine positiven Eigenschaften: »In der Rechtsphilosophie liegen zwei konträre Deutungen (der) aktiven Staatsbürgerschaft miteinander im Wettstreit. In der von Locke ausgehenden liberalen Tradition des Naturrechts hat sich ein individualistisch-instrumentalistisches, in der auf Aristoteles zurückgreifenden republikanischen Tradition der Staatslehre ein kommunitaristisch-ethisches Verständnis der Staatsbürgerrolle herauskristallisiert. Im einen Fall wird die Staatsbürgerschaft nach dem Muster einer Organisationsmitgliedschaft konzipiert, die eine Rechtsstellung begründet, im anderen Fall nach dem Modell der Zugehörigkeit zu einer sich selbst bestimmenden ethisch-kulturellen Gemeinschaft (...) Obwohl das ganzheitliche Modell eines Gemeinwesens, dem die Staatsbürger mit Haut und Haaren einverleibt sind, in vielen Hinsichten der modernen Politik unangemessen ist, hat es gegenüber dem Organisationsmodell, wonach die Einzelnen isoliert dem Staatsapparat gegenüberstehen und nur über eine funktional spezifizierte Migliedschaftsbeziehung mit ihm verknüpft sind, einen Vorzug: Es macht klar, daß politische Autonomie ein Selbstzweck ist, den niemand für sich allein, in der privaten Verfolgung je eigener Interessen, sondern nur alle gemeinsam auf dem Wege einer intersubjektiv geteilten Praxis verwirklichen können ...«. Vgl. Francis, E. K.: Ethnos und Demos, Berlin 1965; Lepsius, R. M.: »Ethnos« und »Demos«. Zur Anwendung zweier Kategorien von Emerich Francis auf das nationale Selbstverständnis der Bundesrepublik und auf die Europäische Einigung. In: Kölner Zeitschrift für Soziologie und Sozialpsychologie, 1986, S. 751–759; Heckmann, F.: Politik, Staat und ethnische Minderheiten. In: Gogolin, I. (Hrsg.): Das nationale Selbstverständnis der Bildung, Münster/New York 1994, S. 13–45, S. 17; Habermas, J.: Faktizität und Geltung. Beiträge zur Diskurstheorie des Rechts und des demokratischen Rechtsstaats, Frankfurt a.M. 1992. S. 640f.

Flüchtlinge: Dem Flüchtlingsbegriff im engeren Sinne liegt die Genfer Flüchtlingskonvention zugrunde. Hierunter fallen Personen, die aus begründeter Furcht vor politischer, religiöser oder ethnischer Verfolgung in ein anderes Land fliehen und dort meist Asyl beantragen. Werden Flüchtlinge nach dem jeweiligen nationalen Asylverfahrensgesetz anerkannt, sind sie asylberechtigt. Nochmals differenziert wird der Flüchtlingsbegriff in »Kontingentflüchtlinge«, »De-facto-Flüchtlinge« und »Umweltflüchtlinge«. Als »Kontingentflüchtlinge« werden diejenigen Flüchtlinge bezeichnet, die von einem Staat im Rahmen internationaler humanitärer Hilfsaktionen aus Krisengebieten nach bestimmten Kontingenten aufgenommen werden. Als De-facto-Flüchtlinge gelten Personen, die keinen Asylantrag gestellt haben oder deren Asylantrag abgelehnt worden ist, denen aber aus humanitären oder politischen Gründen die Rückkehr in ihr Heimatland nicht zumutbar ist.

Genfer Flüchtlingskonvention: Das Genfer Flüchtlingsabkommen über die Rechtstellung von Flüchtlingen vom 28.07.1951 definiert die Asylgewährung gemäß dem Völkerrecht als Recht, jedoch nicht als Pflicht des Staates. Die Genfer Flüchtlingskonvention verpflichtet keinen der bislang 109 Unterzeichnerstaaten zur Aufnahme von Flüchtlingen oder politisch verfolgten Personen. Sie war ursprünglich nur für Flüchtlinge aus den kommunistischen Staaten Osteuropas gedacht. Erst das Zusatzprotokoll von 1967 schuf einen uneingeschränkten Flüchtlingsbegriff, der in viele internationale Vereinbarungen und nationale Gesetze Eingang gefunden hat. Die Bedeutung der Genfer Flüchtlingskonvention liegt vor allem darin, daß erstmals der internationale Rechtsstatus von Flüchtlingen einheitlich geregelt wurde.

Holistische Grundeinstellung: Die »holistische Grundeinstellung« ist eine Grundeinstellung, die das Ganze – auch die als Totum gesehene Menschengruppe – und nicht die unterschiedlichen Einzelerscheinungen – die einzelnen Mitglieder der Menschengruppe – in den Vordergrund stellt. Die Wahrnehmung der Welt und der Gemeinschaften bzw. Gesellschaften bis zur Moderne wurde durch diese Grundeinstellung geprägt. Schon die griechische Ontologie hat sich nach der Vollkommenheit des einzigen, unbeweglichen, ewigen, als perfekt symmetrische, lückenlose Kugel verstandenen Seins (Parmenides) und später des Einen (Neuplatonismus) gesehnt. Auf der politischen Ebene wurde die Polis als vollkommene Einheit gesehen. Dumont hat vor allem die »holistische Grundeinstellung« in der indischen Zivilisation untersucht. Vgl. hierzu zum Beispiel: Dumont, L.: Homo Hierarchicus. Die Soziologie des Kastenwesens, Wien 1976.

Jakobinismus: 1789 wurde in Paris der aus dem Bretonischen Club hervorgegangene Jakobinerclub gegründet. Dort wurden die wichtigsten Entscheidungen der Französischen Revolution vorbereitet. Die Bergpartei – Robespierre, der »Unbestechliche«, Danton, Marat, Saint-Just – war im Jakobinismus verankert. Sie wurde zum Erzfeind der föderalistischen *Girondins*, ergriff mit Gewalt die Macht im Juni 1793, begann mit der Zentralisierung Frankreichs, ließ die Kirchen schließen, versuchte eine »laizistische Religion« in der Form des Kultes des »Höchsten Wesens« durchzusetzen und war für die »Schreckensherrschaft«

gegen Revolutionsfeinde der Jahre 1793–1795 verantwortlich. Die jakobinische Bourgeoisie hat sich auf ein Aggregat aus bewaffneten Patrioten, die Sansculotten, gestützt, die den Traum der Gleichheit nicht nur im politischen und sozialen, sondern auch im kulturellen Bereich zu verwirklichen versuchten. Theodor Hanf schreibt zur Ideologie des Jakobinismus: »Während der Französischen Revolution formulierte der Jakobinerclub das Prinzip der égalité in seiner reinsten und radikalsten Form. Gleichheit sollte nicht sozial, sondern auch kulturell verstanden werden. Nicht nur Klassen- und Eigentumsunterschiede, sondern auch kulturelle Verschiedenheit sollte abgeschafft werden (...) Die Abwendung vom sozialen Egalitarismus im nachrevolutionären Frankreich ließ den kulturellen Egalitarismus unberührt. Die Republik sollte ›une et indivisible‹ sein, zentral verwaltet, einsprachig und jedes Partikularismus frei. Ein einheitliches Bildungssystem wurde geschaffen, um Minderheitensprachen und Dialekte auszumerzen (...) Im 20. Jahrhundert wurde der Jakobinismus zum bedeutendsten politischen Exportartikel Europas, in der Regel vermarktet unter der Bezeichnung ›Nation-Building‹: Je weniger homogen die soziale Wirklichkeit, um so attraktiver erschien es, unter jakobinischem Banner Kreuzzüge gegen Tribalismus, Partikularismus, Konfessionalismus und Separatismus zu führen. Jakobinismus in verschiedenen Varianten ist zur führenden Staatsideologie in der Dritten Welt geworden.« Vgl. Hanf, Th.: Koexistenz im Krieg, Baden-Baden 1990, S. 48.

Laizismus: Nach Axel von Campenhausen bezeichnete ursprünglich der Begriff des Laizismus in Frankreich »die weltanschauliche Forderung nach Lösung des öffentlichen Lebens in Staat, Gesellschaft, Recht, Wirtschaft, Kultur und Erziehung von Religion und Kirche. Unter dem Einfluß der Rechtsprechung trat der ideologische Charakter allmählich zurück, ohne daß die Gesetze aufgehoben wurden. Allmählich setzte sich der vom Laizismus abgespaltene Grundsatz der staatlichen Laizität durch. Er bezeichnete die völlige Enthaltsamkeit des Staates in Weltanschauungsfragen. Der religiöse Bereich bleibt danach der privaten Sphäre überlassen. Der Staat gewährleistet Religions- und Kirchenfreiheit. Er übt Unparteilichkeit gegenüber allen Religions- und Weltanschauungsgruppen« (Campenhausen, A. von: Trennung von Staat und Kirche. Die schillernde Bedeutung eines Begriffs. In: epd-Dokumentation 26 (1993) 2, S. 80–83, S. 82). Allerdings rückt seit Mitte der 80er Jahre in Frankreich mit dem Erstarken fundamentalistischer Strömungen auch der ideologische Charakter des Laizismus wieder in den Vordergrund. Siehe den Beitrag von Yves Bizeul, »Die französische Debatte um Alterität und Kultur«, in diesem Band.

Migration: Migration (Wanderung) kann verstanden werden als der dauerhafte, »freiwillige« Wechsel einzelner Menschen oder ganzer Gruppen in eine andere Region oder Gesellschaft. In der Neuzeit wurde Migration im wesentlichen durch Landflucht und durch die zunehmende Verstädterung hervorgerufen. Heute finden Wanderungsbewegungen ihre Ursachen hauptsächlich in Menschenrechtsverletzungen, wirtschaftlicher und sozialer Not oder ökologischen Katastrophen.

Multikulturelle Gesellschaft meint weder eine utopische Schwärmerei für einen nicht einlösbaren gesellschaftlichen Idealzustand noch eine romantische Verklärung bestehender Realität als »Multi-Kulti-Harmonie«; multikulturell meint das reale Zusammenleben von Menschen unterschiedlicher nationaler, ethnischer und/oder kultureller Herkunft mitsamt den multikonfliktuellen Spannungen, die durch neue, widerstreitende Interessen und Identitäten entstehen. Multikulturalität ist in diesem Sinne zunächst eine empirische Kategorie. Die normativen Implikationen des Begriffs zielen auf das Modell einer Zivilgesellschaft. Der Kern dieses Konzepts liegt in der Verbindung der Akzeptanz multiethnischer und -kultureller Vielfalt bei gleichzeitiger Verpflichtung aller auf einen menschenrechtlichen Grundkonsens.

Multiperspektivität ist ein Konzept, mit dem vor allem die Erziehungswissenschaft, die Geschichtsdidaktik und die politische Bildung auf die Chancen und Herausforderungen der multikulturellen und multiethnischen Verschiedenartigkeit reagieren. Um die Potenzen nutzen zu können, die in dieser Verschiedenartigkeit enthalten sind, vor allem jedoch, um den Problemen zu begegnen, die durch eine Haltung der Abwehr, Ausblendung oder Ausgrenzung hervorgerufen werden, wurde die Multiperspektivität als eine pädagogische Strategie entwickelt. Multiperspektivität soll als Einübung in die multikulturelle Gesellschaft dienen. Multiperspektivität heißt die Fähigkeit, sich in die Perspektiven unterschiedlicher Menschen und Gruppen hineindenken und einfühlen zu können.

Rassismus bedeutet: a) Aus ethnischer oder »rassischer« Differenz wird eine Minderwertigkeit abgeleitet, b) aus der Minderwertigkeit wird soziale und politische Ungleichheit legitimiert, c) die Minderwertigkeit wird als biologisch gegeben angesehen. Eine Überdehnung des Rassismusbegriffs scheint dort vorzuliegen, wo jegliche ablehnende Haltung als Rassismus bezeichnet wird und wo Rassismus nicht mehr nur die biologistischen Begründungen von Diskriminierung, sondern nun auch alle diejenigen Positionen einschließen soll, die von kulturellen und ethnischen Unterschieden her politische Auschließung und soziale Ausgrenzung rechtfertigen.

Sozialer Streß entsteht unter folgenden Bedingungen: Wenn Belastungen der Gesellschaftsstruktur und des sozialen Wandels bei Bürgern auf begrenzte oder fehlende Fähigkeiten ihrer Verarbeitung treffen, wenn ein Problemdruck auf mangelnde Kompetenzen bei den Menschen trifft, mit diesem Druck umzugehen, dann wird dies von den betroffenen Bürgern als Streß wahrgenommen: Das Gefühl der Herausforderung wird durch das Gefühl der Überforderung verdrängt. Abwehr- und Fluchtreaktionen sind wahrscheinlich.

Territorialprinzip (lat. jus soli): Nach dem Territorialprinzip bzw. »Recht durch den Boden« steht denjenigen eine bestimmte Staatsangehörigkeit zu, die nachweisen können, daß sie in einem bestimmten Land (auf einem bestimmten Territorium) geboren wurden. Das amerikanische, britische und französische Staatsangehörigkeitsrecht stehen in dieser Tradition. In den meisten Ländern findet sich eine Mischung aus Abstammungs- und Territorialprinzip (in Schweden, Italien, in den Niederlanden, in Belgien usw.).

Völkisch: Das Wort »völkisch« hat mindestens zwei verschiedene Bedeutungen. Laut Marianne Krüger-Potratz reichten in den zwanziger Jahren des 20. Jahrhunderts die Definitionen »von ›völkisch‹ als die seit dem letzten Drittel des 19. Jahrhunderts geläufige Eindeutschung des Fremdwortes ›national‹ bis hin zu ›völkisch‹ als Kennzeichnung eines auf Rasse begründeten, antisemitischen Nationalismus. In der zeitgenössischen Literatur ist die erste Variante weit verbreitet: ›völkisch‹ steht synonym zu ›volklich‹, ›national‹ und als Adjektiv zu ›Volkstum‹, auch in Texten von Autoren, die sich eindeutig gegen die ›Rassemystik‹ und gegen antisemitische Positionen abgrenzen. ›Völkisch‹ steht jedoch nicht einfach statt ›national‹, weil das Fremdwort vermieden werden soll, sondern weil damit zugleich auch der Verweis auf die kulturelle Ebene für die Wir-Gruppen-Bildung impliziert ist.« In Frankreich wird dieser Unterschied oft übersehen. Allerdings nicht ganz ohne Grund, zumal »völkisch« immer auf ein Verständnis des Volkes als »Ethnos« und nicht als republikanischen »Demos« hindeutet und so die Tür für eine mögliche rassistische Interpretation öffnet. Siehe Krüger-Potratz, M.: Der verlängerte Arm nationalstaatlicher Bildungspolitik: Elemente völkischer Bildungspolitik in der Weimarer Republik. In: Gogolin, I., (Hrsg.): Das nationale Selbstverständnis der Bildung, Münster/New York 1994, S. 81–102, S. 88.

Vorurteile sind verzerrte Wahrnehmungen meist von Minderheiten. Sie zeichnen sich durch fälschliche Verallgemeinerungen, durch emotionale Ablehnung, durch Abwertung und die Neigung zur sozialen Ausgrenzung aus. Im Unterschied zu vorschnellen Vorausurteilen sind sie weitgehend resistent gegenüber neuen Informationen. Vorurteile sind deshalb so langlebig und weitgehend immun gegenüber Aufklärung, da sie denen, die sie haben, durchaus Vorteile bringen. Im Mittelpunkt psychologischer Vorurteilstheoreme stehen weithin Ansätze, die das Selbstkonzept, das Selbstwertgefühl oder das Selbstbild als wichtigsten Einflußfaktor für die Entstehung von Vorurteilen und Feindbildern ansehen. Die Art und Weise, wie man den anderen wahrnimmt und beurteilt, hängt vor allem davon ab, wie man sich selbst sieht und fühlt. Je stabiler und ausgeglichener das eigene Selbstwertgefühl ist, desto weniger Bedrohungsgefühle löst Fremdes, lösen Fremde aus. Je unsicherer oder verunsicherter das eigene Selbstwertgefühl ist, desto anfälliger ist man für vorurteilshafte Fremdabwertung und Selbstaufwertung.

Xenophobie bedeutet Fremdenfeindlichkeit aus Fremdenfurcht. Im Unterschied zur neuen Rassismuskritik wird beim Xenophobieparadigma der Akzent auf die Bedrohungsgefühle, nicht auf die Machtinteressen der Fremdenfeinde gelegt. Nicht Macht, sondern das Gefühl der persönlichen und sozialen Ohnmacht geben hier den Grund für die feindliche Haltung gegenüber Minderheiten ab. Aus diesem Bedrohungsgefühl heraus wird dann sowohl die Flucht in ein mächtiges Kollektiv angetreten wie auch die Flucht in Überlegenheitsphantasien. Das schützende Kollektiv als Ganzes wie auch seine Eliten im einzelnen können zwar durchaus über Macht verfügen, aber wichtig ist, daß der »psychische Stoff« der Fremdenfeindlichkeit aus der Furcht und den Ohnmachtsgefühlen der Mehrheit besteht. Auch an die eigene Überlegenheit kann durchaus geglaubt werden, aber der Hintergrund ist auch hier ein anderer: Die Überlegenheit ist nur ein Konstrukt, um den eigenen Unsicherheiten und Ängsten zu entfliehen.

Tabellen

Neueste Ausländerzahlen in Kürze			
	Insgesamt	Veränderung zum Vorjahr	
		absolut	%
Bevölkerung			
	31.12.92	6.495.792	+613.525	+10,4
	31.12.93	6.878.117	+382.325	+5,9
	31.12.94	6.990.510	+112.393	+1,6
Geburten			
West	1992	97.963	+8.461	+9,5
	1993	100.545	+2.582	+2,6
Ost	1992	2.155	+904	+72,3
	1993	2.519	+364	+16,9
Asylbewerber			
	1992	438.191	+182.079	+71,1
	1993	322.599	−115.592	−26,4
	1994	127.210	−195.389	−60,6
Beschäftigte im Bundesgebiet West			
Juni	1993	2.183.579	+147.425	+7,2
Juni	1994	2.140.532	−43.047	−2,0
Arbeitslose			
West	1993 (JD)	344.840	+90.639	+35,7
West	1994 (JD)	408.110	+63.270	+19,3
Ost	1993 (JD)	14.609	−1.391	−8,7
Ost	1994 (JD)	11.793	−2.816	−19,3
Wanderungen		Zuzüge	Fortzüge	Saldo (absolut)
	1992	1.207.602	614.747	+592.855
	1993	986.872	710.240	+276.632
	1. HJ 1994	370.266	305.048	+65.218

Quelle: Statistisches Bundesamt, Bundesministerium des Innern, Bundesanstalt für Arbeit, Mai 1995

Ausgaben des BMA für Integrationsmaßnahmen in 1.000 DM				
	Öffentlichkeits-arbeit	Betreuung, Sozialberatung	Sprache, Berufs-vorbereitung	Insgesamt
1968	350	2.500	321	3.171
1970	555	4.500	1.491	6.546
1980	1.388	25.669	23.000	50.057
1981	1.634	27.198	33.500	62.332
1982	1.718	30.163	31.110	62.991
1983	1.673	33.357	49.537	84.567
1984	1.769	35.026	52.000	88.795
1985	1.836	36.091	51.760	89.687
1986	1.838	36.490	50.090	88.418
1987	1.828	38.473	48.500	88.801
1988	1.837	42.032	44.100	87.969
1989	1.664	39.744	43.600	85.028
1990	1.247	37.535	43.900	82.682
1991	1.208	37.944	48.144	87.296
1992	1.379	35.619	51.087	88.085
1993	1.187	34.570	50.700	86.457
1994	824	35.997	47.022	83.843
1995*	1.190	36.000	50.000	87.190

* Soll-Zahlen

Quelle: Bundesministerium für Arbeit und Sozialordnung (BMA), Mai 1995

Ausländer im Bundesgebiet seit 1960			
Jahr[1]	Ausländische Bevölkerung[2] Tsd.	Prozentanteil der ausländischen Bevölkerung an der Gesamtbevölkerung[2]	Sozialversicherungspflichtig Beschäftigte[3] Tsd.
1960	686,2	1,2	279,4
1968	1.924,2	3,2	1.014,8
1989	2.381,1	3,9	1.372,1
1970	2.976,5	4,9	1.838,9
1971	3.438,7	5,6	2.168,8
1972	3.526,6	5,7	2.317,0
1973	3.966,2	6,4	–[4]
1974	4.127,4	6,7	2.150,6
1975	4.089,6	6,6	1.932,6
1976	3.948,3	6,4	1.873,8
1977	3.948,3	6,4	1.833,5
1978	3.981,1	6,5	1.862,2
1979	4.143,8	6,7	1.965,8
1980	4.453,3	7,2	1.925,6
1981	4.629,7	7,5	1.832,2
1982	4.666,9	7,6	1.709,5
1983	4.534,9	7,4	1.640,6
1984	4.363,6	7,1	1.552,6
1985	4.378,9	7,2	1.536,0
1986	4.512,7	7,4	1.544,7
1987	4.240,5	6,9	1.557,0
1988	4.489,1	7,3	1.607,1
1989	4.845,9	7,7	1.683,8
1990	5.342,5	8,4	1.793,4
1991	5.882,3	7,3	1.908,7
1992	6.496,8	8,0	2.119,6
1993	6.878,1	8,5	2.150,1
1994	6.990,5	8,6[5]	2.168,0[6]

1 Bis 1984 Stichtag 30. September, ab 1985 Stichtag 31. Dezember eines jeden Jahres
2 Ab 1991 gesamtdeutsches Ergebnis
3 Ab 1960 Juli-Erhebung; 1968–1973 Juni-Erhebung; ab 1974 Dezember-Erhebung
4 Keine Erhebung
5 Vorläufiges Ergebnis
6 September-Erhebung

Ausländer nach Staatsangehörigkeit am 31. Dezember 1994					
Staatsangehörigkeit	**Absout**	**%[1]**	**EU-Ausländer**	**Absolut**	**%[2]**
Ausländer insgesamt	6.990.510			1.776.297	
1. Türkei	1.965.577	28,12	1. Italien	571.900	32,00
2. Ehem. Jugoslawien	834.781	11,94	2. Griechenland	355.583	20,02
3. Italien	571.900	8,18	3. Österreich[3]	185.140	10,42
4. Griechenland	355.583	5,09	4. Spanien	132.355	7,45
5. Polen	263.381	3,77	5. Portugal	117.536	6,62
6. Bosnien-Hrzgwa.	249.383	3,57	6. Niederlande	112.898	6,36
7. Österreich	185.140	2,65	7. Großbritannien	110.223	6,21
8. Kroatien	176.251	2,52	8. Frankreich	96.980	5,46
9. Spanien	132.355	1,89	9. Belgien	22.711	1,28
10. Rumänien	125.861	1,80	10. Dänemark	20.414	1,15
11. Portugal	117.536	1,68	11. Schweden[3]	16.102	0,91
12. Niederlande	112.898	1,62	12. Irland	14.949	0,84
13. Großbritannien	110.223	1,58	13. Finnland[3]	14.957	0,79
14. USA	108.310	1,55	14. Luxemburg	5.449	0,31
15. Iran	104.077	1,49			
16. Frankreich	96.980	1,39	**Nachfolgestaaten**	**Absolut**	**%[1]**
17. Vietnam	96.659	1,38	**Jugoslawiens**		
18. Marokko	82.412	1,18	ehem. Jugoslawien[4]	834.781	11,94
19. Sowjetunion	61.637	0,88	Bosnien-Hrzgwa.	249.383	3,57
20. Ungarn	57.996	0,83	Kroatien	176.251	2,52
21. Libanon	54.269	0,78	Makedonien	22.331	0,32
22. Afghanistan	51.370	0,73	Slowenien	16.214	0,23

1 Anteil an der ausländischen Bevölkerung insgesamt
2 Anteil an den EU-Ausländern insgesamt
3 Beitritt zur EU am 1. Januar 1995
4 Ohne Bosnien-Herzegowina, Kroatien, Makedonien und Slowenien; Bosnier, Kroaten, Makedonier und Slowenen, die (noch) nicht über einen Paß einer der Nachfolgerepubliken verfügen, gelten weiterhin als jugoslawische Staatsangehörige und werden deshalb auch als solche in der Statistik nachgewiesen.

Geburten				
Jahr	Lebendgeborene			Ausländeranteil[2] in Prozent
	Insgesamt	deutscher[1]	ausländischer	
		Staatsangehörigkeit		
1962	1.018.552	999.749	18.803	1,9
1963	1.054.123	1.029.448	24.675	2,3
1964	1.065.437	1.034.580	30.857	2,9
1965	1.044.328	1.006.470	37.858	3,6
1966	1.050.345	1.005.199	45.146	4,3
1967	1.019.459	972.027	47.432	4,7
1968	969.825	924.977	44.948	4,6
1969	903.456	852.783	50.673	6,6
1970	810.808	747.801	63.007	7,8
1971	778.526	697.812	80.714	10,4
1972	701.214	609.773	91.441	13,0
1973	635.633	536.547	99.086	15,6
1974	626.373	518.103	108.270	17,3
1975	600.512	504.639	95.873	16,0
1976	602.851	515.898	86.953	14,4
1977	582.344	504.073	78.271	13,4
1978	576.468	501.475	74.993	13,0
1979	581.984	506.424	75.560	13,0
1980	620.657	539.962	80.695	13,0
1981	624.557	544.548	80.009	12,8
1982	621.173	548.192	72.981	11,8
1983	594.177	532.706	61.471	10,3
1984	584.157	529.362	54.795	9,4
1985	586.155	532.405	53.750	9,2
1986	625.963	567.310	58.653	9,4
1987	642.010	574.819	67.191	10,5
1988	677.259	603.741	73.518	10,9
1989	681.537	601.669	79.868	11,7
1990	727.199	640.879	86.320	11,9
1991	830.019	739.256	90.763	10,9
1992	809.114	708.996	100.118	12,4
1993	798.447	695.573	102.874	12,9
1994[3]	375.330	326.489	48.841	13,0

1 Seit 1975 erhält jedes Kind, bei dem mindestens ein Elternteil Deutscher ist, die deutsche Staatsangehörigkeit.
2 Anteil der Lebendgeborenen mit ausländischer Staatsangehörigkeit an der Gesamtzahl der Lebendgeborenen.
3 1. Halbjahr
Quelle: Statistisches Bundesamt

Ausländeranteile in den Bundesländern 1993				
Bundesländer	Gesamt-bevölkerung (in Tausend)	Ausländer		
		in Tausend	je 1.000 Einwohner	%
Baden-Württemberg	10.234,0	1.254,9	123	12,3
Bayern	11.863,3	1.053,1	89	8,9
Berlin	3.475,4	427,9	123	12,3
Brandenburg	2.537,7	61,9	24	2,4
Bremen	683,1	77,5	113	11,4
Hamburg	1.702,9	251,3	148	14,8
Hessen	5.967,3	789,9	132	13,2
Mecklenburg-Vorpommern	1.843,5	28,7	16	1,6
Niedersachsen	7.648,0	445,8	58	5,8
Nordrhein-Westfalen	17.759,3	1.886,3	106	10,6
Rheinland-Pfalz	3.925,9	275,5	70	7,0
Saarland	1.084,5	72,1	67	6,7
Sachsen	4.607,7	61,2	13	1,3
Sachsen-Anhalt	2.777,9	38,0	14	1,4
Schleswig-Holstein	2.694,9	131,5	49	4,9
Thüringen	2.532,8	22,6	9	0,9
Bundesgebiet	81.338,1	6.878,1	85	8,5
Quelle: Statistisches Bundesamt				

Wanderungen von Ausländern in das und aus dem Bundesgebiet						
Herkunftsland	1988	1989	1990	1991	1992	1993
	Zuzüge					
1. Griechenland	33.046	29.498	26.520	28.305	23.631	18.267
2. Italien	41.838	40.159	36.933	35.441	30.055	31.658
3. Ehem. Jugoslawien[1]	55.752	61.634	65.161	221.034	341.332	141.358
4. Marokko	4.517	4.721	5.485	5.948	6.429	5.141
5. Portugal	3.587	5.333	7.009	10.716	10.145	12.897
6. Spanien	3.905	4.410	4.438	5.065	5.445	5.799
7. Türkei	78.402	85.679	83.604	81.901	80.568	67.778
8. Tunesien	2.206	2.323	2.632	2.753	3.968	2.496
Summe 1.–8.	223.253	233.657	231.782	391.163	500.673	285.394
Polen	207.795	260.266	200.891	128.387	131.726	75.117
Rumänien	11.185	14.192	78.152	61.413	109.816	81.606
Ehem. Sowjetunion	13.275	32.617	36.965	38.973	15.217	12.483
Alle Länder	648.550	770.771	842.364	920.491	1.207.602	986.872
Fortsetzung der Tabelle nächste Seite						

Wanderungen von Ausländern in das und aus dem Bundesgebiet						
Herkunftsland	1988	1989	1990	1991	1992	1993
	Fortzüge					
1. Griechenland	12.754	12.754	14.260	15.443	16.234	17.519
2. Italien	37.150	37.150	34.129	38.371	32.727	30.945
3. Ehem. Jugoslawien[1]	26.059	26.059	38.274	52.957	99.401	73.411
4. Marokko	1.335	1.335	1.446	1.951	2.272	2.830
5. Portugal	1.944	1.944	2.926	4.068	4.913	6.310
6. Spanien	6.007	6.007	6.111	6.189	6.503	7.126
7. Türkei	39.876	39.876	35.114	36.134	40.316	46.286
8. Tunesien	1.809	1.809	1.775	1.798	1.814	1.943
Summe 1.–8.	126.934	126.934	134.035	154.911	204.180	186.370
Polen	99.258	142.476	157.749	115.325	109.542	101.755
Rumänien	3.392	3.480	15.751	30.208	51.664	101.863
Ehem. Sowjetunion	5.468	10.329	11.411	12.095	3.331	4.134
Alle Länder	359.089	438.277	466.038	497.476	614.747	710.240
Herkunftsland	Wanderungssaldo					
1. Griechenland	+20.292	+14.904	+12.260	+12.862	+7.397	+748
2. Italien	+4.688	+1.698	+2.804	−930	−2.672	+713
3. Ehem. Jugoslawien[1]	+29.693	+25.527	+26.887	+168.077	+241.931	+67.947
4. Marokko	+3.182	+3.455	+4.039	+3.997	+4.157	+2.311
5. Portugal	+1.643	+2.533	+4.083	+6.648	+5.232	+6.587
6. Spanien	−2.102	−1.996	−1.673	−1.124	−1.058	−1.327
7. Türkei	+38.526	+48.013	+48.490	+45.767	+40.252	+21.492
8. Tunesien	+397	+465	+857	+955	+1.254	+553
Summe 1.–8.	+96.319	+94.599	+97.747	+236.252	+296.493	+99.024
Polen	+108.537	+117.790	+43.142	+13.062	+22.184	−26.638
Rumänien	+7.793	+10.712	+62.401	+31.205	+57.952	−20.257
Ehem. Sowjetunion	+7.807	+22.288	+25.554	+26.878	+11.886	+8.349
Alle Länder	+289.461	+332.404	+376.326	+423.015	+592.855	+276.632

1 Serbien und Montenegro sowie die Fälle, in denen das auf dem Gebiet der ehem. Jugoslawien gelegene Herkunfts-/Zielland nicht bekannt bzw. feststellbar ist

Quelle: Statistisches Bundesamt

Fremdenfeindliche Straftaten					
Straftaten	1991	1992	1993	1994	1. Halbjahr 1995
Tötungsdelikte					
vollendete	3 (3 Opfer)	4 (6 Opfer)	2 (6 Opfer)	–	–
versuchte	–	28	18	8	4
Körperverletzungen	236	576	727	494	149
Sprengstoffdelikte	–	12	3	1	4
Brandanschläge/-stiftungen	335	596	284	80	19
Weitere fremdenfeindliche Straftaten	1.852	5.120	5.687	2.908	748
Straftaten insgesamt	2.426	6.336	6.721	3.491	921
Quelle: Bundesministerium des Innern					

Schülerinnen und Schüler mit ausländischem Paß an allgemeinbildenden Schulen nach der Staatsangehörigkeit					
Staatsangehörigkeit	1984	1985	1986	1987	1988
Griechenland					
absolut	44.521	41.495	38.612	37.534	37.534
%	6,7	6,2	5,6	5,1	5,1
Italien					
absolut	71.003	69.136	69.380	70.470	71.662
%	10,6	10,4	10,1	10,0	9,7
Spanien					
absolut	21.185	20.047	18.909	17.804	16.840
%	3,2	3,0	2,8	2,5	2,3
Türkei					
absolut	336.270	331.592	335.953	334.642	353.317
%	50,4	49,7	49,1	48,7	47,9
Ehem. Jugoslawien					
absolut	81.938	85.148	89.090	93.039	98.513
%	12,3	12,8	13	13,2	13,4
Portugal					
absolut	13.511	12.157	11.682	11.667	11.323
%	2,0	1,8	1,7	1,6	1,5
Sonstige Staaten					
absolut	99.161	107.625	120.847	132.483	148.018
%	14,9	16,1	17,7	18,7	20,1
Insgesamt					
absolut	667.589	667.200	37.498	707.503	737.207
%	100,0	100,0	5,3	100,0	100,0
Fortsetzung der Tabelle nächste Seite					

Schülerinnen und Schüler mit ausländischem Paß an allgemeinbildenden Schulen nach der Staatsangehörigkeit					
Staatsangehörigkeit	1989	1990	1991	1992	1993
Griechenland					
absolut	38.924	37.063	37.347	37.104	36.198
%	5,0	4,8	4,7	4,5	4,2
Italien					
absolut	71.751	71.225	70.257	69.148	68.655
%	9,4	9,1	8,8	8,3	7,9
Spanien					
absolut	15.815	14.439	13.315	12.223	11.131
%	2,1	1,9	1,7	1,5	1,3
Türkei					
absolut	358.496	363.206	360.912	359.609	362.408
%	47,2	46,6	45,1	43,0	41,8
Ehem. Jugoslawien					
absolut	102.942	102.527	107.670	131.808[1]	146.318[2]
%	13,5	13,2	13,5	15,7	16,9
Portugal					
absolut	11.249	11.069	10.973	10.942	11.059
%	1,5	1,4	1,4	1,3	1,3
Sonstige Staaten					
absolut	161.982	180.133	199.401	215.880	230.451
%	21,3	23,1	24,9	25,8	26,6
Insgesamt					
absolut	760.259	779.662	799.875	837.014	866.218
%	100,0	100,0	100,0	100,0	100,0

1 Ohne Bosnien-Herzegowina, Kroatien, Slowenien
2 Ohne Bosnien-Herzegowina, Kroatien, Slowenien, Makedonien
Quelle: Sekretariat der Ständigen Konferenz der Kultusminister der Länder in der Bundesrepublik Deutschland

Schülerinnen und Schüler mit ausländischem Paß an allgemeinbildenden Schulen – in % –									
Schulart	1984	1985	1986	1987	1988	1989	1990	1991	1992	1993
Vorklassen			0,9	0,9	0,8	0,8	0,6	0,7	0,7	0,7
Schulkindergärten			0,9	0,9	0,8	0,7	0,9	1,0	1,0	1,0
Grundschulen	43,6	40,6	39,5	39,1	39,1	38,1	37,8	37,3	37,5	38,1
Orientierungsstufe[1]	2,0	1,9	2,0	2,4	2,2	3,1	3,2	3,3	3,4	3,4
Hauptschulen	29,0	28,6	28,4	28,4	27,9	27,5	27,0	26,4	26,0	25,3
Integr. Klassen für Haupt- u. Realschüler	–	–	–	–	–	–	–	–	0,1	0,3
Realschulen	6,7	7,3	7,7	8,4	8,7	8,8	8,9	9,0	8,8	8,6
Gymnasien	7,8	8,3	8,5	9,1	9,5	9,7	9,8	10,1	9,9	9,7
Gesamtschulen[2]	4,7	5,2	5,7	4,4	4,7	5,0	5,2	5,6	5,9	6,2
Freie Waldorfschulen	0,1	0,1	0,1	0,1	0,2	0,1	0,1	0,1	0,1	0,2
Sonderschulen für Lernbehinderte	4,4	4,4	4,5	4,1	3,9	3,8	3,9	3,9	3,9	4,0
Sonderschulen für sonstige Behinderte	1,5	1,5	1,5	1,7	1,7	1,8	1,8	1,9	1,9	1,9
Abendhaupt-/Abendrealschulen	0,2	0,2	0,2	0,3	0,3	0,3	0,4	0,5	0,4	0,4
Abendgymnasien/Kollegs	0,1	0,1	0,1	0,2	0,2	0,2	0,2	0,2	0,2	0,2
Insgesamt	100,0	100,0	100,0	100,0	100,0	100,0	100,0	100,0	100,0	100,0

1 Schulartunabhängig
2 Integriert
Quelle: Sekretariat der Ständigen Konferenz der Kultusminister der Länder in der Bundesrepublik Deutschland

Schülerinnen und Schüler mit ausländischem Paß an beruflichen Schulen – in % –										
Schulart	1984	1985	1986	1987	1988	1989	1990	1991	1992	1993
Berufsschulen	66,4	67,0	68,1	67,8	66,3	66,9	67,1	67,7	68,2	66,8
Berufsvorbereitungsjahr	8,6	7,8	6,4	6,2	6,6	6,5	6,5	6,3	6,1	6,2
Berufsgrundbildungsjahr	5,2	4,7	4,5	4,6	5,5	5,4	5,5	5,1	4,7	5,0
Berufsaufbauschulen	0,3	0,3	0,3	0,3	0,2	0,2	0,2	0,2	0,2	0,3
Berufsfachschulen	14,1	14,8	15,3	15,6	15,6	15,1	14,7	14,5	14,2	14,9
Berufsoberschulen/Techn. Oberschulen	0,0	0,0	0,0	0,1	0,1	0,1	0,1	0,1	0,1	0,1
Fachgymnasien	1,4	1,5	1,6	1,7	1,8	2,0	2,3	2,3	2,3	2,3
Fachoberschulen	2,3	2,3	2,3	2,4	2,4	2,3	2,1	2,4	2,3	2,4
Fachschulen	1,5	1,3	1,3	1,2	1,3	1,4	1,4	1,5	1,6	1,8
Fachakademien/ Berufsakademien	0,2	0,2	0,2	0,2	0,2	0,2	0,2	0,2	0,2	0,2
Insgesamt	100,0	100,0	100,0	100,0	100,0	100,0	100,0	100,0	100,0	100,0
Quelle: Sekretariat der Ständigen Konferenz der Kultusminister der Länder in der Bundesrepublik Deutschland										

Beschäftigte ausländische Arbeitnehmer – nach Wirtschaftsabteilungen –								
Wirtschafts-abteilungen	1991[1]		1992[1]		1993[1]		1994[1]	
	absolut	%[2]	absolut	%[2]	absolut	%[2]	absolut	%[2]
Land- u. Forstwirtschaft, Fischerei	19.892	8,7	24.303	10,9	28.123	12,8	28.002	12,9
Energie, Bergbau	30.702	7,0	29.398	6,9	27.814	6,7	25.405	6,3
darunter:								
Bergbau			24.339	14,6	22.085	14,4	[3]	
Verarbeitendes Gewerbe	975.053	11,0	980.176	11,3	941.285	11,7	884.206	11,5
darunter:								
Eisen u. Stahlerzeugnis	33.321	14,3	32.896	14,7	30.198	15,1	[3]	
Gießerei	27.240	24,3	25.133	23,8	21.668	23,4	[3]	
Straßenfahrzeugbau	141.220	12,8	142.255	13,1	133.364	13,2	[3]	
Baugewerbe	166.214	10,6	193.288	12,0	224.717	13,7	224.984	13,5
darunter:								
Bauhauptgewerbe	132.323	12,5	150.674	13,9	172.233	15,6	[3]	
Handel	173.971	5,3	197.053	5,9	225.024	6,7	221.541	6,7
Verkehr und Nachrichtenübermittlung	87.071	7,3	95.988	7,9	103.988	8,7	101.818	8,8
darunter:								
Eisenbahnen	12.473	10,5	13.035	10,9	13.377	11,1	[3]	
Kreditinstitute, Versicherungsgewerbe	17.189	1,8	19.117	2,0	22.793	2,3	23.139	2,3
Dienstleistungen, soweit anderweitig nicht genannt	427.512	8,4	484.744	9,2	585.740	10,5	572.791	10,3
darunter:								
Gaststätten und Beherbergung	118.302	21,7	136.125	24,7	166.460	29,6	[3]	
Reinigung, Körperpflege	70.690	18,2	81.734	20,5	93.254	23,3	[3]	
Organisationen ohne Erwerbscharakter, private Haushalte	23.534	4,4	26.755	4,8	31.575	5,5	32.858	5,5
Gebietskörperschaften, Sozialversicherung	51.583	3,5	53.003	3,6	55.756	3,8	53.183	3,6
Insgesamt	1.972.874	8,4	2.103.916	8,9	2.226.862	9,6	2.167.959	9,4

1 Jeweils September
2 Ausländeranteil an der Gesamtzahl
3 Noch nicht erhoben
Quelle: Bundesanstalt für Arbeit